21 世纪高等学校精品规划教材

信息系统分析与设计

主 编 李 晓

副主编 张瑞红 王继鹏 王天林

中国水利水电出版社
www.waterpub.com.cn

内 容 提 要

本书从信息系统的基本概念出发，主要围绕经典的生命周期法和当前流行的面向对象开发方法，系统、完整、准确、详细地阐述了信息系统分析与设计的理论、方法和工具。

全书共9章，主要内容包括：信息系统导论、信息系统建设、系统规划、系统分析、系统设计、系统实施、系统维护与评价、面向对象的系统开发方法、信息系统的应用与发展。

本书在内容选材上遵循取舍得当、择优录取、精益求精的原则，着眼于课程中最实用的核心内容，以浅显易懂的语言描述信息系统中的专业术语，按照由浅入深、循序渐进、由易到难的原则进行合理编排，并突出实例教学特色，结构化生命周期法围绕“库存管理信息系统”开发案例展开，面向对象开发方法围绕“高校公修课选课系统”开发案例展开，通过系统化的开发实例，进行系统化教学。

本书可作为高校信息管理与信息系统专业、计算机各专业开设“信息系统分析与设计”、“信息系统开发”、“管理信息系统”等课程的教材，也可作为从事信息系统管理、开发、应用和维护工作的技术人员的参考书。

本书配有电子教案，读者可以到中国水利水电出版社或万水书苑网站免费下载，网址：http://www.waterpub.com.cn/softdown/或 http://www.wsbookshow.com。

图书在版编目（CIP）数据

信息系统分析与设计 / 李晓主编. -- 北京 : 中国水利水电出版社, 2010.2（2018.6 重印）
21世纪高等学校精品规划教材
ISBN 978-7-5084-7195-2

Ⅰ. ①信… Ⅱ. ①李… Ⅲ. ①信息系统－系统分析－高等学校－教材②信息系统－系统设计－高等学校－教材
Ⅳ. ①G202

中国版本图书馆CIP数据核字(2010)第022978号

策划编辑：雷顺加　　责任编辑：杨元泓　　加工编辑：陈　洁　　封面设计：李　佳

书　名	21世纪高等学校精品规划教材 信息系统分析与设计
作　者	主　编　李　晓 副主编　张瑞红　王继鹏　王天林
出版发行	中国水利水电出版社 （北京市海淀区玉渊潭南路1号D座　100038） 网址：www.waterpub.com.cn E-mail：mchannel@263.net（万水） sales@waterpub.com.cn 电话：（010）68367658（营销中心）、82562819（万水）
经　售	全国各地新华书店和相关出版物销售网点
排　版	北京万水电子信息有限公司
印　刷	三河市鑫金马印装有限公司
规　格	184mm×260mm　16开本　17印张　417千字
版　次	2010年3月第1版　2018年6月第2次印刷
印　数	4001—5000册
定　价	29.00元

前　言

当今时代，信息技术对人类社会各个领域的影响越来越广泛和深远，信息系统也在社会的各个领域发挥着举足轻重的作用。随着信息系统概念及应用的发展，成功的经验和失败的教训使人们认识到，信息系统建设是一项复杂的社会工程，它不仅需要先进的信息技术，更需要现代的管理理念和系统的科学方法。

“信息系统分析与设计”是信息管理与信息系统专业的核心课程，通过本课程的学习，学生可以系统化地掌握信息系统开发的基本理论知识和开发方法，熟悉常用的开发工具，建立信息系统开发的总体思路，具备初步的系统开发能力，为今后从事信息管理和信息系统开发打下坚实的基础。

本书从信息系统的基本概念出发，首先介绍系统开发的基本技术和方法，然后按照系统生命周期的过程，结合实例从系统规划、系统分析、系统设计、系统实施、系统维护与评价几个阶段重点阐述结构化的系统开发方法，之后全面介绍面向对象的系统开发方法，最后指出信息系统的应用和发展方向。

本书有如下几个主要特色：

（1）定位准确，逻辑清晰。

本书根据编者多年教学经验，在认真分析了学习者在学习信息系统知识过程中遇到的困难和研究了初学者的认识规律的前提下编写出来的，书的章节编排、知识点的设置都作了准确定位，本书逻辑清晰、层次分明，体现了教材的科学性、先进性和系统性。

（2）精挑细选，系统全面。

本书精选了信息系统分析与设计的两大主流方法：结构化生命周期法和面向对象开发方法，内容选材上并没有去追求包罗万象、贪多求全，而是遵循了取舍得当、择优录取、精益求精的原则，着眼于课程中最实用的部分，尽可能让学习者在较短时间里掌握信息系统分析与设计过程中最重要、最核心的内容。

（3）通俗易懂，实例教学。

本书非常注重可读性、实用性和可操作性，以浅显易懂的语言描述信息系统中的专业术语，按照由浅入深、循序渐进、由易到难的原则进行了合理的编排，构思清晰。本书还有一个显著的特色就是突出了实例教学，结构化生命周期法围绕“库存管理信息系统”开发案例展开，面向对象开发方法围绕“高校公修课选课系统”开发案例展开，通过系统化的开发实例，进行系统化的教学，避免了以前一些教材案例零散、知识体系前后不连贯等弊端。

本书可作为高校信息管理与信息系统专业、计算机各专业开设“信息系统分析与设计”、“信息系统开发”、“管理信息系统”等课程的教材，也可作为从事信息系统管理、开发、应用和维护工作的技术人员的参考书。

本书由李晓主编，负责全书的统稿、修改和定稿工作，张瑞红、王继鹏、王天林任副主编。主要编写人员分工如下：第 1、2 章由张瑞红编写，第 3、4 章由李晓编写，第 5、6、7 章由王天林编写，李晓修改，第 8、9 章由王继鹏编写。参与本书编写工作的还有周宏宇、王鸣涛、马晓珺、刘腾红、何苗、刘晓玲、韩晓明、李广华、王凤芹等。另外还要感谢王爱民教授、陈洁老师在本书的编写过程中给予的关心与帮助。

本书的编写过程中，我们参考了大量的书刊资料，由于篇幅有限，未能一一列出，在此对所有参考文献的作者表示诚挚的谢意。正是这些参考文献作者的前期工作为本书的完成奠定了基础，并为我们提供了强大的动力和丰富的写作素材。本书得以顺利完成，与中国水利水电出版社雷顺加编审给予的大力支持、鼓励和帮助是分不开的，尤其对本书的策划和写作提出了很多宝贵意见，在此深表感谢。同时也感谢我的家人及朋友在编写过程中给予的帮助与支持。

虽然我们尽了最大努力写好本书，但限于编者的能力、学识和水平，缺点、疏忽和错误在所难免，恳请各位专家、学者和广大读者不吝赐教和指正，以便在本书修订时进一步完善和更正。

编 者

2010 年 1 月

目　录

第 1 章　信息系统导论

本章将介绍信息系统的基础知识，使读者对信息系统有一个整体的认识。首先介绍数据和信息的基本概念，以及信息的构成要素、特征、分类，并对信息资源管理进行了相关阐述；其次，介绍系统和系统工程的概念，以及系统的特征、要素和构成，系统工程的基本阶段和基本方法；最后，介绍信息系统的概念，以及信息系统的功能、分类和结构。

本章要点

- 信息的概念、构成要素、特征、分类
- 信息资源管理的概念及其内容
- 系统的概念、特征、构成要素、分类
- 系统工程的概念、系统工程的基本阶段和基本方法
- 信息系统的概念、功能、分类和结构

随着现代信息技术的快速发展，信息系统已经深入到人们生产生活的各个方面，在人们的生产生活中扮演越来越重要的角色，人们对信息的处理和利用已经离不开信息系统。例如我们在校学生的学习、生活和娱乐等都离不开各类信息系统，走进图书馆我们利用“图书馆借还书系统”借书、还书，我们每个学期通过“教务管理系统”选课、查询成绩等；走进食堂，我们在使用“食堂就餐信息管理系统”，我们能通过学校的“财务管理系统”查询自己的缴费情况；当同学聚会时，我们走进 KTV 可以通过“数字节目管理系统”点歌，这些只不过是我们大家非常熟悉和接触到的一些简单的信息系统。

如今的信息系统在各行业得到了广泛地应用，它不仅支持着人们高效地处理、利用、共享信息，而且也在改变着企业和组织的经营、管理模式，许多企业和组织在积极探索如何利用信息系统帮助企业赢得竞争优势。因此，对于现在的企业和组织而言，信息系统已经不仅仅是信息技术部门和信息技术人员的事情，而是关系到每一个员工，特别是管理人员，他们必须了解信息系统方面的知识，才能配合信息技术专业人员规划、分析、设计、开发和实施各种应用信息系统，满足企业和组织的应用需求，帮助企业获得竞争优势。

1.1　数据与信息

信息是现代社会中人们最广泛使用的一个词语，人们天天都在接触、利用信息，信息作为资源的重要性和价值，已在现在的经济生活中得到充分体现，也已经被越来越多的人们了解

和接受。可是，到目前为止对信息的定义还没有形成统一的描述。在理论研究中，围绕信息定义所出现的说法不下百种，代表性的有经典的申农（C.E.Shannon）、维纳（N.Wiener）的信息定义和现代信息定义（如邓's、逆香农、逆维纳的信息定义）；而在日常生活中，人们往往把信息、消息、数据等术语当作意义相同的词语使用。在这里我们从信息系统工程角度去定义适合我们目的和实际需要的概念。虽然在日常生活中，数据和信息经常被混用，但是在信息系统工程中，数据和信息是需要加以区分的。

1.1.1 数据与信息

1. 数据与信息的定义

数据是对现实世界中客观事物的性质、形态、数量和特征等属性的一种表示形式，它可以是数字、字母、汉字、图形、声音等可鉴别的符号或这些符号的组合。数据本身并没有什么价值，当数据经过加工和处理，能够为人们所利用时，数据才能成为信息。

信息是经过加工、处理的，具有一定意义并对人类客观行为产生影响的数据表现形式。信息是对现实世界中客观事物属性的反映，它对接收者的行为能产生影响，对决策或行为有现实或潜在的价值。

例如，当我们看到数据“38”时，我们很难估计这个数据表达的是什么意义；如果我们对数据进行加工处理，描述如下：医生建议婴儿洗澡时，水的最佳温度是38度，此时，“38”成为了有意义信息中一个关键指标。

2. 数据与信息的关系

数据与信息是信息系统中最基本的两个概念，它们既相互联系，又相互区别。数据与信息的关系可以形象地理解为原材料与制成品之间的关系，数据是构成信息的原材料，信息是经过加工后形成的制成品。数据与信息的这种关系是相对的，在一定环境下是会相互转化的，一种数据经过加工后成为下级部门或管理人员决策时采用的信息，而对于上级部门或高层管理人员来说又可能是数据。例如：某企业2009年上半年每个月的盈利额，对于企业员工来说是信息，但是对于企业管理者来说是制定决策的数据。数据与信息的关系如图1-1所示。

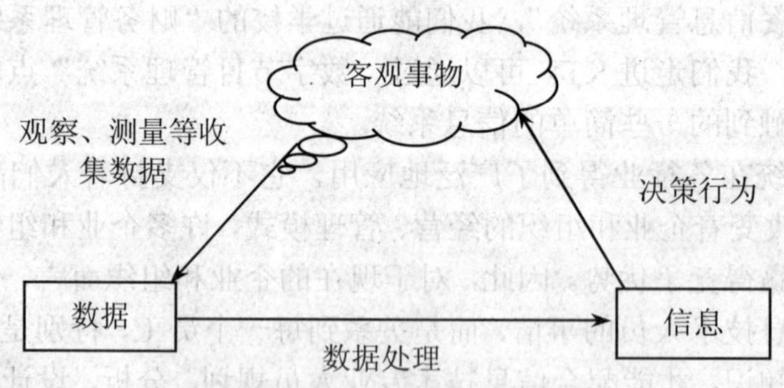

图1-1 数据与信息的关系

1.1.2 信息的构成要素

一般来说，信息由六大要素构成，信息的发出者为信源，信息的接收者为信宿，信息表达的符号为语言符号，信息载体是进行储存、加工、传递和反馈依附着的物质，信息在收发双方之间传递的通道为信道，而语言符号、载体、信道都属于信息传递时的媒介。在信息传播的

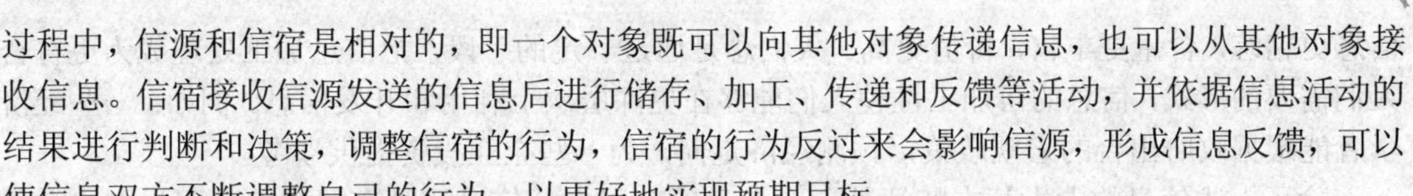

过程中，信源和信宿是相对的，即一个对象既可以向其他对象传递信息，也可以从其他对象接收信息。信宿接收信源发送的信息后进行储存、加工、传递和反馈等活动，并依据信息活动的结果进行判断和决策，调整信宿的行为，信宿的行为反过来会影响信源，形成信息反馈，可以使信息双方不断调整自己的行为，以更好地实现预期目标。

1.1.3　信息的特征

了解信息的特征是人们有效获取、利用信息的前提，信息通常具有以下特征：

（1）客观性。

信息是对现实世界中客观事物属性的反映，无论使用什么载体，信息都不会改变所反映对象的属性。客观性是信息的首要特征，要求信息能反映客观事实和实际。例如，2009 年 7 月 22 日出现日全食的信息不论是通过电视、网络、报纸还是通过广播传递，反映的都是自然界的客观现象。

（2）共享性。

信息可以被不同的接收者共同使用，信息与事物、能量等的根本区别是信息传播后，可以迅速被多人接收、掌握、利用，但是不会使信息发送者的信息丢失、信息量也并不会减少。一个物体只能被一个享用者所占有，但信息可以被多个接收者所享用，这对信息不会有丝毫影响。

（3）时效性。

信息的时效性是信息的重要特征，信息的价值与信息产生、传递和接收的时间有关，与时间呈反方向变化。信息的时效性与信息的价值密不可分，任何信息的价值超过了一定的时限就会失去或削弱，信息只有及时传递和有效利用，才能实现它的价值。例如，由于受到国际市场油价的影响，2009 年 6 月 30 日零时汽油要涨价，因此，许多司机决定在零时以前去加油站加油。如果一些司机在 7 月 1 日才得知这条信息，那么它就没有价值了。

（4）价值性。

人们收集、加工、储存、传递信息的原因在于信息具有使用价值，能够提高人们在生产、生活、学习等方面活动的效率、效益。信息是商品，当信息产品和信息服务进入市场后，不仅具有使用价值，还具有交换价值。有价值的信息不仅要有可靠的来源，信息的内容与实际相符外，还具有时效性。信息的可靠性、准确性和时效性是衡量信息价值的基本要素，信息的价值只有与人们有目的决策活动相联系时，才能体现出来。例如，2009 年 6 月 30 日零时汽油要涨价，这条信息对一些有车的人具有价值，而对没有车的人就失去了价值。

（5）可传递性。

信息可以在时间和空间上通过多种渠道（个人、团体、组织、政府），利用多种方式（电视、报纸、广播、网络等）进行传递，信息在传递过程中可以转换载体而不影响信息的内容。信息的可传递性是信息共享和信息价值实现的重要条件。

（6）可存储性。

信息可以借助一定的载体存储起来，这为信息的积累、加工和应用提供了可能。例如人脑是一个天然信息存储器，此外，现在人们使用的摄影机、录像机以及计算机存储器等都可以进行信息存储。

（7）可加工性。

信息可以利用一定手段进行加工，经过筛选、整理、概括、归纳、排序等处理，可以使信息更精练，含量更丰富，价值更高。人们总是通过一定的手段，把信息加工处理成为更符合人们需要的形式，信息的可加工性使人们能够在更深层次上利用和开发信息。例如：一些经济学者能根据政府出台的宏观政策，预测经济走向，为一些企业投资提供参考。

除了上述信息的七大基本特征外，在信息的应用中，信息还具有层次性，因为在一个组织中信息是为决策和管理服务的，不同性质的决策、不同的管理层次，所需要的信息层次是不同的；另外，信息还具有不对称性，在现实生活中人们做出任何一项决策时，都不可能获得全部信息，所以在一定程度上组织的竞争优势取决于信息优势。

1.1.4 信息的分类

信息广泛存在于自然界、人类社会和思维领域，种类繁多，可以从多种角度对信息进行分类。按照信息来源可以划分为自然信息、社会信息、思维信息、机器信息等；按照应用领域可以划分为政治信息、经济信息、科技信息、文化信息、体育信息、教育信息、军事信息等；按照表达的形式可以划分为数字信息、文字信息、图形图像信息、音频视频信息等；按照加工程度可以划分为原始信息、一次信息、二次信息等；按照性质可以划分为定性信息和定量信息。根据需要还可以制定出其他的分类标准，如根据行业划分、根据管理层次划分、根据重要程度划分等。在实际应用中，一条信息可能属于多个信息类别，各类信息在范围和内容上也有相互交叉和重叠。例如：政府下发的加快政府信息化建设的文件，是社会信息中的政府信息，是以文字信息的状态呈现，其中必然有对信息化的定性信息，也有将信息化建设到什么程度的定量信息。因此，在分析问题时要采用什么样的划分标准，应该根据实际需要确定。

1.1.5 信息资源管理

随着信息社会的发展，信息作为资源的重要性和价值，已在现在的经济生活中得到充分的体现，信息已经成为继物质和能源之后人类社会发展不可缺少的第三大战略资源。在信息化建设的进程中，信息资源开发、利用和管理是整个信息化建设的核心，组织的人员特别是管理者需要主动结合组织的信息需求进行信息资源的开发、利用和管理。于是信息资源管理在 20 世纪70年代末80年代初的美国首先发展起来，然后成为在全球渐次传播开来的一种应用理论，是现代信息技术特别是以计算机和现代通信技术为核心的信息技术的应用所催生的一种新型信息管理理论。

信息资源管理有狭义和广义之分。狭义的信息资源管理是指对信息本身即信息内容实施管理的过程。广义的信息资源管理是指对信息内容及与信息内容相关的资源（如设备、设施、技术、投资、信息人员等）进行管理的过程。组织在以提高信息的价值、可用性和共享性为目的的信息活动中，积累起来的以信息为核心和实质的各类信息活动要素（信息技术、设备、信息生产者等）的集合，就是组织的信息资源。组织信息资源管理是组织整个管理工作的重要组成部分，也是实现组织信息化的关键。因此，从管理的角度去认识，信息资源管理就是对组织信息资源所包括的要素，进行计划、组织、控制和协调，利用信息技术对信息资源进行充分的开发和利用，以支持组织正确、高效地进行管理和决策。因此，信息资源管理包括以下 4 个要素：

（1）管理对象。

信息资源管理的对象是信息活动中的所有要素，核心和实质是信息；其次是组织信息化过程中使用的计算机硬件、计算机软件、网络系统、各类信息系统、数据库等；此外是信息人

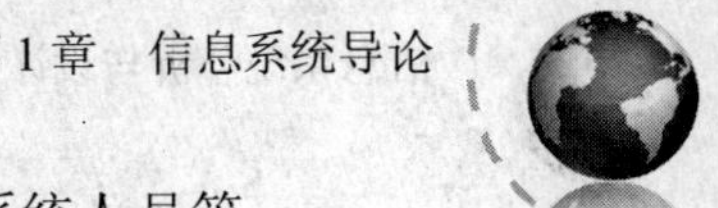

员，他们是信息资源控制、协调和利用的主体，主要有信息专家、信息系统人员等。

（2）管理内容。

信息资源管理的内容是对信息资源进行计划、组织、控制和协调，具体是指及时、准确地收集、掌握信息，开发、利用信息。

（3）管理目的。

信息资源管理的目的是挖掘信息的价值，使管理者及时利用信息资源，把握时机，进行决策，利用信息资源实现或达到组织预期目标，即为管理和决策提供支持。

（4）管理方法。

信息资源管理的方法是在信息技术的支持下将信息资源进行处理，并有效的存储、检索和传递，其中重要的工具是各类信息系统，因此信息系统的开发和建设对于组织来说至关重要。

1.2　系统

人类生活在由各种系统构成的世界中，在长期的社会实践中形成了系统科学的理论和方法，并应用于人们的实践活动中，指导人们用系统的观点解决具有复杂性、风险性、模糊性等特点的问题。伴随着人类进入信息社会，各类信息系统已经成为整个组织的神经系统，信息系统理论从根本上讲也是建立在系统理论和方法的基础上，因此，我们有必要对系统的定义、特征、构成要素、分类等有所认识。

1.2.1　系统

1. 系统的基本概念

“系统”成为人们接触最频繁的词语，人们把复杂的研究对象或实施的项目等称之为系统，如信息系统工程是一项复杂的系统工程。“系统”的概念逐渐被人们所认识和理解，使用最广的是钱学森对系统的定义。

系统是由相互作用和相互依赖的若干组成部分（元素）结合成的具有特定功能的有机整体，记为 S=<E, R>，其中 E（Elements）为系统（Systems）中所有元素构成的集合，R（Relationship）为系统中所有关系的集合。

2. 系统的特征

系统的概念包含三层含义，系统由若干元素组成；若干元素之间相互作用、相互依赖；元素之间的相互作用、相互依赖，使系统形成一个具有特定功能的整体。这使得系统具有三个基本特征：整体性、相关性、层次性。此外，任何系统都有其存在的目的性，并且处于一定的环境中，处于不断的运动变化中，即系统具有动态性。

（1）目的性。

任何系统都有其存在的目的性，人类社会生产、经营活动中建立的各类系统都是为了解决一定的问题而存在。目的性是系统存在的前提和基础，决定着系统内若干要素的组成和结构，从而最终决定了系统具备的功能，也是系统之间相互区别的标志。

（2）整体性。

系统的整体性强调“整体功能大于各部分功能之和”，即“1+1>2”。一个系统由若干元素组成，所有元素构成一个有机整体，缺一不可。

（3）相关性。

系统中若干元素之间存在密切的联系，这种联系决定了整个系统的机制，在一定时间内处于相对稳定的状态。同时，系统和其所处的环境之间具有相互联系，随着系统目标的改变以及环境的发展，系统也会发生相应的变更。

（4）层次性。

由若干要素组成的具有特定功能的某种系统从属于一个更大的系统，其要素本身也可能是一个小系统，这些小系统常被称为这个系统的“子系统”，从而形成了系统的层次性。如高等教育系统从属于教育系统，而高等教育由专科教育、本科教育、研究生教育构成。

（5）动态性。

任何系统都处于一定的环境中，系统与环境相互影响、相互制约，并与环境进行着物质、能量、信息的交换，处于不断的运动、变化、发展之中，在演化和发展的进程中与环境相适应。

3．系统的构成要素和结构

系统的要素是系统中所包含的各个实体，这些要素在系统中具有各自的功能。首先，任何系统都处于一定的环境之中，都具有输入、输出系统，系统所需要的各种输入来自其环境，系统所产生的各种输出又返回其环境，称为系统环境；系统与环境相互作用和相互影响，在系统与环境之间实际进行物质、能量和信息交换的地方就是系统与环境的接口；外部环境向系统提供物质、能量、信息等，称为输入，系统利用自身所具有的特定功能，将输入进行必要的转化处理活动，使之成为供外部环境使用的产品，称为系统的输出，输入、输出系统与环境发生着联系，实现物质、能量、信息的交换。其中，按照一定的方式将输入转化为输出的过程，称之为处理。系统与环境的分界线，就是系统边界，由定义和描述一个系统的一些特征来确定，边界可以是有形或无形的，边界内是系统的成分，边界外是系统的环境。同时，任何系统都有反馈，反馈是对系统的一种控制，系统都靠信息的反馈控制并调整自身的运行，使系统适应环境并实现目标。因此，系统的基本模型如图 1-2 所示。

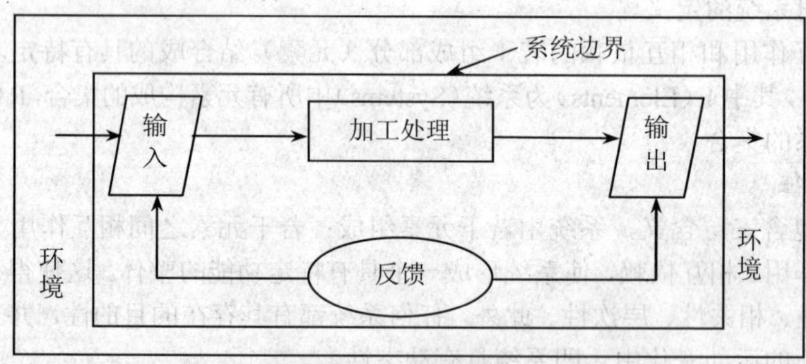

图 1-2　系统的结构

4．系统的分类

系统广泛地存在于自然界和人类社会，为了研究的需要，人们对系统进行了分类，系统的分类方法很多。按其组成可分为自然系统、人造系统和复合系统三大类；按其与环境之间的相互关系，可分为开放系统和封闭系统；按系统的抽象程度可分为概念系统、逻辑系统、物理系统；按系统功能来分类，如不同的系统为不同的领域服务分为社会系统、经济系统、军事系统、企业管理系统。还有很多其他的分类方法，如可以根据具体的研究对象将系统分为教育系

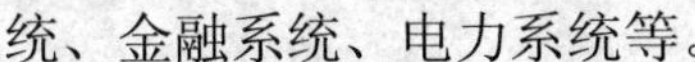

统、金融系统、电力系统等。

我们认为按照系统特性分类比较有利于对研究对象的认识。按照系统特性可以将其分为事务系统和工程系统。事务系统分析的对象是软件系统，如管理系统、财务系统等；工程系统分析的对象是实体系统，如地震系统、机械系统等。我们这门课程侧重于对事务系统的分析与设计。

1.2.2　系统工程

1. 系统工程的概念

当人们在解决具有复杂性的问题，或实施一项具有长期性、复杂性的工程时，经常会说这是一项系统工程。系统工程是系统科学在社会实践活动中产生的具有应用性的科学方法。我国理论界较多地使用钱学森对系统工程的定义。系统工程是组织管理系统的规划、研究、设计、制造、试验和使用的科学方法，是对所有系统都具有普遍意义的科学方法。系统工程是解决实际问题的科学，它应用社会科学、经济学、工程技术等多方面的学科来解决工程发展中的社会性问题，它将主要涉及工程开发的规划、设计、评价等活动。因此，人们认为系统工程是运用系统方法对各类系统进行最佳的规划、研究、设计、制造、试验和使用，以达到最佳效益，是一门组织管理的技术。

目前，各国都加大了信息化建设的进程，信息化水平成为衡量一个国家综合实力的重要指标。在信息化建设的进程中，信息系统的开发和建设是一项系统工程，因此，在信息系统的开发和建设过程中要采用系统工程思想，对信息系统进行规划、设计、开发、测试、实施、运行和管理，以确保信息系统的质量和满足系统用户的需求。

2. 系统工程阶段和方法

系统工程的思想实质上是将系统当作工程来建设，应用系统科学的观点，从规划到设计、开发、测试、实施、运行和管理，划分为不同阶段，一个阶段一个阶段地开展，用以解决复杂的问题。每个阶段解决不同的问题，每个阶段之间相互衔接，系统理论的原理贯穿于各个阶段。阶段的划分根据系统的特点而有所不同，根据其他学者的研究我们可以总结出系统工程的基本阶段。

从人们的逻辑思维角度去分析，系统工程建设的逻辑阶段可划分为 6 个：明确系统问题和目标定义；系统方案综合，形成系统方案；系统分析，比较分析方案；系统优化，寻找满足系统目标的最优方案；系统实施，对选出的方案进行实施、修改，完善以上 5 个阶段，转入下一个阶段；系统使用和管理，如图 1-3 所示。

3. 系统工程的基本方法

系统工程的基本方法在系统工程实现的全过程和每个阶段都有体现，最基本的方法是分析和综合。在系统问题和目标定义阶段，就要首先对系统进行分析，明白系统有哪些要素构成，清楚各要素之间的关系，明确系统的结构和功能，而且为了系统将来能够更好地满足组织需要，还要分析系统环境和对象；在系统分析的基础上，需要将局部的认识进行综合，形成完整的系统方案。方案形成后需要多次进行比较分析，选择最优方案进行实施，直到满足系统要求。在分析、综合的过程中，评价贯穿始终，如果在某个阶段的评价是否定的，就需要继续进行分析，直到评价是肯定后，才能进行下一阶段的工作。因此，系统工程的基本方法如图 1-4 所示。

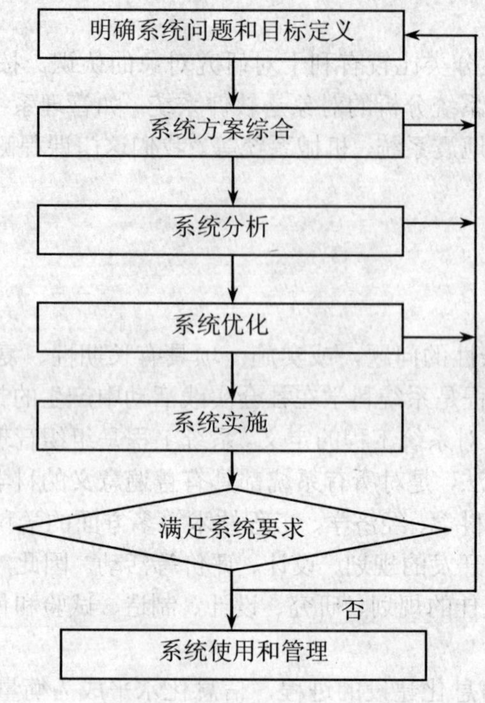

图 1-3　系统工程的基本阶段

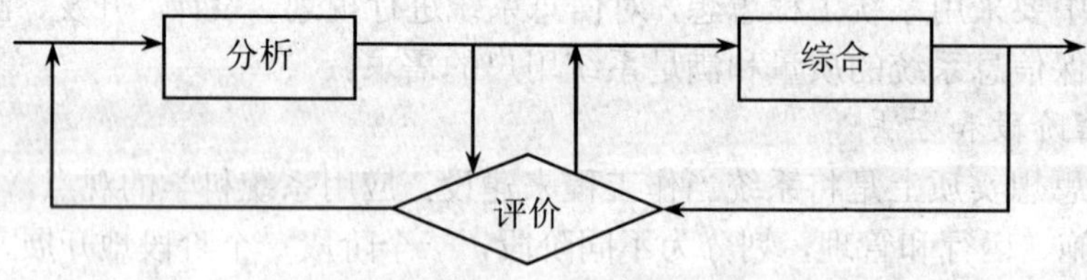

图 1-4　系统工程的基本方法

信息系统的建设是一项系统工程，信息系统建设的过程既是一个管理和控制的过程，又是一个各种技术综合运用的过程，系统工程作为一种组织管理技术，对信息系统工程建设意义重大。

1.3　信息系统

1.3.1　信息系统的定义

简单地说，信息系统就是对输入信息进行加工处理后，输出有用信息的一个系统。自从有了人类活动，就有了信息交换和信息系统。信息技术的发展改变了信息存在的环境和信息处理的方式，使信息处理方式超越了传统手工处理的方式，也使信息的价值大大的提高。目前，人们所说的信息系统已经不再是手工的信息系统，而是计算机化的信息系统，人们利用计算机处理信息，并借助网络技术改变了信息传输方式。

现代人们对信息系统的定义为以计算机、网络技术等信息技术为基础，为实现系统目标，由计算机硬件、网络和通信设备、计算机软件、信息资源、信息用户和规章制度等相互联系、相互作用的要素组成的以处理信息为目的的人—机系统。

1.3.2　信息系统的功能

信息系统作为一个系统具有信息输入、处理、存储、输出、反馈五大基本功能。此外，信息系统还具有信息采集、传递功能，信息采集为信息输入做准备，信息传递是信息处理和信息使用过程不可或缺的环节。

（1）采集功能。

信息系统的首要任务是将组织内外的数据和信息及时、准确、完整地收集起来，记录在某种形式的载体上，作为信息系统的输入。信息采集一个重要的问题就是要求收集到的数据和信息要全面、完整、详细、准确。

（2）输入功能。

将数据或信息转化成信息系统的内部数据形式，输入到信息系统中。信息系统的输入功能决定于系统所要达到的目的及系统的能力和信息环境的许可。

（3）处理功能。

信息系统对输入系统的数据或信息进行加工处理，使其成为有用的信息，满足用户的需要。信息处理是将数据或信息转化为有用输出的过程，如文件格式的编辑、更新、检索以及数字转换为图形等，数据处理中数据的排序、分类、查询、统计汇总、预测、模拟以及各种形式的数学计算，也可以是文件的建立、更新、检索等。

（4）存储功能。

将原始数据、信息和处理后的数据、信息以合适的形式进行保存，以便于进行传递和加工，存储的数据、信息是信息系统中十分重要的资源。信息存储的方法主要是利用计算机将数据、信息存储在磁盘、光盘等介质中。

（5）传递功能。

数据、信息传递是信息处理和信息使用工作中不可缺少的环节。数据、信息的采集可能分散在不同地方，而数据、信息的处理则需要传递到指定的组织部门。信息加工处理后需要进行及时传递，为决策者及时提供所需数据、信息，才能实现信息的价值，发挥信息的作用。如果信息的传递不及时、不顺畅，信息因为时效性就会失去意义。

（6）输出功能。

将加工处理后的数据、信息以合理的结构和形式输出给所需用户，如文字、图表、报表等。输出的方式可以通过显示器显示或利用打印机打印等。

（7）反馈功能。

反馈是对系统的一种控制，一是通过反馈能将计算机输出的信息返回给计算作为输入，二是对整个信息处理、存储、输出等环节通过各种程序进行控制。

1.3.3　信息系统的发展过程和类型

信息系统的发展是从低级到高级、从简单到复杂、从单机到网络的过程，主要表现为信息处理方式从基本的数据处理到智能处理的过程。信息系统的类型可以依据信息系统的发展、信息系统的特点和信息系统主要服务的不同管理层次划分为电子数据处理系统、管理信息系统、决策支持系统、专家系统和办公管理系统等。

1. 组织管理活动和决策的层次

组织管理活动和决策具有层次性，在管理的过程中经常根据管理活动和决策的特点分为三层。

（1）操作层。

主要负责组织基层、日常基本活动和事务处理，为管理者提供支持。处理的问题和事务烦琐，工作量繁重，但是结构化程度强，解决问题的程序固定。

（2）中层。

主要负责观测管理高层意图和规划的贯彻，负责组织日常工作的计划、管理、调节和控制，不负责日常操作中的直接信息收集，但是需要向高层提供各类报告。处理的问题主要是常规的结构化问题，有时需要作非常规的决策，解决一些半结构化的问题。

（3）高层。

组织的重要领导层，面对组织内外复杂的环境，主要负责产品、生产、服务等长远的战略决策，面对的问题主要是半结构化和非结构化问题。

每个层次的管理者对信息的需求不同，处理信息采用的系统也有所不同。随着信息技术的发展，信息系统的发展经历了从低级到高级的发展，主要服务于不同的管理层次。

2. 信息系统类型

（1）电子数据处理系统（Electronic Data Processing System，EDPS）。

电子数据处理系统又称为数据处理系统（Data Processing System，DPS），或者业务处理系统（Transaction Processing System，TPS）。电子数据处理系统产生于20世纪50年代，是计算机应用于管理的早期类型，是数据处理的计算机化。1954 年，美国通用电气公司使用计算机进行了最早的计算机工资计算和成本会计计算，开创了信息系统应用于企业管理的先河。电子数据处理系统主要用于支持组织中操作层的日常必须业务处理，包括进行业务数据的采集、记录和维护，并做出业务报告，其要求输入预先确定好的结构化数据。电子数据处理系统的应用大大提高了数据处理速度和工作效率。电子数据处理系统虽然是较低层次的信息系统，但是它仍然是其他信息系统的基础，是其他高层次信息系统的底层数据处理部分，对每个组织来说是非常重要的，如果没有电子数据处理系统，一个现代化的组织运作起来是非常困难的，如大型连锁超市中的“进销存系统”。

（2）管理信息系统（Management Information System，MIS）。

在电子数据处理系统大大提高数据处理和工作效率的过程中，人们希望计算机不仅应用于数据处理，还要能够与管理活动结合，为各级管理者提供全面的信息，辅助人们进行工作。20 世纪 60 年代中期，在电子数据处理系统的基础上，管理信息系统成为一种计算机应用系统发展并成熟起来。最具有代表性的管理信息系统成功范例之一，是美国 IBM 公司开发的面向通信的产品和信息控制系统（COP ICS），实现了管理信息系统的基本思想，将计算机与管理活动紧密结合起来。

管理信息系统的主要特点是基于电子数据处理系统，面对管理层，将组织中的数据和信息系统地组织、保存起来，进行快速处理，统一使用，并且利用定量化的科学管理方法，通过预测、计划优化、管理、调节和控制等手段来支持组织管理层决策。管理信息系统发展重要标志是数据库管理系统和网络技术使系统具有了分布式数据处理能力，实现了组织信息管理的系

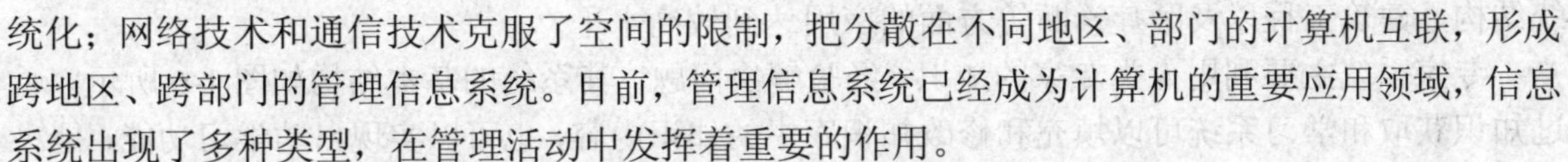

统化；网络技术和通信技术克服了空间的限制，把分散在不同地区、部门的计算机互联，形成跨地区、跨部门的管理信息系统。目前，管理信息系统已经成为计算机的重要应用领域，信息系统出现了多种类型，在管理活动中发挥着重要的作用。

（3）决策支持系统（Decision Support System，DES）。

随着管理信息系统在各个行业应用的深入，管理信息系统逐渐暴露了一些问题，系统模式固定，缺乏灵活性，系统难以适应组织内外环境的变化和管理人员不断增加的需求，面对一些复杂的决策问题，难以辅助企业高层管理决策。管理信息系统需要向上层发展。20 世纪 70 年代中期，决策支持系统在人们讨论管理系统存在问题的过程中，开始研究和开发。决策支持系统是管理信息系统在高层决策应用中的深化，决策支持系统的主要特点是将数据库和模型库结合起来，支持决策的过程以应用模型为主，在用户的介入下，充分利用人的经验和计算机的计算分析、模型能力，解决半结构化和非结构化决策问题，为高层提供决策支持。

管理决策是一个发现问题、确定目标、探索方案、预测与评价以及选择方案等环节构成的复杂过程，决策支持系统基本上满足了管理决策问题求解的过程。决策支持系统的基本结构如图 1-5 所示，用户通过人机交互系统输入描述的问题和要求，人机交互系统对输入内容进行识别和解释；问题处理系统通过数据库系统收集与问题有关的数据、信息，依此对该问题进行识别、判断问题的性质和求解过程；通过模型库系统集成构造解题所需的规则模型或数学模型，对模型进行分析并求解，对得到的结果进行分析评价，最后通过人机交互系统输出具有实际含义，用户可以理解的结果。在求解的过程中，用户可以根据需要与决策支持系统交互对话，进行多次求解，直到用户满意为止。

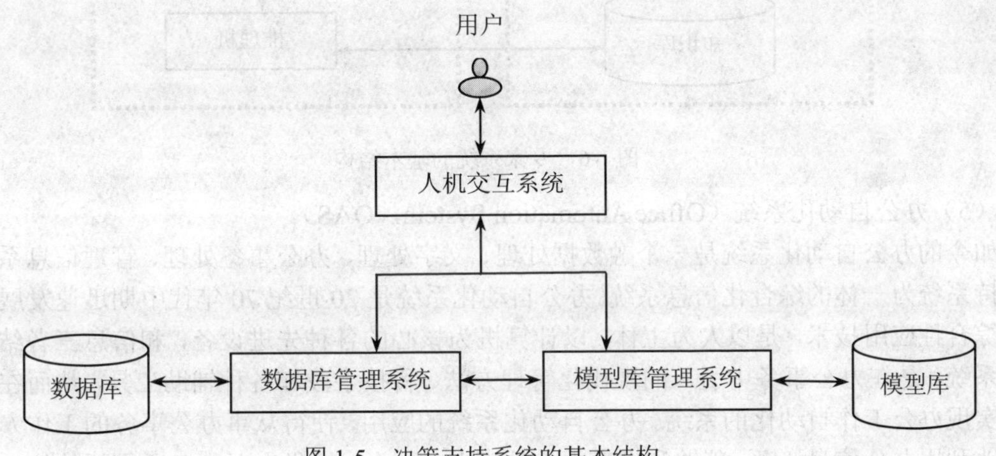

图 1-5　决策支持系统的基本结构

（4）专家系统（Expert System，ES）。

电子数据处理系统、管理信息系统、决策支持系统代表了信息系统发展的三个阶段。随着网络技术、人工智能技术的发展，信息系统向网络化、智能化发展。专家系统就是人工智能研究和应用的结果，是一种具有智能特点的信息系统，用户与专家系统进行交互的过程，就像与该领域的专家在进行交流互动一样，这就要求专家系统必须包含某领域专家知识，拥有类似人类专家一样的思维推理能力，并能用这些知识解决实际问题。专家系统的智能性也主要表现在能够模拟人类专家思维来解决某个特定知识领域的复杂问题。从 1965 年斯坦福大学开发出第一个专家系统 DENARAL 用于化学分析后，目前专家系统已经在地质数据分析、计算机系统结构、建筑工程以及医疗诊断等方面的应用达到较高水平。

专家系统主要利用人类专家的知识、经验解决问题，其系统的基本结构如图 1-6 所示。通过知识获取和学习系统可以填充和修改知识库中的知识内容，也可以实现自动学习功能，是决定专家系统知识库中知识质量和数量的关键。专家系统知识库用来存储某领域专家知识和规则结合。推理机针对用户提出问题的条件或者已知信息，与知识库中的规则反复匹配，从而获取结论，故推理机功能就像专家解决问题的思维推理和思维方式一样。解释系统能根据用户的提问，对求解过程、获取的结论做出说明，并通过人机交互系统与用户进行良好的沟通，以解决决策过程中面临的非结构化问题，需要用人类专家知识、经验解决的复杂问题。

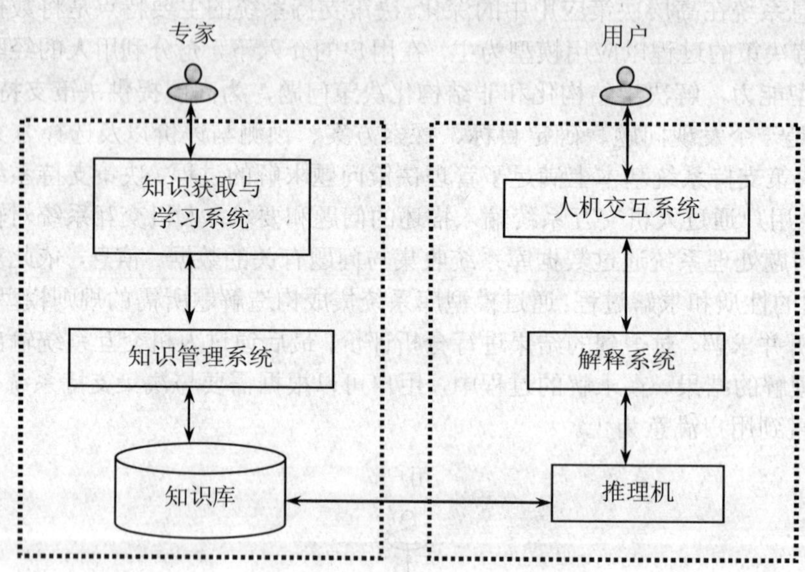

图 1-6　专家系统的基本结构

（5）办公自动化系统（Office Automation System，OAS）。

如今的办公自动化系统是一个融数据处理、文字处理、办公事务处理、管理信息系统和决策支持系统为一体的综合化信息系统。办公自动化系统是 20 世纪 70 年代中期迅速发展起来的一项综合性应用技术，是以人为主体，以计算机为核心的各种先进设备，和信息三者结合成的办公系统，是在办公事务中引入的现代化管理方法、科技手段和各种辅助工具，从而在不同程度上实现办公工作自动化的系统。办公自动化系统的应用，使得从事办公事务的工作人员可以充分地利用办公信息资源，能够和谐高效地处理办公业务，提供办公事务所需要的信息服务和辅助决策，主要帮助办公事务的工作人员解决非结构化的管理问题。

虽然依据对信息系统的发展、信息系统的特点和信息系统主要服务的不同管理层次的分析，对信息系统进行分类，但是各类信息系统在发展的过程中，共同的基础是数据处理，但又各不相同，彼此之间相互交叉，互相渗透，分别针对不同侧重点，解决信息处理中的问题，为决策提供支持。同时，在实际应用的过程中，伴随着信息技术的发展，信息系统的应用出现综合化、集成化、一体化的趋势。所以在信息系统发展和应用过程中，各类信息系统之间没有绝对地明显地界线，不需要去严格区分。

1.3.4 信息系统的结构

1. 信息系统的基本结构

信息系统作为一个系统，也是由输入、处理、输出、反馈四个基本要素构成。信息系统将收集的数据、信息输入到信息处理器进行加工处理，然后输出给信息用户使用，信息用户也可以给信息输入端以反馈，如图 1-7 所示。

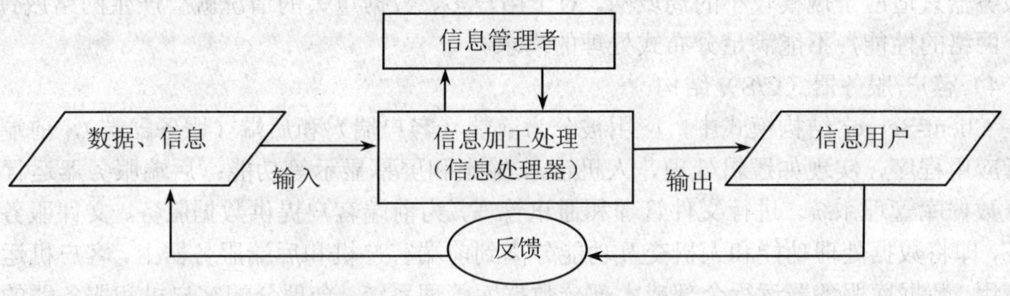

图 1-7　信息系统的基本结构

2. 基于网络技术的信息系统结构

支持信息系统运行的系统硬件和软件的集合是信息系统建设的基础，形成了信息系统的结构，人们也从硬件、软件、空间分布等多个角度对信息系统的结构进行了研究。从计算机诞生的 60 多年来，信息系统经历了从单机到网络的发展过程，信息系统的结构与计算机、网络、通讯技术的发展密切相关，并不断改进，我们主要从网络技术角度去讨论信息系统的结构。从宿主式结构、单机式结构、文件服务器结构及客户/服务器（C/S）结构到浏览器/服务器（B/S）结构，经历了一个较长的发展过程。与这个过程相适应的是从集中式计算到分布式计算，再到互联网计算；网络从主机模式到局域网模式，再到互联网模式；服务器从文件服务器发展到数据库服务器，再到基于 Internet/Intranet 的 Web 数据库服务器。

（1）宿主式结构。

采用宿主式结构的系统由主机和终端两部分组成，一般选用功能强大的大型机或小型机做主机，用户通过本地终端或远程（拨号）终端访问主机。这些终端都是哑终端，本身没有什么处理能力，只包括键盘、屏幕以及与主机通讯的硬件。主要特点是终端没有处理功能，所有的处理任务都由主机完成；同一时刻主机内可能存在多个应用或任务，主机采用分时处理的方法完成这些应用或任务，并将结果返回终端。

（2）单机式结构。

20 世纪 80 年代以后，个人计算机（PC 机）的广泛应用促进了单机式结构的出现。单机式结构一般适用于系统规模较小、数据流量不大的情况。单机系统中，客户端应用程序和数据库服务器一般在同一台计算机上，并且数据库一般采用本地数据，个人计算机具有一定的数据存储和数据处理功能，并且可以运行界面友好的软件。单机式结构的特点是单用户独享主机的一切资源，属于数据集中、处理集中的单用户应用模式。单机式结构不利于多用户共享系统数据，不支持多用户的并发控制，数据处理不能满足较大系统的要求。对于数据处理量大且对共享要求较高的组织来说，在局部实现计算机数据处理并不能发挥很大优势，需要把分散在各地点的计算机通过网络连接起来，进行批处理或分布式处理。

（3）文件服务器（F/S）结构。

文件服务器结构由文件服务器和工作站组成，工作站所有的实际处理工作都在运行数据库应用程序的 PC 机上完成，文件服务器只是在其磁盘上搜索用户所需的文件，并将数据文件沿着网络发给用户的 PC 机。文件服务器结构模式可以解决 PC 机以及工作站的数据与外部设备的共享问题，在一个局域网中共享数据，需要将文件存放在文件服务器上，所有用户可以根据规定的权限访问、获取服务器上的数据文件，文件服务器是局域网中共享外部设备的中枢。文件服务器只适应于规模较小的局域网，对于用户多、数据量大的情况就会产生网络瓶颈，降低整个网络的性能，不能满足分布式处理的需求。

（4）客户/服务器（C/S）结构。

在 Client-Server 结构模式中，应用被分为前端（客户端）和后端（服务器端），前端客户机运行应用程序，实现如逻辑处理，人机输入/输出和屏幕显示等功能；后端服务器运行全部或部分数据库管理系统，进行文件管理和通讯管理，为前端客户提供数据服务、文件服务和通讯服务，即将数据处理功能和人机交互功能分离到前端客户机和后端服务器上，客户机运行数据库应用，数据库服务器运行全部或大部分数据库管理系统。合理分配客户机和服务器的数据处理工作，大大减轻网络数据传输的负担，服务器上的资源也可得到更加充分地利用。同时，系统采用数据锁定、事务技术、存储过程等数据库技术保证数据完整一致准确。

目前仍有大量的信息系统采用客户/服务器结构模式，这种模式有 3 种结构类型：一是最基本的两层结构，即数据库服务器对客户机的请求直接给出应答；二是三层结构，即在二层结构中间设了具有专门应用软件的应用服务器来处理客户机的请求，应用服务器根据请求访问数据库服务器，并进行相应地数据处理后向客户机做出应答；三是在实际应用中，将二层结构和三层结构混合运用，根据请求的复杂程度对客户机做出应答，简单的直接访问数据库服务器，复杂的通过应用服务器访问数据库服务器，称为混合结构，如图 1-8 所示。

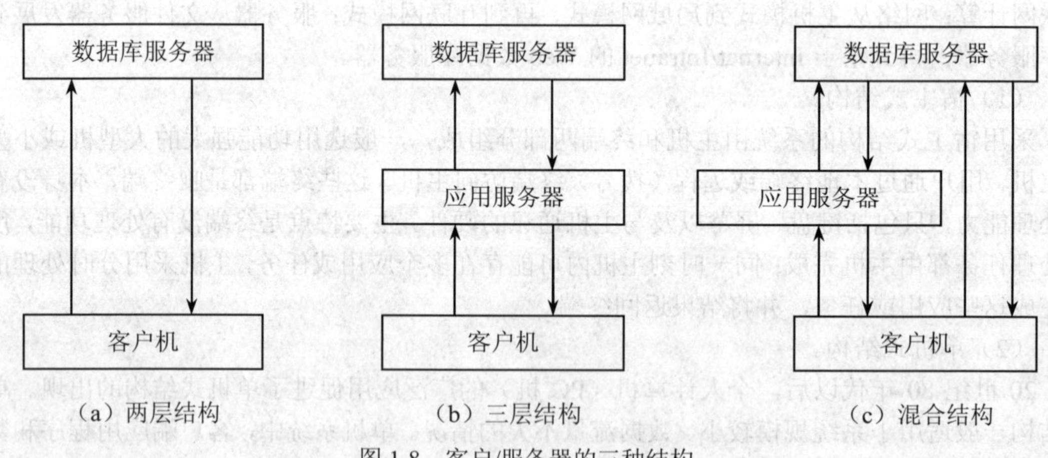

图 1-8　客户/服务器的三种结构

客户/服务器结构采用分层模式，将各种功能分离开来，充分利用客户机和服务器双方的能力，实现了应用程序与数据的分离，灵活地组成分布式应用环境，使数据具有更好的独立性和封装性，便于系统的更新和升级，减少了网络流量，缩短系统反应时间。但是，随着客户/服务器结构模式应用越来越广泛，其缺点也越来越突出，适用于中小规模局域网的客户/服务器结构，对于大规模的局域网和广域网不能很好地胜任；当系统用户数量增加时，服务器负载

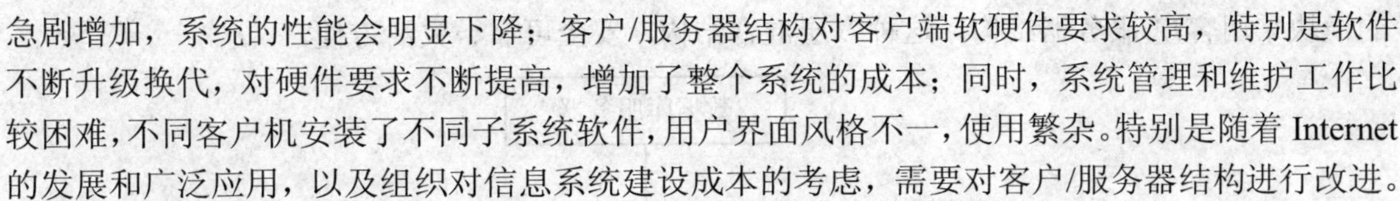

急剧增加，系统的性能会明显下降；客户/服务器结构对客户端软硬件要求较高，特别是软件不断升级换代，对硬件要求不断提高，增加了整个系统的成本；同时，系统管理和维护工作比较困难，不同客户机安装了不同子系统软件，用户界面风格不一，使用繁杂。特别是随着 Internet 的发展和广泛应用，以及组织对信息系统建设成本的考虑，需要对客户/服务器结构进行改进。

（5）浏览器/服务器（B/S）结构。

随着 Internet 和 WWW 的流行，出现了浏览器/服务器结构即 B/S 结构，是一种类似于终端/主机系统的结构，同时又具有客户/服务器结构的分布计算特性的新结构，解决了以往主机/终端和客户/服务器都无法满足全球网络开放、互联、信息随处可见和信息共享的新要求。浏览器/服务器结构由 Web 浏览器、Web 服务器、数据库服务器三个层次组成，分别与客户/服务器结构模式中的客户端、应用服务器、数据库服务器三个层次对应。可以说，B/S 结构是多层 C/S 结构的一个特例，其结构如图 1-9 所示。

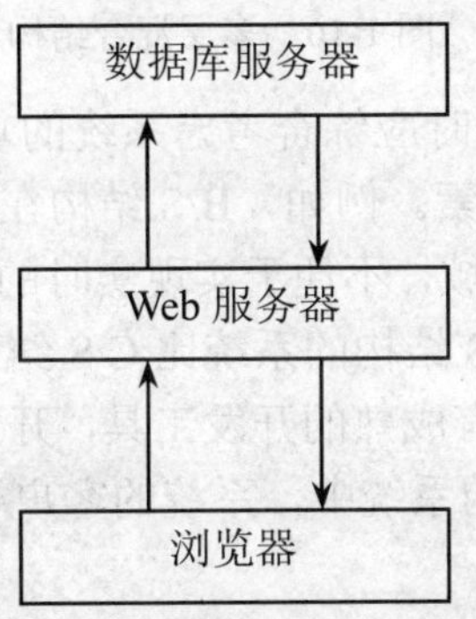

图 1-9　浏览器/服务器结构

浏览器/服务器结构的客户端使用一个通用的 Web 浏览器，代替了各种不同的应用程序软件，用户的所有操作都通过浏览器进行，Web 浏览器把 Web 页请求发送到 Web 服务器；Web 服务器是该结构的核心部分，负责接受远程或本地浏览器的 HTTP 请求，并把用户的请求与数据库服务器连接，再将结果转换成 Web 浏览器能够接受的形式（如 HTML）送给 Web 服务器，再由 Web 服务器将结果送回 Web 浏览器，呈现给用户。

这种结构相对于原来的客户/服务器结构，用户使用单一的浏览软件，使用简单；应用程序放在 Web 服务器端，软件的开发、升级与维护只在服务器端，维护方便；客户端只需安装一种 Web 浏览软件，对客户端硬件要求低；采用标准的 TCP/IP、HTTP，可以与现有的内网（Intranet）很好结合，能够充分利用现有资源；浏览器/服务器结构可直接通过 Internet 访问服务器，可扩展性好；内网中的用户可以方便地访问系统外资源，内网外的用户也可以访问内网的资源，信息资源共享程度高。很多基于大型数据库的信息系统都采用了浏览器/服务器结构模式。同时利用 Web 服务器和 Web 浏览器使信息系统在信息处理技术上实现了集格式化文本、图形、声音、视频为一体的高度交互式环境。

（6）多层混合结构。

为了发挥浏览器/服务器结构、客户/服务器结构各自的优势，形成了一种混合结构，如图 1-10 所示。对于面向大量用户的模块采用三层浏览器/服务器结构，客户端计算机上运行浏览器，中间建立一个 Web 服务器作为数据服务和客户机浏览器交互的连接通道，数据集中存放在性能较高的数据库服务器中。对于在安全性能高、交互性强、处理数据量大、数据查询灵活的模块采用客户/服务器结构。这种多层混合结构，安全可靠、灵活方便。

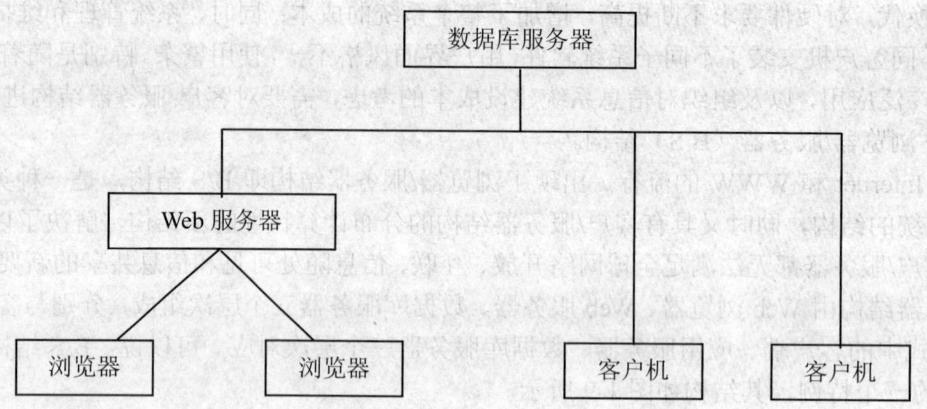

图 1-10　多层混合结构

在实际应用中，选择系统结构时应综合考虑系统的功能需求、软硬件环境、开发难度、系统维护及用户培训等多方面的因素。例如，B/S 结构在交互能力上远不如 C/S 结构，B/S 结构宜用于信息查询、数据分析等领域，不便于实现实时的事务处理功能；B/S 结构更易于实现不同操作系统间的互联和移植，B/S 结构的系统比 C/S 结构的系统更易于维护。但是 B/S 结构需要更多的网络带宽，B/S 结构没有成熟的开发工具，开发人员在设计、实现复杂系统时需要解决很多技术问题。而在 C/S 结构系统中，系统的客户端软件各不相同，用户在使用每个软件前都需要进行大量的培训。

习题 1

一、填空题

1．信息由__________、__________、__________、__________、__________、__________六大要素构成。

2．信息具有__________性、__________性、__________性、__________性、__________性、__________性、__________性这七点性质。

3．信息资源管理四要素为__________、__________、__________、__________。

4．系统包括__________性、__________性、__________性、__________性、__________性等特性。

5．组织管理活动和决策具有层次性，在管理的过程中经常根据管理活动和决策的特点分为__________、__________、__________三层。

6．信息系统是由硬件、软件、__________、__________和人员组成的信息处理的统一体。

7．信息系统类型包括__________、__________、__________、__________、__________五类。

8．决策支持系统一般由__________、__________、__________、__________等子系统作为部件有机地组合而成。

9．信息系统作为一个系统，也是由__________、__________、__________和反馈四个基本要素构成。

10．专家系统的基本结构主要包括__________、__________、__________等。

11．从网络技术角度讨论的信息系统的结构包括__________、__________、__________、__________、__________和多层混合结构。

二、问答题

1．信息的构成要素有哪些？信息具有哪些特征？

2．什么是系统和系统工程？

3．系统工程的阶段有哪些？系统工程基本方法是什么？

4．什么是信息系统？信息系统具有哪些功能？

5．信息系统的类型有哪些？每类信息系统主要解决哪个管理层次的问题？

6．试述文件服务器结构、客户/服务器（C/S）结构和浏览器/服务器（B/S）结构优点和不足。

三、讨论题

1．举出大家学习、生活中接触到的信息系统。

2．信息资源管理具有怎样的意义？

第 2 章　信息系统建设

本章围绕信息系统建设相关内容展开分析，首先对信息系统建设进行了概述，使读者了解信息系统建设的特点和影响因素；其次，介绍了信息系统的开发方法和信息系统的开发方式，重点介绍了系统开发方法中的结构化系统开发方法、原型法、面向对象方法和计算机辅助软件工程法；最后，介绍了信息系统的项目管理，内容包括项目管理流程、项目管理的内容和信息系统项目组织，重点介绍了项目管理内容中的进度管理、成本管理和质量管理。

本章要点

- 信息系统建设特点和影响因素
- 信息系统开发方法：结构化系统开发方法、原型法、面向对象方法和计算机辅助软件工程法
- 信息系统的开发方式
- 信息系统的项目管理流程
- 信息系统的项目内容：进度管理、成本管理和质量管理
- 信息系统项目组织

2.1　信息系统建设概述

2.1.1　信息系统建设的特点

信息系统的建设是一项复杂的系统工程，因为其开发周期长、耗资巨大、效益难以估量和涉及人员面广，要受到多方面条件的制约和多种因素的影响等原因，使信息系统建设具有的最大特点是复杂性。复杂性主要表现在如下 6 个方面。

1. 投资巨大，投资效益难以量化

信息系统的开发，从分析设计到运行维护，都需要投入大量的资金，而且还需要投入大量的人力和时间。虽然目前在信息系统的开发中采用了大量的先进技术，但是实际开发过程中的自动化程度仍然不高，系统的分析、设计和程序编写，必须靠足够的人力和时间去完成。这些都使得投入量很大，但是信息系统完成后，参与到组织运作中，究竟带来的绩效如何，却难以量化、评价。

2. 建设环境的复杂性

信息系统建设通常要涉及组织内部各级机构、管理人员及组织面临的外部环境。系统建

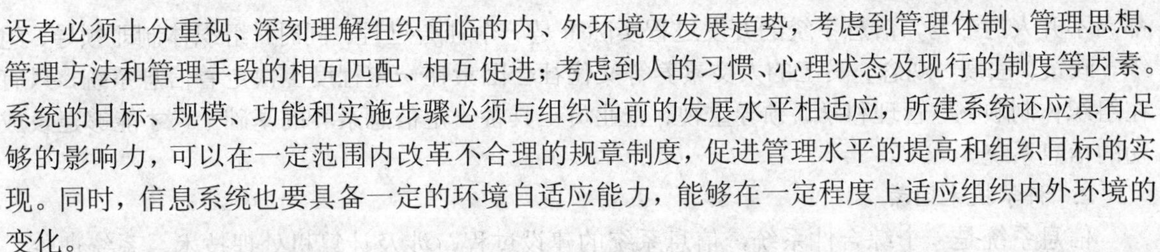

设者必须十分重视、深刻理解组织面临的内、外环境及发展趋势，考虑到管理体制、管理思想、管理方法和管理手段的相互匹配、相互促进；考虑到人的习惯、心理状态及现行的制度等因素。系统的目标、规模、功能和实施步骤必须与组织当前的发展水平相适应，所建系统还应具有足够的影响力，可以在一定范围内改革不合理的规章制度，促进管理水平的提高和组织目标的实现。同时，信息系统也要具备一定的环境自适应能力，能够在一定程度上适应组织内外环境的变化。

3. 用户需求的复杂性

信息系统的最终用户是各级各类管理人员。满足这些用户的信息需求，支持他们的管理决策活动，是建设信息系统的直接目的。然而，一个组织内各类机构和管理人员的信息需求不尽相同，有些需求可能相互冲突，有些需求又十分模糊，有些需求在建设过程中可能会发生变化。系统建设者面对这样复杂多样的需求，必须寻求使各方都比较满意的方案。

4. 建设内容的复杂性

信息系统处理、管理的对象是信息，而组织的信息往往形式多样、来源复杂和涉及面宽、数量庞大，信息内容和处理要求又涉及广泛的学科和事业领域。信息系统要实现一个组织的信息系统的综合处理以支持各级管理决策，必是一个规模庞大、结构复杂、具备多种功能、实现多个目标的大系统，就现有的企业信息系统而言，即使是中小企业，其信息处理内容的广泛性和系统结构的复杂性，也是一般工程技术系统难以比拟的。

5. 技术手段的复杂性

信息系统是利用先进技术解决社会经济管理问题的应用之一。计算机软硬件技术、数据通信技术、各种控制与决策方法、建模与仿真技术以及人工智能技术等，都是进行系统建设、实现系统各种功能的技术手段。掌握这些先进的复杂的技术以便正确地、熟练地使用它们，就要求系统建设者具有较高的科学技术水平。同时，信息系统建设的核心是软件的开发，软件开发的工具、开发中使用的编程语言，更新速度较快，软件开发人员需要不断的进行知识更新。因此，如何合理地应用这些技术手段以达到预期的效果，是信息系统建设面临的主要任务之一。

6. 建设资源的密集性

信息系统的建设是一项投资密集型的建设项目。由于规模大，建设内容复杂，系统开发需要投入大量的人工，因而也是劳动密集型项目。另外，系统建设还是一个智力密集型或知识密集型的项目。由此可见，建设系统所付出的代价十分昂贵，如何获取和合理使用这些资源，使之产生最大的经济与社会效益，是信息系统建设成功的一个关键。只有在信息系统建设的过程实现各种资源合理的配置和利用，才能确保信息系统建设的成功。

2.1.2 信息系统建设涉及的因素

信息系统建设的复杂性决定了在建设的过程中，必然会受到各种各样因素的影响。说到影响信息系统建设的因素时，可能人们首先想到的是技术因素的影响，但是在总结信息系统建设成功与失败的经验与教训时，人们发现失败的原因大多情况下并不是由技术因素决定的，技术因素带来的影响并不是最主要的，更多的是由组织内外环境中多种因素综合导致的。

1. 文化社会因素

在信息系统开发建设的实践中，人们越来越认识到社会人文因素对信息系统建设的影响，并逐步受到重视。信息系统是一个人机交互系统，其开发、设计、运行、维护的任何一个过程都离不开人的参与，信息系统的开发过程实际上是一个社会过程。同时，组织体制即领导、组织、政策、法规、观念、员工的人文素养等文化社会因素在一定程度上决定着信息系统，只有在组织体制顺畅、管理科学、领导重视、企业员工具备一定信息素养的基础上，才能够建设成功的信息系统。

2. 科学技术因素

信息系统是一个综合性系统，信息系统的建设过程，涉及计算机处理技术、系统理论、组织结构、管理功能、管理知识等各方面的问题，受到多方面条件的制约。应用到信息科学技术、计算机科学技术、管理学和行为科学、通信工程、系统工程等各方面的知识。同时，信息系统的开发离不开现代信息技术的支持。

3. 领域知识因素

每个行业对信息系统的要求，或者说信息系统的功能是不同的，即开发建设的信息系统都是面向专业领域服务的。开发信息系统的过程中，需要与专业领域中的专业知识融合，才能提供针对性服务。专业知识必须反映和渗透在信息系统之中，成为信息处理，业务处理，组织管理和辅助决策的依据，要求信息系统建设必须深入了解专业领域的各种业务，管理和决策知识。

4. 环境多变因素

建设的信息系统要想成为一个组织在竞争中的有力武器，就必须能够适应组织所处的竞争环境，考虑环境的变化。组织面临的市场、对手、政治、社会环境会发生变化；组织的目标、策略、管理、产品、技术、业务也在发生着动态变化；信息系统的技术（计算机、网络、软件等）不断发生着变化；这些变化的趋势和进程难以把握，这就要求信息系统能根据环境的变化进行动态调整。

5. 组织管理因素

信息系统建设是一项复杂的系统工程，在建设的过程中需要实施有效的组织和管理。可是，因为信息系统建设更多是智能性活动，工程对象的可见性不强，难于组织管理，使信息系统项目的组织管理较之于一般工程项目的组织管理更复杂。信息系统建设的组织管理涉及过程、人员、经费，材料、文档等多种要素，只有对这些要素进行有效的组织、计划、配置、控制、监督，才能够有序，有效，优质地进行信息系统建设。

2.2 信息系统开发方法

2.2.1 信息系统开发方法学

信息系统的建设是一项开发周期长、资金耗费大、涉及人员广泛的复杂系统工程，它既是组织对一个项目管理和控制的过程，又是综合运用目前各种先进的信息技术，达到解决实际管理问题的过程。同时，随着信息系统应用程度的深入和应用规模的扩大，信息系统开发的规模和难度加大。为了确保开发过程能够顺利进行，提高开发的质量、降低开发的成本、增强系统的适应性、方便用户使用、便于维护和管理，需要有科学的方法做指导。在信息系统开发实践中，20 世纪 60 年代约当（Edward Yourdon）、康斯坦丁（Larry L.Constantine）等提出了自顶向下、结构化系统开发方法，开创了系统开发方法学研究的先河。此后，人们开始了对信息系统开发方法和开发工具的系统研究，逐渐形成了信息系统开发方法学。

信息系统开发方法学是研究信息系统开发规律的学科，主要研究内容包括 4 个方面：一是在信息系统开发实践的基础上或过程中，分析、总结经验，研究系统开发的一般性规律，形成系统开发的指导思想和基本原则；二是从系统思想和系统工程方法的角度，为系统分析、开发、设计人员提供工作过程中的思维方法及其具体的分析、设计、开发原则；三是形成与系统思想相对应，适合于系统开发的具体实施环节，各实施环节步骤的描述和应用的开发工具；四是系统开发过程中影响成功的因素、条件，以及促进系统开发成功的实施方法、组织运行机制。信息系统开发方法实质上是思想、规范、过程、技术、环境及工具的集成，为认识系统、理解系统、描述系统、设计系统、开发系统、实施系统提供了一套思路，是一个认知体系。

到目前为止，人们已经总结出了各种各样的信息系统开发方法。据不完全统计，达到七八十种。不同的信息系统开发方法使用的工具和过程有所差异，这使得信息系统开发领域尚未形成统一的开发理论和支持开发过程的统一方法。对众多的系统开发方法进行研究就会发现，这些方法大都是从四种常用的系统开发方法中衍生出来的。本章重点讨论结构化系统开发法、原型法、面向对象的方法和计算机辅助开发方法。

2.2.2 结构化系统开发方法

1. 结构化系统开发方法的基本思想

结构化系统开发方法（Structured System Development Methodology，SSDM）是将生命周期和结构化程序设计思想相结合而形成的一种方法，是迄今为止应用最普遍、最成熟的一种开发方法。

结构化程序设计思想是 20 世纪 60 年代中期，荷兰埃因霍温大学的 E.W.Dijkstra 教授和 C.Bohm 以及 G.Jacopini 先后提出来的，这种思想强调一个程序的详细执行过程可以按照“自顶向下，逐步求精”的方法确定。“自顶向下”是将程序分解成若干个功能模块，这些模块之间尽可能彼此独立；“逐步求精”是将模块的功能进一步分解成一组子功能，通过对每一个子功能的实现来形成一个完整的程序。后来人们受到结构化程序设计的启发，将其“模块化”核心思想引入到系统设计中来，把一个系统设计成层次化的模块结构。

生命周期的概念在 20 世纪 70 年代被引入软件工程领域，成为管理和控制工程项目的重要手段，形成了信息系统开发的方法——生命周期法。任何一个系统从提出、开发、应用到系统的更新，经历了一个从孕育、生长到消亡的过程，这个过程称为系统的生命周期。在系统开发中运用生命周期法，就是根据系统开发活动的需要，将系统开发过程划分为若干个阶段，各个阶段的任务尽可能彼此独立，同一个阶段各项任务的性质尽可能相同。同时，应用系统工程的方法，按照各个阶段规定的任务要求，使用一定的图表工具，完成规定的文档资料。

综上所述，结构化系统开发方法的基本思想是采用结构化的系统分析和设计的方法——“自顶向下，逐步求精”，并依据系统开发的生命周期，把一个复杂的系统开发过程，严格划分成足够简单，并能被清楚地理解和表达的若干阶段，每一阶段规定它的任务、工作流程、管理目标，产生并编制出相应的文档，下一阶段的工作是在上一阶段文档的基础上进行，使开发工作易于管理和控制，形成一个可操作的规范，一个阶段一个阶段实现。系统的生命周期和结构化程序设计思想的结合，使系统分析与设计结构化、模块化、标准化，面向用户且能预料可能发生的变化。在上一阶段文档的基础上进行，使开发工作易于管理和控制，形成一个可操作的规范。

2. 系统开发的生命周期

采用结构化系统开发方法将系统的开发过程划分为系统规划、系统分析、系统设计、系统实施和系统运行、维护五个相互衔接的阶段，称为系统开发的生命周期，如图 2-1 所示。

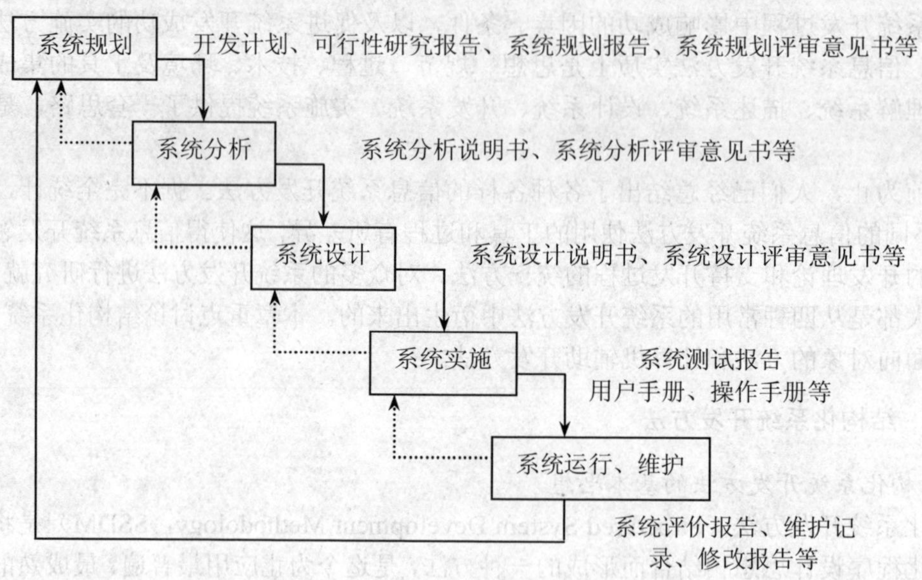

图 2-1　系统的生命周期

（1）系统规划。

系统规划是信息系统开发的第一步，在规划阶段的首要问题是通过对组织环境、目标、现行系统状况的调查分析，明确新开发系统的总体要求和适用范围，以及要解决的问题和实现的功能，实质上是进行系统定义；其次是结合系统的难易程度、系统项目的大小、组织的技术力量等实际，制定初步的进度表；然后，在充分考虑新系统所受的各种约束下，给出拟建系统的备选方案；最后对这些方案从系统开发的必要性和经济、技术、组织管理、环境、进度等方面进行可行性研究、论证，形成可行性研究报告，并审议可行性研究报告，最终形成系统规划报告，审议通过后启动项目，如果不是自行开发，还要和开发单位签订合同。因此，系统规划阶段的主要任务，如图 2-2 所示。对所开发的系统进行系统科学的规划，形成系统规划文档，主要包括技术文档（系统规划报告）和管理文档（可行性研究报告、开发计划、开发合同、系统规划报告评审意见等）。

（2）系统分析阶段。

系统分析是信息系统开发生命周期中最重要的一个阶段。系统分析人员研究、结合现有系统与管理层、用户从信息系统的功能、操作、过程与数据等各个方面，进行全面的沟通，发现和理解用户的全面需求，是对系统进行详细调查的过程。然后，确定新系统的目标，描述出新系统的功能，形成新系统总体逻辑方案；然后与用户反复沟通、分析、修改、完善和优化系统总体逻辑方案，逐步构建出新系统总体逻辑模型，如果用户对逻辑模型不满意，要继续修改，直到可行为止，或者项目终止；若逻辑模型可行，则进入下一阶段的工作。系统分析阶段的文档是系统分析说明书，这是系统建设必备的文件，一旦系统分析说明书审议通过，它既是给用户看的，也是系统设计阶段工作的依据和将来系统验收的依据。因此，系统分析阶段的主要任务，如图 2-3 所示。

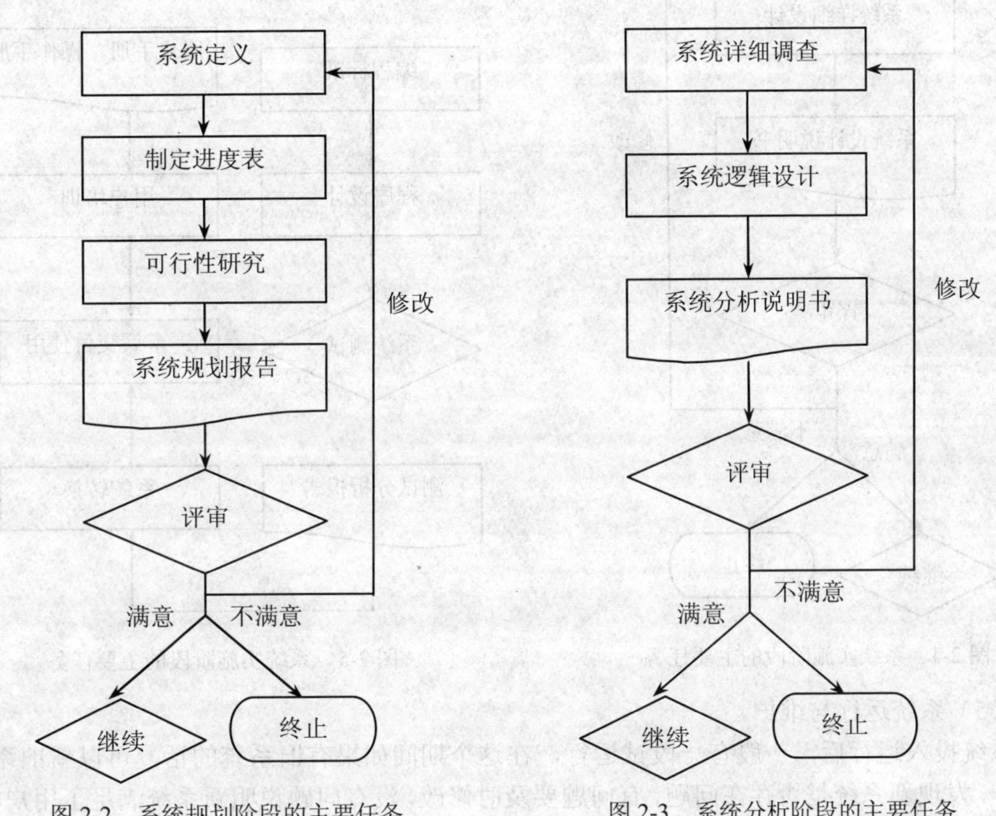

图 2-2　系统规划阶段的主要任务　　图 2-3　系统分析阶段的主要任务

（3）系统设计阶段。

系统设计阶段主要解决新系统怎么做的问题，是以系统分析阶段确定的新系统功能为基础，研究具体用什么方法和技术实现的过程。实质上是以系统分析说明书为依据，将分析模型进一步细化，全面确定系统应具有的功能和性能要求，并考虑技术细节和约束条件，进行系统总体设计和系统详细设计（总体、详细设计的具体内容见第 4 章），设计出一个可行的解决方案，最终形成系统设计说明书，以便于系统开发的程序员能很容易的编写代码。如果系统设计说明书经过审议后通过，项目继续进入下一阶段，否则终止。因此，系统设计阶段的主要任务如图 2-4 所示。

（4）系统实施阶段。

系统实施阶段是按照系统设计说明书的要求，具体实现新系统，进行测试，交付使用的过程。具体划分为两个阶段：第一阶段是系统技术实现过程和该过程的管理，主要包括建立编程标准、程序设计、系统测试、形成测试分析报告；第二阶段是用户转化阶段，主要包括用户培训（用户手册、操作手册等）、系统转换、评审鉴定后交付运行。因此，系统实施阶段的主要任务如图 2-5 所示。

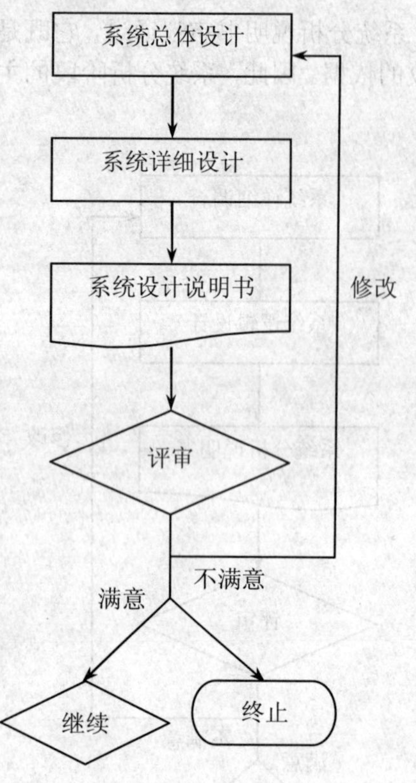

图 2-4　系统实施阶段的主要任务

编程标准
用户手册、操作手册
程序设计
用户培训
系统测试
评审后交付使用
测试分析报告
系统转换

图 2-5　系统实施阶段的主要任务

（5）系统运行与维护。

系统投入运行后，一般有一段试运行，在这个期间如果有旧系统的话，可以新旧系统一起运作，发现新系统是否存在问题，有问题要及时修改，没有问题说明新系统满足了用户需要，可以正式投入运行。在以后的运行中进行系统维护和评价，记录系统运行情况，根据一定的程序对系统进行必要的修改，评价系统的工作质量和经济效益。同时做好维护记录、评价报告、修改报告等。

3. 结构化系统开发方法的优缺点

结构化系统开发方法，严格按照系统的生命周期进行开发，适合于大型系统的开发，其优点和缺点表现的都比较明显。

（1）结构化系统开发方法的优点。

一是系统分析与设计采用自顶向下、逐步分解细化和模块化的思路，系统实施采用自底向上逐步实施的过程，便于系统的分析、设计、实施和维护，使复杂的系统开发工作简单化。

二是结构化和模块化，从全局观点出发进行系统分析和设计，保证系统总体结构的合理性、系统内数据信息的完整性与一致性、各子系统之间的有机联系。同时，根据设计的要求，采用模块化设计技术进行具体的程序和功能模块的编程与调试，逐步组合实现整个系统，强调系统开发的整体性和全局性。

三是严格划分系统阶段，把系统完整的开发过程划分为若干阶段，每一阶段对应的目标和任务明确。在实际的开发过程中一个阶段一个阶段开展工作，每一阶段及时总结、发现问题及时反馈和纠正，避免造成浪费和混乱，每一阶段前后衔接，正确性高。

四是面向用户，认识到用户决定系统开发成败的重要性，在系统开发过程中面向用户，充分了解用户的需求和愿望。同时，系统分析、设计后形成相关的新系统方案，都要进行严格审议，审议通过后才可进行下一阶段工作，使错误较难传递到下一阶段，一定程度上减少了错误造成的损失，保证了系统开发的质量。

五是文档资料规范化、标准化。系统开发过程工程化，要求开发过程的每一阶段都按工程标准规范化，标准化文档资料，即采用标准化、规范化的格式和术语、图表等形式组织文档，便于系统开发人员和用户的交流。

（2）结构化系统开发方法的缺点。

一是结构化系统开发方法要求预先严格定义出完整准确的功能需求和规格说明。即在开发之初就要全面认识用户的需求，充分预料到将来可能发生的各种变化。可是，往往因为系统的复杂性，用户对“需求”的理解存在模糊性，在开发的过程中一些环境和约束条件都会变化，需要在开发的过程中不断明确和完善用户需求，修改系统，但是这种方法往往不能很好地充分了解用户的需求和可能发生的变化。

二是由于系统开发的过程中，每一阶段都要和用户交流沟通后，总结每一阶段的结果，撰写每一阶段对应的方案和相应的文档，并进行审议，导致系统的开发时间长，后果是可能因为开发周期内计算机理论和技术的发展与更新、系统环境的变化等，造成刚建立的新系统迅速变得落后和陈旧，缩短系统的使用寿命。

三是开发过程中每一阶段都要形成规范化，标准化的文档资料，使得文档的编写工作量极大，而有些文档用户在理解过程中存在困难，会导致文档在审批中存在困难。同时，随着开发工作的进行，这些文档需要及时更新。

2.2.3　原型法

1. 原型法的基本思想

结构化系统开发方法在强调面向用户观点的同时，也强调系统开发每一个阶段的严谨性，要求在系统设计和实施阶段之前预先严格定义出完整准确的功能需求和规格说明。然而大多数系统，特别是对于规模较大或结构较复杂的系统，用户对“需求”的理解模糊，难以事先说清楚。虽然经过系统分析人员反复的沟通、交换意见，形成一些相关文档，但是难以使系统描述完整，难以与实际环境相符，难以对产生的新变化作出反映，难以完成对一些文档的完善，对将来新系统的运行效果更是难以评估。因此，用户需求具有模糊性和形成文档难以完善性，成为结构化系统开发方法的重要阻碍。

原型法（Prototyping Approach，PA）就是为了解决上述问题，产生于 20 世纪 80 年代中期的一种系统开发方法，并逐渐被广大系统开发者认可和得到广泛的应用，成为一种流行的系统开发方法。这种方法更符合人们认识事物的规律，是一种用户参与系统设计并修改直到满足用户需求的系统开发方法。它的基本思想是，在开发实际的系统之前，明确了用户的基本需求后，借助功能强大的辅助系统开发工具，首先构造一个系统原型，即系统工作的模型，使用户尽早看到未来系统的概貌，在系统原型的实际运行中与用户一起发现问题，提出修改意见，不断完善原型，使它逐步满足用户的要求。

2. 原型法的开发过程

原型法的开发过程通常划分为 4 个阶段，具体如图 2-6 所示。

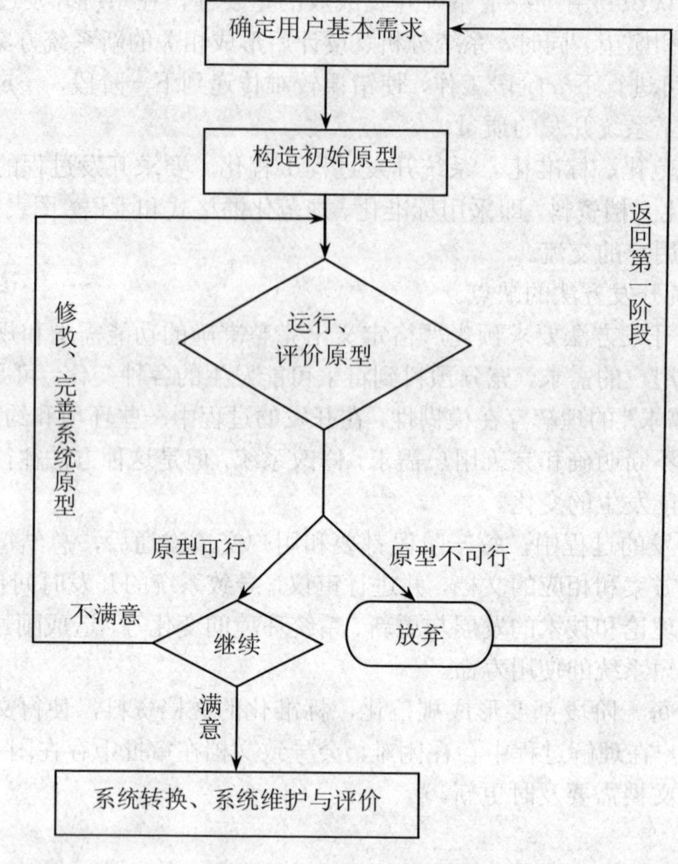

图 2-6　原型法开发的过程

（1）确定用户的基本要求。

当用户提出系统开发的要求后，系统分析和设计人员就要与用户进行沟通，如果有原系统的话，要对原系统进行研究和对组织的业务进行研究，在较短的时间里确定出用户的基本要求，即系统要实现的一些基本功能，主要是指人机界面、输入输出内容及格式、数据结构、数据处理方法等，这是下一阶段构造初始原型的依据。虽然原型法对系统基本需求的确定不像结构化系统开发方法那么严格和完善，但是也要求把最基本的需求描述出来，否则会影响到下一阶段构造出来的初始原型，如果构造出的初始原型与用户的基本需求都相差甚远，需要进行大量的修改，会让用户感到失望和降低用户的积极性。

（2）构造初始原型。

根据确定出来的系统基本要求，系统开发人员以较快的速度构造一个能运行的初步实现系统基本功能的交互式系统。通常包括用户界面，实现数据输入、输出的屏幕等。

（3）运行、评价原型。

运行初始原型，让用户和系统分析、设计者亲身体验，验证该原型，根据验证的实际情况，对原型进行评价，并提出原型在运行中没有实现的需求和存在的问题，提出下一步的需求和修改完善意见。如果，初始原型运行后，与用户的需求相差甚远，即原型不可行，可以放弃，从第一阶段重新开始。如果原型可行，但是还不太满意，进入下一个阶段。

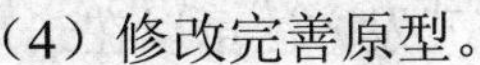

（4）修改完善原型。

根据用户提出的新需求、存在的问题和修改的意见，对原型进行修改、功能扩充和完善，然后返回上一个阶段，对原型再验证、再评价、再修改完善，直到形成一个能满足组织需求、用户满意的原型。此后，以该原型为基础，开发出一个最终应用的现实系统。

3. 原型法开发方法的优缺点

从上述对原型法开发周期的描述可见，原型法是通过运行构造出的初始原型，对其不断评价和修改，直到用户对原型满意为止。这种方法适合于处理过程明确、小型、简单系统的开发，但是对于处理过程不规范、大型、复杂、难以模拟的系统开发存在困难，其优点和缺点表现的也都比较明显。

（1）原型法开发方法的优点。

一是原型法开发系统的过程循序渐进，通过构造、运行系统原型，让用户参与，进行反复修改和完善，更符合人们认识事物的规律，也能及早暴露系统存在的问题，信息反馈的及时性强，确保了较好的用户满意度。

二是原型法构造出用户“看得见，摸得着”的系统原型，用户借助原型的启发，能够更为直观准确的描述需求，一定程度上克服了用户需求模糊，难以很好描述的难题，促进了用户与系统分析、设计人员之间的交流，缩小了理解和认识上存在的差距，自始至终强调用户的参与。

三是原型法构造出的系统原型，让用户一开始就能看到系统实现以后的具体样子，消除了心理负担，打消了对系统是否可实现、是否适用等的疑虑，为用户参与开发过程创造了一个良好的条件，提高了用户参与系统开发的积极性。

四是原型法能充分利用最新的软件工具、建立系统的开发和生成环境，摆脱了老一套工作方法，使系统开发的时间、费用大大地减少，效率、技术等方面都大大地提高。

（2）原型法开发方法的缺点。

一是原型法整个开发过程要经过“修改－评价－再修改”的多次反复，实质上对开发过程管理要求较高，但是原型法不如结构化系统开发方法成熟，开发人员易将原型取代系统分析，缺乏统一的规划和开发标准，缺乏规范化的文档资料，对系统开发的过程进行管理控制比较困难。

二是用户的大量参与，也会产生一些新的问题，如原型的评估标准是否完全合理。原型的开发者在修改过程中，容易偏离原型的目的，使用者在看到原型的功能逐步完备之后，以为原型可以联机使用了，而疏忽了原型对实际环境的适应性及系统的安全性、可靠性等要求，直接将原型系统转换成最终产品。这种过早交付产品的结构，虽然缩短了系统开发时间，但损害了系统质量，增加了维护代价。

三是原型法需要较高的系统开发环境支持，如系统开发工具、软硬件设备，甚至开发人员和用户的素质，尤其是支持开发过程中主要步骤的工程化软件支撑环境，以解决原型的迅速构造，以及从原型系统到最终系统形成的各种转换以及这些转换的一致性等，否则这种方法应用的效果会较差。

4. 实现原型法与结构化系统开发方法的有机结合

从上述对原型法和结构化系统开发方法的分析可见，两个方法各有所长，如果两者有机结合，可以在一定程度上弥补各自的不足。原型法可以在一定程度上解决结构化系统开发方法中用户需求具有的模糊性、系统开发周期比较长等问题，结构化系统开发方法可以在一定程度上解决原型法系统开发规范化不足和管理过程难以控制等问题。因此，原型法可以在一定程度上与结构化系统开发方法结合起来使用，用原型法进行需求分析，以经过修改、确定的原型系统作为系统开发的依据，在此基础上完善系统说明书。

2.2.4 面向对象的开发方法

1. 面向对象开发方法的基本思想

在面向对象（Object Orientation，OO）程序设计兴起之前，广泛使用的是面向过程的程序设计方法。面向过程的程序设计方法从过程的角度建立系统模型，其精髓是“数据结构+算法（过程）=程序”（Wirth 定律），如在传统的结构化系统开发方法中，过程模型和数据模型分别来建立，产生了过程模型和数据模型模型不一致的严重问题。另外，传统的结构化系统开发方法是一种自顶向下、逐步求精的设计方法，把系统根据功能分解成子系统，再把子系统分解为许多模块，实质上是围绕实现处理功能的“过程”来建立系统。然而，用户需求的变化大部分是针对功能的，用户需求的变化往往造成系统结构的较大变化，使得设计出来的系统结构常常是不稳定的，从而需要花费很大代价才能实现这种变化，而且开发出的系统可重用性及可维护性差。随着系统面临的问题越来越复杂，人们发现这个方法解决一些复杂问题及在大规模的软件系统开发维护过程中，表现出许多问题，特别是开发的软件可重用性差。因此人们开始从新的角度去思考 Wirth 定律，产生了面向对象程序设计。

与结构化系统开发方法相似，面向对象方法的产生与发展也是首先产生了面向对象程序设计语言。面向对象的概念在 20 世纪 60 年代挪威奥斯陆大学和挪威计算中心共同研制的仿真语言 Simula67 中最早出现。但是第一个真正的面向对象的程序设计语言是 20 世纪 70 年代美国加州的 Xerox 研究中心推出的 SmallTalk 语言，此后该研究中心经过改进和完善，到 80 年代推出较完善的 SmallTalk 80，开始引起人们的广泛注意，到 90 年代面向对象的方法和面向对象的程序设计开始成熟，并成为软件开发方法的主流，其概念和应用已超越了程序设计和软件开发，扩展到很宽的范围，如数据库系统、交互式界面、应用结构、应用平台、分布式系统、网络管理结构、计算机辅助设计技术、人工智能等领域。

面向对象开发方法的基本思想为，开发一个系统是为了解决某些问题，这些问题所涉及的客观世界称作该系统的“问题域”，由于客观世界的问题都是由客观世界中的实体及实体相互间的关系构成的，因此我们根据这些实体的本质特征把它们抽象为对象。面向对象的方法直接以问题域中的对象为中心来思考问题，作为系统的基本构成要素，而“对象”比构成系统的“过程”、“数据”要素要稳定，对象将数据和功能紧密的结合在一起，使开发出来的系统稳定性、可重用性及可维护性好。从对象角度建立系统模型，可以使系统直接地映射问题域，保持问题域中事物及其相互关系的本来面貌。因此，使开发软件的方法与过程尽可能接近人类认识世界、解决问题的方法与过程，使建立的系统结构与现实世界能很好地相对应，而且面向对象方法支持复用程度高，本身提供了一些支持复用的机制（如继承），提高了软件系统的可复用性。

2. 面向对象开发方法的开发过程

面向对象开发方法的开发过程与结构化系统开发方法的过程大致相同，系统规划（进行系统调查和需求分析）、系统分析、系统设计、系统实施、系统测试和维护。不同的是一个是

面向对象的，一个是面向过程的。这里仅作简单描述。

（1）系统规划。

系统规划即对系统将要面临的具体管理问题及用户对系统开发的需求进行调查研究，确定系统目标。

（2）面向对象的分析（Object-Oriented Analysis，OOA）。

根据系统目标分析问题和求解问题，在复杂的问题域中抽象识别出对象及其行为、结构、属性和方法并分析它们相互间的关系，最终建立起问题域的正确模型，这一个阶段一般称为面向对象分析。

（3）面向对象的设计（Object-Oriented Design，OOD）。

面向对象的设计是把分析阶段得到的需求转变成符合成本和质量要求的、抽象的系统实现方案的过程。在这个过程中，对分析的结果进一步抽象、归类整理，最终以范式的形式确定下来。从面向对象的分析到面向对象的设计是一个逐渐扩充模型的过程，即用面向对象观点建立求解域模型的过程。

（4）面向对象的程序设计（Object-Oriented Programming，OOP）。

面向对象的程序设计的任务就是使用一种面向对象的程序设计语言（OOPL）将其范式直接映射为应用程序软件，并且调试程序。

（5）面向对象的测试和维护（Object-Oriented Testing& Maintenance，OOT&M）。

面向对象方法使用独特的概念和工具完成软件开发工作，因此，在测试面向对象程序的时候，除了继承传统的测试技术之外，还必须研究与面向对象程序特点相适应的新的测试技术。面向对象方法使得程序与问题域是一致的，各个阶段的表示是一致的，从而大大减少了理解的难度。因此，无论是发现了程序中的错误而逆向追溯到问题域，还是需求发生了变化而从问题域正向跟踪到程序，维护工作都比较容易进行。

3. 面向对象开发方法的优缺点

（1）面向对象开发方法的优点。

一是以对象为基础，利用特定的软件工具实现了对客观世界对象客体的描述到软件结构的直接转换，解决了从分析和设计到软件模块结构之间多次转换的繁杂过程，解决了从电子数据处理系统到软件模块之间的多次映射的复杂过程，大大减少了后续软件开发量。

二是以对象为基础，解决了其他方法中描述客观世界的问题域与软件系统结构的不一致性，缩短了开发周期。

三是基于“对象”要素建立的系统模型，比基于“过程”和“数据”建立的系统模型稳定，增强了系统的适应性，而且面向对象的方法对复用支持程度高，使得开发的系统稳定性、可重用性及可维护性好。

（2）面向对象开发方法的缺点。

一是面向对象的方法，关键是从客观世界抽象出对象，可是复杂的客观世界，使得在系统分析阶段对对象的抽象困难。

二是面向对象的开发方法，需要有一定的软件基础支持才能应用。

三是如果在大型系统开发中，一开始就自底向上地采用面向对象方法开发系统，而不经自顶向下的整体划分，缺乏整体系统设计划分，易造成系统结构不合理、各部分关系失调等问题。因此，面向对象的开发方法与结构化系统开发方法在系统开发中相互依存、不可替代。

2.2.5 计算机辅助软件工程法

1. 计算机辅助软件工程法的基本思想

计算机辅助软件工程法（Computer Aided Software Engineering，CASE）产生于20世纪80年代末期，得益于第四代语言（Fourth-Generation Language，4GL）和绘图工具发展，是一个仍在发展中的概念。随着技术的发展和人们认识的深化，计算机辅助软件工程法已逐渐朝着可以进行各种需求分析、功能分析、结构图表生成（如数据流图、结构图、实体联系图等），进而成为支持整个系统开发全过程的一种大型综合系统，成为能支持除了“系统调查”之外的所有系统开发过程，为系统开发人员提供了一组优化的、集成的、且能节省人力的系统开发工具，帮助开发者方便、快捷地产生出系统开发过程中的各类图表、程序和说明性文档，着眼于系统分析、设计、开发、实施和维护等各个环节的自动化，使开发工作成为以自动化工具和支撑环境支持的自动化过程。大大简化了系统的开发工作，加快了系统的开发过程，提高并充分利用软件的可重用性，通过自动检查提高软件质量，使系统开发人员能高效地开展工作，为软件开发者提供了各种不同程度的帮助。

但是在实际开发一个系统时，计算机辅助软件工程法必须结合一种具体的开发方法，如结构化开发方法、原型法、面向对象的方法等。因此，从严格意义上说，计算机辅助软件工程法并不是一门真正意义上的方法，只是一种辅助的开发方法，只是为具体的开发方法提供支持某一过程的专门工具，属于软件开发环境/工具范畴，是一种软件自动化/半自动化技术。

2. 计算机辅助软件工程的基本功能

现在，计算机辅助软件工程中集成了多种工具，这些工具既可以单独使用，也可以组合使用，支持除了“系统调查”之外的所有系统开发过程，基本功能描述如下：

一是协助开发人员认识软件工作的环境与要求、合理地组织与管理系统开发的工作过程，即认识与描述客观系统。

二是系统开发中产生大量的信息，结构复杂，数量众多，由工具提供一个信息库和人机界面，有效地管理这些信息，即存储及管理开发过程中产生的信息。

三是通过各种信息的提供，使用户在较短时间内，自动或半自动地生成所需的代码段，进行测试、修改，即代码的编写或生成。

四是快捷地产生出系统开发过程中的各类图表、程序和说明性文档，即文档的编制或生成。

五是帮助相关人员有效地估算项目开发的工作量、成本、进度，形成项目开发计划，并且跟踪项目的进度，进行相关管理，确保项目质量，即项目管理。

3. 计算机辅助软件工程方法的特点

一是计算机辅助软件工程提供了一组能够自动覆盖软件开发生命周期各个阶段（除系统调查外）的集成工具，强有力地支持了系统开发的全过程，解决了从客观对象到软件系统的直接映射问题。

二是支持自顶向下的结构化系统开发方法，使结构化系统开发方法更加实用；支持自底向上的原型化和面向对象的方法，使原型化和面向对象的方法能很好地付诸于实施。

三是实现分析设计图表和程序编写自动化，使开发者从繁杂的分析设计图表和程序编写工作中解放出来；自动生成统一的标准化的系统开发过程中的各种文档，减轻了相关人员的工作负担。

四是项目管理、分析、设计、编程、测试和维护工具辅助系统的开发，加速了系统的开发过程，简化了软件的管理程序，提高了软件的重用性，而且自动检测的方法大大提高了软件的质量，提高了系统的维护能力。

因此，计算机辅助软件工程方法为系统的开发提供了方便，具有鲜明的特点和优势，但是，它不能使业务上的需求自然而然地得到满足，不能做到系统设计的完全自动化，仍然要依靠分析与设计者的分析技能进行一定程度的相关的系统分析和设计。

2.3　信息系统的开发方式

在信息系统开发方式上，组织可以在目前常用的自行开发、委托开发、联合开发、购买现成软件包中选择一种。4 种开发方式各有优缺点，需要根据组织的资源情况、技术力量、信息系统在企业战略中的地位（是否是形成组织的独特竞争优势和核心竞争力中的要素）、信息以及流程可靠性或机密性要求、项目成本和进度的要求，以及管理基础、外部环境等多种因素进行选择。但是，不论选择哪一种方式，组织的领导和技术人员必须参加，并在系统完整的开发过程中培养和锻炼组织的技术队伍。

1. 自行开发

组织具有较强的技术力量，即具备系统分析、设计和编程力量，而且组织希望通过信息系统的开发提升组织的竞争优势，形成核心竞争力，可以采用自行开发的方式。其优点是组织对系统的需求比较了解，用户与本组织的技术人员之间沟通比较容易，可以得到适合组织特点的满意系统，也有利于日后系统的维护和升级换代，需要项目成本少，通过系统开发也能培养、提升自身的技术力量。其缺点是系统开发的周期长，需要强有力的领导，组织自身的技术人员不如系统开发公司的人员专业，需要进行一定的咨询。

2. 委托开发

组织具有的技术力量较弱，缺乏系统分析、设计和编程人员，但是资金比较宽裕，组织竞争优势和核心竞争力不完全依赖于信息系统。组织可以在系统规划、需求等方面提出尽可能明确的要求，采用招标等方式选择开发公司，通过签定合同要求承担开发的公司在规定的成本、进度和服务的基础上，完成系统的开发。目前，较多的组织采用委托开发的方式，其优点是可以充分利用专业开发公司的人员优势，开发出的系统技术水平较高，开发速度较快，组织比较省事。但是，开发公司专业人员与组织的信息沟通不容易，对组织的需求、系统功能的认识，可能会存在偏差，因此开发的项目难以完全满足用户的需要。同时，组织对系统的控制困难，开发的风险较大，需要组织选配熟悉业务的技术人员，配合开发工作，做好沟通、协调、监督和检查工作；为保证系统的运行和维护，需要做好培训工作。

3. 联合开发

联合开发实质上是一种半委托方式，需要组织有一定的系统分析、设计和编程力量，由组织和开发公司共同开发，实现两者优势互补，而且组织可以参与到整个系统的开发过程中，实现组织与开发公司良好的沟通与协调，及时解决开发过程中存在的问题，从而开发出能更好满足组织需要的系统，同时能够培养和锻炼组织的技术队伍，为日后系统的维护和二次开发奠定了基础。这种开发方式需要双方分工明确，明确自己的职责，精诚合作。

4. 购买现成软件包

随着软件开发向商业化和专业化方向发展，市场上出现了不少商品化软件包，避免了重复劳动，提高系统开发的经济效益。而且购买现成的软件包最省事，节省时间。但是这种商品化的软件，通用性强而针对性差，因此要想买到完全适合本组织的软件并不太容易。因此，购买现成软件包需要组织有较强的鉴别能力，如果购买来仍然需要对系统进行修改，不仅费时，成本也难以估算，对系统的维护比较困难。

不同的开发方式有不同的优缺点，组织需要根据自身实际情况进行选择，也可以综合使用各种开发方式。此外，除了自行开发以外，其他方式都需要选择开发单位。系统开发单位的选择不仅要考虑系统是否可以成功的建成，日后系统的维护、服务、升级也至关重要。对开发单位的选择要着重考虑如下因素，一是选择实力雄厚的系统开发单位，认真了解他们拥有的信息系统服务和技术方面的专家，熟悉开发技术和工具；二是调查系统开发单位是否有相关项目开发的成功经验，熟悉用户的业务情况和开发过类似的系统；三是考虑开发单位的信誉，以便日后对系统进行及时维护和升级。不论选择哪一种开发方式，在系统开发的过程中，组织一定要让自己的信息技术人员参与其中，一方面加强质量监督，开发过程规范的监控，同时也能锻炼和培养组织的技术人员，使他们将来能够对系统进行维护，甚至具备独立进行系统开发的能力，利于将来系统的升级。

2.4 信息系统的项目管理

2.4.1 信息系统项目建设需要管理

“项目”一词在社会经济和文化生活的各个方面被人们应用的越来越多。人们经常在“项目”一词前加上限定词，如“2009 年上海世博园区建设项目”、“某个新产品开发项目”等，限定词通常描述的是项目对象的名称、特性、范围，整个项目的实施和管理都是围绕着这个对象进行。每个项目都具有区别于其他项目的独特性，有明确的目标，项目要在限定的周期内实施完成，项目在实施的过程中不仅会受到自然资源（人力、物力、财力等）的约束，还有很多无法预料的情况发生，即项目的不确定性，使得项目实现预期制定的目标变的困难。为了使每个项目都尽可能的取得成功，把各种资源应用于项目，以实现项目的目标，满足各方面既定的需求，人们在实践中逐步形成了成熟的项目管理理论、技术和方法。

对组织来说，信息系统建设也是一类项目，具有项目的一般特征。然而，在信息系统项目建设的过程中，其与一般项目相比具有更大的不确定性，很多无法预期情况会发生，会使系统预期目标的实现变得很困难，为了实现系统最初制定的目标，需要人们采取一定的措施、方法来预防和解决系统开发过程中出现的问题，对系统开发的过程进行控制。许多成功与失败的信息系统建设经验与教训的总结，使人们逐渐形成了“三分技术、七分管理”的共识，成功的信息系统建设更大程度上归功于成功的管理，而不是最大程度上取决于是否采用了最先进的技术和开发工具，投入最多的资金。由此可见，管理在信息系统建设中的作用巨大，为了确保信息系统建设的成功，人们将成熟的项目管理思想、原理和方法应用于信息系统建设项目中，信息系统项目管理成为人们研究的一个重要内容。

项目管理贯穿于系统开发的全过程，是对项目开发组织进行管理的过程，没有科学的项目管理，系统开发无法顺利完成。只有进行科学的项目管理，作出项目开发计划，控制系统的开发进度，做好项目的经费支出和经费控制；协调好各级开发人员与各级用户之间的关系，做好文档管理工作，才能使项目的开发工作能够按时、保质、在经费允许的范围内完成。

总而言之，信息系统项目管理是为了使信息系统能够按照规定的成本、进度、质量顺利完成，而对成本、人员、进度、质量、风险等进行分析和管理的活动。

2.4.2　信息系统项目管理流程

信息系统项目管理不仅要努力实现项目的范围、时间、成本和质量等目标，还必须协调整个项目过程，实现项目各个阶段的先后衔接，每个阶段都有自己的起止范围，有本阶段的输入文件和本阶段要产生的输出文件。同时，每个阶段都有本阶段的控制关口，即本阶段完成时所产生的重要文件也是进入下一阶段的重要输入文件。每个阶段完成时一定要通过本阶段的控制关口，才能进入下一阶段的工作，各个阶段先后衔接的全体成为项目管理流程。信息系统项目管理流程一般包括 5 个部分：项目启动、项目计划、项目实施和控制、项目结束和项目的后续维护，如图 2-7 所示。

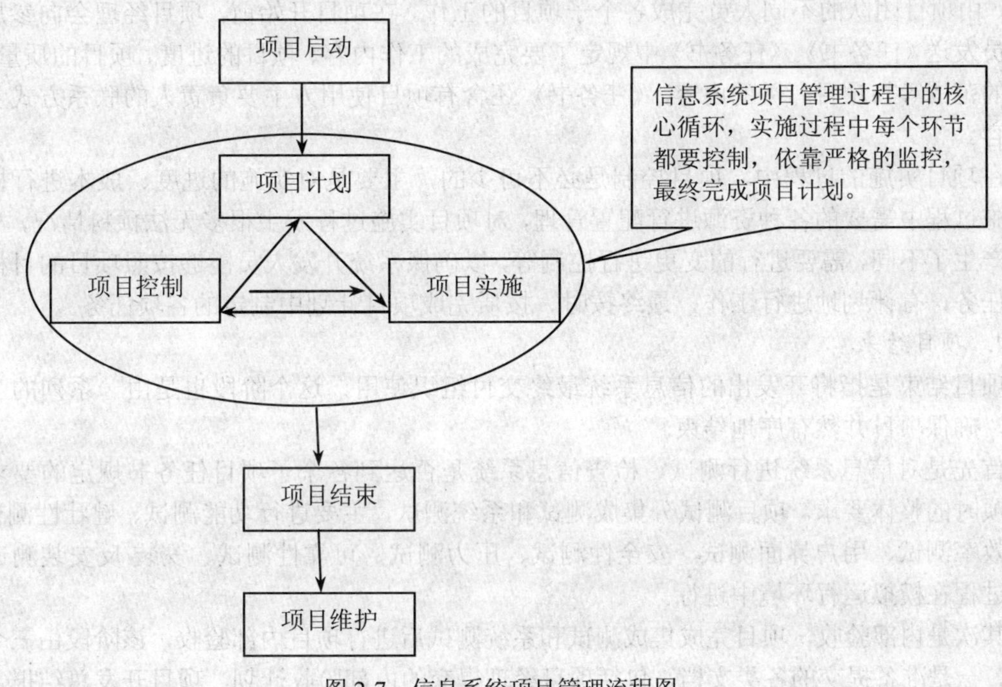

图 2-7　信息系统项目管理流程图

1．项目启动

项目启动是项目管理过程中一个新项目开始的过程，实际上是指信息系统项目立项。这一阶段主要工作是根据组织管理人员提出的大致系统目标、解决问题的范围、系统的功能和性能、运行环境、设计费用和完成时间等，对组织业务进行初步调查，了解组织内部目前和未来主要业务发展方向，这些主要业务在什么样的环境下开展，需要使用什么技术能够使建设的信息系统为组织业务运行提供更好的平台，提出项目建议书。项目建议书被主管部门批准后，进行可行性研究，形成可行性研究报告，项目能否正式实施还有待于可行性研究报告是否能通过主管部门的审批。如果可行性研究报告审批通过，才表示项目立项，才可以制定具体的项目计划，开始下一阶段的工作。因此，每个阶段都要进行阶段性的审核或检查。上一阶段形成的各类文件将是下一阶段的启动文件。

2. 项目计划

项目管理过程中的第二个阶段和第三个阶段，是信息系统项目管理的核心。其中，计划的编制是项目管理过程中最复杂的阶段，项目计划工作涉及 9 个项目管理知识领域（在项目管理内容一节中具体分析）。在计划编制的过程中，可看到后面各阶段的输出文件。计划的编制人员要有一定的信息系统项目建设经验，在计划制定出来后，项目的实施阶段将严格按照计划进行控制。今后的所有变更都将是因与计划不同而产生的，也就是说项目的变更控制将是参考计划阶段的文件而产生的。

3. 项目实施和控制

根据制定的项目计划，进入信息系统项目实施阶段，该阶段实质上是利用组织大量资源进行系统开发的阶段，通过必要的活动，一步步完成计划阶段制定的各项任务。在信息系统项目具体的实施过程中，往往大型的信息系统会根据技术类别或系统功能将项目分解成不同的子项目，由项目团队的不同人员完成各个子项目的工作。在项目开始前，项目经理会向参加项目的成员发送《任务书》。《任务书》中规定了要完成的工作内容、项目的进度、项目的质量标准、项目的范围等与项目有关的内容，《任务书》还含有项目使用方主要负责人的联系方式及地址等内容。

在项目实施的过程中，项目控制是必不可少的，主要是对实施的进度、成本进行控制，对实施过程中需要的各种资源进行配置管理，对项目实施过程发生很多无法预料情况，与项目计划产生了不同，需要进行的变更进行控制等，以确保系统开发人员能够按照项目的目标和下达的任务，有计划地进行工作，最终按时、按质完成项目计划中制定的各项任务。

4. 项目结束

项目结束是指将开发出的信息系统最终交付组织使用，这个阶段也是由一系列的工作组成的，确保项目井然有序地结束。

首先是对信息系统进行测试，检查信息系统是否达到各个子项目任务书规定的要求和项目立项时的整体要求。项目测试分集成测试和系统测试，主要进行功能测试、健壮性测试、性能一效率测试、用户界面测试、安全性测试、压力测试、可靠性测试、安装/反安装测试等。测试过程在模拟运行环境中进行。

其次是内部验收，项目完成集成测试和系统测试后进行项目内部验收，该阶段由三个环节构成。一是准备提交的各类文档，包括项目经理提交的内部验收计划、项目开发总结报告、产品发布清单；财务主管提交的项目财务预算报告等；二是站在用户角度进行内部验收测试，测试内容与方法虽然与系统测试基本相同，但是这是试运行的基础，通过这一步，为用户验收作充分的准备；三是内部评审，对提交的所有文档及测试结果进行内部评审，完成项目开发总结报告。

最后是项目试运行与验收，该阶段的主要任务是，使所有的工作产品得到用户的确认，也由三个环节构成。一是项目经理负责检查产品的完整性，包括文档、介质和中间产品等，以确保现场实施的成功；负责应用软件的现场安装调试，完成安装调试总结报告；负责制定用户验收计划，并得到用户的确认。二是用户进行验收测试和系统试运行，进行文档和系统的移交。三是用户确认，项目经理负责与客户协调，协助用户进行项目验收，形成用户验收报告。

5. 项目维护

信息系统项目结束后，项目管理过程进入到系统维护阶段。信息系统在最终交付组织使用后，在系统的运行过程中，特别是运行较长时间后，系统中的软件或硬件都有可能出现损坏，需要对系统进行正常的日常维护，系统维护是为组织业务提供良好的服务，使信息系统项目产生绩效的重要保证。直到新的信息系统投入运行，代替该系统，这个信息系统项目的维护工作才会结束。

2.4.3　信息系统项目管理内容

信息系统项目管理就是应用项目管理的思想、原理和方法对项目进行管理，那么究竟要管理什么，能使项目管理人员在系统建设的过程中，尽可能事先预测可能发生的问题，采取有效的措施进行控制，实现系统预期的目标，使管理工作成为主动的，而不是被动的。为了认识信息系统项目管理的内容，我们有必要了解项目管理知识体系。

1. 项目管理知识体系

成立于 1966 年的美国项目管理学会（Project Management Institute，PMI），一直致力于项目管理领域的研究工作。在 1987 年推出了项目管理知识体系指南（Project Management Body of Knowledge，PMBOK），并在 1996 年和 2000 年进行了两次修订，使该体系更加成熟和完整，这个知识体系包括九大知识领域，如图 2-8 所示。每个知识领域包括数量不等的项目管理过程，成为项目管理研究的一个重大里程碑，受到国内外专业学术领域专家和学者的广泛重视。目前，应用领域进一步扩大，得到了迅速的发展。对信息系统项目建设，同样具有指导价值。

如图 2-8 所示，项目管理知识体系包括项目范围管理、进度管理、成本管理、质量管理、人力资源管理、沟通管理、采购管理、风险管理和整合管理九大知识领域。因为项目是一个整体，项目管理是一个整体化过程，项目的整体性要求，需要对项目进行整体化管理，也就是说项目管理需要全局的整合观念，以识别、确定、结合、统一与协调项目管理过程（每个知识领域包括数量不等的项目管理过程）组内不同过程与项目管理活动所需进行的各种过程和活动，使得项目管理其他八个方面都与整合管理有着联系，实现了项目目标整合、项目方案整合和项目过程整合。

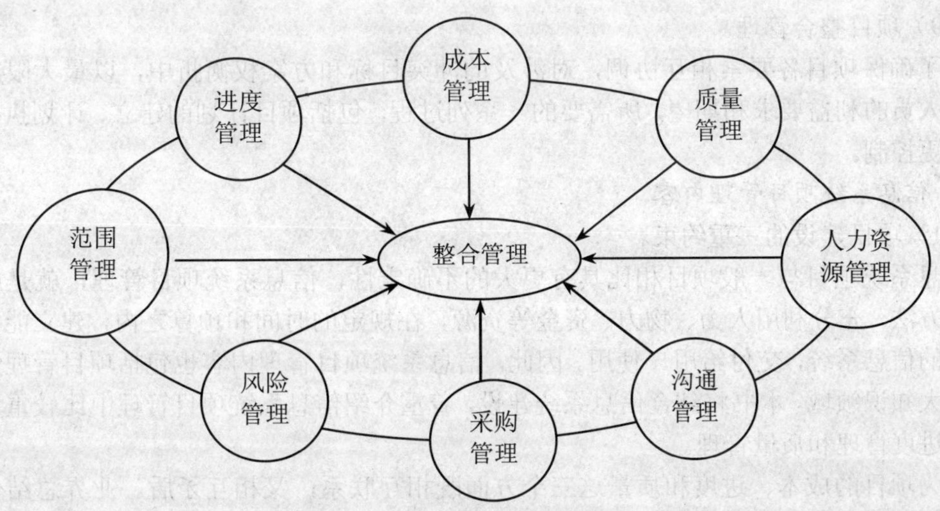

图 2-8　项目管理九大知识领域

项目管理知识体系内的九大知识领域中，每个知识领域包括数量不等的项目管理过程，简单描述如下：

（1）项目范围管理。

为了达到项目目标，对项目工作内容的范围保持控制所需要的一系列过程，包括项目立项、范围计划编制、范围定义、范围核实和范围变更控制等。

（2）项目进度管理。

为了确保项目各阶段工作按时完成所需要的一系列过程，包括活动定义、活动排序、活动工期估算、制定进度计划和进度控制。

（3）项目成本管理。

为了确保完成项目的总成本不超过批准的预算所需要的一系列过程，包括资源规划、成本估算、成本预算和成本控制。

（4）项目质量管理。

为了确保项目满足其需求所需要的一系列过程，包括质量计划编制、质量保证和质量控制。

（5）项目人力资源管理。

为了保证项目中所有参与人员的能力和积极性得到最有效的利用，所需要的一系列过程，包括人力资源规划、人员招聘、项目团队组建和团队建设。

（6）项目沟通管理。

为了确保项目信息及时、适当地产生、收集、发布、储存和最终处理，所需要的一系列过程，包括信息计划编制、信息发布、执行情况汇报和行政收尾。

（7）项目采购管理。

为了从项目实施组织以外获得产品和服务等资源，所需要的一系列过程，包括采购计划编制、招标计划编制、招标、资源选择和合同管理以及合同的终结。

（8）项目风险管理。

项目实施过程中可能会遇到各种不确定的因素，为了将有利于项目的方面尽量扩大并加以利用，而将不利方面带来的后果降到最低程度，所需要的一系列过程，包括风险的识别、风险量化、风险应对措施开发和风险控制。

（9）项目整合管理。

为了确保项目各要素相互协调，对涉及的冲突目标和方案权衡折中，以最大限度满足项目相关人员的利益要求和期望，所需要的一系列过程，包括项目计划的建立、计划执行和项目总体变更控制。

2. 信息系统项目管理内容

（1）项目建设的三重约束。

信息系统项目与一般项目相比具有更大的不确定性，信息系统项目管理，就是应用项目管理的方法，充分利用人力、物力、资金等资源，在规定的时间和预算之内，建立能够满足用户需求的信息系统，交付给用户使用。因此，信息系统项目管理内容也包括项目管理知识体系中的九大知识领域。本书将结合信息系统建设，着重介绍信息系统项目管理中比较重要的成本管理、进度管理和质量管理。

因为项目的成本、进度和质量这三个方面既相互联系，又相互矛盾。业界总结信息系统建设成功与失败的经验、教训时，有两个 80:20 的估计：80%的项目都失败了，只有 20%的项目是成功的，失败的项目 80%的原因不是技术因素导致的，只有 20%的原因是技术因素导致的。而在大多数情况下，信息系统项目失败最终表现为成本超支和进度拖延，两者与质量有着密切关系。在实现规定质量的前提下，在进度和成本目标之间做出权衡；在规定的进度内完成，在质量和成本目标之间做出权衡；在成本一定的前提下，在质量和进度目标之间做出权衡，所以成功的项目必须满足用户在时间、成本和质量上的不同要求。成本、时间和质量成为实现项目建设目标的三重约束，如图 2-9 所示，三者的关系如图 2-10 所示。

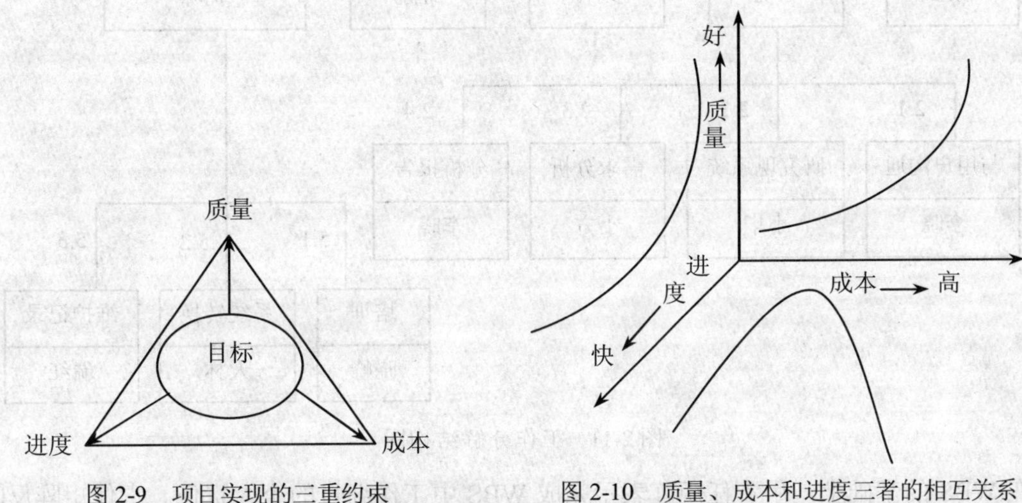

图 2-9　项目实现的三重约束　　图 2-10　质量、成本和进度三者的相互关系

（2）信息系统项目建设的进度管理。

项目进度管理就是要采用一定的方法对项目所包括的活动及其之间的相互关系进行分析，对项目活动所需要的时间进行估计，并在项目的时间期限内合理地安排和控制活动的开始和结束时间，以保证项目能在满足其时间约束条件下提前实现项目总体目标。项目进度管理阶段所需要的一系列过程，包括活动定义、活动排序、活动工期估算、制定进度计划和进度控制。

①活动定义。

项目定义阶段必须是确认和描述项目的特定活动，以便产生各种项目交付产品。项目工作被分解为更小、更易管理的工作包，也叫活动或任务，是为了更好地管理和控制。在项目实施中，要将所有活动列成一个明确的活动清单，并且项目团队的每个成员都能够清楚有多少工作需要处理。对于大的复杂项目，制定一份全面的活动清单而不遗漏一些细节是比较困难的，对于这样的项目，定义活动或任务的方法可以通过建立工作分解结构（Work Breakdown Structure，WBS）的技术实现。

工作分解结构实际上就是将一个完整的信息系统项目分解成容易管理的几个细目，细目再分解出子细目，任何分支的最底层细目叫工作包。工作分解结构的建立对项目来说意义非常重大，它使得原来看起来非常笼统、模糊的项目目标清晰起来，使得项目管理有依据，项目团队的工作目标清楚明了。划分项目的 WBS 结构有很多方法，如按照专业划分，按照子系统划分，按照项目的不同阶段划分。例如，下面我们按照信息系统结构化系统开发方法中的周期划分，如图 2-11 所示。

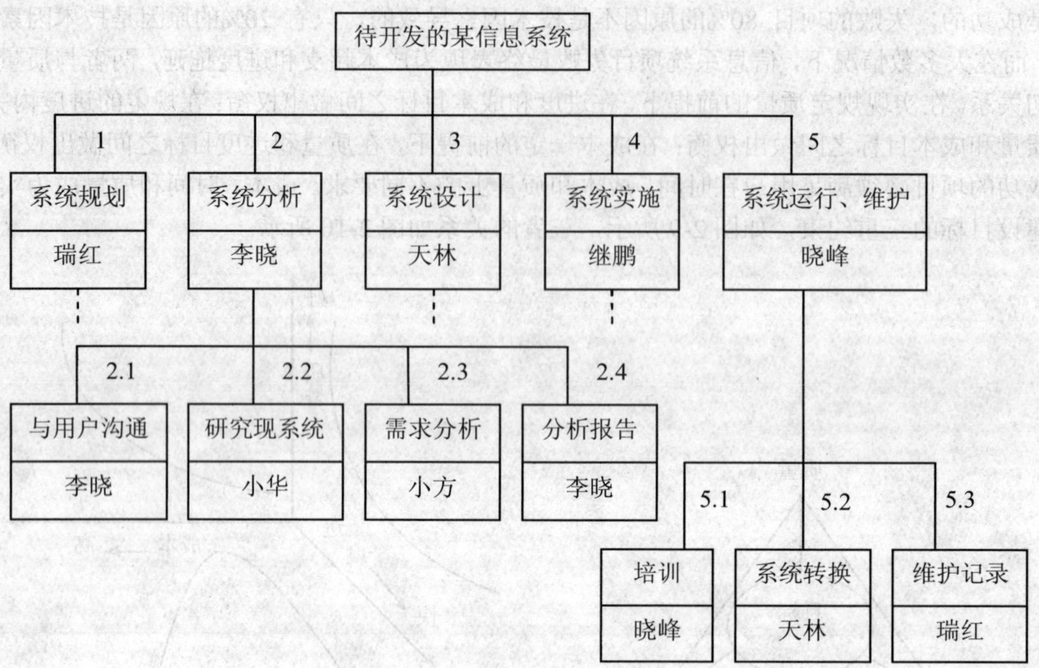

图 2-11　工作分解结构图

在 WBS 的基础上，用责任矩阵表示完成 WBS 中工作细目的个人责任。责任矩阵反映了工作分解结构所示的所有活动，还反映了每项工作细目由何人负责，工作细目谁负主要责任、谁负次要责任，用 P 表示主要责任，表示 S 次要责任，如表 2-1 所示。

表 2-1　项目责任矩阵

WBS	工作细目	瑞红	李晓	天林	继鹏	晓峰	小华	小方
1	系统规划	P		S		S		
2	系统分析	S	P		S			
2.1	与用户沟通		P					
2.2	研究现系统						P	S
2.3	需求分析		S					P
2.4	分析报告		P				S	
3	系统设计			P	S			
4	系统实施				P	S		
5	系统运行、维护	S				P		
5.1	培训			S		P		
5.2	系统转换			P	S			
5.3	维护记录	P					S	

②活动排序。

活动定义阶段通过 WBS 和责任矩阵形成一个明确的活动清单，接下来的工作是考虑活动之间固有的依存关系，是一种强制性关系，顺序无法改变，考虑项目团队内部希望的特殊顺序和优先逻辑关系，考虑内部与外部、外部与外部的各种依赖关系以及为完成项目所需要做的一些相关工作，对活动进行排序，确认且编制活动间的相关性。在活动排序工作中，设立项目里程碑是一项重要工作，里程碑是项目中关键事件及关键的项目子目标完成时间，是项目成功的重要因素，是确保完成项目需求活动序列中不可或缺的一部分。如表 2-2 所示，表中△表示计划完成。

表 2-2　项目里程碑事件表

项目 里程碑事件	时间进度（2009 年）								
	1月	2月	3月	4月	5月	6月	7月	8月	9月
待开发某信息系统立项		△							
系统规划报告			△						
系统设计报告					△				
子系统的测试							△		
集成系统的测试								△	
用户确认测试									△

活动只有被正确地加以排序，才能在以后制定出符合实际、可行的进度计划。活动排序可以用电脑自动进行，也可以手工操作，手工和自动操作还可以结合使用。对于较小项目，以及大项目早期阶段详细资料尚不具备时，手工操作往往更为有效。活动排序中使用工具与技术有前导图法（单代号网络图）、箭线图法（双代号网络图）、条件图法和网络模板这四种方法，这里主要介绍前两种。

前导图法或者说单代号网络图（Precedence Diagramming Method，PDM）是一种用方框表示工作的网络图绘制技术，构成单代号网络图的节点表示工作（工序、活动），用箭线表示各工作（工序、活动）之间的逻辑关系，即排序。这种方法包括 4 种依存关系或先后关系：①完成对开始：后一活动的开始要等到前一活动的完成；②完成对完成：后一活动的完成要等到前一活动的完成；③开始对开始：后一活动的开始要等到前一活动的开始；④开始对完成：后一活动的完成要等到前一活动的开始，如图 2-12 所示。例如我们将来绘制出的单号网络图如图 2-13 所示。

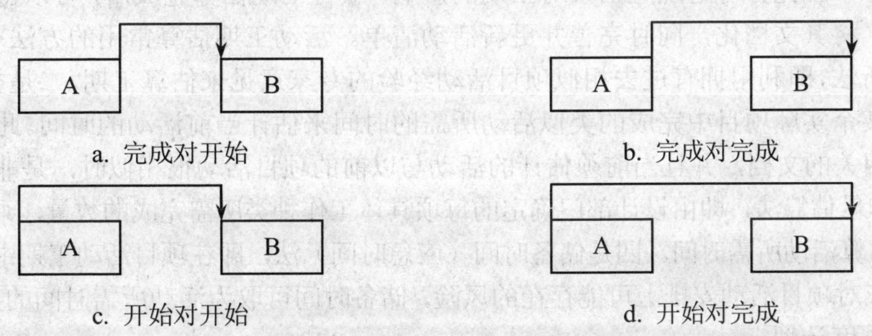

图 2-12　PDM 四种先后关系图

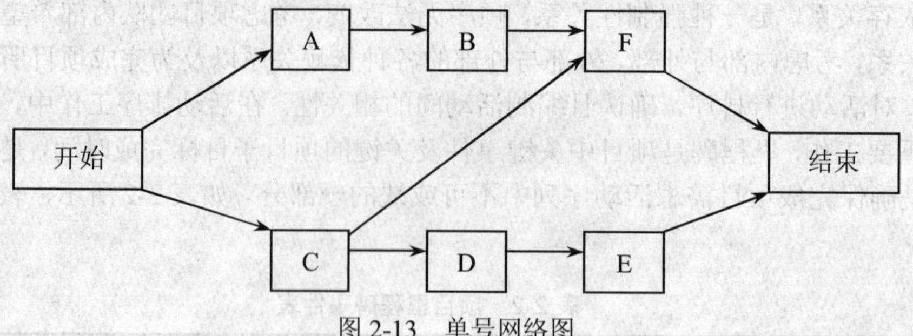

图 2-13　单号网络图

箭线图法或者双代号网络图（Arrow Diagramming Method，ADM）是一种被称为节点的连接点反映活动顺序的网络制图技术。在双代号网络中，箭线表示工作（工序、活动），节点表示工作排序，在双代号网络图中只使用结束开始的依赖关系，箭线的箭尾节点表示该工作的开始，箭线的箭头节点表示该工作的结束。例如我们将来绘制出的双代号网络图如图 2-14 所示。这种方法只使用完成对开始依存关系，因此可能要使用虚工序才能正确地定义所有的逻辑关系。虚拟活动没有历时，不需要花费资源。这种方法使用不如 PDM 那样普遍，但仍然是某些应用领域所选用的技术。

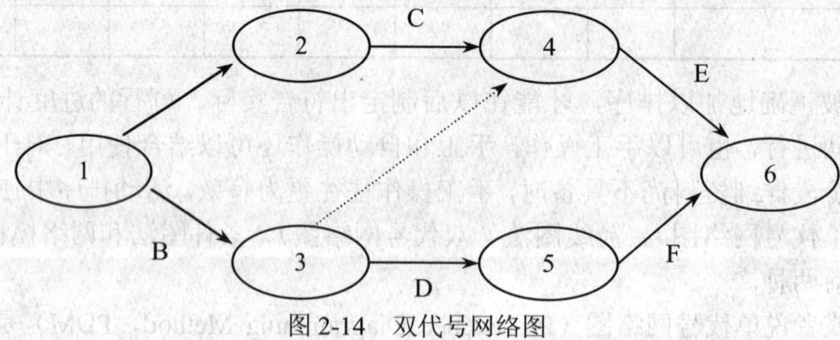

图 2-14　双代号网络图

③活动工期估算。

活动工期估算是根据 WBS 中定义的项目活动和项目活动清单来估计完成这些项目活动所需的工期。工期通常以小时或天表示，但大型项目也可能用周或者月作为表示工期的单位。活动工期估算时要根据项目的质量要求，考虑活动清单中活动的数量，投入活动中的资源及资源获得的难易程度，活动完成人员的能力以及环境因素对项目工期的影响等。同时，在对每项活动的工期估算中应充分考虑风险因素对工期的影响。项目工期估算完成后，可以得到量化的工期估算数据，将其文档化，同时完善并更新活动清单。活动工期估算常用的方法有下面四种。一是专家判断法，即利用拥有过去相似项目活动经验的专家意见来估算工期。二是类比估算法，即使用以前某个实际项目中完成的类似活动所需的时间来估计当前活动的时间。此方法在以前的项目都有相关的文档，并且当前须估计的活动与以前的项目活动很相似时，是非常有用的。三是根据工作量估算法，即由设计部门确定的每项具体工作种类所需完成的数量，乘上单位生产率，就可以估算活动所需时间。四是储备时间（应急时间）法，即在项目活动工期中加上一部分保留时间来应对项目活动安排上可能存在的风险，储备时间可取为活动所需时间的某个百分比。

④制定进度计划。

每个项目都有严格的时间限制，制定进度计划的目的是为了控制时间和节约时间，项目的进度计划既回答了每个活动的进度安排，更为重要的是得到有关项目整体的进度信息，这使得制定进度计划在项目管理中具有重要作用。前面活动定义、活动排序以及活动工期估算的结果就构成了制定项目进度计划的基础，进度计划决定项目活动的开始和结束日期，若开始和结束日期是不现实的，项目不可按计划完成。在项目管理中，进度编制、时间估计、成本估计等过程交织在起，这些过程反复多次，最后才能确定项目进度。制定项目进度计划的工具和方法有甘特图、关键路径法。

甘特图法是一种用日历形式来列出项目活动及其活动起止时间的项目图示方法。由于这种图形表示方法最初是由泰勒的同事亨利·甘特所发明，所以又被称作甘特图。甘特图法的思想简单，基本是一条线条图，横轴表示时间，纵轴表示活动（项目），线条表示在整个期间上计划和实际的活动完成情况。它直观地表明任务计划在什么时候进行，及实际进展与计划要求的对比。现在大多数项目管理软件都可以自动生成甘特图。如图 2-15 所示，我们用 Excel 制作出来系统分析阶段分解出来的活动的甘特图，表 2-3 为完成任务需要的时间。

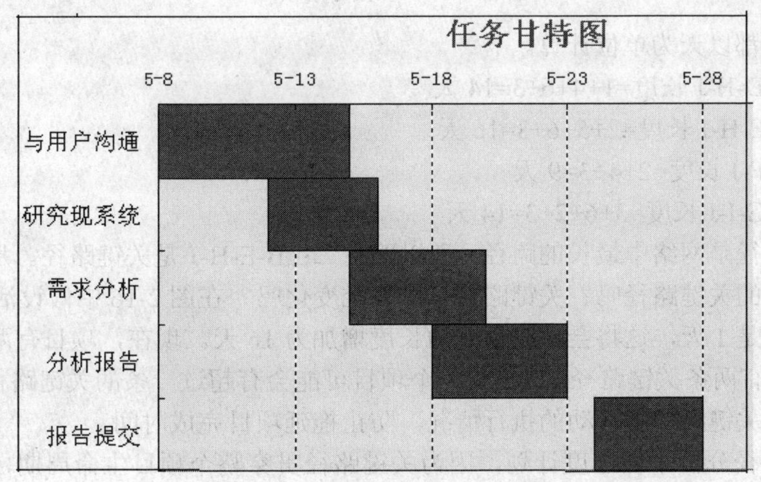

图 2-15　系统分析阶段任务甘特图

表 2-3　系统分析阶段任务完成时间表

任务（系统分析）	计划开始日	天数	计划结束
与用户沟通	2009-5-8	7	2009-5-15
研究现系统	2009-5-12	4	2009-5-16
需求分析	2009-5-15	5	2009-5-20
分析报告	2009-5-18	5	2009-5-23
报告提交	2009-5-24	4	2009-5-28

关键路径法（Critical Path Method，CPM）又叫关键路径分析，是一种用来预测总体项目历时的项目网络分析技术，它是帮助战胜项目进度拖延现象的一种重要工具，是确定网络图当中每一条路线从起始到结束，找出工期最长的线路就是关键路径，也就是说整个项目工期的决定是由最长的线路来决定的。关键路径法的工作原理是：为每个最小任务单位计算工期、定义最早开始和结束日期、最迟开始和结束日期、按照活动的关系形成顺序的网络逻辑图，找出必

须的最长的路径，即为关键路径。根据绘制方法的不同，关键路径法可以分为单代号网络图和双代号网络图两种。我们用双代号网络图举例，如图 2-16 所示。

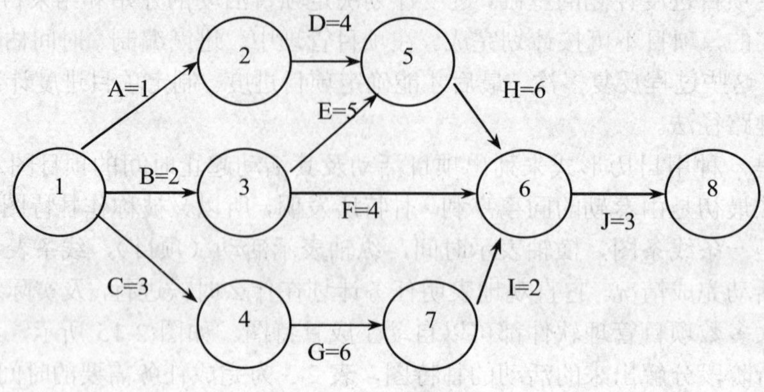

图 2-16　双代号网络

其中，历时都以天为单位计算。

路径一：A-D-H-J 长度=1+4+6+3=14 天

路径二：B-E-H-J 长度=2+5+6+3=16 天

路径三：B-F-J 长度=2+4+3=9 天

路径四：C-G-I-J 长度=3+6+2+3=14 天

因为关键路径是网络中最长的路径，所以路径二：B-E-H-J 是关键路径。那么一个项目中可能有一条以上的关键路径吗？关键路径可能发上变化吗？在图 2-16 中假设活动 A 的估计历时为 3 天，而不是 1 天，这将会使路径一的长度增加为 16 天。现在，项目有两条长度相同的最长路径，所以有两条关键路径。因此，一个项目可能会有超过一条的关键路径。项目经理应该同时注意两条关键路径上活动的执行情况，防止拖延项目完成时间。

利用关键路径分析平衡进度计划，因为关键路径贯穿整个项目生命周期，是一系列决定项目最早完成活动时间，所以应该受到高度关注。项目经理应该把关键路径上的活动分配给最能干、最负责的人员，分配更多的资源，确保这些活动按时、按质完成；关键路径的活动必须在最晚开始之前开始，在持续时间之内完成，否则，项目经理需要决定采取什么措施将耽误的时间赶回来；项目经理必须注意关键路径上活动的执行情况，并进行定期跟踪、考评，因为在项目的生命周期内，关键路径可能会发生变化，任何一个活动都可能成为关键活动，只要它超过了交付期限仍然没有完成。通过跟踪关键路径，项目经理及其团队应该在控制项目进度计划方面采取一些预防性的措施。

项目经理用来平衡进度计划的一项工具是确定每个项目活动的自由浮动时间和全部浮动时间。自由浮动时间是指一项活动在不耽误其紧随活动的最早开始日期的情况下，可以延迟的时间长度。先找到指向同一活动的各项活动总时差的最小值，然后用这几项活动的总时差分别减去这个最小值，就可算出自由浮动时间。全部浮动时间是指在不拖延项目计划完成日期的情况下，一项活动从其最早开始时间算起，可以被拖延的时间。了解浮动时间的多少，可以帮助项目经理知道进度计划是否有弹性、有多大的弹性。非常重要的一点是，某一路径上的浮动时间是由该活动路径上的所有活动共有的，如果某项活动占用了该条路径上的部分或全部浮动时间，则此路径上的其他活动的可用时差就会相应减少。

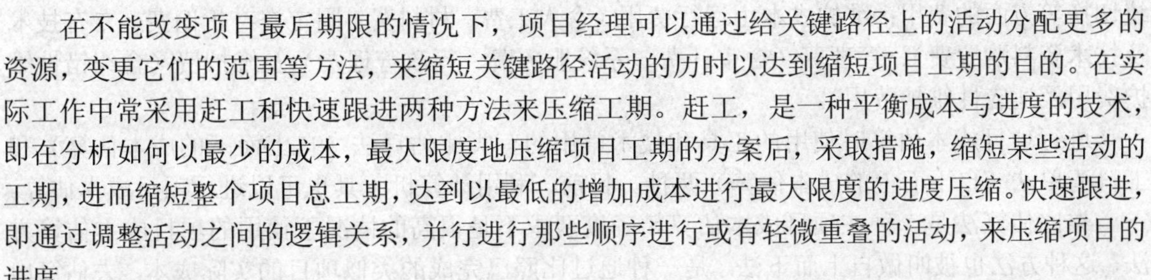

在不能改变项目最后期限的情况下，项目经理可以通过给关键路径上的活动分配更多的资源，变更它们的范围等方法，来缩短关键路径活动的历时以达到缩短项目工期的目的。在实际工作中常采用赶工和快速跟进两种方法来压缩工期。赶工，是一种平衡成本与进度的技术，即在分析如何以最少的成本，最大限度地压缩项目工期的方案后，采取措施，缩短某些活动的工期，进而缩短整个项目总工期，达到以最低的增加成本进行最大限度的进度压缩。快速跟进，即通过调整活动之间的逻辑关系，并行进行那些顺序进行或有轻微重叠的活动，来压缩项目的进度。

⑤进度控制。

由于项目进度计划是根据估算和预测而对未来做出的安排，大量无法预测的情况会影响项目的进度，使进度计划的执行发生偏差。因此，在进度计划制定后，在项目实施的过程中，要时时刻刻对项目及其项目活动的进度进行监督，及时、定期地将项目实际进度与项目计划进度进行比较，一旦实际进度落后于计划进度，就必须立即采取纠正措施，以确保项目进度计划总目标得以实现。在项目进度控制中要考虑影响项目进度变化的因素，项目进度变更对其他部分的影响因素，进度表变更时应采取实际的措施。

（2）信息系统项目建设的成本管理。

项目成本管理是指在满足质量、进度等要求的前提下，对项目实施过程中所发生的费用，通过计划、组织、控制和协调等活动实现预定的成本目标，并尽可能降低成本费用的一种科学的管理活动。在信息系统建设过程中，用户的需求不断变化，使得工作内容和工作量不断变化，使得项目成本预算和估算的准确度差，再加上在开发初期，对成本不够关心，忽略对成本的控制，只有在项目进行到后期，实际远离计划出现偏差的时候，才进行成本控制，这样往往导致项目超出预算，以及开发技术和工具的不断变化等，造成信息系统造价过高，使组织陷入资金投入的黑洞。因此，成本管理是信息系统项目管理的重要内容，以确保完成项目的总成本不超过批准的预算，主要包括资源规划、成本估算、成本预算和成本控制。

①资源规划。

根据信息系统的类型、范围、功能以及质量、进度的要求，项目所包括的工作，确定为实施项目活动需要使用什么资源（人员、设备和物资）以及每种资源的用量，其主要输出是一个资源需求清单。

②成本估算。

项目成本估算是指根据项目的资源规划，以及各种项目资源的价格信息，估算和确定项目各种活动的成本和整个项目总成本的一项项目成本管理工作，即编制一个为完成项目各活动所需资源费用的近似估算值。成本估算首先要识别并分析项目成本的构成科目；其次是根据已识别项目成本科目，估算每一成本科目的成本大小；最后是分析成本估算结果，找出各种相互替代的成本，协调各成本之间的比例关系，并最终形成项目成本估算文件。

信息系统项目的成本从经济学范畴讲，反映的是在信息系统建设过程中所耗费的费用总和，如硬件购置费、软件购置费、人工费、培训费、通讯费、基本建设费、财务费用、管理费用、材料费、水、电、汽、气费、专有技术购置费和资料费、固定资产折旧费及咨询费等。若就信息系统本身而言，由系统的开发成本和维护成本构成，其中开发成本由软件开发成本、硬件成本和其他成本组成，包括了系统软件的分析/设计费用（含系统调研、需求分析、系统分析）、实施费用（含编程/测试、硬件购买与安装、系统软件购置、数据收集、人员培训）及系统切换等方面的费用；维护成本由运行费用（含人工费、材料费、固定资产折旧费、专有技术及技术资料购置费）、管理费（含审计费、系统服务费、行政管理费）及维护费（含纠错性维护费用及适应性维护费用）。

进行项目成本估算时使用的工具和技术常用的有类比估算法（自上而下的成本估算）和工料清单法（自下而上的成本估算）两种。目前，利用计算机工具也可以进行项目成本估算。

类比估算法是一种在项目成本估算精确度要求不是很高的情况下使用的项目成本估算方法，这种方法也被叫做自上而下法，是一种通过比照已完成的类似项目的实际成本，去估算出新项目成本的方法。类比估算法首先是项目的上层管理人员收集以往类似项目的有关历史资料；其次，会同有关专家对当前项目的总成本进行估算；再次，将估算结果按照项目工作分解结构图的层次传递给相邻的下一层管理人员，在此基础上，他们对自己负责的工作和活动成本进行估算；最后，继续向下一层管理人员传递他们的估算信息，直至项目基层人员。这种方法是最简单的成本估算技术，实质上是一种专家判断法。这种方法简单易行，花费较少，尤其当项目的资料难以取得时，此方法是估算项目总成本的一种行之有效的方法。这种方法也有一定的局限性，进行成本估算的上层管理者根据他们对以往类似项目的经验对当前项目总成本进行估算，但是每个项目都具有一次性、独特性等特点，实际上根本不可能存在完全相同的两个项目，因此这种估算的准确性较差。

工料清单法也叫自下而上法，这种方法是利用项目工作分解结构图，首先要给出项目顺序号用的人工物料清单，然后再对各项物料和工作的成本进行估算，最后向上滚动加总得到项目总成本的方法。自下而上估算的费用和精度取决于单个活动或工作包的大小和复杂程度，较小的活动在提高估算精度的同时将增加费用。项目管理团队必须在精确性和费用间做权衡。

③成本预算。

项目成本预算是进行项目成本控制的基础，它是将项目的成本估算分配到项目的各项具体工作上，以确定项目各项工作和活动的成本定额，制定项目成本的控制标准，规定项目意外成本的划分与使用规则的一项项目管理工作，即将总费用估算分配到各单项工作上。从两者概念的描述可见，项目成本预算和成本估算初看起来很像，都是评估项目活动进行所需要的资源，但是两者的目的是有着本质不同的，是资源分配活动的两个阶段，估算是为了估计项目所需资源总量，预算是拿到项目前期估算的资源后进行细分的。因此，项目成本预算的作用是一种分配资源的计划，保证各项工作获得所需的各种资源；是一种控制机制，可以作为一种比较标准来使用；是一种度量资源实际使用量和计划用量之间差异的基线标准，以对项目各项工作的成本预算进行适当调整；是项目管理监控实施进度的一把标尺，可以及时掌握项目的进度情况。

依据项目成本估算文件、项目工作分解结构图和制定的项目进度计划，项目成本预算也可以利用一些工具和技术完成。项目成本预算的方法也可以采用项目成本估算的一些方法，如类比估算法（自上而下估算法）、工料清单法（自下而上估算法）。此外还有参数模型法，这里主要讲述针对软件产品成本预算方法，Putnam 模型和 COCOMO 模型（Constructive Cost Model）。并最终形成成本基准计划、项目资金需求和项目成本管理计划等结果，其中项目管理计划要不断的更新。

Putnam 模型是 1978 年由 Putnam 提出的模型，是一种动态多变量模型。它是假定在软件开发的整个生存期中工作量有特定的分布。这种模型是依据在一些大型项目（总工作量达到或超过 30 个人/年）中收集到的工作量分布情况而推导出来的，但也可以应用在一些较小的软件项目中。

$$L = Ck * K^{1/3} * Td^{4/3}$$

其中：L——源代码行数（以 LOC 计）；

K——整个开发过程所花费的工作量（以人年计）；

Td——开发持续时间（以年计）；

Ck——技术状态常数，它反映“妨碍开发进展的限制”，取值因开发环境而异，如表 2-4 所示。

表 2-4　典型值开发环境举例

Ck 的典型值	开发环境	开发环境举例
2000	差	没有系统的开发方法，缺乏文档和复审
8000	好	有合适的系统的开发方法，有充分的文档和复审
11000	优	有自动的开发工具和技术

从上述方程加以变换，可以得到估算工作量的公式：$K = L^3/(Ck^3*td^4)$。

还可以估算开发时间：$td = [L^3/(Ck^3*K)]^{1/4}$。

COCOMO 模型是由 TRW 公司开发，Boehm 提出的结构化成本估算模型。是一种精确的、易于使用的成本估算方法。COCOMO 模型按其详细程度可以分为三级：基本 COCOMO 模型，中间 COCOMO 模型，详细 COCOMO 模型。其中基本 COCOMO 模型是一个静态单变量模型，它用一个已估算出来的源代码行数为自变量的经验函数计算软件开发工作量。中级 COCOMO 模型在基本 COCOMO 模型的基础上，再用涉及产品、硬件、人员、项目等方面的影响因素调整工作量的估算。详细 COCOMO 模型包括中间 COCOMO 模型的所有特性，但更进一步考虑了软件工程中每一步骤（如分析、设计）的影响。基本 COCOMO 模型估算工作量和进度的公式如下：

工作量：$MM = r*(KDSI)^c$

进度：$TDEV = a* (MM)^b$

其中：经验常数 r，c，a，b 取决于项目的总体类型，是基本模型参数；

DSI——源指令条数（不包括注释）。1KDSI = 1000DSI；

MM——开发工作量（以人月计）。1MM = 19 人日=152 人时=1/12 人年；

TDEV——开发进度（以月计）。

COCOMO 模型中，考虑开发环境，软件开发项目的类型可以分为组织型、嵌入型和半独立型 3 种。组织型相对较小、较简单的软件项目。开发人员对开发目标理解比较充分，与软件系统相关的工作经验丰富，对软件的使用环境很熟悉，受硬件的约束较小，程序的规模不是很大（<50000 行）；嵌入型要求在紧密联系的硬件、软件和操作的限制条件下运行，通常与某种复杂的硬件设备紧密结合在一起。对接口、数据结构、算法的要求高，软件规模任意。如大而复杂的事务处理系统，大型/超大型操作系统，航天用控制系统，大型指挥系统等。半独立型介于上述两种软件之间。规模和复杂度都属于中等或更高。最大可达 30 万行。基本 COCOMO 模型通过统计 63 个历史项目的历史数据，得到如下计算公式，如表 2-5 所示。

表 2-5　基本 COCOMO 模型不同项目类型工作量和进度计算公式表

项目总体类型	工作量	进度
组织型	$MM = 2.4*(KDSI)^{1.05}$	$TDEV = 2.5(MM)^{0.38}$
半独立型	$MM = 3.0*(KDSI)^{1.12}$	$TDEV = 2.5(MM)^{0.35}$
嵌入型	$MM = 3.6*(KDSI)^{1.20}$	$TDEV = 2.5(MM)^{0.32}$

基本 COCOMO 模型考虑了软件项目类型和软件开发规模两个重要因素。估计出软件源代码的行数，并确定了软件项目类型就可以算出开发工作量和开发进度。为了提高测算的精度，中级模型中，引入了 15 个比较重要的成本影响因素，将这些因素的取值累乘后作为名义测算值的调整因子，从而改善测算结果。这 15 个因子是通过对 200 多个影响因素统计分析之后确定下来的，分属四组：一是产品性，包括对软件可靠性要求、数据规模、系统复杂性；二是硬件属性，包括对执行时间的限制、对主存容量的限制、硬件的可变性、响应时间；三是开发人员属性，包括系统分析员能力、应用经验、程序员能力、硬件经验、编程语言经验；四是开发项目属性，包括现代编程技术的应用，软件工具的使用，开发进度的约束。中级模型的计算公式为：

$$MM = A* KDSI^{B} *\text{乘法因子}$$

其中 A、B 的值如表 2-6 所示。

表 2-6　中级模型参数

参数 / 项目总体类型	A	B
组织型	3.2	1.05
半独立型	3.0	1.12
嵌入型	2.8	1.2

详细 COCOMO 模型在中间 COCOMO 模型的基础上，进一步考虑了软件工程中每一步骤（如分析、设计）的影响，从而使测算所考虑的因素更全面、更合理，本书就不再讲述。

④成本控制。

项目成本控制是指项目组织为保证在变化的条件下实现其预算成本，按照事先拟定的计划和标准，采用各种方法，对项目实施过程中发生的各种实际成本与计划成本进行对比、检查、监督、引导和纠正，尽量使项目的实际成本控制在计划和预算范围内的管理过程，简单说就是控制项目预算的变更。项目成本控制工作主要是识别项目成本基准计划的变动因素，保证变化向有利的方向发展；以工作包为单位，监督成本的实施，做好实现成本的分析评估工作；对发生成本偏差的工作包实施管理，有针对性采取纠正措施；将核准的成本变更和调整后的成本基准计划通知项目相关人员；防止不正当的，未授权的费用列入项目成本和防止因控制成本引起的项目范围、进度和质量方面的问题。

依据成本预算环节形成成本基准计划、项目资金需求和项目成本管理计划，结合实际过程中执行情况变动，我们介绍利用预算累计量、实际成本累计量和盈余累计量三个指标监控成本变动的方法。

预算累计量（Cumulative Budgeted Cost，CBC）是指从项目开始到报告期之间所有应当完

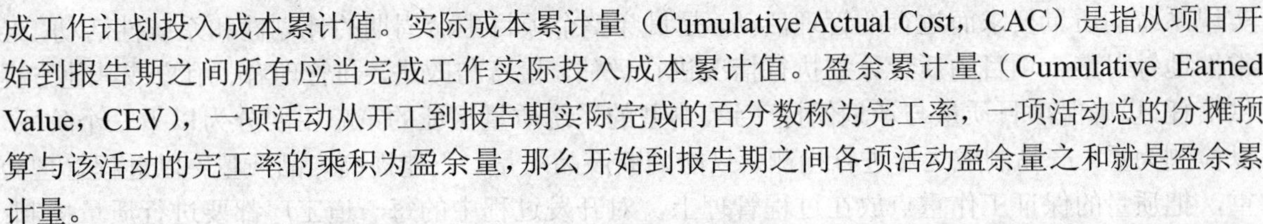

成工作计划投入成本累计值。实际成本累计量（Cumulative Actual Cost，CAC）是指从项目开始到报告期之间所有应当完成工作实际投入成本累计值。盈余累计量（Cumulative Earned Value，CEV），一项活动从开工到报告期实际完成的百分数称为完工率，一项活动总的分摊预算与该活动的完工率的乘积为盈余量，那么开始到报告期之间各项活动盈余量之和就是盈余累计量。

利用以上三个指标就可以比较分析项目的成本绩效和状况，CEV与CAC实际是在同样进度（相同工作量）下的价值比较，它反映了项目成本控制的状况和效率，因此，衡量成本绩效的指标或称成本绩效指数（Cost Performance Index，CPI），由如下公式确定：

$$CPI=CEV/CAC$$

当CPI>1.0时，成本节余；反之，当CPI<1.0时，成本超支。

另一衡量成本绩效的指标是成本差异（Cost Variance，CV），它是盈余累计量与实际成本累计量的差值，由如下公式确定：

$$CV=CEV-CAC$$

当CV>0时，成本节省；反之，当CV<0时，成本超支。

（3）信息系统项目建设的质量管理。

信息系统项目建设的过程中，软件的开发是重要内容，但是由于软件的可见性差，质量检查相当困难，同时软件的质量也难以度量，使得软件质量保证也十分困难，因此信息系统项目开发的过程，就是质量形成的过程。信息系统的质量对用户和开发者而言都是至关重要的，开发者应该本着为用户高度负责的态度，在信息系统建设的过程中进行质量管理。当然，对系统的质量管理，不是说只是在项目实施之初才提及，也不是只在交付用户的时候才存在，要想确保信息系统的质量，质量的管理应该贯穿于信息系统建设的整个生命周期，并涉及项目的方方面面。信息系统项目质量的确保是一个系统过程，从系统规划、分析、设计、实施到测试验收都要考虑质量要求。

总之，信息系统项目建设过程中的质量管理至关重要。在实际的项目质量管理过程中，主要是通过质量计划编制、质量保证和质量控制这三个方面的工作以及它们的协调统一来完成。

①质量计划编制。

质量计划为质量小组成员的有效工作提供指南；为项目小组成员以及项目相关人员了解在项目进行中如何实施质量保证和质量控制提供依据；为保证项目质量提供保障。以质量方针、项目范围、项目成果、项目标准和规范、其他过程结果等要求为依据，编制质量计划。编制质量计划的过程是确定项目应达到的质量标准，以及决定如何满足质量标准的计划安排和方法。质量计划具体包括：项目概述、实施策略、项目组织、质量保证对象分析及选择、质量保证任务划分、实施计划、资源计划、记录的收集、维护与保存等内容。质量计划应满足下列要求：应达到的质量目标和所有特性的要求；确定质量活动和质量控制程序；项目不同阶段、职责、权限、交流方式以及资源分配；确定采用的控制手段，合适的验收手段和方法，确定和准备质量记录。质量计划没有固定的模板，因为它的内容和复杂性要随组织的实际情况而发生变化。但是，质量计划中必须包含确定有效的质量管理体系，同时明确实施质量管理的组织结构、责任、程序、过程和资源。

②质量保证。

质量保证就是向用户提供满足质量计划中所述各项质量特性的产品，为了确定、达到和实现系统的质量要求而进行的管理活动，是贯穿整个项目生命周期的计划性和系统性活动，经常性地针对整个项目的质量计划执行情况进行评估、检查与改进，向管理者、用户或其他方提供信任，以确保项目质量与计划保持一致。典型的系统质量保证的策略主要分为以下三个阶段，以检测为重，产品制成之后进行检测，只能判断产品质量，不能提高产品质量；以过程管理为重，把质量的保证工作重点放在过程管理上，对开发过程中的每一道工序都要进行质量控制；以新产品开发为重，在新产品的开发设计阶段，采取强有力的措施来消灭由于设计原因而产生的质量隐患。

③质量控制。

质量控制是确定项目结果与质量标准是否相符，同时确定消除的原因和方法、控制产品的质量，及时纠正缺陷的过程。信息系统建设的最终成果是满足用户需求的应用软件系统，使得信息系统的核心是软件，因此，质量控制的作用主要就是发现和消除软件产品的缺陷。对于高质量的软件来讲，最终产品应该尽可能达到零缺陷。而软件开发是一个以人为中心的活动，所以出现缺陷是不可避免的。因此，要想交付一个高质量的软件，消除缺陷的活动就变得很重要。缺陷消除是通过“评审”和“测试”这类质量控制活动来实现的，同行评审是指由生产者的同行按照预定的规程对软件工作产品进行评审，目的在于发现缺陷和需要改进之处，作用在于尽可能早的消除软件工作产品中的缺陷；测试是指测试小组作为质量控制的主要手段，负责软件的测试设计和执行工作，如同软件开发一样，测试在执行之前，同样需要进行测试计划和测试策略的设计。测试人员只有根据软件需求规格说明书所提及的功能进行检测，才能确保项目组开发的软件产品满足用户需求。

信息系统的核心是软件，对信息系统质量的管理和控制在一定程度上是对软件质量的管理和控制。国际上从 20 世纪 70 年代就开始研究软件的质量控制问题，Rubey 和 Hartwick 于 1968 年提出一些质量属性的度量方法，Boehm 等人于 1976 年提出了定量地评价软件质量的概念。随着软件质量领域知识的增长，逐渐出现了一些重要的国际标准，ISO9000 和 CMM（Capability Maturity Model，即能力成熟度模型）就是其中最具代表性的成果。关于 ISO9000 和 CMM 两个软件质量标准的相关内容，这里就不再赘述。

信息系统项目作为一类项目，项目管理的内容也涉及项目范围管理、进度管理、成本管理、质量管理、人力资源管理、沟通管理、采购管理、风险管理和整合管理等九个方面。其中，进度、成本、质量是影响信息系统项目建设能否成功的三个关键因素，我们围绕这三个要素进行了较为全面的讨论，其他管理的内容我们就不再讨论。

2.4.4 信息系统项目组织

信息系统的建设是智力密集型、劳动密集型项目，项目成员的结构、责任心、能力和稳定性对项目的质量以及能否成功有着决定性的影响，而且信息系统项目在建设的过程中要处理开发方与用户方的关系、用户方内部人员的关系和硬件与软件的关系等多种关系。因此，为了能处理各种关系并使人们能为实现目标而有效地工作，就必须设立专门的项目管理组织机构——项目组，为信息系统项目建设提供组织保证。

1. 项目的组织类型选择

项目管理要在有限的时间、空间和预算范围内将大量物资、设备和人力组织在一起，按计划实施项目，实现目标，必须建立合理的项目组织。常见的组织结构类型有职能型组织结构、项目型组织结构、矩阵型组织结构，这三种结构各有特点，一般说来，职能型组织结构适用于项目规模小、专业面窄、以技术为重点的项目；如果一个组织经常有多个类似的、大型的、重要的、复杂的项目，应采用项目式的组织结构；如果一个组织经常有多个内容差别较大、技术复杂、要求利用多个职能部门资源时，比较适合选择矩阵式组织结构。那么就信息系统项目而言要选择哪种组织类型更为合适，要考虑信息系统项目自身的特点。对于组织来说，信息系统建设是一项复杂的大型项目，具有用户需求不明确，技术日新月异，时间紧迫（一般是限定工期）、复杂度高等特点。要完成项目的目标，就要求项目组织要能高效运作，对外部需求要能做出迅速响应，对关键问题要能准确决策，所以项目型组织是优先选择。

系统开发项目组是领导整个系统开发工作的组织部门，负责对开发工作的规划、计划、资金预算等工作的审核；协调各机构对信息系统数据流程、工作制度、数据标准等事项需求的统一；安排参加各阶段开发工作的人员及任务；组织召集各类人员对各阶段开发工作的方案文件、说明书等进行审核，并负责对系统开发实施后进行最终的验收和评审。因此，根据工作需要和工作的内容可设若干小组，如规划小组、预算小组、开发小组、运行小组和审计小组等。其中整个项目的负责人为项目经理，每个小组也有相应的负责人。如在开发大型系统时，应将项目组设为常设机构，系统开发项目组组织机构形式如图2-17所示。

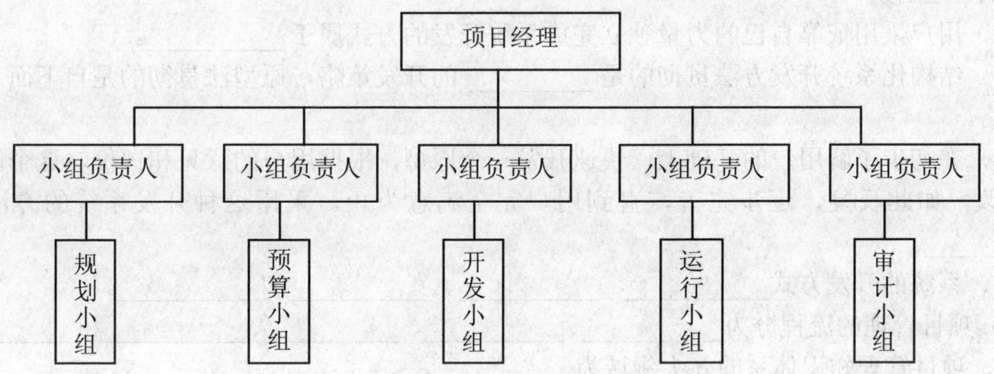

图2-17　项目组组织机构形式

2．信息系统项目团队成员及其职责

每个项目小组的成员组织在一起就形成了一个个团队，如规划团队、项目开发团队等。团队中的每个成员都担任着一定的角色，履行着一定的职责。我们从信息系统项目建设整体角度去分析成员的组成及其职责，不再依据团队分析。如表2-7所示为信息系统项目组成员组成及其职责。

表2-7　信息系统项目组成员组成及其职责

人员	工作职责
项目经理	系统开发、运行和维护的组织与领导
系统分析师	与用户沟通，确定用户需求，建立系统逻辑模型
系统设计员	提出系统技术解决方案，满足用户需求
程序员	按照系统设计的要求，进行应用程序的开发

续表

人员	工作职责
系统维护人员	系统硬件和软件维护
操作员	硬件操作和信息处理等
文档管理员	文档管理、配置管理
质量管理员、审计	质量管理、风险管理
其他专业人员	数据库管理员、网络管理员等特殊设计工作

一、填空题

1．信息系统建设涉及的因素包括人文社会因素、________、________、________和组织管理因素。

2．用户采用依靠自己的力量独立完成系统开发的方式属于________。

3．结构化系统开发方法贯彻的是________的开发策略，原型法贯彻的是自下而上的开发策略。

4．在初步了解用户的基础上，快速开发一个原型，根据用户的意见和评价对这个原型进行修改，如此反复，逐步完善，直到用户完全满意为止。采用这种开发系统的方法叫做________。

5．系统的开发方式________、________、________和________。

6. 项目管理的流程分为________、________、________、________和________。

7．项目管理知识体系的九大领域为________、________、________、________、________、________、________、________和________。

8．活动排序中使用工具与技术有________、________、________和________。

9．项目成本估算时使用的工具和技术常用的有________、________和________。

10．监控成本变动的方法的三个指标分别为________、________和________。

二、问答题

1．常用的系统开发方法有哪些？

2．结构化系统开发方法的基本思想是什么？开发周期分几个阶段？各阶段的任务是什么？其优缺点有哪些？

3．原型法的基本思想是什么？开发过程是什么？其优缺点有哪些？

4．面向对象开发方法的基本思想是什么？开发过程是什么？其优缺点有哪些？

5．信息系统进度管理包括的内容有哪些？

6．信息系统成本管理包括的内容有哪些？

7．请你结合结构化系统开发方法所学知识，利用工作分解结构（WBS）的方法对书中图

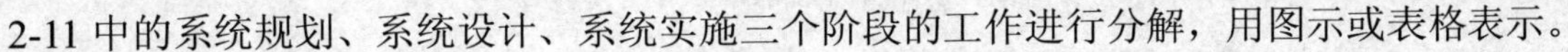

2-11 中的系统规划、系统设计、系统实施三个阶段的工作进行分解，用图示或表格表示。

三、计算题

一个 3 万行规模的组织型应用程序，花 45 万美元可在市场上买到。如果自己开发，则每人月的总花费需要 4000 美元，试问购买合算还是自己开发合算？请用基本 COCOMO 模型估算其开发成本。

第 3 章　系统规划

本章讨论系统总体规划的目的、意义和方法，首先介绍系统规划的任务、特点和原则，然后介绍信息系统的战略规划，接下来主要讲解企业系统规划法，简称 BSP（Business System Planning）方法，这是 IBM 公司 20 世纪 70 年代提出的一种系统规划方法，最后介绍系统可行性分析的内容。

- 系统规划的任务、特点及原则
- 系统战略规划的概念及常用方法
- 系统组织信息需求分析的方法（企业系统规划法、关键成功因素法）
- 可行性分析的概念、内容

3.1　系统规划概述

规划，一般指对较长时期的活动进行总体、全面的计划。系统规划是信息系统生命周期的第一阶段，这一阶段的主要目标是明确系统整个生命周期内的发展方向、系统规模和开发计划。信息系统建设是投资大、周期长、复杂度高的社会技术系统工程。科学的规划可以减少工作的盲目性，使系统具有良好的整体性、较强的适应性，有利于规范管理、缩短系统开发周期、节省开发费用。

目前，我国开发的信息系统，单项应用多，综合应用少。应用信息技术强调“整合”，整合不善，往往浪费组织资源，甚至形成系统开发出来后被弃置不用的情况。美国对企业所做的调查结果表明，作系统规划的公司，其系统比不作规划的公司成功。因此系统规划是信息系统建设成功的关键之一，它比具体项目的开发更为重要。

3.1.1　系统规划的任务

信息系统规划的主要任务如下：

（1）制定信息系统的发展战略。

信息系统服务于企业管理，其发展战略必须与整个企业的战略目标协调一致。首先调查分析企业的目标和发展战略，评价现行信息系统的功能、环境和应用状况，自此基础上再确定信息系统的使命，制定信息系统的战略目标及相关政策。

（2）制定信息系统的总体方案，安排项目开发计划。

在调查分析企业信息需求的基础上，提出信息系统的总体结构方案。根据发展战略和总体结构方案，确定系统和应用项目开发次序及时间安排。

（3）制定系统建设的资源分配计划。

提出实现系统开发计划所需要的硬件、软件、数据通讯设备、人员、技术、服务、资金等资源，以及系统建设的概算，进行可行性分析。

依据信息系统规划的任务，Bowman 和 Davis 等提出了三阶段模型。该模型将信息系统的规划依活动的顺序、可用的技术及适用的方法分为策略规划、信息需求分析、资源分配三个阶段，各阶段可用的方法如图 3-1 所示。

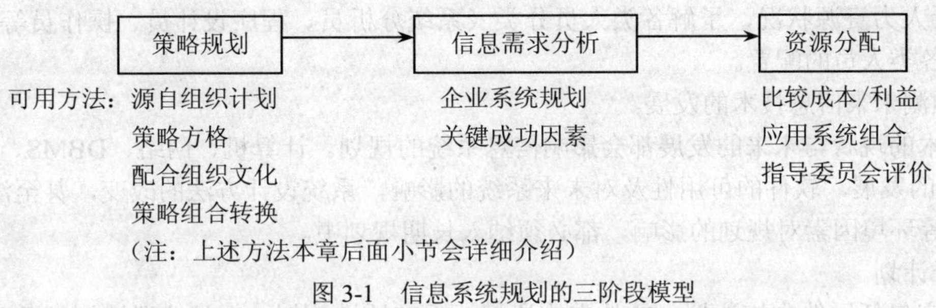

图 3-1　信息系统规划的三阶段模型

3.1.2　系统规划的特点

系统规划阶段是概念系统形成的时期，系统规划主要有以下特点：

（1）信息系统规划是面向全局、长远的关键性问题，具有较强的不确定性，结构化程度较低。

（2）信息系统规划是一个管理决策过程，高层管理者是工作的主体。

（3）信息系统规划要有概括性，宜粗不宜细。它要给后续各阶段的工作提供指导，为系统的发展制定一个科学而又合理的目标和达到该目标的可行途径，而不是代替后续阶段的工作。

（4）信息系统规划是企业规划的一部分，要具有灵活的应变能力。现代企业面临市场化、国际化的环境，竞争越来越激烈，企业要生存和发展，就要不断调整和改革，对信息系统的适应性要求也越来越高。

3.1.3　系统规划的内容

信息系统规划是提供资源分配及进行控制的基础，可分为一年期短期计划和多年期长期规划。长期规划指出大方针，短期计划则主要是拟定工作项目和制定绩效衡量方法。作为规划来说，一般包括：信息系统总目标、子目标与信息系统架构，现有资源分析，预测未来信息技术的发展，子计划和信息系统计划的更新等。

（1）信息系统总目标、子目标与信息系统架构。

① 组织的总体目标、子目标及策略；

② 外部环境（产业状况、相关法规、顾客及供应商状况等）；

③ 组织内部限制（如经营理念等）；

④ 企业风险与预期结果；

⑤ 信息系统的总体目标、子目标及策略；

⑥ 信息系统的架构（信息类别、主要系统名称、各系统的界面等）。

（2）分析现有资源。

① 清理现有信息系统资源，如硬件设备、软件设备、应用系统、人力资源等；

② 分析现有信息系统资源运行情况及相关费用；

③ 对现有信息系统进行评估，包括主要功能系统（如财务系统、销售系统）、系统软件、数据库管理系统、应用软件等，对它们的组织策略、运行情况等方面进行评估；

④ 了解组织业务流程现状，找出存在的问题和不足，为业务流程重组提供依据；

⑤ 分析人力资源状况，了解各类人员分类（系统分析员、程序设计员、操作员等），以及各部门对各类人员的配置。

（3）预测未来信息技术的发展。

信息技术的现状与未来的发展都会影响信息系统的规划。计算机、网络、DBMS、OA、ERP 等技术的发展，软件的可用性及对未来系统的影响，系统设计方法的改变，甚至法规、竞争者行为等环境因素对规划的影响，都必须纳入长期规划中。

（4）子计划。

子计划应包括硬件实施计划、软件实施计划、系统转换计划、人员培训计划以及财务预算等。

（5）信息系统计划的更新。

影响信息系统计划的因素有很多，如设备的更新、人事的变动、科技的进步、经验的积累、对系统需求的转变、以及组织的变动都会影响未来的计划。对这些变化均应加以评估，并据之修正原计划。

3.1.4 系统规划的机构

信息系统的规划工作，可以由信息部门中的专职人员担任，或信息部门组成临时规划小组担任，也可以由各部门组成的临时规划机构来担任，其效果如表 3-1 所示。

表 3-1 信息系统规划机构

信息系统规划机构	效果
信息部门中的专职人员	优点：由规划专职人员担任，保证如期完成任务 缺点：与实际工作人员分离，可能导致“闭门造车”
信息部门组成的临时规划小组	优点：由有实际经验的人员作规划，一般不会脱离实际 缺点：缺乏专业训练，且为兼职，可能无法如期完成任务
各部门组成的临时规划机构	优点：能代表公司多方面的需要 缺点：参与人员过多，难以协调

一般而言，完成的信息系统规划需经过审核方可实施，审查者可能是各部门主管、信息化建设委员会或组织规划委员会等。

3.1.5 系统规划的原则

系统规划应遵循以下原则：

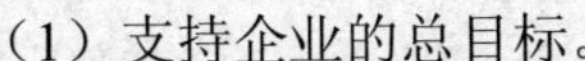

（1）支持企业的总目标。

企业的战略目标是系统规划的出发点。系统规划应从企业目标出发，分析企业管理的信息需求，逐步导出信息系统的战略目标和总体结构。

（2）整体上着眼于高层管理，兼顾各管理层的要求。

（3）摆脱信息系统对组织结构的依从性。

企业最基本的活动和决策可以独立于任何管理层和管理职责。例如，“库存管理”可以定义为“原材料、零件和组件的收发控制和库存量估计过程”。这个过程可以由一个部门单独完成，也可以由多个部门联合完成。组织机构可以有变动，但库存管理的过程大体上是不变的。对企业过程的了解往往从现行组织机构入手，但要摆脱对它的依从性，才能提高信息系统的应变能力。

（4）使系统的结构有良好的整体性。

信息系统的规划和实现是一个“自顶向下规划，自底向上实现”的过程，如图 3-2 所示。采用自上而下的规划方法，可以保证系统结构的完整性和信息的一致性。

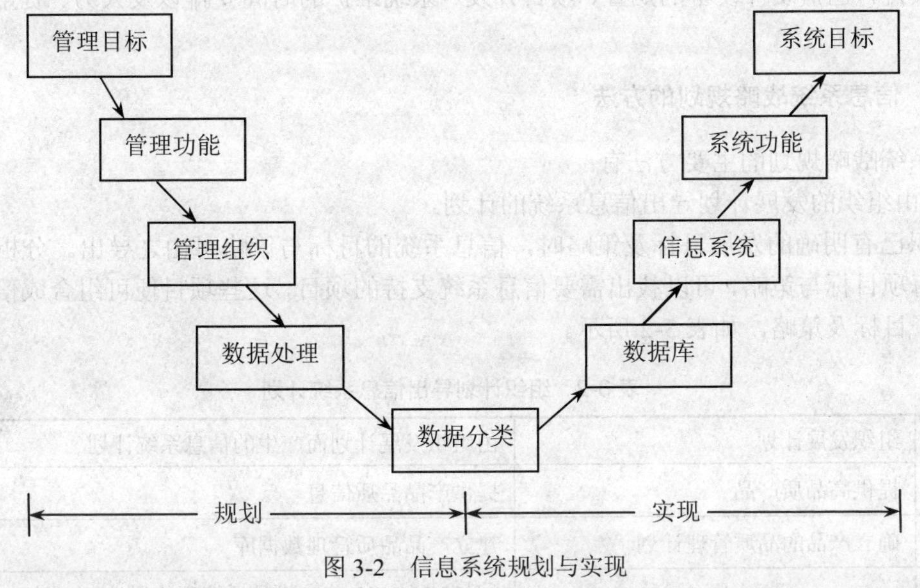

图 3-2　信息系统规划与实现

（5）便于实施。

系统规划应给后续工作提供指导，要便于实施。方案选择应追求实效，宜选择最经济、简单、易于实施的方案。技术手段强调实用，不片面求洋、求新。

3.2　信息系统的战略规划

信息系统的战略规划是企业战略规划的重要组成部分。现有的信息系统可以为企业制定或调整企业战略规划提供各种必要的信息支持。因此，信息系统的战略规划应当与企业战略规划有机地配合，并与企业的发展战略保持一致。

3.2.1　信息系统战略规划的内容

信息系统的战略规划包括以下主要内容：

（1）信息系统的总目标、发展战略和总体结构。

根据企业的战略目标和内外约束条件，确定信息系统的总目标和总体结构。信息系统的总目标规定信息系统的发展方向，战略规划提出衡量具体任务完成的标准，总体结构提供系统开发的框架。

（2）了解当前信息系统的状况。

企业现有信息系统的状况是制定战略规划的基础，要充分了解和分析，包括硬件系统、软件系统、人员结构、开发项目的进展及应用系统的情况等。

（3）对影响计划的信息技术发展的预测。

在规划中，要考虑信息技术发展对系统的影响，对环境的更新、软硬件技术和方法论的发展变化等要做出预测。

（4）短期计划安排。

战略规划涉及的时间长，应对短期发展做出具体的安排。短期计划一般指1～2年左右的具体工作安排，包括硬件设备的购置、项目开发、系统维护的时间安排以及人力、资金的需求计划等。

3.2.2 信息系统战略规划的方法

信息系统战略规划的主要方法有：

（1）由组织的发展计划导出信息系统的计划。

当组织已有明确的发展目标及策略时，信息系统的目标与策略可由之导出。分析组织发展计划的每项目标与策略，可以找出需要信息系统支持的项目，这些项目便可组合成信息系统的目标、子目标及策略，如表3-2所示。

表3-2 组织计划导出信息系统计划

	组织发展计划	由组织发展计划而产生的信息系统计划
目标	提供高品质产品	提供产品品质信息
策略	确立产品的品质管理计划	建立产品品质管理数据库
子目标	12/31/2003前完成某种产品	① 12/31/2003前完成品质管理的报告 ② 06/15/2003前设计完成从品质管理数据库取得品质管理数据的操作程序

（2）策略方格。

Mckenney的策略方格是决定信息系统目标及策略的又一方法，它将信息系统分为4类：①策略型，信息系统的活动能影响企业现在和未来的策略，信息系统就是新策略的一部分；②工厂型，信息系统深度地影响企业活动的运作，但信息系统并非是未来策略的一部分；③支援型，信息系统支持组织的活动（多为例行的非关键的数据处理工作，且不包含在未来策略中）；④扭转型，由“支援型”到“策略型”的转换阶段，此时组织已有支援型的应用，重点是寻找策略运用的机会。Mckenney的策略方格如图3-3所示。

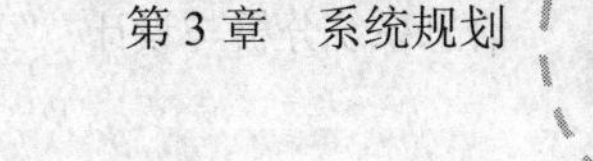

图 3-3　Mckenney 的策略方格

策略类型与信息系统规划的关系如表 3-3 所示。

表 3-3　策略类型与信息系统规划的关系

策略类型	信息系统规划过程之组织与管理
工厂型	目前的信息系统对策略的影响程度高，规划中的信息系统对策略的影响程度低，即此时若没有信息系统企业将无法运作，然而信息系统却不能提供未来的竞争优势。高级管理者参与较少，由公司整体计划引导信息系统，信息部门应有详细作业规划与系统容量规划
支援型	目前的信息系统对策略的影响程度低，规划中的信息系统对策略的影响程度也低。信息系统的角色，在于支持传统数据处理和应用，并非重要的关键作业，更不能提供未来的竞争优势。高级管理者不参与，没有公司计划指引
策略型	目前的信息系统对策略的影响程度高，规划中的信息系统对策略的影响程度高。信息系统可能影响现有的策略和未来的策略。有明确的管理原则，公司规划与信息系统规划相结合，强调信息系统活动的均衡运作
扭转型	目前的信息系统对策略的影响程度低，规划中的信息系统对策略的影响程度高。组织已有支持型的信息系统，但正试图找寻策略运用的机会。此时的策略重点在服务，留住忠诚客户，将实体客户转成电子商务客户，或是利用电子商务服务现有客户

策略方格可用以了解信息系统在组织中扮演的角色。方格中的位置说明了需要高层主管参与的水平，以及信息系统规划与公司规划的关系。策略方格只说明已经发生了什么，但未说明应该发生什么。

（3）配合组织文化的策略。

每个组织都有其特定的组织文化，组织文化理念包括：组织价值、规范、信仰等，如仪式、宴会、会议的安排；高级主管的言行形象；办公室等活动场所及设备的风格；员工誓词等。信息系统的目标与策略应配合组织文化理念，以免受到抗拒而招致失败。

（4）战略目标集转移法。

策略方格可用于估计信息系统的一般策略性定位，而组织文化分析有助于了解信息系统的一般价值和方向，但两者均无法产生信息系统的目标和策略。William King 提出的战略目标集转移法可产生信息系统的目标和策略。他把组织的总战略和信息系统战略分别看成是“信息集合”，战略规划的过程则是把组织的战略目标转变为信息系统战略目标的过程，其步骤如下：

第一步：识别组织战略集。先考查该组织是否有成文的战略式长期计划，如果没有，要构造这种战略集合，可以采用以下步骤：

①描绘出组织各类人员结构，如业主、经理、雇员、供应商、顾客、贷款人、代理人、

地区社团及竞争者等。

②识别每类人员的目标。

③对于每类人员识别其使命及战略。

第二步：进一步解释和验证组织战略集。由主管审定组织战略集，提出评论来验证前项所定义的组织战略集。

第三步：将组织战略集转化成信息系统战略集。信息系统战略包括系统目标、约束以及设计原则等。这个转化的过程包括对应组织战略集的每个元素识别对应的信息系统战略约束，然后提出整个信息系统的结构，最后制定信息系统的战略规划。

3.3　组织信息需求分析

一旦确定了信息系统的目标与策略，下一步便是找出组织的信息需求。信息需求从组织层级着手，提供信息系统规划之用。在信息系统规划和设计信息系统时都有信息需求，获取信息需求的方法主要有两种：企业系统规划法和关键成功因素法。

3.3.1　企业系统规划法（Business System Planning，BSP）

企业系统规划法是 IBM 提倡的一套用以定义组织信息需求的方法。企业系统规划法是通过全面调查，分析企业信息需求，制定信息系统总体方案的一种方法，主要分为 4 个基本步骤：

（1）定义管理目标。

为了确定信息系统的目标，需要调查了解企业目标和为了达到此目标所采取的方针、措施及约束条件等。一个企业的目标可由若干子目标组成，子目标还可以进一步细分。例如一个企业的总目标是年产值和年利润达到多少指标，跃居国内同行第一，其子目标可分为产品生产与开发、市场定位、各项管理（财务、设备、材料、人力等）的目标。整个目标可构成一棵目标树，只有明确企业的管理目标，信息系统才可能给企业最直接的支持。

（2）定义管理功能。

管理功能是管理各类资源的各种相关活动和决策的组合，管理人员通过管理这些资源支持管理目标。BSP 法强调管理功能应独立于组织机构，从企业的全部管理工作中分析归纳出相应的管理功能。这样设计的信息系统可以相对独立于组织机构，较少受体制变动的影响。例如不论招生工作是属于教务处还是学生工作处，其过程都是一样的。

（3）定义数据类。

在总体规划中，把系统中密切相关的信息归成一类数据，称为数据类。如客户、产品、合同等，都可称为数据类。识别数据类的目的在于了解企业目前的数据状况和数据要求，查明数据共享的关系，为定义信息结构提供基本依据。

定义数据类的基本方法，仍然是对企业的基本活动进行调查研究，一般采用实体法和功能法分别进行，然后相互参照，定义出数据类。

实体是与企业有关的可以独立描述的事物，如客户、产品、人员、现金、材料等，每个实体可用 4 种类型的数据来描述，即文档型、事务型、计划型和统计型。文档型数据反映实体的现状，仅与一个数据或实体有关；事务型数据反映由于获取或分配活动引起文档型数据的变化；计划型数据反映目标、资源转换过程等计划值；统计型数据反映历史和综合数据，用做对企业的度量和控制，如表 3-4 所示。

表 3-4 四种数据类型及其特点

类型	反映的内容	特点
文档型	反映实体的情况	● 一般一个数据仅和一个实体有关 ● 可能为结构型（如表格）和描述型（如文本）
事务型	反映生命周期各阶段过渡过程相关文档型数据的变化	● 一般一个数据要涉及各个文档型数据，以及时间、数量等多个数据 ● 这种数据的产生可能伴有文档型数据的操作
计划型	反映目标、资源转换过程等计划值	● 可能与多个文档型数据有关
统计型	反映企业状况，提供反馈信息	● 一般来自其他类型数据的采样 ● 为历史性、对照性、评价性的数据 ● 数据综合性强

把实体和数据类做在一张表上，得到实体/数据类矩阵，如表 3-5 所示。

表 3-5 实体/数据类矩阵

类型 / 数据类	产品	客户	设备	材料	资金	人员
文档	产品规范 成品	客户	工作负荷 运行	原材料 产品组成表	财务会计	职工档案
事务	订货	发运记录	进出记录	采购记录	应收业务	人事调动记录
计划	产品计划	市场计划	设备计划	材料计划	预算	人员计划
统计	产品需求	销售历史	利用率	需求历史	财务统计	人员统计

功能法是对每个功能都标出其输入、输出数据类，然后与实体法进行比较调整，最后归纳出系统的数据类，一般为 30～60 个数据类，图 3-4 是功能法的一个例子。

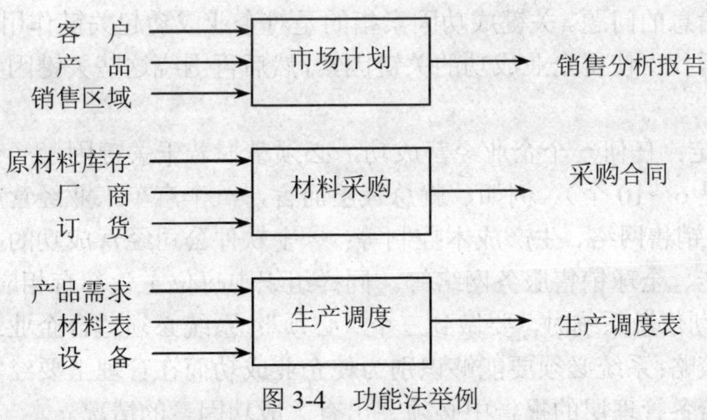

图 3-4 功能法举例

（4）定义信息结构。

定义信息结构也就是划分子系统，确定信息系统各个部分及其相关数据之间的关系，确定各子系统实施的先后顺序。一般来讲，对企业贡献大的、需求迫切的、容易开发的优先开发。

该方法着重企业的处理活动，强调由上而下识别系统目标，识别企业过程，识别数据，也就是从高层主管开始，了解并界定其信息需求，再依次往下推衍，直到了解整个组织的信息需求，完成整体的系统构架为止（包括子系统与系统界面）。然后再自下而上设计系统，以支持目标，其过程如图 3-5 所示。

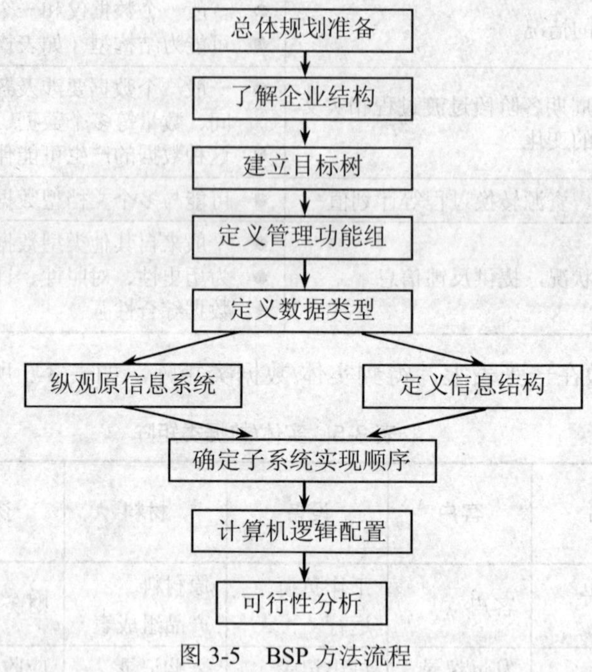

图 3-5　BSP 方法流程

3.3.2　关键成功因素法（Critical Success Factor，CSF）

1970 年哈佛大学教授 William Zani 在管理信息系统模型中用了关键成功变量，这些变量是确定信息系统成败的因素。过了 10 年，MIT 教授 John Rockart 把 CSF 提高成为信息系统的战略，用以满足高层管理的信息需求，特别是解决那些每月收到大量计算机生成的报表却几乎找不到任何有价值信息的问题。关键成功因素指的是对企业成功起关键作用的因素。关键成功因素法就是通过分析找出使得企业成功的关键因素，然后再围绕这些关键因素确定信息系统的需求，并进行规划。

CSF 的前提假定：任何一个企业经营成功，必须掌握若干关键因素（一般来说，成功与否的关键因素大约是 6～10 个）。例如，就总裁层而言，一个汽车工业经营成功的关键因素可能涉及省油、形象、销售网络、生产成本控制等；一个软件公司经营成功的关键因素可能包含产品创新、产品性能、全球销售服务网络等。同样组织中每位主管都有相应的成功关键因素。

采用 CSF 法规划信息系统时，要做到三个“必须”：系统必须适合企业或组织所属的行业以及它采用的特殊策略；系统必须要能够识别为使企业成功而在管理上要经常给予关注的成功因素；在系统提供给各管理层的报告中必须突出有关成功因素的情况。

CSF 法源自企业目标，通过目标分解和识别、关键成功因素识别、性能指标识别，一直到产生数据字典。这好像建立了一个数据库，一直细化到数据字典，CSF 法就是要识别联系于系统目标的主要数据类及其关系。

CSF 法的一般步骤如下：

（1）了解企业目标。

（2）逐层（总裁层、主管层）了解，识别和确定关键成功因素。

（3）定义测度关键因素的性能指标和评估标准。

（4）定义信息系统应该提供什么信息。

CSF 法主要适合在高层领导人员中使用，因为高层领导总在考虑什么是关键成功因素。当然，在中层管理者中，采用 CSF 也具有较大的作用。CSF 法有助于管理者们确定哪些因素值得注意，以保证那些关键因素得到认真的管理和监督，并迫使管理者们为那些因素确定度量的方法，制定有关度量的报告。当然 CSF 法也有其局限性：

（1）它过分注重于特定管理者的信息需求，而不是考虑整个组织的信息需求。

（2）没有推荐或采用一种数据结构来完成信息规划战略和信息需求分析。

3.4　信息系统资源分配

开发信息系统的资源是有限的，资源分配就是要决定实施哪些子系统以及实施它们的次序。资源分配的基本原则是：定量分析子系统能否带来经济利益；定性分析子系统能否带来经济利益；根据部门因素确定其优先权；从系统管理因素的角度考察。

资源分配的方法主要有：比较成本与利益、应用系统组合、内部计价和指导委员会决定优先顺序等。

1. 比较成本与利益

并非所有的子系统都有相同的成本/效益比。有些子系统开发成功会带来很高的经济价值，有些则带来较低的报酬。投资报酬率法和零基预算方法可以从经济理论上指导资源分配。

（1）投资报酬率法（Return On Investment，ROI）。

投资报酬率法是一种古典决策方法。在信息系统规划中，每个子系统都有可量化的经济成本和经济效益，从成本和效益出发可计算其投资报酬。ROI 的决策原则就是计算投资报酬率 ROI（ROI=收益/成本×100%），选择最高者。其问题在于许多指标是不易被量化的；它没有考虑其他可均衡风险的因素；它在技术上缺乏与应用子系统配合的整体成本与效益。

（2）零基预算法。

零基预算是指在编制成本费用预算时，不考虑以往会计期间所发生的费用项目或费用数额，而是以所有的预算支出为零作为出发点，一切从实际需要与可能出发，逐项审议预算期内各项费用的内容及其开支标准是否合理，在综合平衡的基础上编制费用预算的一种方法。

零基运算法与传统的调整运算法截然不同，主要体现在：

①调整预算法的编制基础是前期结果，本期的预算额是根据前期的实绩调整确定的；零基预算法的基础是零，本期的预算额是根据本期经济活动的重要性和可供分配的资金量确定的。

②调整预算法的重点是对新增加的业务活动进行成本效益分析，而对性质相同的业务活动不作分析研究；零基预算法则不同，它要对预算期内所有的经济活动进行成本效益分析。

③调整预算法主要以金额高低为重点，着重从货币角度控制预算金额的增减；零基预算法除重视金额高低外，主要是从业务活动的必需性以及重要程度来分配有限的资金。

零基运算法相对于传统的运算方法有较大的创新，从而有利于提高员工的“投入－产出”

意识，有利于合理分配资金，有利于提高预算管理水平，但由于一切工作都要从“零”做起，因此该方法编制工作量较大、费用相对较高。

2. 应用系统组合法

应用系统组合法的基本思想是子系统不仅需要个别评估，更需要从整体上加以评估。应用系统组合应考虑其风险性，如进度控制失效、成本超出、绩效落后等。评估所有应用子系统的风险后，即可评估应用系统组合的整体风险。

3. 内部计价法

内部计价法是一种将信息系统的成本分摊给使用者的会计方法，常用的计价方式有两种：

（1）直接将成本分配给使用者，以使使用者了解资源如何被运用；

（2）要求使用者使用信息服务时付费。

内部计价法的优点是可以控制成本，但其侧重局部合理化而非整体合理化。若使用者外购系统多于内建系统，该方法就不能解决资源分配问题。

4. 指导委员会决定优先顺序

指导委员会通常由信息单位的主管以及各职能部门主管组成。由指导委员会决定子系统开发的优先顺序，其优点是组织权力和政策得以运作。理想上它能达成组织资源的最佳分配，但实际协调时很可能忽略权利较小的部门。

3.5 可行性分析

总体规划的后期，要对项目的可行性进行研究。事实上，可行性研究是任何一项大型工程投入力量之前必须进行的一项工作。这对于保证资源的合理使用、避免浪费是十分必要的，也是项目开始以后得以顺利进行的必要保证。信息系统的建设是一项投资大、时间长的复杂工程，因此可行性研究更为必要，也更为复杂和困难。

“可行性”指的是在当前情况下，企业研制的信息系统是否有必要，是否具备必要的条件，它包括可能性、必要性和合理性。

3.5.1 可行性研究的内容

信息系统的可行性研究主要从三个方面进行：

1. 技术可行性

（1）技术可行性是指根据现有的技术条件能否达到所提出的要求；

（2）所需要的物理资源是否具备，能否得到。

特别要注意，这里的技术条件是指已经普遍采用、确实可行的技术手段，而不是正在研究中还没投入使用的新技术。

技术条件包括以下几个方面：

（1）硬件。

包括计算机的存储量、运算速度，外部设备的功能、效率、可靠性，通信设备的能力、质量。

（2）系统软件。

包括操作系统提供的接口能力是否符合需要，是否具备实时处理能力或批处理能力，分

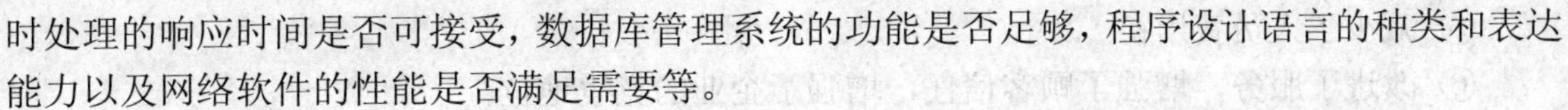

时处理的响应时间是否可接受，数据库管理系统的功能是否足够，程序设计语言的种类和表达能力以及网络软件的性能是否满足需要等。

（3）应用软件。

有无专用的应用软件。

（4）技术人员。

各类技术人员的数量、质量、来源等。

2. 经济可行性

经济可行性就是要估计项目的成本和效益，分析项目从经济上讲是否合理。如果不能提供研制系统所需的经费，或者不能提高企业的利润，或者一定时期内不能回收投资，就不应该开发该项目。也就是说，经济可行性要解决两个问题：资金可得性和经济合理性。

（1）资金可得性。

先要估计成本，做出项目投资总额。成本包括初始成本与日常维护费用。

1）系统的初始成本包括：

① 设备费用，包括各种硬/软件及辅助设备的购置、运输、安装、调试费用。

② 机房及附属设施（电源、通讯、地板等）费用。

③ 其他（差旅、办公、不可预见费用）费用。

2）日常维护费用包括：

① 系统维护（软件、硬件、通讯）费用。

② 人员费用。

③ 易耗品（表格、磁带、磁盘）费用。

④ 内务开销（公用设施、建筑物、远程通讯、动力）。

⑤ 其他费用。

注意防止成本估计过低的倾向，如只算开发费、不算维护费，只算硬件忽视软件（经验表明，该费用往往低估 2～4 倍），只算主机、不算外设（现在的趋势是外设比重越来越大）。

（2）经济合理性。

考虑资金可得性，要计算系统的开支；要说明经济合理性，还需计算信息系统带来的效益。

效益可分为直接经济效益和间接经济效益。直接经济效益是系统投入运行后，对利润的直接影响，如节省多少人员，压缩多少库存，合理的调度使产量增加、废品减少等。这些效益可直接折合成货币形式。把这种效益与系统投资、运行费用相比，可以估算出投资回收期。设 V_0 是投资总额，B 是系统运行后的年效益，t 是资金的时间价值率，则回收期为：$T=V_0(1+t)^T/B$，t 根据企业情况而定，不低于银行利率。

但信息系统的效益大部分是难以用货币形式表现出来的社会效益，如系统运行后，可以更及时地得到更准确的信息，对管理者的决策提供了更有力的支持，改善了企业形象，增加了竞争力等，这些都是间接效益。

根据国外的统计，信息系统的效益，按其重要性排列如下：

① 提供了以前提供不了的统计报表与分析报告；

② 提供了比以前准确、及时、适用、易理解的信息；

③ 对领导决策提供了有力支持；

④ 促进了体制改革，提高了工作效率；

⑤ 减少了人员费用；

⑥ 改进了服务，增强了顾客信任，增强了企业的竞争地位；

⑦ 改善了工作条件；

⑧ 增强了潜力。

由此可见，信息系统的效益主要是难以用货币表现的间接效益。

3. 社会可行性

社会可行性是指所建立的信息系统能否在该企业实现，在当前操作环境下能否很好地运行，即组织内外是否具备接受和使用新系统的条件。从组织内部来讲，管理信息系统的建立，可能导致某些制度，甚至管理体制的变动，对于这些变动，组织的承受能力如何，尤其是从手工系统过渡到人机系统，这个因素的影响更大。领导者不积极参与、旁观怀疑，中下层怕改变工作性质，由于惰性或惧怕心理而反对采用新技术，都是系统失败的关键因素。从组织外部来讲，管理信息系统运行后，报表、票证格式的改变，是否为有关部门认可和接受，这将直接影响营业额。对于涉及社会经济现象的系统，还应考虑原始数据的来源有无保证。

3.5.2 可行性分析报告

在可行性研究结束之后，应该将分析结果用可行性报告的形式编写出来，形成正式的工作文件。这个报告是非常必要的，因为我们把项目的目标用专门的语言表达出来，并按照我们的理解把它明确化、定量化，列出优选顺序并进行权衡考虑，这些是否符合使用者的原意，有没有偏离使用者的目标，都还没有得到验证。虽然我们是尽力去体会使用者的意图，但是，由于工作背景和职业的差别，仍然难免发生一些误解与疏漏。因此，同使用者进行交流，请他们审核可行性分析报告是十分必要的。

可行性报告的结果并不一定可行，也可能是得出在目前条件下不可行的结论。这是完全正常的，如果限定必须证明可行，那么可行性分析就没有意义了。甚至可以说，判断不可行性比判断可行性的收获还大，因为这就避免了巨大的浪费。如果把大量的人力物力投入一个不具备客观条件、事先就认定是劳而无功的项目，其损失是难以预计的。另外，可行性分析的结果也有可能是要求做一些局部性的修改，例如修改某些目标、追加某些资源、等待某些条件的成熟再实施项目等。

对可行性报告的讨论是研制过程中的关键步骤，必须在项目的目标和可行性问题上和领导及管理人员取得一致的认识，才能正式开始项目的详细调查研究。为了做好这一次讨论，在条件许可的情况下，可以请一些外单位参加过类似系统研制的专家来讨论。他们的经验以及他们局外人的立场都有利于对于项目目标和可行性做出更准确的表达、判断与论证。可行性报告通过之后，项目就进入了实质性的阶段。

可行性报告包括总体方案和可行性论证两个方面，一般包括有以下内容：

（1）引言。说明系统名称、系统目标、系统功能和项目的由来。

（2）系统建设的背景、必要性和意义。报告要用较大的篇幅说明总体规划调查、汇总的全过程，要使人们信服调查是真实的，汇总是有根据的，规划是可信的。

（3）拟建系统的候选方案。这部分要提出计算机的逻辑配置方案，可以提出一个主要方案及几个辅助方案。

（4）可行性论证。要从技术、经济、社会三个方面对规划进行可行性论证。

（5）几个方案的比较。若结论认为是可行的，则给出系统开发的计划，包括各阶段人力、资金、设备的需求，用甘特图表示开发进度等。

习题 3

1．简述信息系统规划的目标与特点。
2．简述信息系统规划的主要任务。
3．简述信息系统规划的内容。
4．信息系统战略规划包括哪些内容？其规划方法有哪些？
5．什么是企业系统规划法（BSP）？其基本步骤有哪些？
6．什么是关键成功因素法（CSF）？其一般步骤有哪些？
7．资源分配的基本原则是什么？其主要方法有哪些？
8．可行性分析的含义是什么？信息系统可行性分析包括哪些内容？

第 4 章　系统分析

信息系统分析是应用系统的思想和方法，把复杂的对象分解成简单的组成部分，找出这些部分的基本属性和彼此间的关系。

本章介绍信息系统分析阶段的任务、方法和工具。这一阶段产生的系统说明书，既是后续开发工作的依据，也是衡量一个信息系统优劣的依据。系统分析是系统开发中最重要、也是最困难的阶段，本章结合一个具体的产品库存管理信息系统的开发实例，利用结构化分析方法对其系统分析过程做了详细介绍，包括详细调查、业务流程分析、数据流程图、数据字典、处理逻辑的表达、立即存取分析、新系统逻辑方案等内容。

本章要点

- 系统分析的主要任务、方法和工具
- 组织结构图与业务流程图的画法
- 数据流程图的概念、基本成分及画法
- 系统逻辑模型方案的建立
- 系统分析说明书的内容

4.1　系统分析的基本概念

4.1.1　系统分析的任务

系统分析阶段的基本任务是：系统分析员与用户在一起，充分了解用户的要求，并把双方的理解用系统说明书表达出来。系统说明书审核通过之后，将成为系统设计的依据，也是将来验收系统的依据。

拟建的信息系统既要源于原系统，又要高于原系统。所谓“高于原系统”，就是要比现行系统功能更强，效率更高，使用更方便。但新系统不是无源之水，无本之木。“源”、“本”就是现行信息系统。因此系统分析员要在总体规划的基础上，与用户密切配合，用系统的思想和方法，对企业的业务活动进行全面的调查分析，详细掌握有关的工作流程，收集票据、账单、报表等资料，分析现行系统的局限性和不足之处，找出制约现行系统的“瓶颈”，确定新系统的逻辑功能，根据企业的条件，找出几种可行的解决方案，分析比较这些方案的投资和可能的收益。

系统分析是研制信息系统最重要的阶段，也是最困难的阶段。

系统分析要回答新系统“做什么”这个关键性的问题。只有明确了问题，才有可能解决问题。否则，方向不明，无的放矢，费力不讨好。实际工作中常常有这种情形，即业务人员认为信息系统的开发只是技术人员的事，开发人员根据对用户要求的肤浅理解匆匆忙忙进行系统设计，编写程序。交给用户使用时，用户说“这不是我要的系统”。对系统分析缺乏足够的重视，是导致研制工期一再延长甚至以失败告终的重要原因，也是系统分析难于进行的主观原因。

系统分析的困难主要来自三个方面：问题空间的理解、人与人之间的交流和环境的不断变化。

由于系统分析员缺乏足够的关于对象系统的业务知识，他在系统调查中往往感到无从下手，不知道该问用户一些什么问题，或者被各种具体数字、大量的资料、庞杂的业务流程搞得眼花缭乱。一个规模较大的系统，反映各种业务情况的数据、报表、账页，业务人员手中各种正规的、非正规的手册和技术资料等，数量相当大，业务之间联系繁杂。不熟悉业务情况的系统分析员往往感到好像处在不见天日的大森林中迷失了方向，各种信息流程像一堆乱麻，不知从何下手去理出头绪，更谈不上如何分析制约现行系统的“瓶颈”了。

另一方面，用户往往缺乏计算机方面的足够知识，不了解计算机的功能。许多用户虽然精通自己的业务，但往往不善于把业务过程明确地表达出来，不知道该给系统分析员介绍什么。一些具体业务的处理，他认为理所当然该这么做，尤其是某些决策问题，根据他的经验，凭直觉就应该这么做。在这种情况下，系统分析员很难从业务人员那里获得充分有用的信息。

俗话说：“隔行如隔山”。系统分析员与用户的知识构成不同，经历不同，使得双方的交流十分困难。这一方面使系统调查容易出现遗漏和误解，这些误解和遗漏是研制系统的隐患，会使系统开发偏离正确方向。另一方面使编写系统说明书变得十分困难。系统说明书是这一阶段工作的结晶。审核通过之后，系统说明书既是系统设计的基础，也是最后验收系统的依据，它实际上是用户与研制人员之间的技术合同。作为设计的基础和验收的依据，系统说明书应当严谨准确，无二义性，尽可能详尽；作为技术人员与用户之间的交流工具，它应当简单明确，尽量不用技术上的专业术语。这些要求不是容易达到的，但必须努力达到。

最使系统分析员困惑的是环境的变化。系统分析阶段要通过调查分析，抽象出新系统的概念模型，锁定系统边界、功能、处理过程和信息结构，为系统设计奠定基础。但是，信息系统生存在不断变化的环境中，环境对它不断提出新的要求。只有适应了这些要求，信息系统才能生存下去。在系统分析阶段，要完全确定系统模式是很困难的，有时甚至是办不到的。

在系统开发中，系统分析员起着十分重要的作用。系统分析这一重要而困难的任务主要由系统分析员承担。他要与各类人员打交道，是用户和技术人员之间的桥梁和“翻译”，并为管理者提供控制开发的手段。系统分析员还必须考虑系统的硬件设备、数据输入、系统安全等各方面的问题。

系统分析员的知识水平和工作能力决定了系统的成败。一个称职的系统分析员不但应具备坚实的信息系统知识，了解计算机技术的发展，而且还必须具备管理科学的知识。缺乏必要的管理科学知识，就没有与各级管理人员打交道的“共同语言”。很难设想，缺乏财务基础知识的人能设计出实用的财务系统。系统分析员应有较强的系统观点，较好的逻辑分析能力，能够从复杂的事物中抽象出系统模型，还应具备较好的口头和书面表达能力，较强的组织能力，善于与人共事。总之，系统分析员应是具有现代科学知识的，具有改革思想和改革能力的专家。

为了克服这些困难，做好系统分析工作，需要系统分析员与用户精诚合作。系统分析员应牢固树立用户第一的思想，虚心向用户学习。虽然“隔行如隔山”，但“隔行不隔理”，这个“理”就是人们认识事物的共同规律，就是系统的思想与方法，这是我们分析复杂事物的有力武器。系统论的思想方法强调系统的整体性、综合性和层次性，强调系统元素之间的有机联系，也就是人们常说的要全面地看问题，认识事物要由表及里、去伪存真，要从事物之间的联系去认识事物，而不要孤立地看待事物。

系统分析的主要任务是将在系统详细调查中所得到的文档资料集中到一起，对组织内部的整体管理状况和信息处理过程进行分析。它侧重于从业务全过程的角度进行分析，分析的主要内容是：业务和数据的流程是否通畅、合理，数据、业务过程和实现管理功能之间的关系，老系统管理模式改革和新系统管理方法的实现是否具有可行性等。系统分析的目的是将用户的需求及其解决方法确定下来，这些需要确定的结果包括：开发者关于现有组织管理状况的了解；用户对信息系统功能的需求；数据和业务流程；管理功能和管理数据指标体系；新系统拟改动和新增的管理模型等。

4.1.2 系统分析的工作步骤

1. 详细调查、收集和分析用户需求

在系统规划时所做的初步调查只是为了总体规划和进行可行性分析的需要，相对来说是比较粗糙的。现在，则应在初步调查的基础上，进一步收集和了解、分析用户需求，调查用户的有关详细情况。

2. 确定初步的逻辑模型

逻辑模型是指仅在逻辑上确定的目标系统模型，而不涉及具体的物理实现，也就是要解决系统“干什么”，而不是“如何干”。逻辑模型由一组图表工具进行描述。用户可通过逻辑模型了解未来的目标系统，并进行讨论和改进。

3. 编制系统说明书

对上述采用图表描述的逻辑模型进行适当的文字说明，就组成了系统说明书。它是系统分析阶段的主要成果。系统说明书既是用户与开发人员达成的书面协议或合同，也是管理信息系统生命周期中的重要文档。

4.1.3 系统需求分析方法

需求分析是系统开发工作中最重要的环节之一，实事求是地全面调查是分析与设计的基础，这一步工作的质量对于整个开发工作的成败来说都是决定性的。同时需求分析工作量大，涉及的业务和人、数据、信息都非常多。因此如何科学地组织和有效地展开这项工作是非常重要的。

所谓需求分析实际上就是对对象进行系统调查。在系统调查过程中应始终坚持正确的方法，确保调查工作的客观性、正确性。系统调查的工作应该遵循如下几点：

（1）自顶向下全面展开。

系统调查工作应严格按照自顶向下的系统化观点全面展开。首先从组织管理工作的最顶层开始，然后再调查下一层（第二层）的管理工作。完成了这两层的调查后，再深入一步调查下一层（第三层）的管理工作。依此类推，直至摸清组织的全部管理工作。这样做的目的是使调查者既不会被组织内部庞大的管理机构搞得不知所措、无从下手，又不会因调查工作量太大而顾此失彼。

（2）弄清它存在的道理再分析有无改进的可能性。

组织内部的每一个管理部门和每一项管理工作都是根据组织的具体情况和管理需要而设置的，我们调查工作的目的正是要搞清这些管理工作存在的道理、环境条件以及工作的详细过程，然后再通过系统分析讨论其在新的信息系统支持下有无优化的可行性。所以在系统调查时最好是保持头脑冷静和敞开；实实在在地搞清现实工作和它所处的环境条件。如果调查前脑子里已经有了许多的"改革"或"合理化"设想，那么这些设想势必会先入为主，妨碍你接收调查的现实情况信息。这样往往会造成还未接触实质问题，就感觉到这也不合理，那也不合理，以至无法客观了解实际问题。

（3）工程化的工作方式。

对于任何一个企业来说，其内部的管理机构都是庞大的，这就给调查工作带来了一定的困难，对于一个大型系统的调查一般都是多个系统分析人员共同完成的，按工程化的方法组织调查可以避免调查工作中可能出现的一些问题。所谓工程化的方法就是将工作中的每一步事先都计划好，对多个人的工作方法和调查所用的表格、图例都统一规范化处理，保证群体之间的沟通和协调。另外所有规范化的调查结果（如表格、问题、图、所收集的报表等）都应整理后归档，以便进一步工作时使用。

（4）全面铺开与重点调查相结合。

如果是开发整个组织的信息系统，开展全面的调查工作是当然的。如果我们近期内只需开发组织内部某一局部的信息系统，就必须坚持全面铺开与重点调查相结合的方法，即自顶向下全面展开，但每次都只侧重于与局部相关的分支。例如我们只需开发企业生产作业计划部分，调查工作也必须是从组织管理的顶层开始，先了解总经理或厂长的工作，公司或工厂管理委员会的分工，下设各个部门的主要工作，企业年度综合计划的制定过程以及所涉及的部门和信息，然后略去其他无关部门的具体业务调查，而将工作重点放在生产部的计划调度和物资供应的具体业务上。

（5）主动沟通和亲和友善的工作方式。

系统调查项涉及组织内部管理工作的各个方面，涉及各种不同类型的人，因此调查者主动地与被调查者在业务上进行沟通是十分必要的。创造出一种积极、主动、友善的工作环境和人际关系是调查工作顺利展开的基础，一个好的人际关系会使调查和系统开发工作事半功倍，反之则事倍功半。但是这项工作说起来容易，做起来却很难，它对调查者和开发者的主观态度和心理行为等方面都有较高的要求。

4.1.4　详细调查

1. 详细调查的目的和原则

详细调查的对象是现行系统（包括手工系统和已采用计算机的管理信息系统），目的在于完整掌握现行系统的现状，发现问题和薄弱环节，收集资料，为下一步的系统化分析和提出新系统的逻辑设计做好准备。

详细调查应遵循用户参与的原则，即由相关部门的业务人员、主管人员和系统分析人员、系统设计人员共同进行。设计人员虽然掌握计算机技术，但对相关部门的业务不够清楚，而管理人员虽熟悉自身业务，却不一定了解计算机，两者结合，取长补短，有助于更深入地发现对象系统存在的问题，共同研讨解决的方案。

调查的方法可以采用：①召开调查会；②访问；③发调查表；④参加业务实践。参加业务实践是了解系统的一种很好的形式，对于复杂的计算过程如能亲自动手算一算，对以后设计和编写程序设计说明书都是很有益的一步。一个好的方法是在这个阶段就收集出一套将来可供程序调试用的试验数据，这对系统实施阶段考核程序的正确性很有用处。为了便于分析人员和管理人员之间进行业务交流和分析问题，在调查过程中应尽量使用各种形象、直观的图表工具。图表工具的种类很多，通常用组织结构图描述组织的结构，用管理业务流程图和表格分配图描述管理业务状况，用数据流程图描述和分析数据、数据流程及各项功能，用判断树、决策表等描述处理功能和决策模型。

2. 详细调查的范围

详细调查的范围应该是围绕组织内部信息流所涉及领域的各个方面。但应该注意的是，信息流是通过物流而产生的，物流和信息流又都是在组织中流动的。因此调查的范围就不能仅局限于信息和信息流，应该包括企业的生产、经营、管理等各个方面。下面我们把它大致地归纳为 9 类问题：

（1）组织机构和功能业务；

（2）组织目标和发展战略；

（3）工艺流程和产品构成；

（4）数据与数据流程；

（5）业务流程与工作形式；

（6）管理方式和具体业务的管理方法；

（7）决策方式和决策过程；

（8）可用资源和限制条件；

（9）现存问题和改进意见。

以上 9 个方面只是一种大致的划分，实际工作时应视具体情况增加或修改。总之，目的就是真正弄清处理对象现阶段工作的详细情况，为后面的分析设计工作做准备。详细调查主要针对业务流程调查和数据流程调查两部分进行。

4.1.5 系统分析的主要工具

系统分析员除了具备与用户沟通的能力之外，还要有必要的工具（如一些合理的图表）帮助他们理顺思路，记录信息，更顺畅地与用户交流。20 世纪 70 年代以来，出现了多种帮助系统分析员进行系统分析的工具，如组织/业务图表、功能/数据分析矩阵、现场工作流程图、作业流程图、实体生命周期图和数据流程图等。

数据流程图是结构化系统分析的主要工具。结构化系统分析采用介于形式语言和自然语言之间的描述方式，通过一套分层次的数据流程图，辅以数据字典、小说明等工具来描述系统。如图 4-1 所示是一个简单的数据流程示意图。图中上层数据流程图中的一个处理框被分解为一张下层的数据流程图。顶层的处理框 P0 分解为第一层数据流程图，含有 P1、P2、P3、P4 等处理框。第一层分解图中的处理框又分解为第二层数据流程图，例如处理框 P4 被分解为含有 P41、P42 等处理框的流程图。结构化系统分析方法就是通过这种自顶向下、逐层分解的方法，利用分解和抽象这两个基本手段控制系统的复杂性，把大问题分解成小问题，然后分别解决，这就是分解。分而治之，正是系统工程的思路，分解时分层进行，先考虑问题最本质的属性，

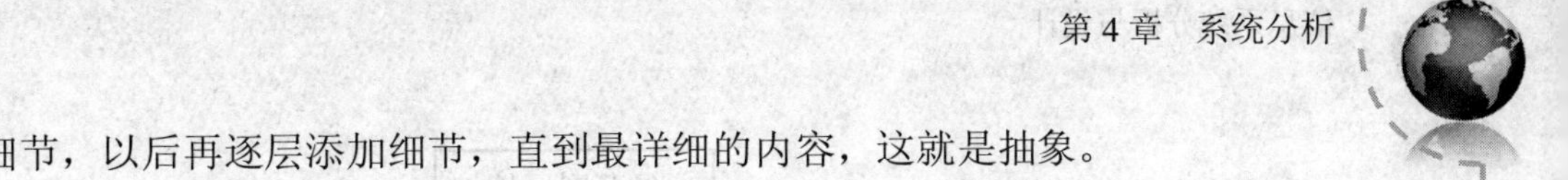

暂时略去具体细节，以后再逐层添加细节，直到最详细的内容，这就是抽象。

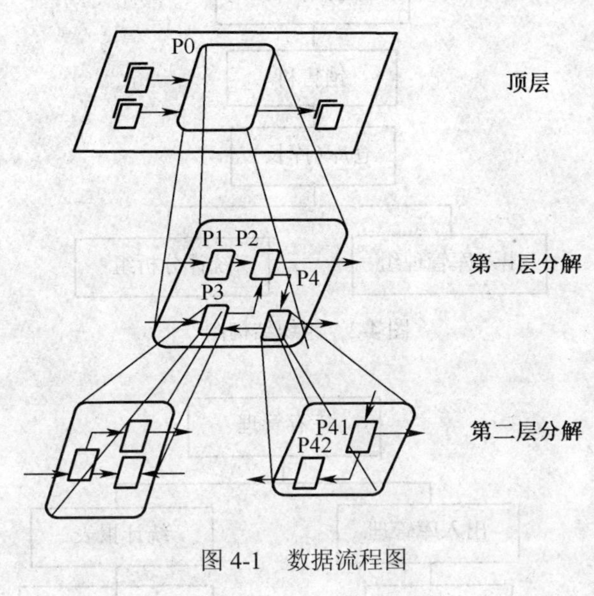

图 4-1　数据流程图

4.2　业务流程图

在对系统的组织结构和功能进行分析时，本章从一个实际的产品库存管理信息系统的业务流程角度将系统调查中有关该业务流程的资料都串起来作进一步的分析。业务流程分析可以帮助我们了解该业务的具体处理过程，发现和处理系统调查工作中的错误和疏漏，修改和删除原系统的不合理部分，在新系统基础上优化业务处理流程。

4.2.1　组织结构与功能分析

组织结构与功能分析是整个系统分析工作中最简单的一环。组织结构与功能分析主要有三部分内容：组织结构分析、业务过程与组织结构之间的联系分析、业务功能一览表。其中组织结构分析通常通过组织结构图来实现，将调查中所了解的组织结构具体地描绘在图上，作为后续分析和设计的参考。业务过程与组织结构分析通常是通过业务与组织关系图来实现的，是利用系统调查中所掌握的资料着重反映管理业务过程与组织结构之间的关系，它是后续分析和设计新系统的基础。业务功能一览表是把组织内部各项业务功能都用一张表的方式罗列出来，它是今后进行功能数据分析、确定新系统拟实现的功能和分析、建立、管理数据指标体系的基础。

1. 组织结构图

产品库存管理信息系统的组织结构图是一张反映组织内部之间隶属关系的树状结构图，如图 4-2 所示。在绘制组织结构图时应尽可能全面、准确地反映组织部门之间的结构关系。

2. 管理职能分析图

有时除了画出组织结构图之外，还要反映出各部门的具体职能，因此需要画出组织管理职能分析图，如图 4-3 所示。

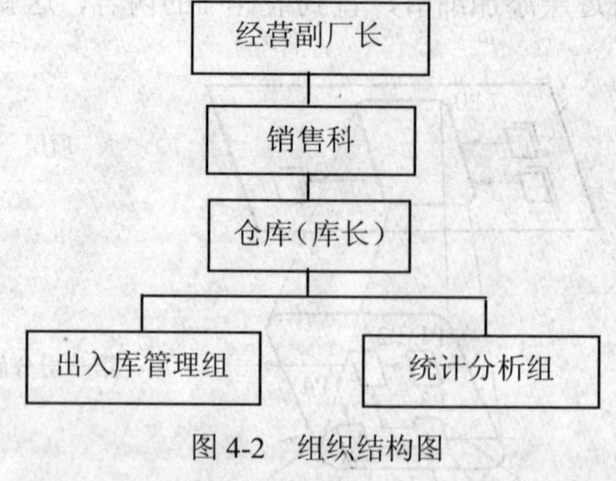

图 4-2　组织结构图

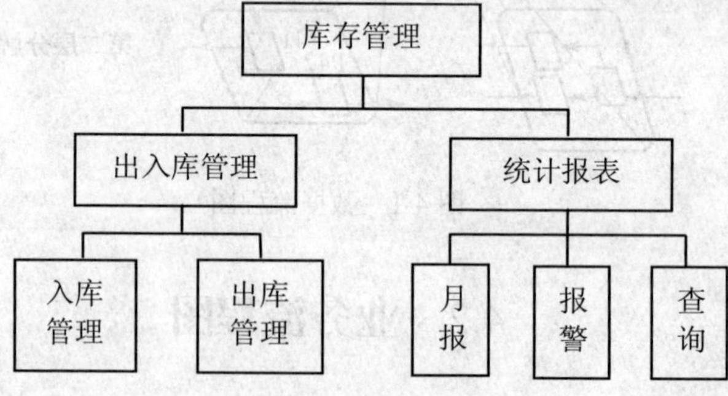

图 4-3　管理职能分析图

分析过程：

仓库库长：全面负责仓库的行政与业务管理；

出入库管理组：负责产品的入库检验、产品的出入库管理、登记出入库账；

统计分析组：每天根据出入库管理组的出入库账，统计出各种规格产品当日出入库累计数字，然后登库存台账。此外，负责生成产品收发存月报表，经库长签字后呈上级主管部门，有时还要尽量满足各方面的各种查询要求。

3. 组织/业务关系图

组织结构图反映了组织内部和上下级关系。但是对于组织内部各部分之间的联系程度，组织各部分的主要业务职能和它们在业务过程中所承担的工作等却不能反映出来。这将会给后续的业务、数据流程分析和过程/数据分析等带来困难。为了弥补这方面的不足，通常增设组织/业务关系图来反映组织各部分在承担业务时的关系，如图 4-4 所示。我们以组织/业务关系图中的横向表示各组织名称，纵向表示业务过程名，中间栏填写组织在执行业务过程中的作用。

4.2.2　业务流程图

业务流程图（Transaction Flow Diagram，TFD），就是用一些规定的符号及连线来表示某个具体业务的处理过程。业务流程分析的目的就是帮助系统分析人员了解各项业务的具体处理过程；发现系统调查中的错误和疏漏；发现和修改现行系统的不合理部分，优化业务流程，为目标系统的开发打下基础。

功能	序号	联系的程度 / 组织 / 业务	计划科	质量科	设计科	工艺科	机动科	总工室	研究所	生产科	供应科	人事科	总务科	教育科	销售科	仓库	…
功能与业务	1	计划	*					√		×	×				×	×	
	2	销售		√											*	×	
	3	供应	√							×	*					√	
	4	人事										*	√	√			
	5	生产	√	×	×	×		*		*	×				√	√	
	6	设备更新				*	√	√	√	×							
	7	⋮															

注：“*”表示该项业务是对应组织的主要业务（即主持工作的单位）；

“×”表示该单位是参加协调该项业务的辅助单位；

“√”表示该单位是该项业务的相关单位（或称有关单位）；

空格：表示该单位与对应业务无关。

图 4-4　组织/业务关系图

业务流程图的绘制基本上按照业务的实际处理步骤和过程绘制。换句话说，就是一本用图形方式来反映实际业务处理过程的“流水账”。绘制出这本“流水账”对于开发者理顺和优化业务过程是很有帮助的。

业务流程图是一种用尽可能少、尽可能简单的方法来描述业务处理过程的方法。它的符号简单明了，非常易于阅读和理解业务流程。但它的不足是对于一些专业性较强的业务处理细节缺乏足够的表现手段，比较适用于反映事务处理类型的业务过程。

（1）基本符号。

业务流程图的基本图形符号非常简单，只有 6 个。有关 6 个符号的内部解释则可直接用文字标于图内，6 个符号所代表的内容与信息系统最基本的处理功能一一对应。如图 4-5 所示，圆圈表示业务处理单位，方框表示业务处理内容，报表符号表示输出信息（报表、报告、文件、图形等），不封口的带圆角方框表示库存文件，平行四边形的卡片符号表示数据或单据，矢量连线表示业务过程联系。

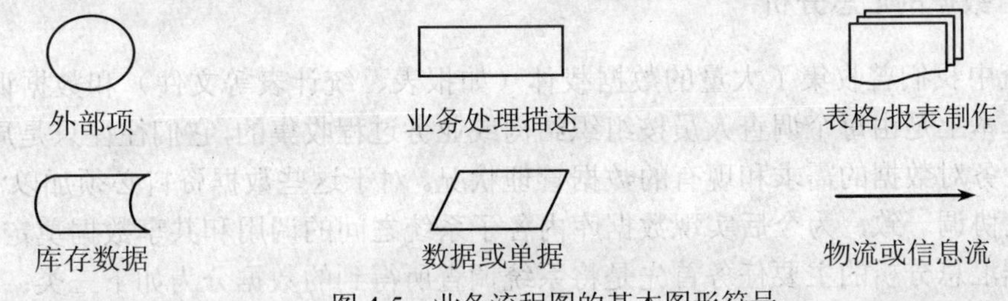

图 4-5　业务流程图的基本图形符号

（2）绘制举例。

业务流程图的绘制是根据系统调查表中所得到的资料和问卷调查的结果，按业务实际处理过程将它们绘制在同一张图上。例如，产品库存管理信息系统的业务流程可被表示成图 4-6 的形式。

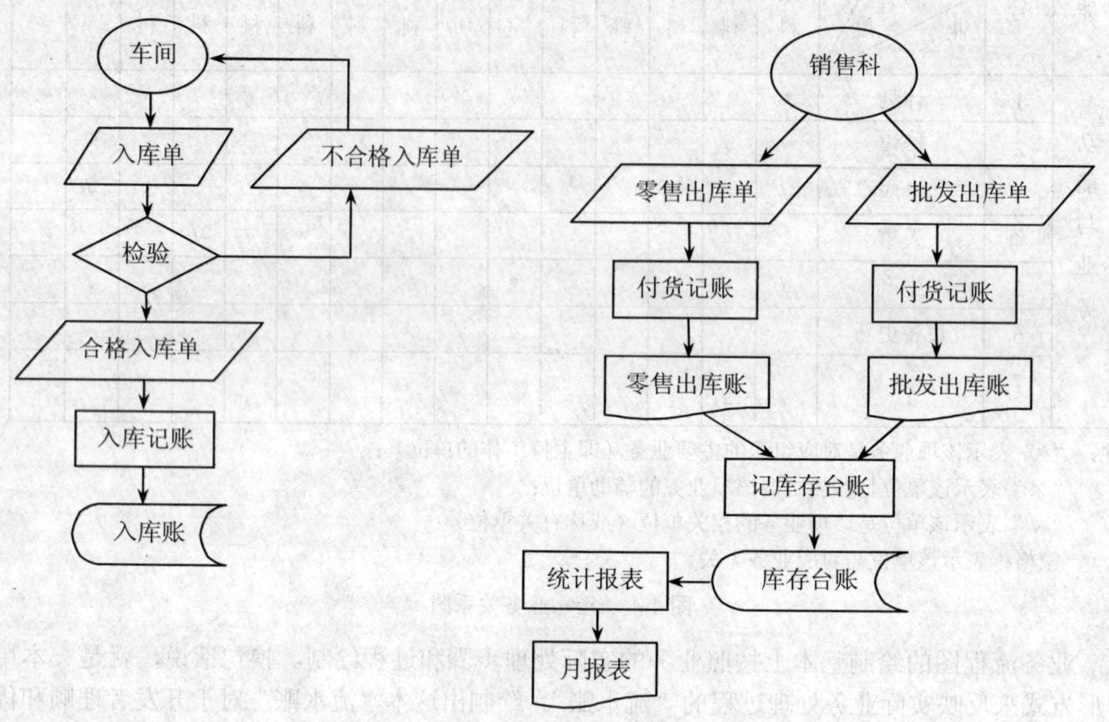

图 4-6　库存业务流程图

4.3　数据流程图

数据是信息的载体，是今后系统要处理的主要对象。因此必须对系统调查中所收集的数据以及统计处理数据的过程进行分析和整理。如果有没弄清楚的问题，应立刻返回去弄清楚它；如果发现有数据不全，采集过程不合理，处理过程不畅，数据分析不深入等问题，应在本次分析过程中研究解决。数据与数据流程分析是今后建立数据库系统和设计功能模块处理过程的基础。

4.3.1　调查数据的汇总分析

在系统调查中我们曾收集了大量的数据载体（如报表、统计表等文件）和数据调查表，这些原始资料基本上是由每个调查人员按组织结构或业务过程收集的，它们往往只是局部地反映了某项管理业务对数据的需求和现有的数据管理状况。对于这些数据资料必须加以汇总、整理和分析，使之协调一致，为今后实现数据库内各子系统之间的调用和共享数据奠定基础。

对调查数据汇总分析的主要任务首先是将系统调查所得到的数据分为如下三类：

（1）本系统输入数据类（主要指报来的报表），即今后下级子系统或网络要传递的内容。

（2）本系统要存储的数据类（主要指各种台账、账单和记录文件），它们是今后本系统数据库要存储的主要内容。

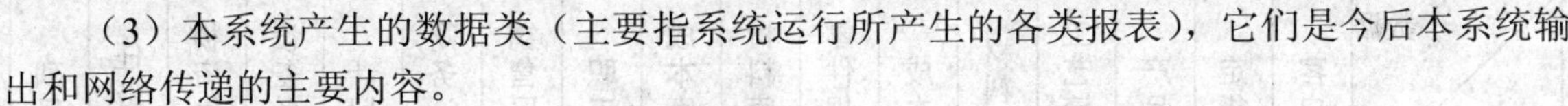

（3）本系统产生的数据类（主要指系统运行所产生的各类报表），它们是今后本系统输出和网络传递的主要内容。

然后再对每一类数据进行如下三项分析：

（1）汇总并检查数据有无遗漏。

（2）数据分析，即检查数据的匹配情况。

（3）建立统一的数据字典。

1. 数据汇总

数据汇总是一项较为繁杂的工作，为使数据汇总能顺利进行，通常分为如下几步：

（1）将系统调查中所收集到的数据资料，按业务过程进行分类编码，按处理过程的顺序排放在一起。

（2）按业务过程自顶向下对数据项进行整理。例如，对于成本管理业务，应从最终成本报表开始，检查报表中每一栏数据的来源，然后检查该数据来源，一直查到最终原始统计数据（如生产统计、成本消耗统计、产品统计、销售统计、库存统计等）或原始财务数据（如单据、凭证等）。

（3）将所有原始数据和最终输出数据分类整理出来。原始数据是以后确定关系数据库基本表的主要内容，而最终输出数据则是反映管理业务所需求的主要数据指标。这两类数据对于后续工作来说是非常重要的，所用将它们单独列出来。

（4）确定数据的字长和精度，根据系统调查中用户对数据的满意程度以及今后预计该业务可能的发展规模统一确定数据的字长和精度。对数字型数据来说包括：数据的正、负号，小数点前后的位数，取值范围等；对字符型数据来说只需确定它的最大字长和是否需要中文。

2. 数据分析

数据的汇总只是从某项业务的角度对数据进行了分类整理，还不能确定收集数据的具体形式以及整体数据的完备程度、一致程度和无冗余的程度。因此还需对这些数据作进一步的分析。分析时可借用BSP方法中的U/C矩阵来进行。U/C矩阵本质是一种聚类方法，它可以用于过程数据、功能/组织、功能/数据等各种分析中，这里我们只是借用它来进行数据分析。

（1）U/C矩阵。

U/C矩阵是通过一个普通的二维表来分析汇总数据。通常将表的纵坐标一栏定义为数据类变量（Xi），横坐标一栏定义为业务过程类变量（Yi），如图4-7所示，将数据与业务过程之间的关系用使用（U，use）和建立（C，create）来表示，那么将上一步数据汇总的内容填于表内就构成了所谓的U/C矩阵。

（2）数据正确性分析。

在建立了U/C矩阵之后就要对数据进行分析，其基本原则就是“数据守恒原理”，即数据必定有一个产生源，而且必定有一个或多个用途。具体落实到对图4-7的分析中则可概括为以下几点：

①原则上每一个列只能有一个C。如果没有C则可能是数据收集时有错；如果有多个C，则有两种可能性：其一是数据汇总有错，误将其他几处引用数据的地方认为是数据源；其二数据栏是一大类数据的总称，如果是这样应将其细划；

②每一列至少有一个U，如果没有U，则一定是调查数据或建立U/C阵时有误；

数据 功能	客户	定货	产品	工艺流程	材料表	成本	零件规格	材料库存	成本库存	职工	销售区域	财务计划	计划	设备负荷	物资供应	任务单	列号
经营计划		U				U						U	C				1
财务计划						U				U		C	C				2
资产规模												U					3
产品预测	C		U								U						4
产品设计开发	U		C	U	C		C						U				5
产品工艺			U		C		C	U									6
库存控制							C	C							U	U	7
调度			U	U				U						U		U	8
生产能力计划				U										C	U		9
材料需求			U		U			U								U	10
操作顺序				C										U	U	U	11
销售管理	C	U	U						U		U						12
市场分析	U	U	U								C						13
定货服务	U	C	U						U		U						14
发货		U	U						U		U						15
财务会计	U	U	U						U	U		U					16
成本会计		U	U			U						U					17
用人计划										C							18
业绩考评										U							19
行号	1	2	3	4	5	6	7	8	9	10	11	12	13	14	15	16	

图 4-7　U/C 矩阵

③U/C 矩阵中不能出现空行或空列。如果有空行或空列，则可能是下列两种情况：其一，数据项或业务过程的划分是多余的；其二，在调查或建立 U/C 矩阵的过程中漏掉了他们之间的数据联系。

（3）数据项特征分析。

①数据的类型以及精度和字长。这是建库和分析处理所必须要求确定的。

②合理的取值范围。这是输入、校对和审核所必须的。

③数据量。即单位时间内（如天、月、年）的业务量、使用频率、存储和保留的时间周期等。这是在网上分布数据资源和确定设备存储容量的基础。

④所涉及的业务。即图 4-7 中每一行有 U 或 C 的列号（业务过程）。

4.3.2　数据流程图

数据分析的最后一步就是对数据流程的分析，即把数据在组织（或原系统）内部的流动情况抽象地独立出来，舍去具体的组织机构、信息载体、处理工作、物资、材料等因素，单从数据流动过程来考查实际业务的数据处理模式。

数据流程分析主要包括对信息的流动、传递、处理、存储等分析。数据流程分析的目的就是要发现和解决数据流通中的问题。这些问题有：数据流程不畅，前后数据不匹配，数据处理过程不合理等等。问题产生的原因有的是属于原系统管理混乱，数据处理流程本身有问题，有的也可能是我们调查了解数据流程有误或作图有误。总之这些问题都应该尽量地暴露并加以解决。一个通畅的数据流程是今后新系统用以实现这个业务处理过程的基础。

数据流程分析多是通过分层数据流程图（Data Flow Diagram，DFD）来实现。其具体做法是：按业务流程图理出的业务流程顺序，将相应调查过程中所掌握的数据处理过程，绘制成一套完整的数据流程图，一边整理绘图，一边核对相应的数据和报表、模型等。如果有问题，则会在这个绘图和整理过程中暴露无疑。

4.3.3 数据流程图的基本成分

数据流程图用到 4 个基本符号，即外部实体、数据处理、数据流和数据存储。

1. 外部实体

外部实体指系统以外又与系统有联系的人或事物。它表达该系统数据的外部来源和去处，例如顾客、职工、供货单位等。外部实体也可以是另外一个信息系统。

我们用一个正方形，并在其左上角外边另加一个直角来表示外部实体，在正方形内写上这个外部实体的名称。为了区分不同的外部实体，可以在正方形的左上角用一个字符表示。在数据流程图中，为了减少线条的交叉，同一个外部实体可在一张数据流程图中出现多次，这时在该外部实体符号的右下角画小斜线，表示重复。若重复的外部实体有多个，则相同的外部实体画数目相同的小斜线。外部实体的表示如图 4-8 所示。

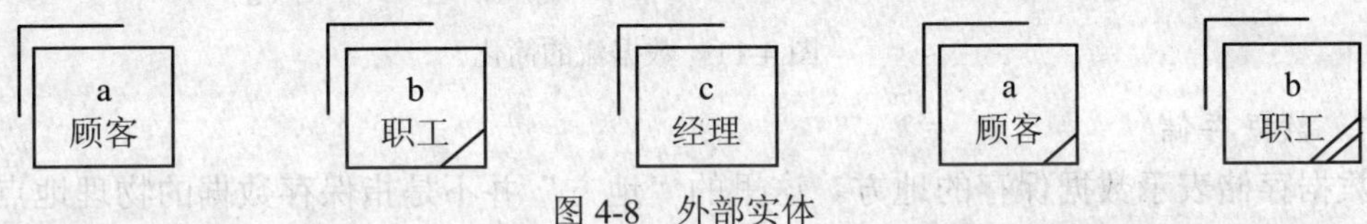

图 4-8　外部实体

2. 数据处理

处理是指对数据的逻辑处理，也就是数据的变换。在数据流程图中，用带圆角的长方形表示处理，长方形分为三个部分，如图 4-9 所示。标识部分用来标别一个功能，一般用字符串表示，如 Pl、Pl.1 等。功能描述部分是必不可少的，用来直接表达这个处理的逻辑功能。一般用一个动宾短语来表示。恰如其分地表达一个处理的功能，有时需要下一番功夫。功能执行部分表示这个功能由谁来完成，可以是一个人，也可以是一个部门，也可以是某个计算机程序。

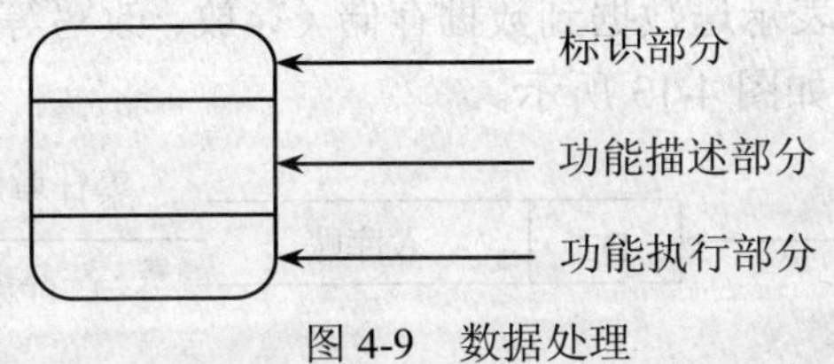

图 4-9　数据处理

3．数据流

数据流是指处理功能的输入或输出，用一个水平箭头或垂直箭头表示。箭头指出数据的流动方向。数据流可以是信件、票据，也可以是电话等。一般说来，对每个数据流要加以简单的描述，使用户和系统设计员能够理解一个数据流的含义。对数据流的描述写在箭头的上方，一些含义十分明确的数据流，也可以不加说明，如图 4-10 所示。

图 4-10　数据流

有时很难用简单而适当的语句来描述一个数据流。例如，图 4-11（a）表示储户到储蓄所去存取款时，要将填写好的存（取）单与存折交给营业员，营业员处理完这笔业务后，把存折交给储户。若把“存取单”与“存折”这两个平行且方向相同的数据流合并为“存取要求”，则可以减少一个数据流，数据流程图就更简单好读一些，如图 4-11（b）所示。至于“存取要求”的具体内容，会随着数据流程图的展开，变得更加具体化。

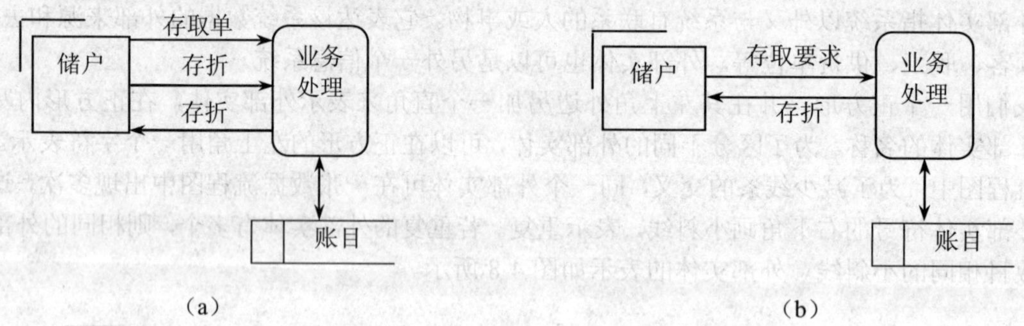

图 4-11　数据流的简化

4．数据存储

数据存储表示数据保存的地方。这里的“地方”并不是指保存数据的物理地点或物理介质，而是指数据存储的逻辑描述。在数据流程图中，数据存储用右边开口的长方条表示。在长方条内写上数据存储的名字。名字也要恰当，以便用户理解。为了区别和引用方便，再加一个标识，用字母 D 和数字组成，如图 4-12 所示。

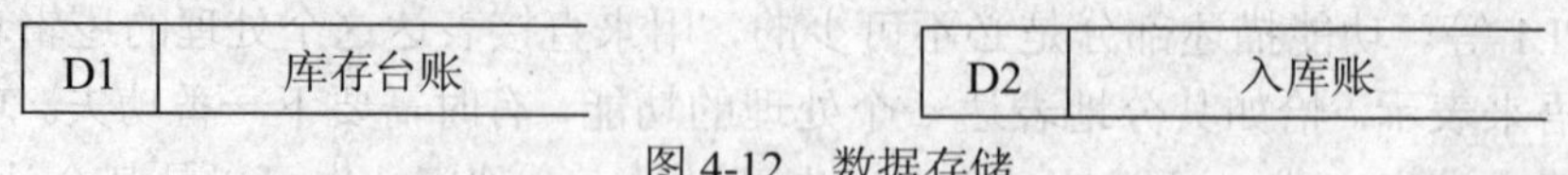

图 4-12　数据存储

指向数据存储的箭头，表示送数据到数据存储（存放、改写等）；从数据存储发出的箭头，表示从数据存储读取数据，如图 4-13 所示。

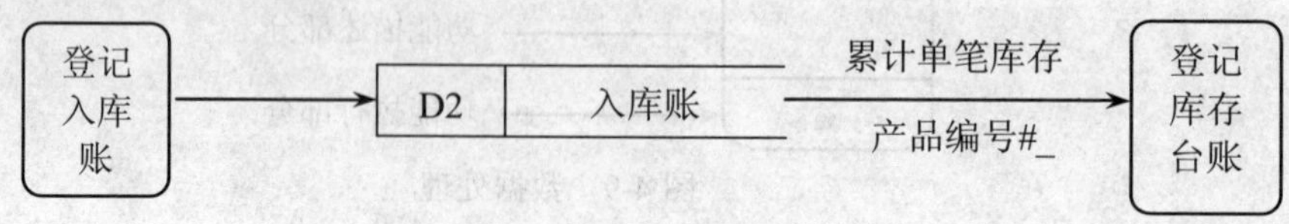

图 4-13　数据的读取与存储

图 4-13 中，“产品编号#_”表示按这个数据项检索，即“产品编号”是关键字。

在一些介绍结构化分析的书中，所用符号与本书有所不同，请读者注意。

4.3.4　数据流程图的画法

系统分析的根本目的是分析出合理的信息流动、处理、存储的过程。数据流程分析有许多方法，如 HIPO（Hierarchical Input-Process-Output）法和结构化方法等。其基本思想都是一样的，即把一个系统看成一个整体功能，明确信息的输入与输出，系统为了实现这个功能，内部必然有信息的处理、传递、存储过程。这些处理又可以分别看作整体功能，其内部又有信息的处理、传递、存储过程。如此一级一级地剖析，直到所有处理步骤都很具体为止。

下面以某厂产品库存管理信息系统为例，说明数据流程图的画法。

该厂的产品仓库管理组隶属于销售科领导，由七名职工组成，主要负责产品的出入库管理、库存帐务管理和统计报表，并且应当随时向上级部门和领导提供库存查询信息。为了防止超储造成产品库存积压，同时也为了避免产品库存数量不足而影响市场需求，库存管理组还应该经常提供库存报警数据（与储备定额相比较的超储数量或不足数量）。

下面给出的是收集到的库存管理信息系统的各种报表数据，产品入库单如表 4-1 所示，出库单如表 4-2 所示，入库流水账如表 4-3 所示，出库流水账如表 4-4 和表 4-5 所示，而库存台账账页如表 4-6 所示。

表 4-1　产品入库单　　　第　册　号

日期	产品代码	产品名称	单位	规格	入库数量	备注
生产车间			填制人			

表 4-2　产品出库单　　　第　册　号

日期	产品代码	产品名称	规格	出库数量	备注
					批发[　] 零售[　]
填制人					

注：批发出库时在备注栏的批发[　]处划“✓”，否则在零售[　]处划“✓”

表 4-3　产品入库流水账　　　页

日期	产品代码	产品名称	单位	规格	入库数量	备注

表 4-4　产品零售出库流水账　　　页

日期	产品代码	产品名称	单位	规格	零售出库数量	备注

表 4-5　产品批发出库流水账　　　页

日期	产品代码	产品名称	单位	规格	批发出库数量	备注

表 4-6　某厂产品库存台账（当日合计数）　　No.

产品代码：		规格：	不变价（元）：	
产品名称：		单位：	现行价（元）：	
日期	入库数量	零售出库量	批发出库量	结余

1. 现行系统的顶层数据流程图（如图 4-14 所示）

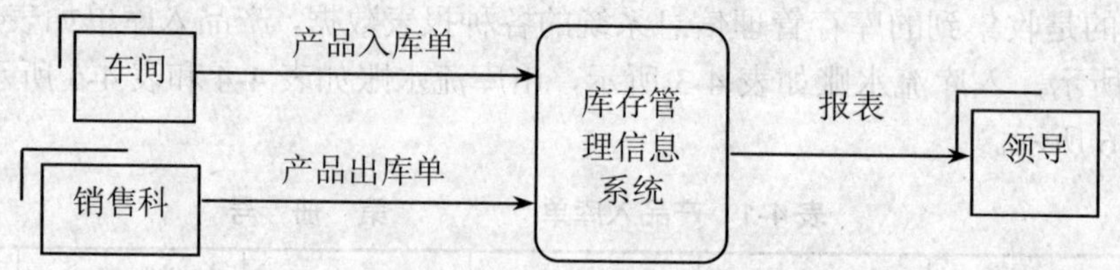

图 4-14　产品库存管理系统顶层 DFD

图 4-14 概括了系统的轮廓和范围，标出了最主要的外部实体和数据流，还有一些外部实体和数据流没有画出来，随着数据流程图的展开会逐渐增加，这样做的好处是突出主要矛盾，使系统轮廓更清晰。

2. 第一层数据流程图（如图 4-15 所示）

随着进一步的分析可以知道，库存管理信息系统包括出入库管理和统计分析两个组成部分，由此可将图 4-14 展开成图 4-15，虚线框是图 4-14 中处理框的放大。

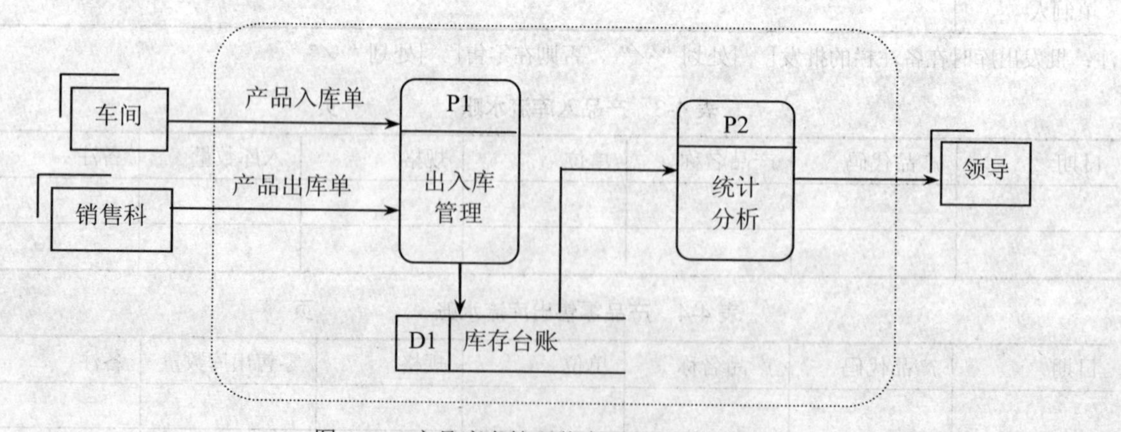

图 4-15　产品库存管理信息系统第一层 DFD

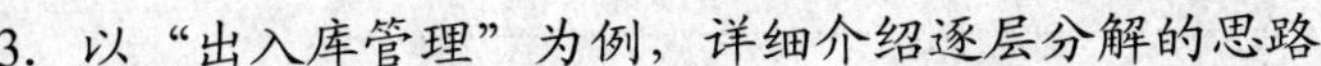

3. 以“出入库管理”为例，详细介绍逐层分解的思路

产品的出入库管理包含两个过程，一个是入库管理，一个是出库管理。

产品入库管理的过程是：各生产车间随时将制造出来的产品连同填写好的入库单（入库小票）一起送至仓库。仓库人员首先进行检验，一是抽检产品的质量是否合格，二是核对产品的实物数量和规格等是否与入库单上的数据相符，当然还要校对入库单上的产品代码。检验合格的产品立即进行产品入库处理，同时登记产品入库流水账。检验不合格的产品要及时返回车间。

产品出库管理的过程是：仓库保管员根据销售科开出的有效产品出库单（出库小票）及时付货，并判明是零售出库还是成批销售出库，以便及时登记相应的产品出库流水账。因此P1可以进一步分解为登记入库账P1.1和登记出库账P1.2两个功能，如图4-16所示。

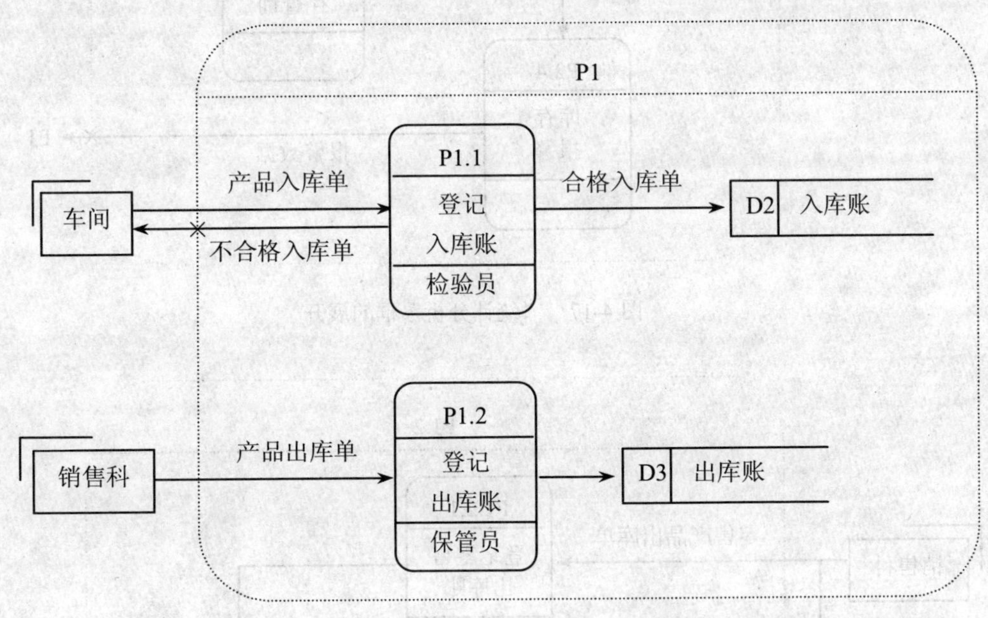

图4-16 “出入库管理”框的展开

再来分析 P2，平均看来，仓库每天要核收三十笔入库处理，而各种出库处理约五十笔左右。每天出入库处理结束后，记账员就根据入库流水账和出库流水账按照产品及规格分别进行累计，以便将当日发生的累计数目填入库存台账。产品库存的收发存月报表是根据库存台账制作出来的。系统通过自动检查库存台账数据库提供产品库存查询和报警功能。因此P2可以进一步展开为如图4-17所示的功能处理。

图中数据流1、2的说明：

“1”：入库流水账上的当日按产品名称、规格分别累计的数据。

“2”：出库流水账上的当日按产品名称、规格分别累计的数据。

第二层流程图分解完之后，检查所有处理是否都已明确，如还有需要细分的功能，则应进行第三层流程图的展开。由产品出库管理的流程可知，出库管理又分为零售出库和批发出库，因此可将P1.2再展开为P1.2.1和P1.2.2，如图4-18所示。

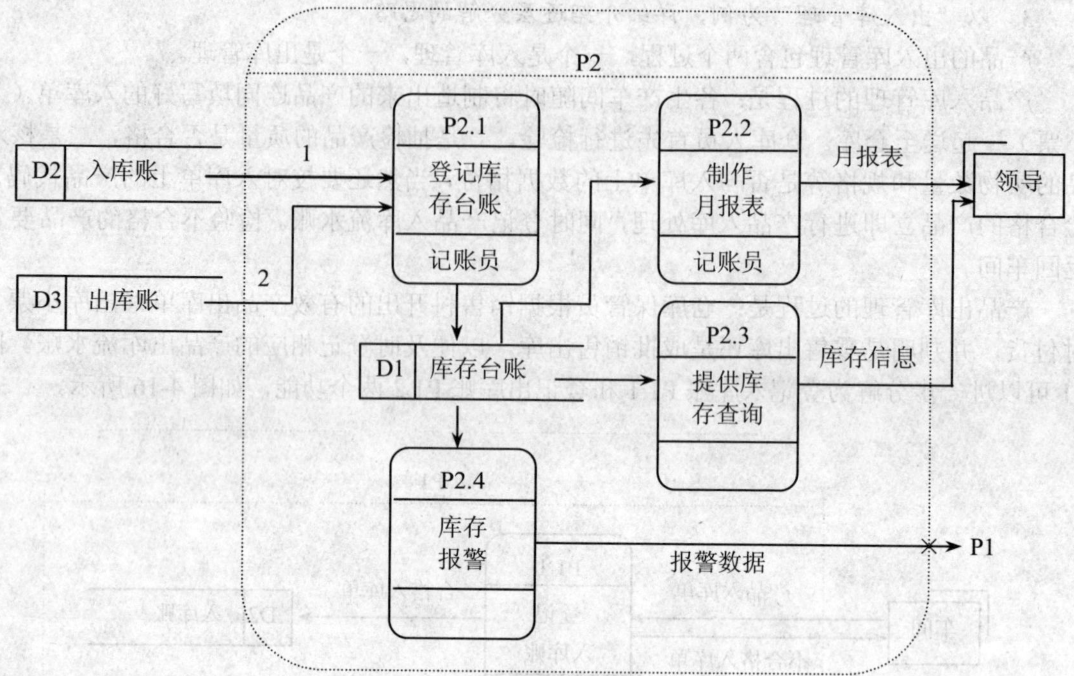

图 4-17 “统计分析”框的展开

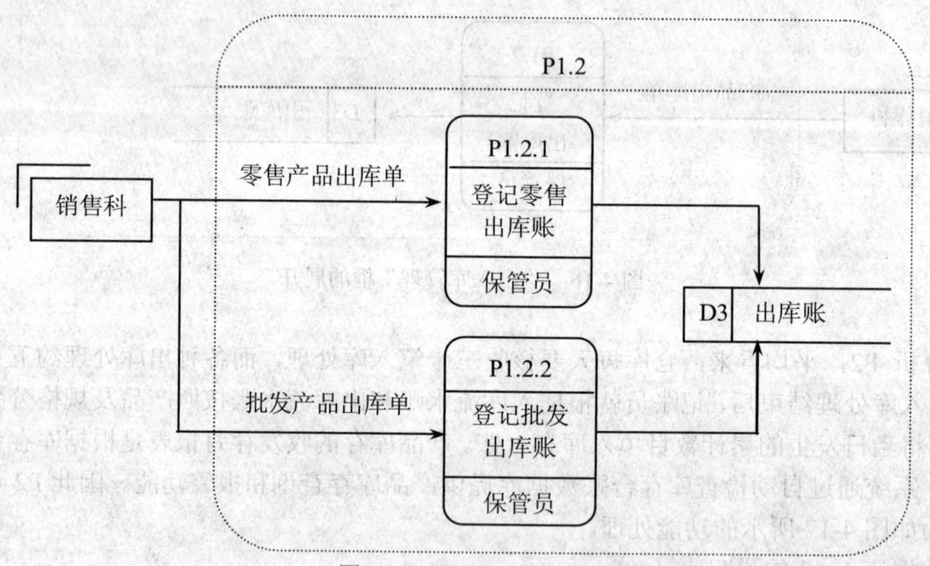

图 4-18 “登记出库账”框的展开

4.3.5 数据流程图的画法及注意事项

1. 数据流程图的画法

对于不同的问题，数据流程图可以有不同的画法。一般情况下，应该遵守“由外向里”的原则，即先确定系统的边界或范围，再考虑系统的内部，先画加工的输入和输出，再画加工内部。具体实行时可按下述步骤进行：

（1）识别系统的输入和输出，画出顶层图。

即确定系统的边界。在系统分析初期，系统的功能需求等还不很明确，为了防止遗漏，不妨先将范围定得大一些。系统边界确定后，那么越过边界的数据流就是系统的输入或输出，将输入与输出用加工符号连接起来，并加上输入数据来源和输出数据去向就形成了顶层图。

（2）画系统内部的数据流、加工与文件，画出一级细化图。

从系统输入端到输出端（也可反之），逐步用数据流和加工连接起来，当数据流的组成或值发生变化时，就在该处画一个“加工”符号。画数据流图时还应同时画上文件，以反映各种数据的存储处，并表明数据流是流入还是流出文件。最后，再回过头来检查系统的边界，补上遗漏但有用的输入或输出数据流，删去那些没被系统使用的数据流。

（3）加工的进一步分解，画出二级细化图。

同样运用“由外向里”的方式对每个加工进行分析，如果在该加工内部还有数据流，则可将该加工分成若干个子加工，并用一些数据流把子加工联接起来，即可画出二级细化图。二级细化图可在一级细化图的基础上画出，也可单独画出该加工的二级细化图，二级细化图也称为该加工的子图。如此逐层分解下去，直至所有的加工不能再分为止。

（4）其他注意事项。

一般应先给数据流命名，再根据输入或输出数据流名的含义为加工命名。名字含义要确切，要能反映相应的整体。若碰到难以命名的情况，则很可能是分解不恰当造成的，应考虑是否重新分解。

从左至右画数据流程图。通常左侧、右侧分别是数据源和终点，中间是一系列加工和文件。正式的数据流程图应尽量避免线条交叉，必要时可用重复的数据源、终点和文件符号。此外，数据流程图中各种符号布置要合理，分布应均匀。

数据流程图的逐层分解是严格的自顶向下进行的。由于分析时目标系统还不存在，因此分解时开发人员还需凭经验进行，这是一项创造性的劳动。同时，在建立目标系统数据流程图时，还应充分利用多种方法和技术，例如：分解时尽量减少各加工之间的数据流；数据流程图中各个成分的命名要恰当；父图与子图间要注意平衡等。

画数据流图是一项艰巨的工作，要做好重画的思想准备，重画是为了消除隐患，有必要不断改进。

2. 画数据流程图的注意事项

在系统分析中，数据流程图是系统分析员与用户交流思想的工具。这种图符号较少，通俗易懂。实践证明，只要对用户稍作解释，用户就能看得明白。同时，这种图层次性强，适合对不同管理层次的业务人员进行业务调查。在调查过程中，随手就可记录有关情况，随时可与业务人员讨论，使不足的地方得到补充，有出入的地方得到纠正。在草图的基础上，系统分析员应对图的分解、布局进行适当调整，画出正式图，便之更清晰，可读性更好。

（1）关于层次的划分。

从前面的例子我们看到，系统分析中得到一系列分层的数据流程图。最上层的数据流程图相当概括地反映出信息系统最主要的逻辑功能、最主要的外部实体和数据存储。这张图应该使人一目了然，立即有个深刻印象，使人知道这个系统的主要功能和与环境的主要联系是什么。

逐层扩展数据流程图，是对上一层图（父图）中某些处理框加以分解。随着处理的分解，功能越来越具体，数据存储、数据流越来越多。必须注意，下层图（子图）是上层图中某个处理框的"放大"。因此，凡是与这个处理框有关系的外部实体、数据流、数据存储必须在下层图中反映出来。下层图上用虚线长方框表示所放大的处理框，属于这个处理内部用到的数据存储画在虚线框内，属于其他框也要用到的数据存储，则画在虚线框之外或跨在虚线框上。流入或流出虚线框的数据流，若在上层图中没出现，则在与虚线交叉处用"×"表示（如图 4-16 和图 4-17 所示）。

逐层扩展的目的，是把一个复杂的功能逐步分解为若干较为简单的功能。逐层扩展不是肢解和蚕食，使系统失去原来的面貌，而应保持系统的完整性和一致性。究竟怎样划分层次，划分到什么程度，没有绝对的标准，但一般认为：

①展开的层次与管理层次一致，也可以划分得更细。处理块的分解要自然，注意功能的完整性。

②为减少数据流程图的层次，一个处理框经过展开，一般以分解为 4～10 个处理框为宜，若父图中某一加工可以展开为较少的细分功能时，最好直接并入父图中。

③最下层的处理过程最好用几句话，或者用几张判定表，或一张简单的 HIPO 图表达清楚，其工作量一个人能承担。若是计算机处理，一般不超过 100 个程序语句。

（2）检查数据流程图的正确性。

对一个系统的理解，不可能一开始就完美无缺。开始分析一个系统时，尽管我们对问题的理解有不正确、不确切的地方，但还是应该根据我们的理解，用数据流程图表达出来，进行核对，逐步修改，获得较为完美的图纸。通常可以从以下几个方面检查数据流程图的正确性：

①数据守恒，或称为输入数据与输出数据匹配。数据不守恒有两种情况：一种是某个处理过程用以产生输出数据，但却没有输入给这个处理过程，这肯定是遗漏了某些数据流。另一种是某些输入在处理过程中没有被使用，这不一定是个错误，但产生这种情况的原因以及是否可以简化值得研究。

②在一套数据流程图中的任何一个数据存储，必定有流入的数据流和流出的数据流，即写文件和读文件，缺少任何一种都意味着遗漏某些加工。

画数据流程图时，应注意处理框与数据存储之间数据流的方向。一个处理过程要读文件，数据流的箭头应指向处理框，若是写文件则箭头指向数据存储。修改文件要先读后写，但本质上是写，箭头也指向数据存储。若除修改之外，为了其他目的还要读文件，此时箭头画成双向的。

③父、子图平衡。父图中某一处理框的输入、输出数据流必须出现在相应的子图中，否则就会出现父图与子图的不平衡。这是一种比较常见的错误，而不平衡的分层使人无法理解。因此，特别应注意检查父图与子图的平衡，尤其是在对子图进行某些修改之后。父图与子图的关系，类似于全国地图与分省地图的关系。在全国地图上标出主要的铁路、河流，在分省地图上标得则更详细，除了有全国地图上与该省相关的铁路、河流之外，还有一些次要的铁路、公路、河流等。

④任何一个数据流至少有一端是处理框。换言之，数据流不能从外部实体直接到数据存储，不能从数据存储到外部实体，也不能在外部实体之间或数据存储之间流动。初学者往往容易违反这一规定，常常在数据存储与外部实体之间画数据流。其实，记住数据流是指处理功能的输入或输出，就不会出现这类错误。

3. 提高数据流程图的易理解性

数据流程图是系统分析员调查业务过程，与用户交换思想的工具。因此，数据流程图应该简明易懂。这也有利于后面的设计，有利于对系统说明书进行维护。可以从以下几个方面提高易理解性。

（1）简化处理间的联系。

结构化分析的基本手段是“分解”，其目的是控制复杂性。合理的分解是将一个复杂的问题分成相对独立的几个部分，每个部分可单独理解。在数据流程图中，处理框间的数据流越少，各个处理就越独立，所以我们应尽量减少处理框间输入及输出数据流的数目。

（2）均匀分解。

如果在一张数据流程图中，某些处理已是基本加工，而另一些却还要进一步分解到三四层，这样的分解就不均匀。不均匀的分解不易被理解，因为其中某些部分描述的是细节，而其他部分描述的是较高层的功能。遇到这种情况，应重新考虑分解，努力避免特别不均匀的分解。

（3）适当命名。

数据流程图中各种成分的命名与易解性有直接关系，所以应注意命名适当。处理框的命名应能准确地表达其功能，理想的命名由一个具体的动词加一个具体的名词（宾语）组成，在下层尤其应该如此，例如“计算总工作量”、“开发票”。而“存储和打印提货单”最好分成两个。“处理订货单”、“处理输入”则不太好，“处理”是空洞的动词，没有说明究竟做什么，“输入”也是不具体的宾语，而“做杂事”几乎等于没有命名。难于为某个成分命名，往往是分解不当的迹象，应考虑重新分解。同样，数据流、数据存储也应适当命名，尽量避免产生错觉。以减少设计和编程等阶段的错误。

数据流程图也常常要重新分解。例如画到某一层时意识到上一层或上几层所犯的错误，这时就需要对它们重新分解。重新分解可以按下述方法进行：

①把需要重新分解的某张图的所有子图拼成一张。

②把图分成几部分，使各部分之间的联系最少。

③重新建立父图，即把第②步所得的每一部分画成一个处理框。

④重新画子图，只要把第②步所得的图沿各部分边界分开即可。

⑤为所有处理重新命名和编号。

4.4　数据字典

数据流程图描述了系统的分解，即描述了系统由哪几部分组成、各部分之间的联系等，但还没有说明系统中各个成分的含义。例如，在前面的例子中，数据存储“库存台账”包括哪些内容，在数据流程图中并没有表达出来。又如处理框 P2.4“库存报警”，怎样计算以及何时产生报警，图上也看不出来。只有当数据流程图中出现的每一个成分都给出定义之后，才能完整、准确地描述一个系统。

在数据流程图的基础上，对其中的每个数据流、文件和数据项加以定义，这些定义所组成的集合称为数据字典（Data Dictionary）。数据流程图是系统的大框架，数据字典以及下面将要介绍的加工说明则是对数据流程图中每个成分的精确描述。它们有着密切的联系，必须结合使用。

数据字典最初用于数据库管理系统。它为数据库用户、数据库管理员、系统分析员和程序员提供某些数据项的综合信息。这种思想启发了信息系统的开发人员，他们想到将数据字典

引入系统分析。

系统分析中所使用的数据字典，主要用来描述数据流程图中的数据流、数据存储、处理过程和外部实体。数据字典把数据的最小组成单位看成是数据元素（基本数据项），若干个数据元素可以组成一个数据结构（组合数据项）。数据结构是一个递归概念，即数据结构的成分也可以是数据结构。数据字典通过数据元素和数据结构来描写数据流、数据存储的属性，它们之间的关系如图 4-19 所示。

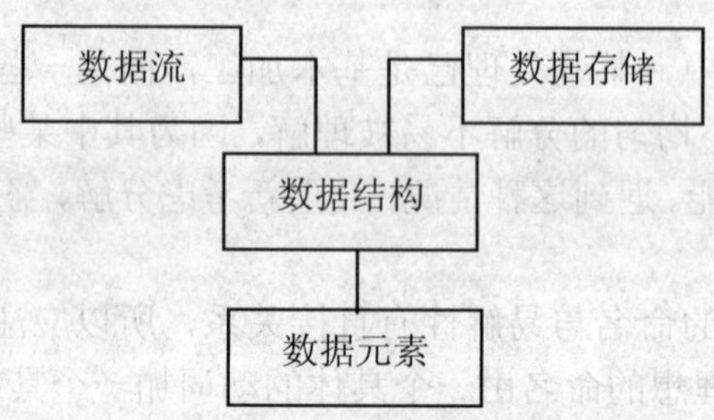

图 4-19 数据结构与数据元素

数据元素组成数据结构，数据结构描述数据流和数据存储。

建立数据字典的工作量很大，相当烦琐。但这是一项必不可少的工作。数据字典在系统开发中具有十分重要的意义，不仅在系统分析阶段，而且在整个研制过程中以及今后系统运行中都要使用它。

4.4.1 数据字典的各类条目

数据字典中有六类条目：数据元素、数据结构、数据流、数据存储、处理过程、外部实体。不同类型的条目有不同的属性描述，现分别说明如下：

1. 数据元素

数据元素是最小的数据组成单位，也就是不可再分的数据单位，如学号、姓名等。对每个数据元素，需要描述以下属性：

（1）名称：数据元素的名称要尽量反映该元素的含义，便于理解和记忆。

（2）别名：一个数据元素，其名称可能不止一个，若有多个名称，则需加以说明。

（3）类型：说明取值是字符型还是数字型等。

（4）取值范围和取值的含义：指数据元素可能取什么值或每一个值代表的意思。

数据元素的取值可分为离散型和连续型两类。如人的年龄是连续型的，取值范围可定义为 0～150 岁，但有时，我们只要用“幼年、少年、青年、壮年、老年”表示，或者区分为成年、未成年即可，这时年龄便是离散型的。当然，这里的“连续”与高等数学中的“连续”含义不同。一个数据元素是离散还是连续，视具体需要而定。

（5）长度：指该数据元素由几个数字或字母组成。如：学号按某校现在的编法由 10 个数字组成，其长度就是 10 个字节。

除以上内容外，数据元素的条目还包括对该元素的简要说明、与它有关的数据结构等。表 4-7 是数据元素条目的一个例子。

表 4-7　数据元素条目

数据元素条目

总编号：1-02
编　号：02
有关编码说明：

名称：产品代码
别名：CPDM
说明：本厂产品编码
数据值类型：（连续/离散）离散
类型：（字符/数字）字符
长度：3
有关数据结构：产品目录库、产品每日入库累计文件等

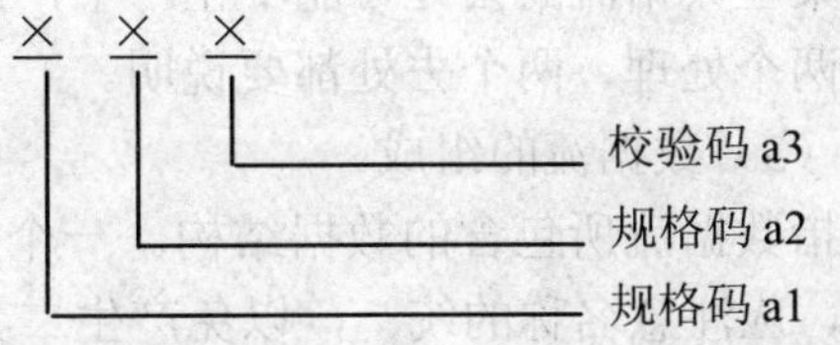

2. 数据结构

数据结构的描述重点是数据之间的组合关系，即说明这个数据结构包括哪些成分。一个数据结构可以包括若干个数据元素或（和）数据结构。这些成分中有三种特殊情况：

（1）任选项。

可以出现，也可以省略的项，用[ ]表示。

（2）必选项。

在两个或多个数据项中，必须出现其中一个的称为必选项。例如，任何一门课程或者是必修课，或者是选修课，二者必居其一。必选项的表示办法，是将候选的多个数据项用“{}”括起来。

（3）重复项。

即可以多次出现的数据项。例如一张订单可订多种零件，每种零件有零件名、规格、数量，这些属性用“零件细节”表示。在定单中，“零件细节”可重复多次，表示成：“零件细节*”。

表 4-8 是数据结构条目的一个例子。

表 4-8　数据结构条目

数据结构条目

名称：产品目录库　　　　总编号：2-02
说明：产品入库的属性描述　　　　编　号：02
结构：　　　　有关的数据流、数据存储
　产品代码　　　　每日入库累计文件
　产品名称　　　　每日出库累计文件
　产品单位
　规格代码
　产品规格　　　　数量：
　产品不变价　　　　每年约 100 份
　产品现行价
　最高储备量
　最低储备量

3. 数据流

关于数据流，在数据字典中描述以下属性：

（1）数据流的来源。

数据流可以来自某个外部实体、数据存储或某个处理。

（2）数据流的去处。

某些数据流的去处可能不止一个，如图 4-17 所示中“库存台账”这个数据流，流到 P2.2，P2.3 两个处理，两个去处都要说明。

（3）数据流的组成。

指数据流所包含的数据结构。一个数据流可包含一个或多个数据结构。若只含一个数据结构，应注意名称的统一，以免产生二义性。

（4）数据流的流通量。

指单位时间（每日、每小时等）里的数据传输次数。可以估计平均数或最高、最低流量各是多少。

（5）高峰时的流通量。

表 4-9 是数据流条目的一个例子。

表 4-9　数据流条目

数据流条目	
名称：产品出库单	总编号：3-02
简要说明：产品出库时填写的表单	编　号：F2
数据流来源：销售科	
数据流去向：P1.2	
包含的数据结构：	排列方式：
日期	（日期十产品代码）升序
产品代码	
产品名称	
产品单位	流量：最大：80 份/天
规格代码	平均：50 份/天
产品规格	
备注	
{零售出库数量 批发出库数量}	
填制人	

4. 数据存储

数据存储的条目，主要描写该数据存储的结构，及有关的数据流、查询要求。数据存储 D2“入库账”的条目如表 4-10 所示。

有些数据存储的结构可能很复杂，如“库存台账”，包括入库账和出库账，其中每一项又是数据结构。这些数据结构有各自的条目分别加以说明，因此在“库存台账”的条目中只需列出这些数据结构，而不需列出其内部构成。数据流程图是分层的，下层图是上层图的具体化。同一个数据存储可能在不同层次的图中出现。描述这样的数据存储，应列出最底层图中的数据流。

表 4-10　数据存储条目

数据存储条目	
名称：入库流水账	总编号：4-02
说明：入库检验合格后登记产品入库数据	编　号：D2
结构：	
日期	流入的数据流：
产品代码	产品合格入库单
产品名称	
产品单位	涉及的处理：P1.1、P2.1
产品规格	
入库数量	信息量：50 份/天
备注	有无立即查询：有

5. 处理过程

对于数据流程图中的处理框，需要在数据字典中描述处理框的编号、名称、功能的简要说明，有关的输入、输出。对功能进行描述，应使人能有一个较明确的概念，知道这一处理框的主要功能。详细的功能，还要用“小说明”进一步描述。表 4-11 是 P2.3“库存查询”的条目。

表 4-11　处理过程条目

处理过程条目	
名称：当日库存查询	总编号 5-007
说明：供相关领导查看当日实际库存信息	编　号：P2.3
输入：D1→P2.3	
输出：P2.3→领导	
处理：根据日期查询 D1（库存台账），若无数据发生，则显示“无数据可查”，否则计算出当日累计库存数量，输出相关信息。	

6. 外部实体

外部实体是数据的来源和去向。因此，在数据字典中关于外部实体的条目，主要说明外部实体产生的数据流和传给该外部实体的数据流，以及该外部实体的数量。外部实体的数量对于估计本系统的业务量有参考作用，尤其是关系密切的主要外部实体。表 4-12 是描述“车间”这个外部实体的条目。

表 4-12　外部实体条目

外部实体条目	
名称：车间	总编号：06-001
说明：	编　号：001
输出数据流：	
车间→P1	
输入数据流：	个　数：约 10 个
P1→车间	

4.4.2 数据字典的使用与管理

数据字典实际上是“关于系统数据的数据库”。在整个系统开发过程以及系统运行后的维护阶段，数据字典是必不可少的工具。数据字典是所有人员工作的依据，统一的标准。它可以确保数据在系统中的完整性和一致性。具体讲，数据字典有以下作用：

1. 按各种要求列表

可以根据数据字典，把所有数据元素、数据结构、数据流、数据存储、处理逻辑、外部实体，按一定的顺序全部列出，保证系统设计时不会遗漏。

如果系统分析员要对某个数据存储的结构进行深入分析，需要了解有关的细节，了解数据结构的组成乃至每个数据元素的属性，数据字典也可提供相应的内容。

2. 相互参照，便于系统修改

根据初步的数据流程图，建立相应的数据字典。在系统分析过程中，常会发现原来的数据流程图及各种数据定义中有错误或遗漏，需要修改或补充。有了数据字典，这种修改就变得容易多了。

例如，在某个库存管理系统中，“产品库存”这个数据存储的结构是：代码、产品名称、规格、当前库存量。一般地讲，考虑能否满足用户订货，有这些数据项就够了。但如果要求库存数量不能少于某个“安全库存量”，则这些数据项还不够。这时，在这个结构中就要增加“安全库存量”这个数据项。这一改动可能影响其他项目，例如“确定顾客订货”的处理逻辑。以前，只要“当前库存量大于或等于顾客订货量”，就认为可以满足用户订货。现在则只有满足“当前库存量减顾客订货量之差大于或等于安全库存量”才能满足顾客订货。有了数据字典，这个修改就容易了。因为在该数据存储的条目中，记录了有关的数据流，由此可以找到因数据存储的改动而可能影响的处理逻辑，不至于遗漏而造成不一致。

3. 由描述内容检索名称

在一个稍微复杂的系统中，系统分析员可能没有把握断定某个数据项在数据字典中是否已经定义，或者记不清楚其确切名字时，可以由内容查找其名称，就像根据书的内容询问图书的名字一样。

4. 一致性检验和完整性检验

根据各类条目的规定格式，可以发现以下一些问题：

（1）是否存在没有指明来源或去向的数据流。

（2）是否存在没有指明数据存储或所属数据流的数据元素。

（3）处理逻辑与输入的数据元素是否匹配。

（4）是否存在没有输入或输出的数据存储。

数据字典的使用可以有两种方式：人工方式和计算机方式。人工方式是把各类条目按前面介绍的描述格式写在卡片上或写在纸上，并分类建立一览表。计算机方式是在人工方式基础上，整理存入计算机。一些大、中型计算机有专门的自动化数据字典软件包对数据进行管理，查询、修改都十分方便。但在开发初期，对于规模不太大的系统，手工方式更方便实惠。

为了保证数据的一致性，数据字典必须由专人（数据管理员）管理。其职责就是维护和管理数据字典，保证数据字典内容的完整一致。任何人，包括系统分析员、系统设计员、程序员，修改数据字典的内容，都必须通过数据管理员。数据管理员要把数据字典的最新版本及时通知有关人员。

4.5 处理逻辑的表达

结构化系统分析的基本思想，是将一个复杂的系统逐层分解成许多足够简单的基本处理（功能单元）。数据流程图是系统分析的主要工具，它着重表达系统的逻辑功能及各个部分之间的联系。数据字典补充说明系统所涉及的数据，是数据属性的清单。数据字典中包括了对各个处理功能的一般描述，但这种描述是高度概括的。在数据字典中，不可能也不应该过多地描述各个处理功能的细节。为此，需要另一种工具——小说明（也称为基本说明）来完成。

我们知道，数据流程图是分层的。上层的数据流程图表达系统的主要逻辑功能，随着自顶向下逐层展开，表达的功能越来越具体，直到最底层的数据流程图，系统的全部逻辑功能被详细地表达出来。因此，系统的最小功能单元就是最底层数据流程图中的每个处理加工，称为基本处理（功能单元）。只要对所有基本处理的逻辑功能描述清楚，整个系统功能也就说明清楚了。

对基本处理的说明称为“小说明”或“基本说明”。基本说明应准确地描述一个基本处理“做什么”，包括处理的激发条件、加工逻辑、优先级、执行频率、出错处理等。其中最基本的是加工逻辑。加工逻辑是指用户对这个加工的逻辑要求，即输出数据流与输入数据流之间的逻辑关系。

应该特别注意的是，系统分析阶段的任务是理解和表达用户的要求，而不是考虑系统怎么做，怎样实现。所以一个处理的说明，是用来说明根据用户的要求，这个处理应该“做什么”，而不是用编程语言来具体描述加工处理的过程。例如，用什么工作单元、如何控制执行等，这些是系统设计和编程阶段的任务。如果这时具体描述加工过程，不单限制了设计人员的自由，另外也不便于与用户交流。

编写基本说明应注意以下几条规则：

（1）数据流程图中的每一个基本处理，都必须有一个基本说明。

（2）基本说明表达一个基本处理对数据流的转换路径，即指出这个功能单元的输入数据流、输出数据流以及其间的处理步骤。

（3）基本说明表达一个功能单元的转换策略，不表达执行这项策略的方法。

（4）应该把冗余度控制在最低程度。

（5）用一组标准的方法书写基本说明，既要简单明确，又要具有较高的可读性。

理想的基本说明应该容易被开发者和用户理解，又要严格、精确。目前人们正研究具有这种特点的形式语言，但还没有理想的结果。结构化方法在精确性和可理解性中间考虑了折中的方案，用结构化语言、判定表和判定树三种半形式化的方式编写基本说明。下面分别介绍这三种工具。

4.5.1 结构化语言

结构化语言是受结构化程序设计思想启发而扩展出来的。结构化程序设计只允许三种基本结构。结构化语言也只允许三种基本语句，即简单的祈使语句、判断语句、循环语句。与程序设计语言的差别在于结构化语言没有严格的语法规定，与自然语言的不同在于它只有极其有限的词汇和语句。结构化语言使用三类词汇：祈使句中的动词、数据字典中定义的名词以及某些逻辑表达式中的保留字。

1. 祈使语句

祈使语句指出要做什么事情，包括一个动词和一个宾语。动词指出要执行的功能，宾语表示动作的对象，例如：计算当日产品入库数量。使用祈使语句，应注意以下几点：

（1）力求精炼，不应太长。

（2）不使用形容词和副词。

（3）动词要能明确表达执行的动作，不用“做”、“处理”这类意义太泛的动词，意义相同的动词，只确定使用其中之一。

（4）名词必须在数据字典中有定义。

2. 判断语句

判断语句类似结构化程序设计中的判断结构，其一般形式是：

```
如果  条件
    则  动作 A
否则  （条件不成立）
      动作 B
```

判断语句中的“如果”、“否则”要成对出现，以避免多重判断嵌套时产生二义性。另外，为了方便阅读，书写时每层要对齐。

例如，某公司给购货在 5 万元以上的顾客以不同的折扣率。如果这样的顾客最近 3 个月无欠款，则折扣率为 15%；虽然有欠款但与公司已经有 10 年以上的贸易关系，则折扣率为 10%，否则折扣率为 5%。公司的折扣政策用判断语句表达如下：

```
如果  购货额在 5 万元以上
  则  如果  最近 3 个月无欠款
          则  折扣率为 15%
      否则  如果  与公司交易 10 年以上
                则  折扣率为 10%
            否则  折扣率为 5%
否则  无折扣
```

3. 循环语句

循环语句表达在某种条件下，重复执行相同的动作，直到这个条件不成立为止。例如，图 4-17 中的处理 P2.3“提供库存查询”要计算每一种产品的库存量，可用循环语句写成：

```
对每一种产品
计算当日累计库存量
```

4.5.2 判定树

若一个动作的执行不只是依赖一个条件，而是与多个条件有关，那么这项策略的表达就比较复杂。如果用前面介绍的判断语句，就有多重嵌套。层次一多，可读性就下降。用判定树来表示，可以更直观一些。前面提到某公司关于折扣率的规定就涉及三个条件：购货额、最近 3 个月有无欠款、贸易时间是否超过 10 年。这个规定用判定树（如图 4-20 所示）可表示如下：

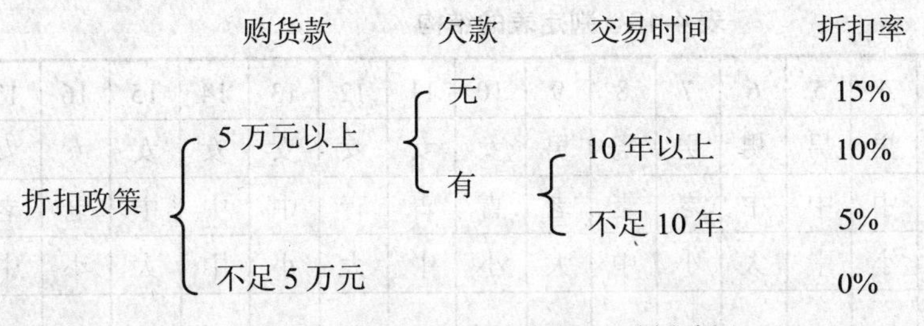

图 4-20　判定树

这个例子比较简单，与前面用判定语句表达的方法相比，判定树的优点不太明显。但读者不难想象，如果将有关折扣的规定做些改变，例如将购货额 A 分几个等级：A≥5 万元、3 万元≤A≤5 万元、1 万元≤A≤3 万元、 A<1 万元，交易时间也类似分若干等级，根据不同的组合给予不同的折扣率，这时若用判断语句表达，则可读性将大为下降。

但用判定树表达时，树的高度还是三层，只是相应的结点多分几个叉，其直观性没有降低多少。这类问题往往用判定树表示，如果需要的话，可根据判定树写出相应的判断语句。

4.5.3　判定表

一些条件较多、在每个条件下取值也较多的判定问题，可以用判定表表示。其优点是能把各种组合情况一个不漏地表示出来，有时还能帮助发现遗漏和矛盾的情况。我们通过下面的例子说明判定表的应用。

某厂对一部分职工重新分配工作，分配原则是：

（1）年龄不满 20 岁、文化程度是小学，脱产学习；文化程度是中学，当电工。

（2）年龄满 20 岁但不足 50 岁，文化程度是小学或中学，男性当钳工，女性当车工；文化程度是大学者当技术员。

（3）年龄满 50 岁及 50 岁以上，文化程度是小学或中学当材料员，文化程度是大学者当技术员。

分析这个原则，实际上考虑 3 个因素：性别、年龄、文化程度。它们的取值范围分别是：

性别：{男，女}

年龄：{青年（小于 20 岁），中年（满 20 岁而不足 50 岁），老年（满 50 岁及以上）}

文化程度：{小学，中学，大学}

这三个条件，根据它们的取值范围，可以组合成 2×3×3=18 种情况。

这个规则共提供 6 种不同的工作：脱产学习、电工、钳工、车工、技术员、材料员。我们称这是六种行动。不同的条件组合，采取不同的行动。

把条件说明、条件可能的组合、可能采取的行动列在一张表上，得到有条件组合的判定表，如表 4-13 所示。

表的左上部是条件说明（C1-C3），左下部是行动说明（A1-A6），右上部是条件的组合，右下部是条件组合相对应的行动。例如，根据分配原则，第 1 列表示男性，年龄不满 20 岁，小学文化程度，应脱产学习，在第 1 列 Al 的位置记“×”。同样，第 2 列表示男性，青年，中学文化程度，根据分配原则应该当电工，在第 2 列 A2 行位置记“×”，依此类推，最后得到表 4-14。

表 4-13　判定表的结构

	1	2	3	4	5	6	7	8	9	10	11	12	13	14	15	16	17	18
C1：性别	男	男	男	男	男	男	男	男	男	女	女	女	女	女	女	女	女	女
C2：年龄	青	青	青	中	中	中	老	老	老	青	青	青	中	中	中	老	老	老
C3：文化程度	小	中	大	小	中	大	小	中	大	小	中	大	小	中	大	小	中	大
A1：脱产学习																		
A2：当电工																		
A3：当钳工																		
A4：当车工																		
A5：当技术员																		
A6：当材料员																		

表 4-14　判定表

	1	2	3	4	5	6	7	8	9	10	11	12	13	14	15	16	17	18
C1：性别	男	男	男	男	男	男	男	男	男	女	女	女	女	女	女	女	女	女
C2：年龄	青	青	青	中	中	中	老	老	老	青	青	青	中	中	中	老	老	老
C3：文化程度	小	中	大	小	中	大	小	中	大	小	中	大	小	中	大	小	中	大
A1：脱产学习	×									×								
A2：当电工		×									×							
A3：当钳工				×	×													
A4：当车工													×	×				
A5：当技术员			×			×			×			×			×			×
A6：当材料员							×	×								×	×	

这是一张完整的判定表。表中列出了三个条件所有可能的组合情况，因此不会有遗漏。这张表可以简化，简化的办法是合并，合并的原则是在相同的行动下，检查它所对应的各列条件组合中是否存在无需判断的条件。例如第 1 列与第 10 列，对应的行动是“A1:脱产学习”，对应的“C2：年龄”取值相同，“C3：文化程度”取值也相同，仅条件“Cl：性别”取值不同，第 1 列取值“男”，第 10 列取值“女”。换句话说，只要年龄取值“青”，文化程度取值“小学”，则不论性别是男是女，都分配同样的工作“Al：脱产学习”。同理，第 2 列与 11 列可以合并，第 3 列与第 12 列、第 6 列与第 15 列、第 7 列与第 16 列、第 8 列与第 17 列、第 9 列与第 18 列，可以分别合并。由此得到表 4-15。

表 4-15 还可以合并。考查“A5：当技术员”对应的三列，条件“Cl：性别”取值相同（均不论性别），“C3：文化程度”取值都是“大学”，而条件“C2：年龄”取值分别为：青年、中年、老年，这正是条件 C2 取值的整个范围。换言之，采取这一行动，可以不考虑“年龄”这个条件。这三列合并后得到表 4-16。

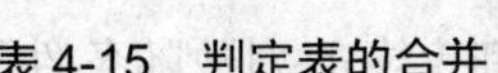

表 4-15　判定表的合并

	1,10	2,11	3,12	4	5	6,15	7,16	8,17	9,18	13	14
C1：性别	/	/	/	男	男	/	/	/	/	女	女
C2：年龄	青	青	青	中	中	中	老	老	老	中	中
C3：文化程度	小	中	大	小	中	大	小	中	大	小	中
A1：脱产学习	×										
A2：当电工		×									
A3：当钳工				×	×						
A4：当车工										×	×
A5：当技术员			×			×			×		
A6：当材料员							×	×			

表 4-16　简化的判定表

	1	2	3	4	5	6	7	8	9
C1：性别	/	/	/	男	男	/	/	女	女
C2：年龄	青	青	/	中	中	老	老	中	中
C3：文化程度	小	中	大	小	中	小	中	小	中
A1：脱产学习	×								
A2：当电工		×							
A3：当钳工				×	×				
A4：当车工								×	×
A5：当技术员			×						
A6：当材料员						×	×		

由此，归纳出合并的原则：取相同行动的 n 列，若有某个条件在此列的取值正好是该条件取值的全集，而其他条件在此 n 列都取相同的值，则此 n 列可以合并。按此原则考查表 4-16，不可能再合并。这个决策问题判定表的化简到此为止。

用判定表来描述决策问题，通常经过以下几个步骤：

（1）分析决策问题涉及几个条件。

（2）分析每个条件取值的集合。

（3）列出条件的各种可能组合。

（4）分析决策问题涉及几个可能的行动。

（5）做出有条件组合的判定表。

（6）决定各种条件组合的行动。

（7）按合并规则化简判定表。

正确恰当地分析条件及其取值的集合是很关键的一步。所谓“正确”，就是取值的划分不重复不遗漏。所谓“恰当”，即在正确的前提下要简单。从前面的例子可以看到，判定表的列数是各条件取值数目的乘积，即判定表的列数随条件的取值数呈指数型上升。

例如：某校关于学生升留级的规定为："一学期有三门考试课程不及格者，直接留级；一学期考试和考查四门课程不及格者，不予补考，直接留级"。这里实际上涉及三种可能的行动：直接留级、补考、升级。全部课程及格者升级，不及格课程过多者直接留级，有不及格课程但未达到直接留级者补考。条件涉及两个方面：考试不及格的门数、考查不及格的门数。若直接以这两个"门数"为条件，则前者有四种情况：全部及格，一门不及格、两门不及格、三门或三门以上不及格；后者有五种情况：全部及格、一门不及格、两门不及格、三门不及格、四门或四门以上不及格。这样两个条件可以组合成 4×5=20 种情况。因此，列出的决策表在化简以前就有 20 列。但若根据问题的要求，适当选取判定的条件，则可以更简单一些。例如，第一个条件按考试科目不及格门数是否达到三门分两种情况，第二个条件按全部科目不及格门数（包括考试、考查）分为三种情况，如表 4-17 所示。

表 4-17　条件取值分析

条件	取值	含义
C1：考试科目	0 1	不及格门数<3 不及格门数≥3
C2：全部科目	0 1 2	全部及格 0<不及格门数<4 不及格门数≥4

这样，共有 2×3=6 种组合，列出的判定表如表 4-18 所示。

表 4-18　学生升留级判断表

	1	2	3	4	5	6
C1：考试科目	0	0	0	1	1	1
C2：全部科目	0	1	2	0	1	2
A1：直接留级			×	×	×	×
A2：补考		×				
A3：升级	×					

用判定表来表达一个复杂的问题，优点之一是不会遗漏某些可能的情况。从前面的例子中可以看出，只要各个条件的各种情况都列举出来，就可以用形式化方法化简。这种方法的另一个好处是各个条件地位是"平等"的，不用考虑条件的先后顺序。根据判定表容易画出等价的判定树。此时，条件的先后顺序不同，树的复杂程度有所不同。试比较图 4-21 和图 4-22，这两幅图表示的判定树都与表 4-16 等价。

从判定表或判定树不难写出等价的结构化判断语言。用判断语句表达时，条件的先后顺序对表达的繁简和可读性同样有影响。作为练习，读者不妨自己写出与图 4-21 和图 4-22 等价的判断语句加以比较。

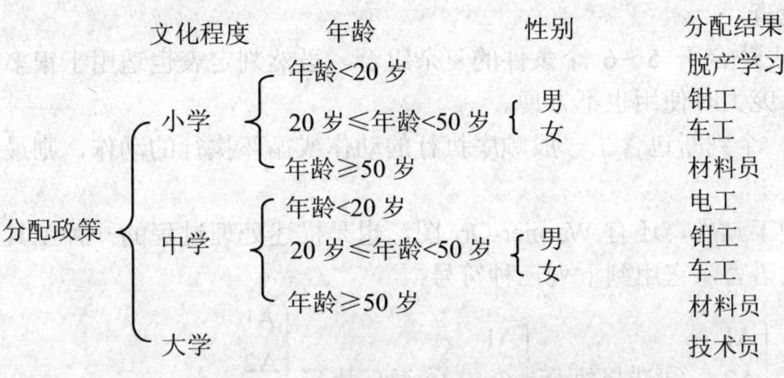

图 4-21　先看文化程度的判断树

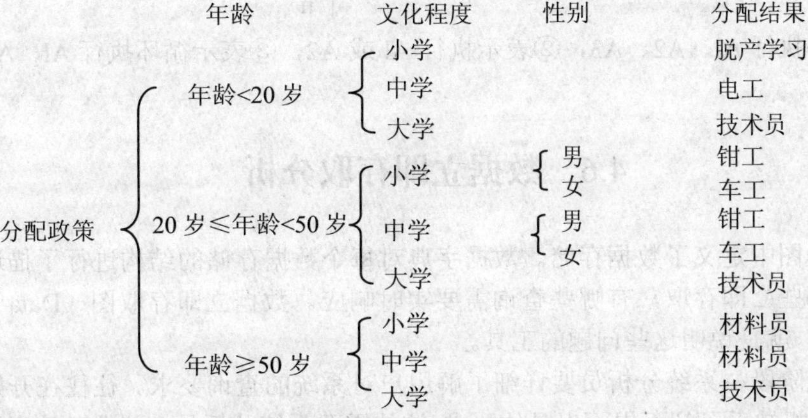

图 4-22　先看年龄的判断树

4.5.4　三种表达工具的比较

这三种表达逻辑的工具各有千秋，除我们谈到的几个方面外，从直观性、可修改性等方面的比较如表 4-19 所示。

表 4-19　表达逻辑工具的比较

	结构化语言	判定树	判定表
直观性	一般	很好	一般
用户检查	不便	方便	不便
可修改性	好	一般	差
逻辑检查	好	一般	很好
可变性	好	一般	不好
机器可读性	很好	差	很好
机器可编程	一般	不好	很好

这三种工具的适用范围比较概括如下：

（1）判定树适用于 10～15 种行动的一般复杂程度的决策。有时可将判定表转换成判定

树，便于用户检查。

（2）判定表适合于 5～6 个条件的复杂组合。虽然判定表也适用于很多数目的行动或条件组合，但数目庞大时使用也不方便。

（3）如果一个判断包含了一般顺序执行的动作或循环执行的动作，则最好用结构化语言表达。

除了这三种工具外，还有 Warnier-Orr 图，也是描述处理过程的一种工具。类似于我们前面介绍的结构式语言，它用到下列三种符号：

①顺序执行 $\begin{cases} A1 \\ A2 \\ A3 \end{cases}$ ②选择执行 $\begin{cases} A1 \\ \oplus \\ A2 \end{cases}$ ③循环执行 $\begin{cases} A1 \\ A2 \\ A3 \\ n \end{cases}$

①表示顺序执行 Al、A2、A3，②表示执行 Al 或 A2，③表示循环执行 Al、A2、A3，总共循环 n 次。

4.6 数据立即存取分析

在数据流程图中定义了数据存储。数据字典对每个数据存储的结构进行了描述，但是没有详细说明有哪些立即存取，有哪些查询需要实时响应。数据立即存取图（Data Immediate-Access Diagram）就是说明这些问题的工具。

在系统分析阶段，系统分析员要详细了解用户对系统的查询要求。往往在开始的时候，由于用户对计算机缺乏了解而提不出具体要求。这就需要系统分析员在对业务情况了解的基础上，根据需要与可能，与用户讨论，确定必要的立即存取要求，并用适当的工具表达用户的立即存取要求，这是系统分析员的一项重要工作。

4.6.1 数据存取要求的基本类型

用户根据各自的业务要求，会提出各种数据存取要求。概括起来，一般有 6 种基本类型。在下面的讨论中，我们用 E 表示“实体”（Entity），用 A 表示实体的属性（Attribute），用 V 表示属性的值（Value）。能唯一标识出一个实体的属性称为“主关键字”（Primary Key），简称为关键字。一个主关键字可由一个或一个以上的属性组成。有时还需要若干“次关键字”（Secondary Key）。它虽然不能唯一地标识出一个实体，但能标识出具有某种特性的所有实体。如图 4-23 所示是实体描述的一个例子。

产品	产品代码	产品名称	产品单位	规格代码	规格	不变价（元）	现行价（元）	最高储备量	最低储备量
	012	灯泡	只	01	220V—15W	0.8	1.0	10000	400

图 4-23 实体描述

1. 类型 1：A(E)=?

说明：已知一个给定的实体 E，求某一个特定属性 A 的属性值是什么？这是一种最常见的数据请求，即查询某实体的属性值。例如，已知产品代号是 048，询问不变价是多少；或者知道学生的学号，要查该生线性代数的成绩是多少。

类型 1 的数据存取分析图如图 4-24 所示。

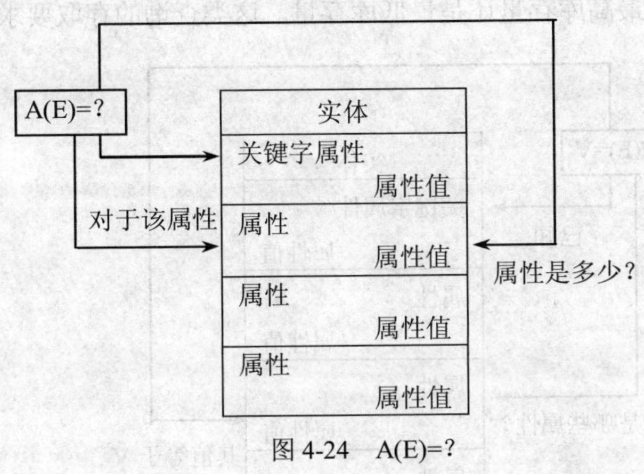

图 4-24　A(E)=?

2. 类型 2：$A(?)\left\{\begin{matrix} = \\ \neq \\ < \\ > \end{matrix}\right\}V$

说明：对于一个给定的属性 A，已知其属性值 V，查询所有具有属性 A 并且其属性值等于（不等于、大于、小于）V 的实体，例如查询“规格代码为 220V—60W 的是哪种产品”。这也是一种常见的数据请求，查询具有某种特性的实体。这类查询分析图如图 4-25 所示。

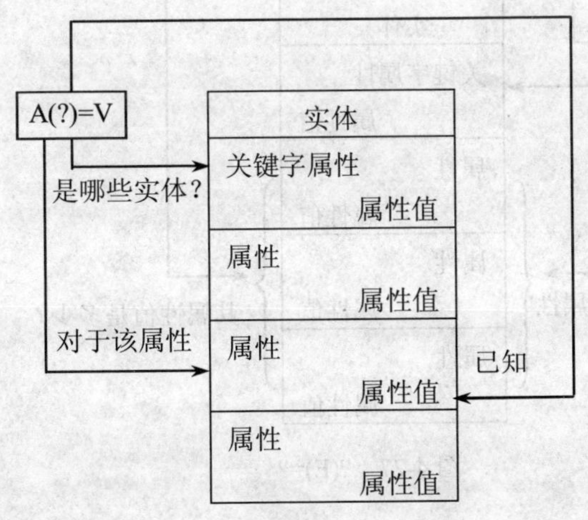

图 4-25　A(?)=V

3. 类型 3：$?(E)\left\{\begin{matrix} = \\ \neq \\ < \\ > \end{matrix}\right\}V$

说明：已知一个实体 E 和一个特定的值 V，求这个实体的哪些属性的值是 V。例如，查询某一库存量是某个产品的最高库存量还是最低库存量。这类查询的存取要求图如图 4-26 所示。

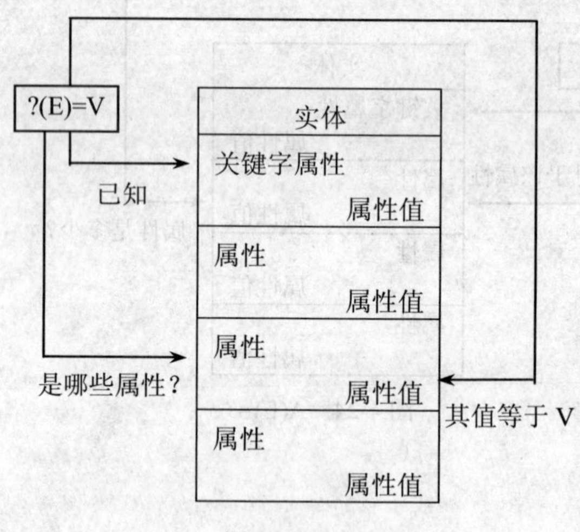

图 4-26 ?(E)=V

4. 类型 4：?(E)=?

说明：给定一个实体 E，它各个属性的值是什么？这往往要编制详细报表。例如，查询代码为 061 的灯泡本月出入库累计数量是多少。这种类型的数据存取要求如图 4-27 所示。

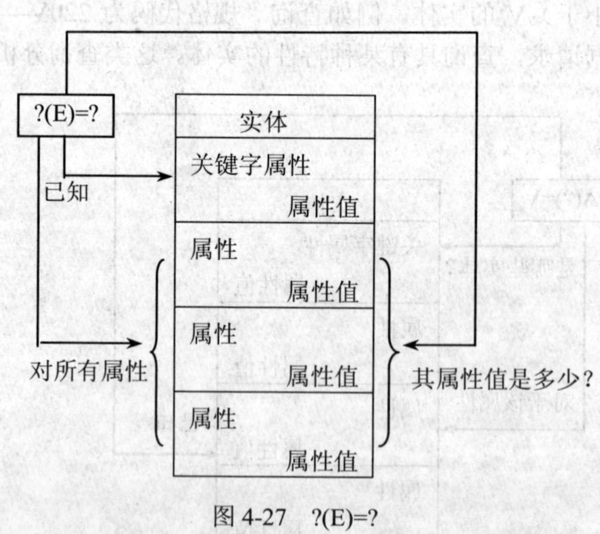

图 4-27 ?(E)=?

5. 类型 5：A(?)=?

说明：对于一个给定的属性 A，求每一个实体的属性 A 的值。也就是请求查询具有某种特征的全部实体。例如列出所有产品“规格代码”这个属性的值，如图 4-28 所示。

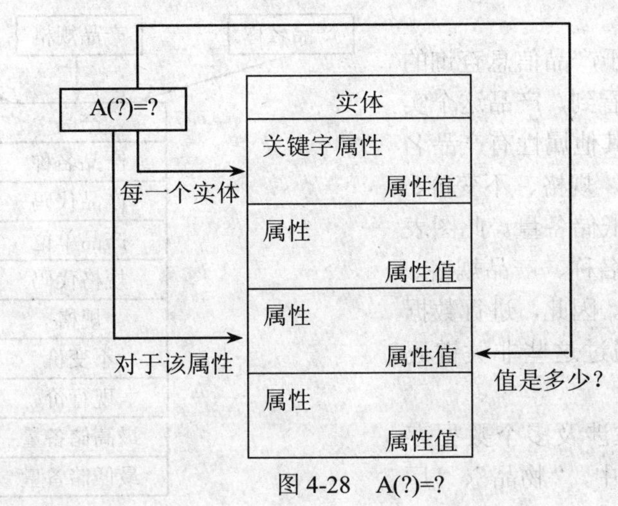

图 4-28　A(?)=?

6．类型 6：$?(?)\begin{Bmatrix} = \\ \neq \\ < \\ > \end{Bmatrix}V$

说明：已知某个值 V 要查询哪些实体的哪些属性具有这个值 V。例如，列出需要补充库存量的产品名称及其最低库存量。要立即问答这类问题，代价很高，需要将每个属性都作为次关键码建立相应的倒排文件，占用空间多，运行时间长。这类数据请求如图 4-29 所示。

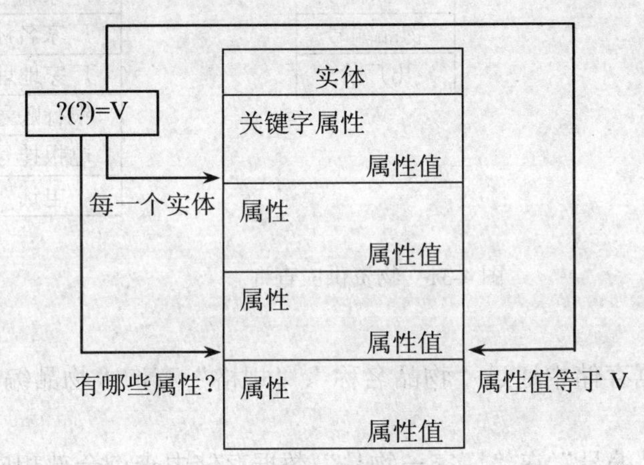

图 4-29　?(?)=V

4.6.2　数据立即存取图

从上面的分析，我们看到某些查询要求立即响应，所需要的内外存开销较大，实现也比较困难。因为这些查询不是依靠关键码通过读文件或排序得到，而是要通过多重目录、倒排文件等获得信息。系统分析员在了解用户对立即存取的要求后，运用关于数据库存取的理论知识，结合新系统的实际条件进行分析，与用户商量，舍去一些不重要的和难于实现的查询项目，确定哪些实时查询需要实现，画出相应的数据立即存取图。这是数据库设计、对话设计的重要依据之一。

如图 4-30 所示是关于产品信息查询的数据立即存取图。从图中看到，产品这个实体的关键码是产品代码，其他属性有产品名称、产品单位、规格代码、规格、不变价、现行价、最高储备量、最低储备量。此图表示用户可以通过输入产品名称、产品规格、产品现行价进行实时查询。因此，进行数据库设计时必须考虑如何通过这些非关键码进行检索。

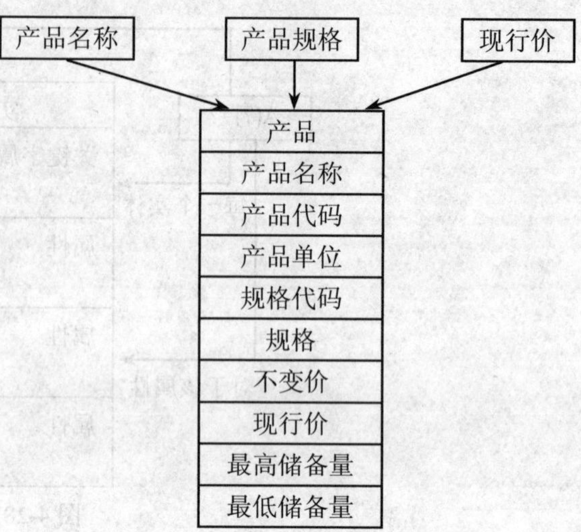

图 4-30　产品信息查询立即存取图

用户的一次查询往往涉及多个数据存储。在某个物资供应系统中，“物品”、“厂家－物品”、“生产厂家”的实体结构如图 4-31 所示。用户想通过查询，确定向哪个厂家订货可以做到物美价廉，就涉及这三个数据存储。

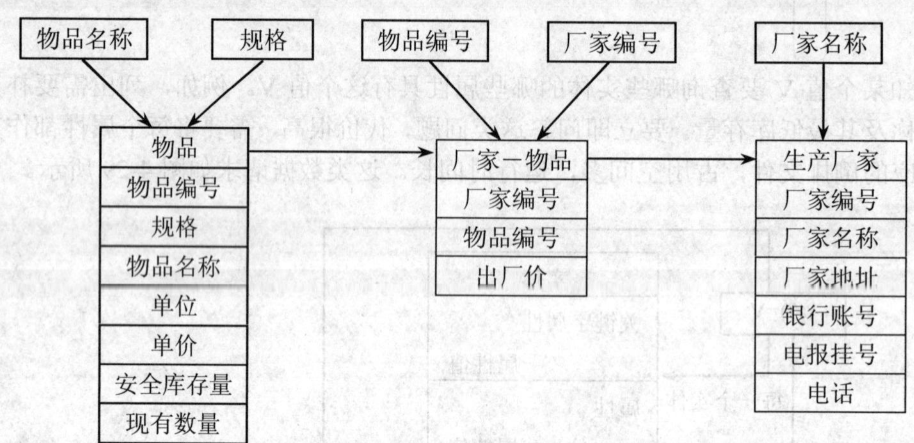

图 4-31　物资供应查询

实现步骤如下：

（1）在“物品”数据存储中通过“物品名称”、“规格”查询“物品编号”，这是通过属性查实体，即：A(?)=V。

（2）用得到的“物品编号”在“厂家－物品”数据存储中查询全部相应的“厂家编号”。因为“厂家编号”、“物品编号”组合构成“厂家－物品”实体的关键码，所以这也是通过属性查实体，即：A(?)=V。

（3）在“厂家－物品”数据存储中通过“厂家编号”、“物品编号”组合码查找相应的出厂价，即 A(E)=?。通过比较，找出最低价 Vmin。

（4）在“厂家－物品”数据存储中，通过 Vmin 查找相应的厂家编号。这是 A(?)=Vmin 类型查询。

（5）通过“厂家编号”在“生产厂家”数据存储中查找该厂家的全部信息，以便订货。这是?(E)=?类型查询。

4.7　新系统逻辑模型

4.7.1　新系统的逻辑模型

系统分析阶段的任务是明确系统功能。通过对现行系统的调查分析，抽象出现行系统的逻辑模型，分析其存在的问题，如某些数据流向不合理，某些数据存储存在不必要的冗余，某些处理原则不合理等。产生这些问题有各种各样的原因，有的可能是习惯遗留下来的问题，有的可能是以前的技术落后造成的，还有些可能是某种体制不合理造成的等等。调查分析中，要抓住系统运行的“瓶颈”，即影响系统的关键之处。抓住这一点很重要，只有抓住主要矛盾，投入人力、物力，才能见到效率。

新系统来自原系统，比原系统更合理，效率更高。但对原系统的变动要切实可行，能较快带来效率，要尽可能循序渐进，不要企图一下子做过多的变更，形成不必要的社会和心理上的阻力。从形式上讲，新系统的逻辑模型与旧系统的逻辑模型相比变化不大，可能只是在一个或几个处理中引进新技术，改变几处数据的流程，或者改变某些数据存储的组织方式。但是，这是经过周密调查和分析的结果，其影响可能不是局部的，对这种影响必须要有充分的估计。此外，系统分析员要准备多个方案，客观地指出各种方案的利弊得失，如投资、收益、技术上的难易程度等。

例如，本章前面分析的产品库存信息系统，最终的系统逻辑模型如图 4-32 所示。

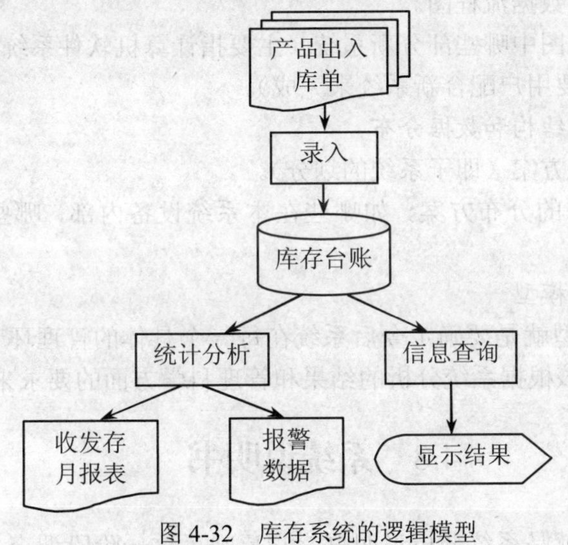

图 4-32　库存系统的逻辑模型

4.7.2　新系统逻辑方案的建立

新系统逻辑方案指的是经分析和优化后，新系统拟采用的管理模型和信息处理方法。因它不同于计算机配置方案和软件结构模型方案等实体结构方案，故称其为逻辑方案。

详细地了解情况，进行系统分析都是为最终确立新系统的逻辑方案作好准备。所以说新系统逻辑方案的建立是系统分析阶段的最终成果。它对于下一步的设计和实现都是基础性的指

导文件。

新系统的逻辑方案主要包括：对系统业务流程分析整理的结果；对数据及数据流程分析整理的结果；子系统划分的结果；各个具体的业务处理过程，同时新系统的逻辑方案也是系统开发者和用户共同确认的新系统处理模式以及打算共同努力的方向。

系统分析工作对原系统进行了大量的分析和优化，这个分析和优化的结果就是新系统拟采用的逻辑处理方案。它包括如下几部分：

1. 确定合理的业务处理流程

（1）删去或合并了哪些多余的或重复处理的过程。

（2）对哪些业务处理过程进行了优化和改动，改动的原因是什么，改动（包括增补）后将带来哪些好处。

（3）给出最后确定的业务流程图。

（4）指出在业务流程图中哪些部分新系统（主要指计算机软件系统）可以完成，哪些部分需要用户完成（或是需要用户配合新系统来完成）。

2. 确定合理的数据和数据流程

（1）请用户确认最终的数据指标体系和数据字典。确认的内容主要是指标体系是否全面合理，数据精度是否满足要求并可以统计得到这个精度等。

（2）删去或合并了哪些多余的或重复的数据处理过程。

（3）对哪些数据处理过程进行了优化和改动，改动的原因是什么，改动（包括增补）后将带来哪些好处。

（4）给出最后确定的数据流程图。

（5）指出在数据流程图中哪些部分新系统（主要指计算机软件系统）可以完成，哪些部分需要用户完成（或是需要用户配合新系统来完成）。

3. 确定新系统的逻辑结构和数据分布

（1）新系统逻辑划分方案（即子系统的划分）。

（2）新系统数据资源的分布方案，如哪些在本系统设备内部，哪些在网络服务器或主机上。

4. 确定新系统的管理模型

确定新系统的管理模型就是要确定今后系统在每一个具体的管理环节上的处理方法。需要使用的管理模型一般应该根据系统分析的结果和管理科学方面的要求来决定。

4.8 系统说明书

系统分析阶段的成果就是系统分析说明书，它反映了这一阶段调查分析的全部情况，是下一步设计与实现系统的纲领性文件。系统分析报告形成后必须组织各方面的人员（包括组织的领导、管理人员、专业技术人员、系统分析人员等）一起对已经形成的逻辑方案进行论证，尽可能地发现其中的问题、误解和疏漏。对于问题、疏漏要及时纠正，对于有争论的问题要重新核实当初的原始调查资料或进一步地深入调查研究，对于重大的问题甚至可能需要调整或修改系统目标的，应重新进行系统分析。系统分析说明书一经确认由用户认可接受后，就成为具有约束力的指导性文件，成为下一阶段系统设计工作的依据和今后验收目标系统的检验标准。

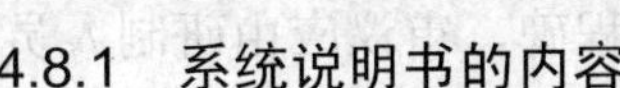

4.8.1 系统说明书的内容

一份好的系统分析说明书应该不但能够充分展示前段调查的结果，而且还要反映系统分析的结果——新系统的逻辑方案，这是非常重要的（特别是后者）。系统分析说明书要包括以下内容：

1. 引言

主要是对分析对象的基本情况作概括性的描述，它包括组织的结构、组织的目标、组织的工作过程和性质、业务功能、对外联系、组织与外部实体间有哪些物质以及信息的交换关系、研制系统工作的背景如何、本报告所用的专门术语等。

2. 项目概述

（1）项目的主要工作内容。

简要说明本项目在系统分析阶段所进行的各项工作的主要内容。这些是建立新系统逻辑模型的必要条件，而逻辑模型是书写系统说明书的基础。

（2）现行系统的调查情况。

新系统是在现行系统基础上建立起来的。设计新系统之前，必须对现行系统调查清楚，掌握现行系统的真实情况，了解用户的要求和问题所在。列出现行系统的目标、主要功能、组织结构、用户要求等，并简要指出主要问题所在。以数据流程图为主要工具，说明现行系统的概况。数据字典、判定表、立即存取分析图等往往篇幅较大，可作为附件，但由它们得到的主要结论（如主要的业务量、总的数据存储量等），应列在正文中。

（3）新系统的逻辑模型。

通过对现行系统的分析，找出现行系统的主要问题所在，进行必要的改动，即得到新系统的逻辑模型。新系统的逻辑模型也通过相应的数据流程图加以说明。数据字典等有变动也要给出相应说明。

3. 实施计划

（1）工作任务的分解。

指对开发中应完成的各项工作，按子系统（或系统功能）划分，指定专人分工负责。

（2）进度。

指给出各项工作的预定开始日期和结束日期，规定任务完成的先后顺序及完成的界面。可用 PE 图或甘特图表示进度。

（3）预算。

指逐项列出本项目所需要的劳务以及经费的预算，包括各项工作所需人力及办公费、差旅费、资料费等。

4.8.2 系统说明书的审议

系统说明书是系统分析阶段的技术文档，也是这一阶段的工作报告，是提交审议的一份工作文件。系统说明书一旦审议通过，则成为有约束力的指导性文件，成为用户与技术人员之间的技术合同，成为下阶段系统设计的依据。因此，系统说明书的编写很重要。它应简明扼要，抓住本质，反映系统的全貌和系统分析员的设想。它的优劣是系统分析员水平和经验的体现，也是系统分析员对任务和情况了解深度的体现。

对系统说明书的审议是整个系统研制过程中一个重要的里程碑。审议应由研制人员、企业领导、管理人员、局外系统分析专家共同进行。审议通过之后，系统说明书就成为系统研制人员与企业对该项目共同意志的体现，系统分析作为一个工作阶段，宣告结束。

若有关人员在审议中对所提方案不满意，或者发现研制人员对系统的了解有比较重大的遗漏或误解，就需要返回详细调查，重新分析。也有可能发现条件不具备、不成熟，导致项目中止或暂缓。一般说来，经过认真的可行性分析之后，不应该出现后一种情况，除非情况有重大变动。

上面提到的局外专家，指研制过类似系统而又与本企业无直接关系的人。他们一方面协助审查研制人员对系统的了解是否全面、准确，另一方面审查提出的方案，特别是对实施后会给企业的运行带来的影响做出估计。这种估计需要借助他们的经验。

1．系统分析员的职责是什么？他应具备哪些知识和能力？

2．用业务流程图表示读者到图书馆借书的过程。

3．用数据流程图描述到储蓄所存款的过程。

4．某校学生登记卡格式如下，使用数据字典表示。

<table>
<tr><td>班 号</td><td colspan="2"></td><td>学 号</td><td></td><td colspan="2">入学日期</td><td></td></tr>
<tr><td>姓名</td><td colspan="2"></td><td>曾用名</td><td></td><td>性别</td><td>民族</td><td></td></tr>
<tr><td>出生日期</td><td colspan="4"></td><td colspan="2">籍贯</td><td></td></tr>
<tr><td>政治面貌</td><td colspan="4"></td><td colspan="2">是否华侨</td><td></td></tr>
<tr><td rowspan="4">本人
简历</td><td colspan="2">开始时间</td><td colspan="2">结束时间</td><td colspan="3">在何地</td></tr>
<tr><td colspan="2"></td><td colspan="2"></td><td colspan="3"></td></tr>
<tr><td colspan="2"></td><td colspan="2"></td><td colspan="3"></td></tr>
<tr><td colspan="2"></td><td colspan="2"></td><td colspan="3"></td></tr>
<tr><td rowspan="5">家庭
主要
成员</td><td>姓名</td><td>关系</td><td>年龄</td><td>职务</td><td colspan="3">工作单位</td></tr>
<tr><td></td><td></td><td></td><td></td><td colspan="3"></td></tr>
<tr><td></td><td></td><td></td><td></td><td colspan="3"></td></tr>
<tr><td></td><td></td><td></td><td></td><td colspan="3"></td></tr>
<tr><td></td><td></td><td></td><td></td><td colspan="3"></td></tr>
</table>

5．某校学籍管理制度规定：

（1）经补考仍有两门考试课不及格者留级；

（2）经补考，考查课和考试课共计仍有三门不及格者留级；

（3）经补考，仍有不及格课程但末达到留级标准者可升级，但不及格课目要重修。

试用判断语句、判定树、判定表分别表示上述规则。

6．系统分析的主要任务是什么？为什么说系统分析是信息系统开发过程中最重要的一环。

7．信息系统的逻辑模型包含哪些内容？它们之间有什么关系？

8．系统说明书包括哪些内容？

第5章　信息系统设计

系统设计是信息系统开发的另一个重要阶段。其基本任务包括概要设计（也称总体设计）和详细设计。本章主要介绍了系统设计的任务、思路和内容。主要内容包括：系统设计的任务要求、结构化设计的方法、代码设计、输入输出设计、人机界面设计和系统设计说明书。

- 系统设计的目标、任务
- 模块化设计的方法
- 数据流图导出结构图
- 代码设计
- 输入输出设计
- 人机对话设计
- 系统设计说明书

5.1　系统设计概念

系统分析阶段要回答的中心问题是系统“做什么”，即确定系统需要实现的功能，这个阶段的成果是系统流程图和数据字典。系统设计阶段主要实现的是系统物理模型，即要根据实际的经济条件、技术条件和社会条件，确定系统“如何做”的问题。

5.1.1　系统设计的目标

面向管理的信息系统，其优劣程度取决于它为管理工作提供信息服务的质量和满足用户的满足程度。具体可以从以下几个方面来衡量。

1. 信息系统的功能

这是最重要的一条。包括系统是否解决了用户需要解决的问题，能否满足用户对系统输入输出信息的要求。保证系统满足用户需要的功能，这是系统分析阶段的主要任务。

2. 运行效率

这是与时间有关的指标，包括业务处理能力、数据运算速度等。

3. 系统的可靠性

系统的可靠性指的是系统在正式运行的过程中能够抵御各种干扰、能够检查和纠正错误，系统一旦发生故障后能够重新恢复、重新启动的能力。

4. 系统的易维护性

系统的易维护性指的是系统的日常维护比较简单，成本较低，系统便于升级。

5.1.2 系统设计的任务

系统设计是一个描述、组织和构造系统部件的过程。设计阶段对分析模型进行扩展并将模型进一步细化，并考虑技术细节和限制条件。系统设计的主要任务是依据系统需求说明书。全面确定系统应具有的功能和性能要求。

（1）总体设计。包括信息系统功能结构图设计和功能模块设计等。

（2）代码设计和设计规范设计。

（3）系统物理配置方案设计。包括设备配置、通信网络的选择和设计以及编写程序设计说明书等。

（4）数据库设计。包括数据的选择、数据的设计和数据库规范的制定等。

（5）计算机处理过程设计。包括输入输出设计、界面设计和代码设计等。

5.1.3 系统设计的方法

系统设计比较成熟的方法包括面向对象的设计方法和结构化的设计方法。

1. 结构化的系统设计方法

结构化程序设计由迪克斯特拉（E.W.dijkstra）在 1969 年提出，是以模块化设计为中心，将待开发的软件系统划分为若干个相互独立的模块，这样使完成每一个模块的工作变单纯而明确，为设计一些较大的软件打下了良好的基础。

由于模块相互独立，因此在设计其中一个模块时，不会受到其他模块的牵连，因而可将原来较为复杂的问题化简为一系列简单模块的设计。模块的独立性还为扩充已有的系统、建立新系统带来了不少的方便，因为我们可以充分利用现有的模块作积木式的扩展。

按照结构化程序设计的观点，任何算法功能都可以通过由程序模块组成的三种基本程序结构的组合：顺序结构、选择结构和循环结构来实现。

结构化程序设计的基本思想是采用“自顶向下，逐步求精”的程序设计方法和“单入口单出口”的控制结构。自顶向下、逐步求精的程序设计方法从问题本身开始，经过逐步细化，将解决问题的步骤分解为由基本程序结构模块组成的结构化程序框图；“单入口单出口”的思想认为一个复杂的程序，如果它仅是由顺序、选择和循环三种基本程序结构通过组合、嵌套构成，那么这个新构造的程序一定是一个单入口单出口的程序。据此就很容易编写出结构良好、易于调试的程序来。

2. 面向对象的系统设计方法

1967 年挪威计算中心的 Kisten Nygaard 和 Ole Johan Dahl 开发了 Simula67 语言，它提供了比子程序更高一级的抽象和封装，引入了数据抽象和类的概念，它被认为是第一个面向对象语言。1990 年以来，面向对象分析、测试、度量和管理等研究都得到长足发展。

面向对象出现以前，结构化程序设计是程序设计的主流，结构化程序设计又称为面向过程的程序设计。在面向过程程序设计中，问题被看作一系列需要完成的任务，函数（在此泛指例程、函数、过程）用于完成这些任务，解决问题的焦点集中于函数。其中函数是面向过程的，即它关注如何根据规定的条件完成指定的任务。

比较面向对象程序设计和面向过程程序设计，面向对象程序设计的优点主要表现在以下方面：

（1）数据抽象的概念可以在保持外部接口不变的情况下改变内部实现，从而减少甚至避免对外界的干扰；

（2）通过继承大幅减少冗余的代码，并可以方便地扩展现有代码，提高编码效率，也减低了出错概率，降低软件维护的难度；

（3）结合面向对象分析、面向对象设计，允许将问题域中的对象直接映射到程序中，减少软件开发过程中中间环节的转换过程；

（4）通过对对象的辨别、划分可以将软件系统分割为若干相对为独立的部分，在一定程度上更便于控制软件复杂度；

（5）以对象为中心的设计可以帮助开发人员从静态（属性）和动态（方法）两个方面把握问题，从而更好地实现系统；

（6）通过对象的聚合、联合可以在保证封装与抽象的原则下实现对象在内在结构以及外在功能上的扩充，从而实现对象由低到高的升级。

5.2　结构化系统设计

结构化设计的主要方法是采用自顶向下的原则将系统划分成层次化的程序模块。这些模块相对独立，功能单一，这就是结构化设计的基本思想。

5.2.1　模块

模块（Module）一词使用很广泛。通常对应于用一个名字就可以调用的一段程序语句（子程序或函数）。在软件系统设计中，模块是指这样的一组程序语句，它包括输入与输出、逻辑处理功能、内部信息及其运行环境。

（1）输入与输出，模块的输入来源和输出去向在正常的情况下都是同一个调用者，即模块。从调用者处获得输入信息，经过模块本身的处理后，再把输出返送给调用者。

（2）逻辑功能，模块的逻辑功能描述了该模块能够做什么样的事情，具备什么样功能，即对于输入信息能够加工成什么样的输出信息。

（3）内部信息，模块的内部信息是指模块执行的指令和在模块运行时所需要的属于该模块自己的数据。

（4）运行环境，模块的运行环境说明了模块的调用与被调用的关系。

在系统设计中，只关心模块的外部信息，即研究模块能完成什么样的功能，具体的实现将在系统实施阶段完成。模块通常还有其他一些附加属性，如模块的名称、编号等。

模块化就是将系统划分为若干个模块，每个模块完成一个特定的功能，然后将这些模块汇集起来组成一个整体（即系统），用以完成指定功能的一种方法。

采用模块化设计原理可以使整个系统设计简易、结构清晰，可读性、可维护性增强，提高系统的可行性，同时也有助于信息系统开发与组织管理。

系统设计强调把一个系统设计成具有层次的模块化结构。

理想的系统结构：每个模块完成一个相对独立的特定功能；模块之间的接口简单。

模块用长方形表示。模块的名字写在长方形内，如图 5-1 所示。模块的名字有一个动词和一个名词表示。模块的名字应该能够概括出模块的主要功能。

出库管理

图 5-1　模块的表示方法

5.2.2　结构图

结构化方法采用结构图描述系统模块结构及模块间的联系。如图 5-2 所示是系统的一个结构图。在系统设计中，为了保证系统的可行性、可读性、可修改性，要求各模块之间的耦合（即数据联系）尽可能小，尽量减少不必要的数据在模块之间的流动，尽量防止和减少因一个模块的问题对其他模块工作的影响，这就要求对模块之间的控制和通信关系给以系统明确的描述。描述模块的层次结构和它们之间的控制通信联系工具是系统结构图。

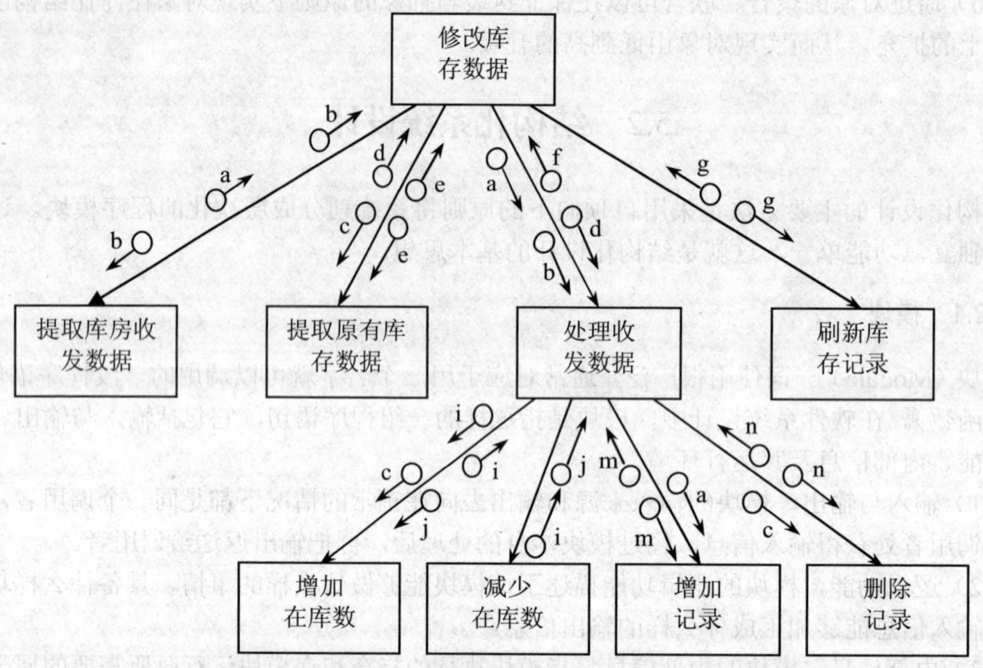

a．收发数据；b．收发处理错误标志；c．零件号；d．库存数据

e．主文件错误标志；f．修改错误标志；g．重写错误标志；i．在库数

j．收发数；k．临界库存水平；m．增加记录标志；n．删除记录标志

图 5-2　系统结构图

系统结构图用方块表示模块。模块间用箭线联结，箭头指示方向为被调用的模块。调用关系分为直接调用（无条件调用）、选择调用（判断调用）和重复调用（循环调用）三种。数据用带圆圈的小箭头表示从一个模块传统给另外一个模块的数据。控制信息用带涂黑圆圈的小箭头表示一个模块传递给另一个模块的控制信息。

结构图是系统设计阶段最主要的表达和交流工具。这种图应当简明易懂，既要便于设计人员表达自己的设想，又要便于编写程序人员了解实现要求，还要便于同管理人员商讨。

模块结构图可以由数据流图转换而来。但是，结构图与数据流图有着本质的差别：数据流图着眼于数据流，反映系统的逻辑功能，即系统能够“做什么”；结构图着眼于控制层次，反映系统的物理模型，即怎样逐步实现系统的总功能。但从时间上来说，数据流图在前，控制结构图在后。数据流图是绘制结构图的依据。总体设计阶段的任务，就是要针对数据流程规定的功能，设计一套实现办法。因此，绘制结构图的过程就是完成这个任务的过程。

5.2.3　系统结构图

在系统设计中，为了保证系统的可行性、可读性、可修改性，要求各模块之间的耦合（即数据联系）尽可能小，尽量减少不必要的数据在模块之间的流动，尽量防止和减少因一个模块的问题对其他模块工作的影响，这就要求对模块之间的控制和通信关系给以系统明确的描述。

模块独立程度可以由两个定性标准度量，分别称为块间联系和块内联系。块间联系是度量不同模块彼此间互相依赖（联结）的紧密程度，块内联系则是衡量一个模块内部的各个部分彼此结合的紧密程度。

（1）块间耦合（Coupling）：块间耦合是一个系统内不同模块之间互连程度的度量。块间耦合强弱取决于模块间联系形式及接口的复杂程度。模块间接口的复杂性越高，说明耦合的程度也越高。

块间耦合程度直接影响系统的可读性、可维护性及可修改性。在系统设计中，应尽可能追求块间耦合松散的系统。在这样的系统中，可以研究、测试、维护任何一个模块，而不需要对其他模块有很多了解。同时，由于模块间耦合简单，错误传播的可能性就越小。

（2）块内联系（Cohesion）：模块内部元素的联系方式即为块内联系，有时也称为模块内部的紧凑性或关联度或内聚度，它是决定系统结构的另一个重要因素。

所谓模块内部的元素是指该模块程序中的一条或若干条的指令。系统中的每个模块应具有高度的块内联系，它的各个元素都是彼此相关的，是为完成一个共同的功能而结合在一起的。模块设计中应尽力避免较低的块内联系，这是基本原则。

为了衡量模块的相对独立性，提出了模块间的耦合（Coupling）与模块的内聚（Cohesion）两个标准。

（1）模块内部各元素之间的联系程度；

（2）模块和模块之间的联系程度。

软件设计的目标就是让模块内的联系越紧越好，模块间的联系越少越好。也就是要提高内聚，降低耦合。

5.2.4　模块间的耦合

耦合是影响系统复杂程度的一个重要因素。如果使用模块 A 需要了解模块 B，那么 A 和 B 是耦合的。如果需要对 B 的理解越多，则 A，B 的联系就越紧密。很显然，为了使软件具有较好的可维护性和可修改性，模块间的关联程度即耦合程度越小越好。因为耦合程度越小，表明模块间的独立程度越大，这样在修改一个模块时，对其他模块的影响程度就越小，从而使模块的修改工作局限于一个最小的范围内，在维护的时候，不必担心其他模块的内部处理逻辑是否会受到影响。

影响模块间耦合程度有三方面的因素：联系方式——模块间通过什么方式联系；来往信

息的作用——模块间来往信息作什么用；数量——模块间来往信息的多少。这三个因素可用三维坐标表示，如图 5-3 所示，离坐标原点越远，耦合度越高。

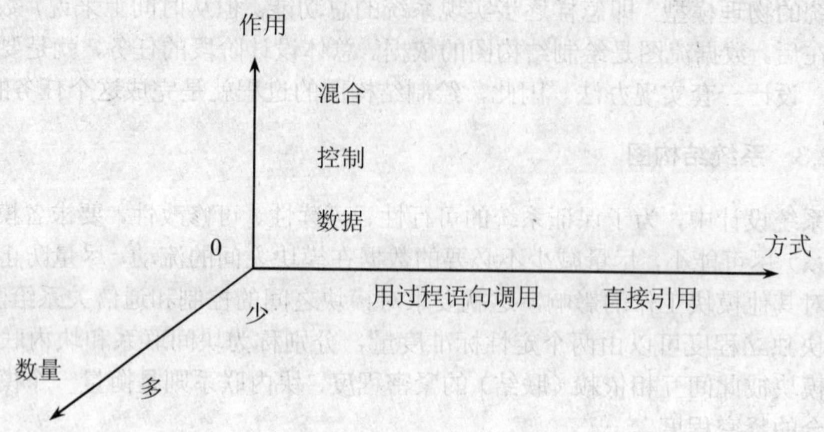

图 5-3 影响耦合因素

（1）联系方式。模块间的联系方式有两种，即“直接引用”和“用过程语句调用”。

直接引用：一个模块直接存取另一个模块的某些信息，例如全程变量、FORTRAN 的 common 量、C 语言的 extern 量、共享的通信区等 。也称为公共环境耦合（Common Environment Coupling）。降低这种耦合程度的办法是使数据局部化，即使用局部变量。

过程语句调用：一个模块调用另一个模块，所有数据来往都以参数或返回值方式传递并使用。

（2）来往信息的作用。模块间的来往信息可以作数据用，也可以作控制信息用。

若两个模块间传递的信息只作数据用，即一个模块提供的输出数据作为另一个模块的输入数据。则这种耦合称为数据耦合（Data Coupling）。当然这种耦合是必须，如图 5-4 所示。

如果两个模块间传递信息作控制用，这种耦合称为控制耦合（Control Coupling），如图 5-5 所示。

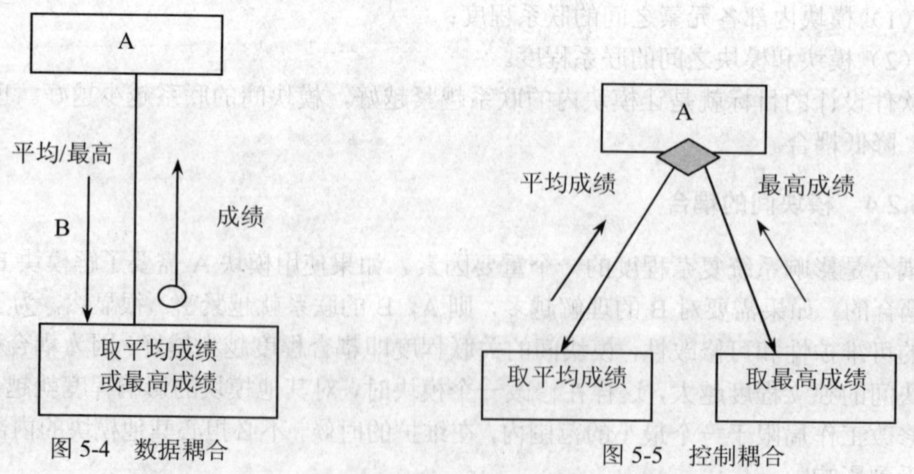

图 5-4 数据耦合

图 5-5 控制耦合

控制耦合给理解和修改带来不便。第一，需要理解开关量；第二，需要记住开关值。其实，在系统设计中通过在上层模块增加的判断条件，这种耦合是可以避免。

（3）模块间传递的信息量越大，它们之间的耦合程度越高。一个模块最好只了解它确实需要使用的数据，而完全不知道其他数据的存在（独立性好）。

总之，结构化设计要求模块间的耦合程度尽可能小。为此应该做到以下几点：用过程语句调用其他模块；模块间的参数作数据用；模块间的参数尽可能少。

5.2.5　模块耦合的类型

模块的耦合反映模块间联系的紧密程度。常见的耦合类型如下：

（1）数据耦合：采用子程序调用，调用模块将需要进行处理的数据传递给被调模块。数据耦合是不可避免的。

（2）标记耦合：如果调用模块将整个数据记录传递给被调模块，而被调模块只使用了部分数据项，则称为标记耦合或特征耦合。

（3）控制耦合：一个模块将控制信息传递给另一个模块，以控制被调模块的内部处理逻辑。（可以分解）。

（4）公共环境耦合：如果两个模块共享同一全局数据，称为公共耦合。

（5）内容耦合：两个模块之间的内部属性有直接关联，也称病态耦合（某些 GOTO 语句）。

5.2.6　模块的内聚

模块的内聚反映模块内部联系的紧密程度。一个模块只需要做好一件事情，不要过分关心其他任务。高内聚性的好处是可以提高程序的可靠性。模块的内聚可以分为以下 7 类：

（1）偶然内聚：如果一个模块所要完成的动作之间没有任何关系，或者即使有某种关系，也是非常松散的，就称之为偶然内聚。偶然内聚可理解性差，难于修改，设计中应尽力避免。

（2）逻辑内聚：如果一个模块内部的各个组成部分在逻辑上具有相似的处理动作，但功能上、用途上却彼此无关，则称之为逻辑内聚。逻辑内聚的模块与其他模块之间有相当复杂的块间联系，其可修改性差，维护困难。

（3）时间内聚：时间内聚也称为瞬时内聚，模块内各组成部分所包含的处理动作必须在同一时间内完成。时间内聚模块的联系程度较低，不易于修改，维护较难，但它在一定程度上反映了系统的某些实质，因此比逻辑内聚要强一些。

（4）过程内聚：如果一个模块内部的各个组成部分所要完成的动作彼此间没什么关系，但必须以特定的次序（控制流）执行，则称之为过程内聚，其内聚方式较强，可修改性高。

（5）通信内聚：如果一个模块内部的各个组成部分所完成的动作都使用了同一个输入数据或产生同一个输出数据，则称之为通信内聚。通信内聚方式的模块与其他模块间的联系较简单，其内部紧凑性比过程内聚强，但它各部分执行次序可以是任意的，容易产生重复动作。

（6）顺序内聚：对于一个模块内部的各个组成部分，如果前一部分处理动作的输出是后一部分处理动作的输入，则称之为顺序内聚。其块内联系程度较高，与其他模块的联系也较低。

（7）功能内聚：如果一个模块内部包括且仅包括为完成某一功能所必需的组成部分，则称之为功能内聚。功能内聚方式有一个目的、有单一的功能，因而界面清楚，与其他模块的联系低，可读性、可修改性、可维护性、可测试性均很好，是最高级程序块内联系，在进行模块设计时，应尽可能追求功能内聚。

耦合和内聚的概念是 Stevens 等人提出的，是测量一个模块化系统好坏的标志。按他们的观点，给上述 7 种内聚评分如下：功能内聚 10 分，顺序内聚 9 分，通信内聚 7 分，步骤内聚 5 分，时间内聚 3 分，逻辑内聚 1 分，偶然内聚 0 分。可以给一个软件的所有模块打分，最后计算平均分，作为软件结构质量评价的参考，如表 5-1 所示。

表 5-1　模块间七种内聚方式的比较

块内内聚	联结形式	可修改性	可读性	通用性	联系程度
功能内聚	好	好	好	好	高
顺序内聚	好	好	好	中	
通信组合	中	中	中	不好	
过程内聚	中	中	中	不好	
时间内聚	不好	不好	中	最差	
逻辑内聚	最差	最差	不好	最差	低
偶然内聚	最差	最差	最差	最差	

5.2.7　系统的深度和广度

系统的深度表示系统结构中的控制层数，宽度则表示控制的总分布，即同一层次的模块总数的最大值。

一般情况下，深度和宽度标志着一个系统的复杂程度，它们之间应有一定的比例关系，即深度与宽度均要适当。深度过大，可能说明系统分割得不细；宽度过大，则有可能带来系统管理上的困难。

关于系统的深度可以用模块的扇入和扇出来衡量。

（1）模块的扇出是指模块的直接下层模块的个数，如图 5-6 所示。图中，平均扇出是 3。

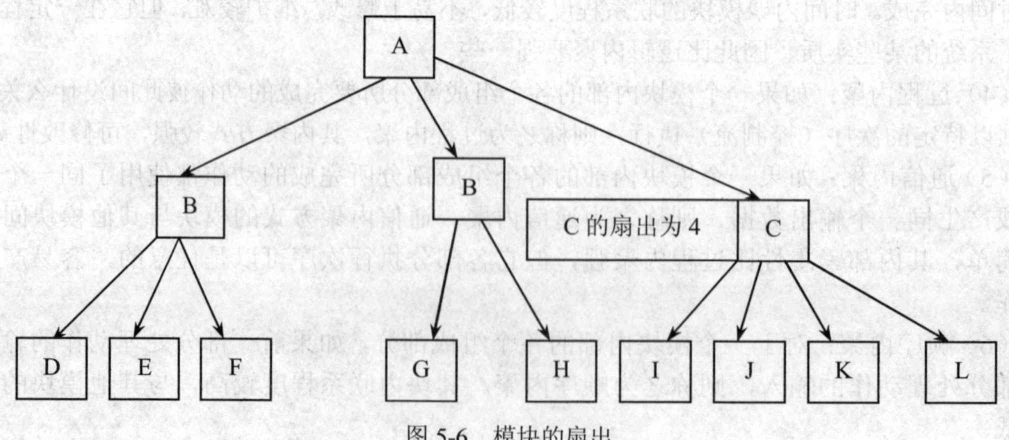

图 5-6　模块的扇出

模块的扇出数直接影响系统的宽度，扇出过大则意味着该模块的直接下属模块多，控制与协调较困难，也意味着模块的块内联系可能较低。这时一般需要增加中间层次的控制模块。扇出数小，说明上、下级模块或其本身可能过大，应考虑是否采用分解的方法，使结构变得合理。

模块的扇出数必须适当，经验表明，一个设计较好的系统的平均扇出数通常是 3 或 4，一般不应超过 7，否则会引起出错概率的增大。

（2）一个模块的扇入是指有多少个上级模块调用它。模块的扇入数通常说明系统的通用性情况，扇入数越大，表明共享该模块的上级模块数越多，因而通用性强，维护也较方便，但是片面追求高扇入数可能使得模块的独立性降低。

通常，一个较好的系统结构，高层扇出数较高，中间扇出数较少，低层模块有很高的扇入数。

5.2.8　模块的作用范围与控制范围

模块的作用范围是指受该模块内部的一个判定影响的所有模块的集合，只要某一模块中含有一些信赖于这个判定的操作，那么该模块就在这个判定的作用范围之中。

模块的控制范围包括该模块本身及所有的下属模块的集合。控制范围完全取决于系统的结构，它与模块本身的功能并无太大关系。

系统设计中，对于模块的控制范围和作用范围有两条规则：

（1）所有受模块 M 的一个判定影响的模块应从属于模块 M，即对任何一个内部存在判定调用逻辑模块，其作用范围应是其控制范围的子集。

（2）受模块 M 判定影响的模块，最好局限在模块 M 本身或其直属下级模块，即做出判定调用的模块与属于该判定作用范围的模块在系统的层次上不能相隔过远，否则会增大模块间的块间联系。

结构化方法认为：当作用范围为控制范围的子集时，才能获得较低的块间联系。

在图 5-7 中，确定模块 A 的控制范围及模块 F 的控制范围和作用范围。

模块 A 的控制范围是：模块 A、B、C、D、G、E、F。

如果模块 F 的判定涉及到模块 B、E、F，则模块 F 的作用范围是：模块 B、E、F，模块 F 的控制范围是：模块 F。显然，不满足模块的“作用范围与控制范围”的原则，块间联系大，因此不是一个好的设计。

在图 5-8 中，确定右图中模块 TOP 的控制范围和模块 B 的控制范围及作用范围。

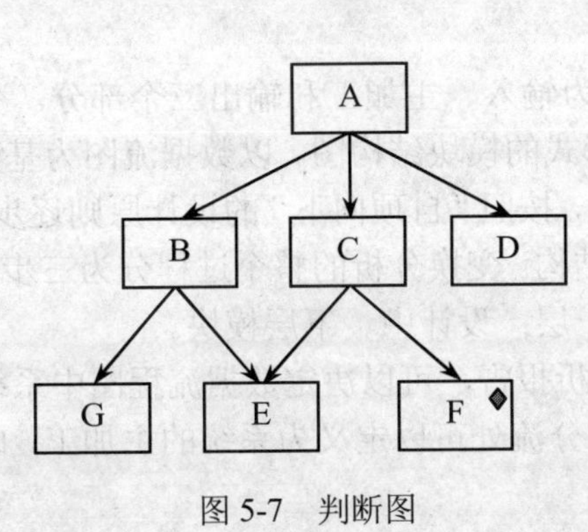

图 5-7　判断图

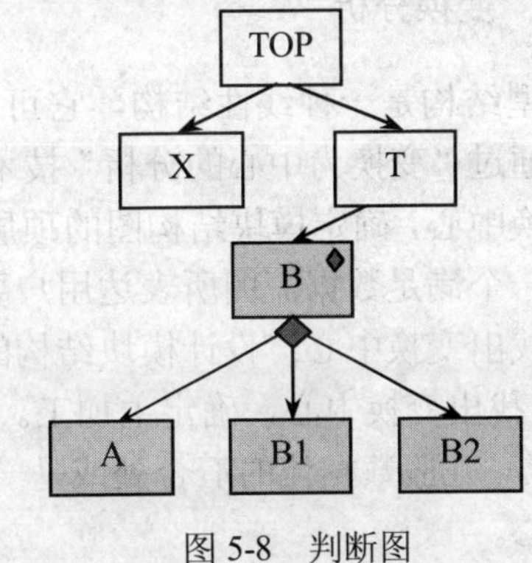

图 5-8　判断图

模块 TOP 的控制范围是：TOP、X、T、B、A、B1、B2；

模块 B 的控制范围与作用范围相同，均为：模块 B、A、B1、B2；满足控制范围与作用范围的原则，而且，判定的作用范围恰好在判定所在模块的下。

在图 5-9 中，显然图（a）不满足作用范围与控制范围的原则，模块 F 的作用范围不在控制范围之内。图（b）中模块 TOP 虽然满足上述原则，但其作用范围所涉及到的模块不是直接的。所以也不是一个好的设计。

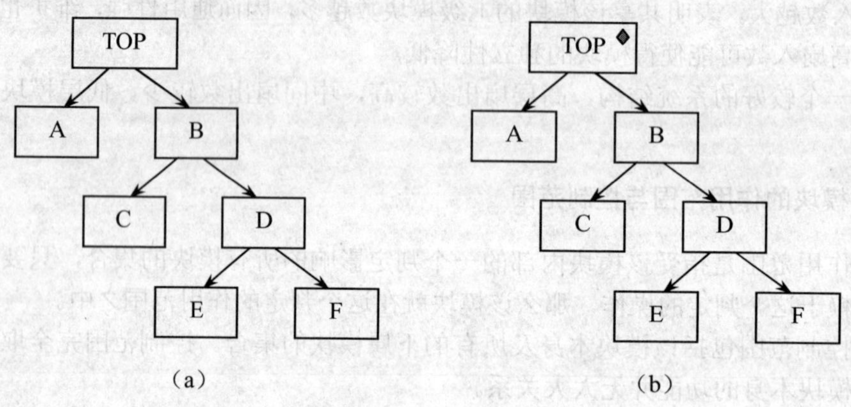

图 5-9　判断图

因此，合理的模块设计，不仅要满足作用范围与控制范围的原则，而且作用范围所涉及到的模块还应该是直接下属模块。

5.3　从数据流图导出结构图

结构化系统分析方法和结构化系统设计有着密切的联系。系统分析阶段，用结构化分析方法获得用数据流程图等工具描述的系统说明书。设计阶段则以 DFD 为基础设计系统的模块结构。

信息系统的数据流图一般有两种典型结构：变换型结构和事务型结构。对这两种结构，可以分别通过变换分析和事务分析方法导出标准的结构图。采用这些方法时，都是先设计结构图的顶端模块，然后自顶向下逐步细化，最后得到满足数据流要求的系统结构。

5.3.1　变换分析

变换型结构是一种线性结构，它可以明显地分为输入、主加工和输出三个部分。变换型分析可以通过“变换为中心的分析”技术导出标准形式的模块结构图。以数据流图为基础，首先找出变换中心，确定模块结构图的顶层模块，然后，按照“自顶向下”的设计原则逐步细化，最后得到一个满足数据流图所表达用户要求的模块结构。变换分析的整个过程分为三步：确定主加工，找出变换中心；设计模块结构的顶层和第一层；设计中、下层模块。

（1）找出变换中心，确定主加工。根据系统分析报告，可以决定数据流程图中系统的主加工。通常，几股数据流的汇合处或是一个数据流的分流处可以定义为系统的主加工，即系统的变换中心。

变换中心的确定：在数据流图中标出输入数据的最后点，即系统主加工的输入数据流，称为逻辑输入。再找出输出数据的第一点即系统主加工的输出数据流，称为逻辑输出。这两点间留下的加工框，就是变换中心，也即主加工。将此主加工的功能用一个模块来表示，这就是结构图的顶层模块。如图 5-10 所示，P3 就是主处理，P1,P2 是逻辑输入，p4，p5 逻辑输出。

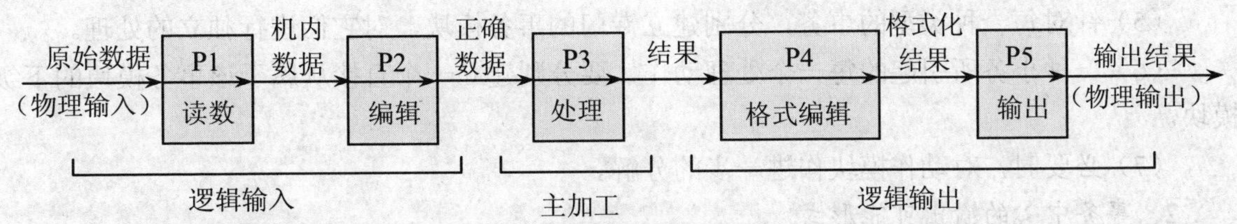

图 5-10　变换型数据流图

（2）找到主加工之后，遵照“自顶向下，逐步加细”的原则，设计各层的模块。要创建一个模块，必须确定该模块的外部特征：模块的功能、与其他模块的界面（调用时传送的信息）。

变换中心即结构图的“顶”，即系统的主模块，“顶”设计好后，由顶向下，就可按输入、变换、输出等分支来处理从而设计出结构的第一层。为主加工每个输入（逻辑输入）设计一个输入模块，其功能是向主模块提供数据。为主加工每一个输出（逻辑输出）设计一个输出模块，其功能是从主模块接收数据并为下层模块提供数据输出。为主加工设计一个变换模块，其功能是将逻辑输入变换成逻辑输出。第一层模块同主模块间传送的数据应该与数据流图相对应，主模块控制并协调输入、变换以及输出模块的工作。

（3）设计中、下层模块，是从第一层模块开始，自顶向下，逐步细化来完成，主要包括：

输入模块的细化；输出模块的细化；变换中心的细化。在设计每一个模块时，应注意给它们起一个适当的名字，以反映出该模块的功能，如图 5-11 所示。

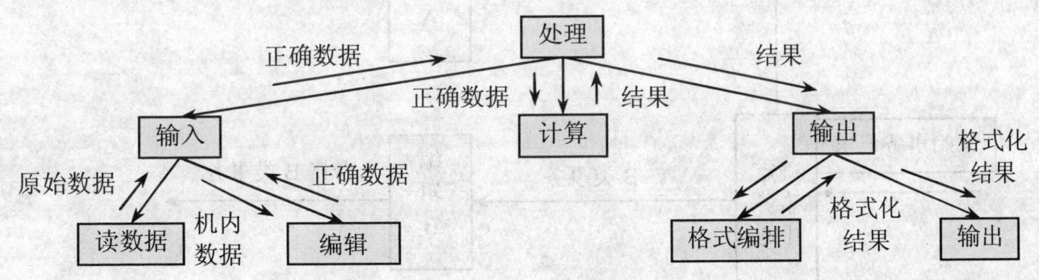

图 5-11　用变换分析由 DFD 导出的结构图

5.3.2　事务分析

对于事务型 DFD，可以通过事务分析导出相应的结构图。其最高层模块不仅具有控制功能，而且还具有分析事务类型和调度的功能。一般来说，在一个系统中可能有若干个事务中心，它们可能是输入子系统中的一部分，或可能是输出子系统的一部分，还可以是变换子系统的一部分。

1. 事务分析的步骤

（1）确定事务的来源（数据字典中已定义）。

（2）确定适当的、以事务为中心的系统结构。

（3）确定出每一种事务以及它所需要的处理动作。

（4）对有相同处理功能的模块进行合并。

（5）针对每一种类型的事务，分别建立专门的事务模块，对它们进行独立的处理。

（6）一种事务所引起的每一个处理动作，要分别建立一个直接从属于该事务模块的下级模块。

（7）必要时，对动作模块作进一步的分解。

2. 事务中心的输出可能形式

（1）只是对输入的事务做格式上的转换，并没有做实际处理，然后被传递到较高层的传入子系统模块做进一步的处理。

（2）对输入的事务做有效性检验，产生一个是否合格的标志。

（3）对输入的事务做实际的处理，得到某种计算结果，然后被传递到较高层的中心变换子系统模块做进一步处理，或是被传递到较低层的传出子系统模块去处理。

（4）数据库中的某些数据修改以后的结果。

图 5-11 是事务性结构的例子。在这种结构中，某个加工将它的输入分离成一串平行的数据流，分别执行后面的某些加工。对于这种类型数据流可以通过事务分析得到相应的结构图。如图 5-12 所示的数据流图对应的结构图如图 5-13 所示。

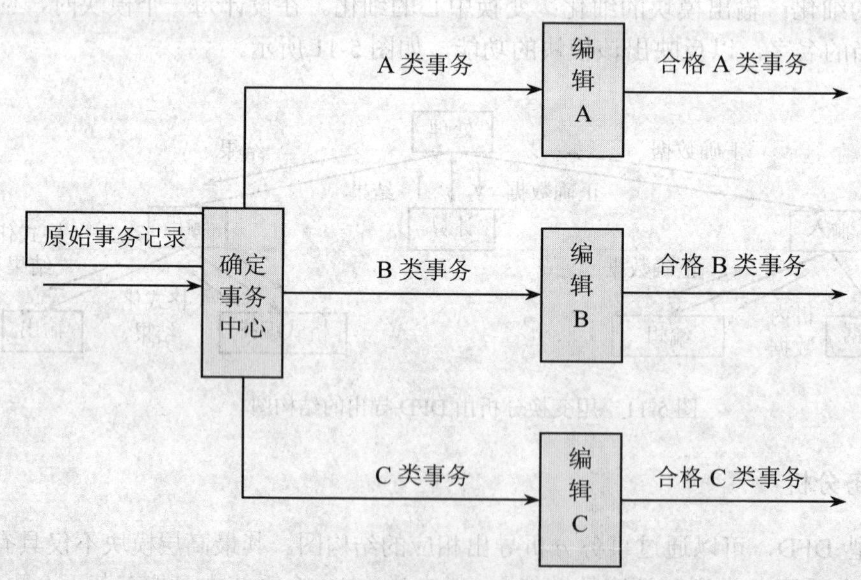

图 5-12　事务处理 DFD 图

前面我们分别讨论了变换分析、事务分析。但实际应用中数据流图并非这么典型，这两种分析往往交替使用，数据流图的某一部分可能是变换型，另一个局部可能是事务性（如图

5-14 所示），这时一般以变换分析为主，辅以事务分析（如图 5-15 所示）。各个系统有不同的特点，初始结构图的设计方法也不同。凡是满足系统说明书要求的结构图都可以作为初始结构图。初始结构图并不能完全反映用户的要求，因此，按数据流图导出的结构图还要参照小说明、查询分析等文档进行调整。

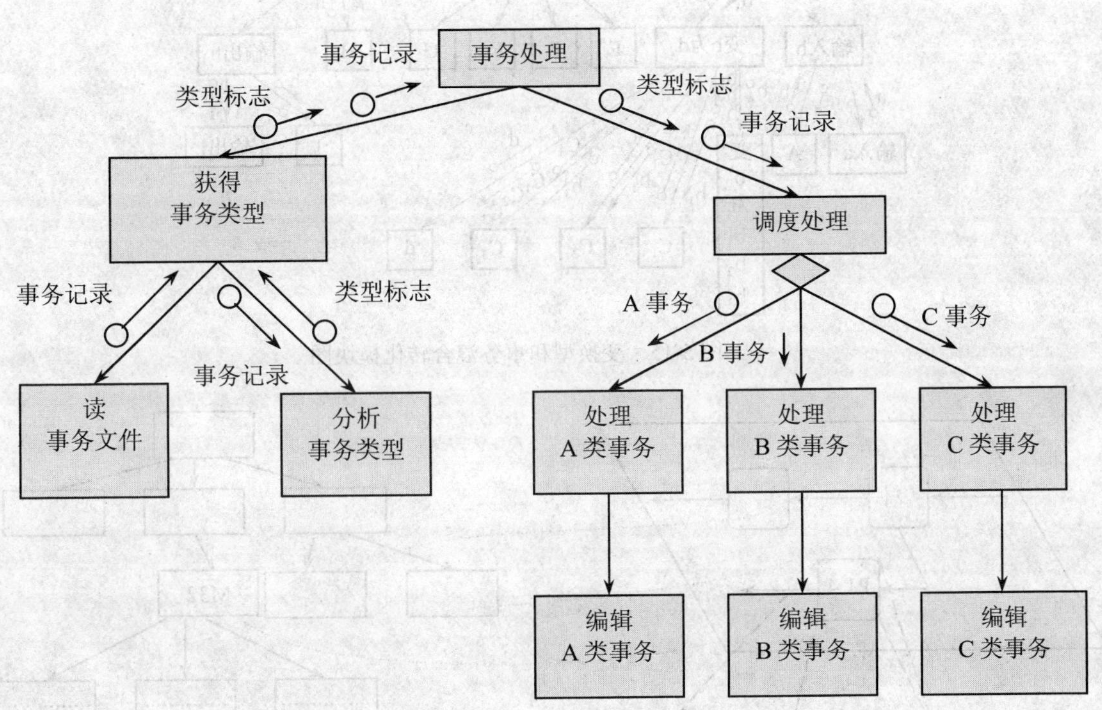

图 5-13　用事务分析得到的系统结构图

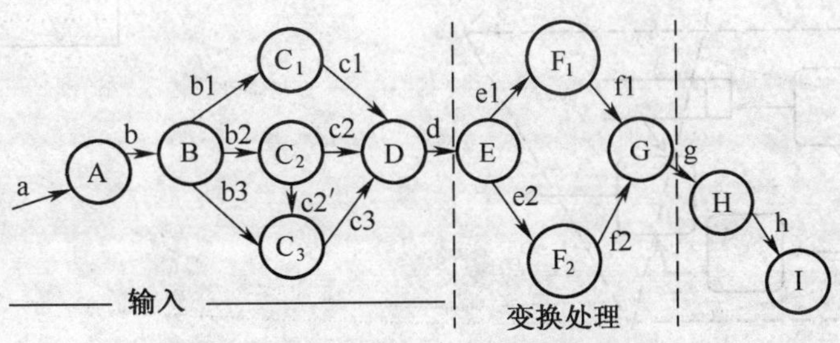

图 5-14　变换型和事务性业务处理图

5.3.3　数据流图层次的转换

数据流图是分层次的，当我们对某一层数据流进行变换分析或事务分析得出相应的模块结构图后，还必须转化为它下一层次数据流图。如图 5-16 所示，如果某个处理框 P1.4 对应模块 M32，则 P1.4 进一步分解的处理框应转换成 M32 的下层模块。

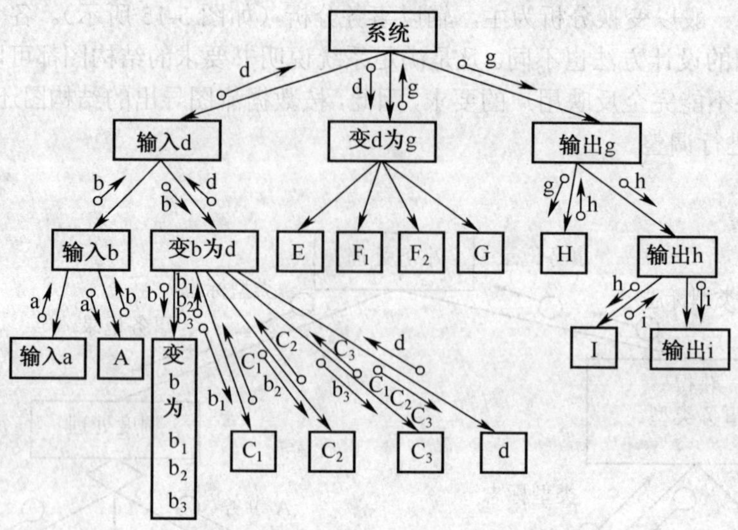

图 5-15　变换型和事务混合转化模块图

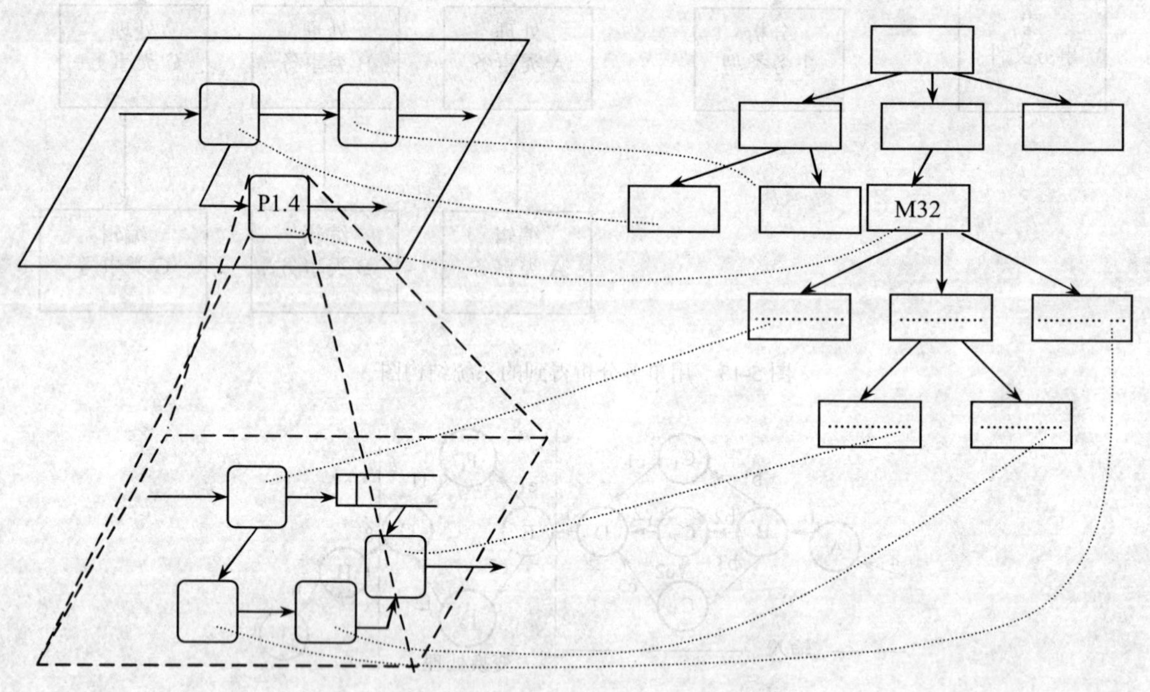

图 5-16　数据流图与模块结构

5.4　数据库设计

数据库是信息系统设计的基础和核心，数据库设计直接关系到信息系统开发的成败和优劣。在信息系统中，数据设计是指根据业务需求、信息需求和处理需求，确定信息系统中的数据结构、数据操作和数据一致性约束的过程。数据库设计分为概念设计和模型设计，它们之间的关系如图 5-17 所示。

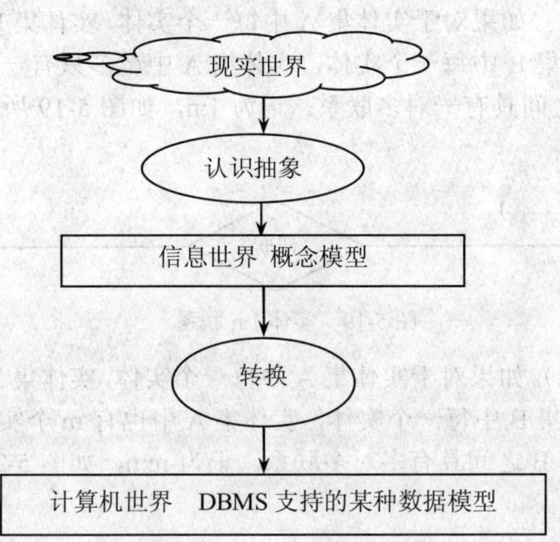

图 5-17　数据模型的两个层次

5.4.1　数据概念设计

数据库概念设计是针对现实世界，通过对其中信息实体的收集、分类、聚集和概括，建立数据库概念结构的过程。概念结构也叫概念数据模型，它应该反映现实世界中的组织的业务模式、信息结构和信息间的相互制约关系，以及对信息的加工、存储和查询要求等。概念数据模型是对数据的抽象描述，它应该独立于具体的数据处理细节和数据库管理系统。

通常采用实体联系图（E-R）作为概念设计的工具，同时用 E-R 图描述概念数据库模型。

1. E-R 概念设计

E-R 图也即实体-联系图（Entity Relationship Diagram），提供了表示实体型、属性和联系的方法，用来描述现实世界的概念模型。E-R 模型的三个组成要素：

（1）实体：凡是可以相互区别而可以被人们识别的事、物、概念等统统抽象为实体。

（2）属性：实体都具有若干特征，这些特征称为实体的属性。

（3）联系：现实世界中客观事物内部及客观事物之间的联系在信息世界中被描述为实体（型）内部的联系和实体（型）之间的联系。前者通常是指组成实体的各个属性之间的联系；后者则是指不同实体集之间的联系。

设 A，B 为两个包含若干个个体的总体，其间建立了某种联系，其联系方式可以分为以下三种类型：

（1）一对一联系（1:1）。如果对于实体集 A 中每一个实体，实体集 B 中至多只有一个实体与之联系；反之对于实体集 B 中每一个实体，实体集 A 中也至多只有一个实体与之联系。我们称实体集 A 与实体集 B 之间具有一对一联系。记为 1:1，如图 5-18 所示。

图 5-18　实体 1:1 联系

（2）一对多联系（1:n）。如果对于实体集 A 中每一个实体，实体集 B 中有 n 个实体（n>=0）与之联系；反之对于实体集 B 中每一个实体，实体集 A 中至多只有一个实体与之联系。我们称实体集 A 与实体集 B 之间具有一对多联系。记为 1:n，如图 5-19 所示。一对一联系是一对多联系的特例。

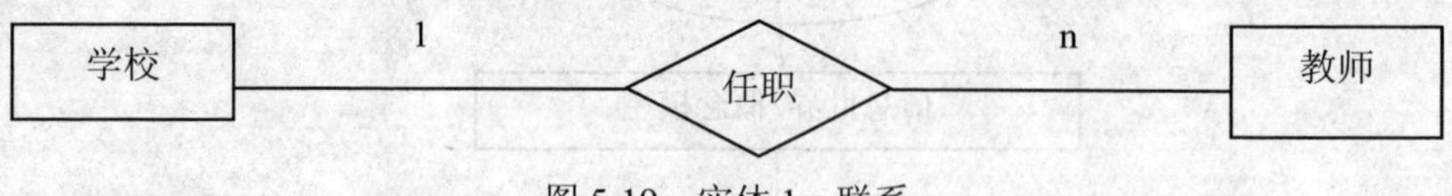

图 5-19 实体 1:n 联系

（3）多对多联系（m:n）。如果对于实体集 A 中每一个实体，实体集 B 中有 n 个实体（n>=0）与之联系；反之对于实体集 B 中每一个实体，实体集 A 中也有 m 个实体（m>=0）与之联系。我们称实体集 A 与实体集 B 之间具有多对多联系。记为 m:n，如图 5-20 所示。一对多联系是多对多联系的特例。

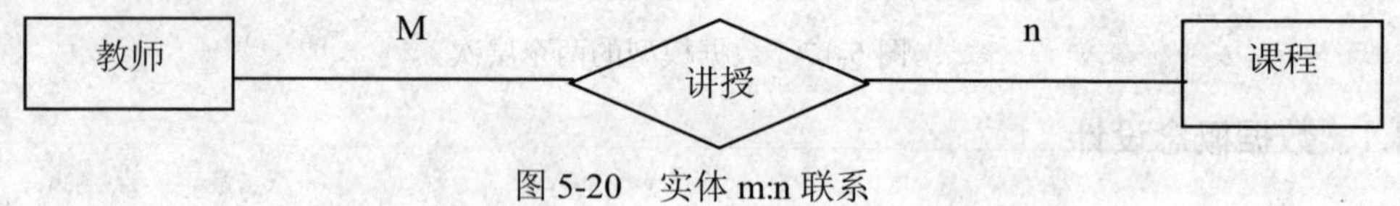

图 5-20 实体 m:n 联系

2. E-R 图的画法

我们在考察了客观事物及其联系之后，即着手建立 E-R 模型。在模型设计中，首先根据分析阶段收集到的资料，利用分类、聚集、概括等方法抽象出实体，并一一命名，再根据实体的属性描述其间的各种关系。E-R 模型中，用矩形表示实体，实体间的关系用菱形表示，用无向边把实体和关联连接起来，在边上标明联系的类型。实体的属性可以用椭圆表示，并用无向边把实体和属性联系起来。

用 E-R 图来表示某个学校日常教学管理的概念模型。对日常教学管理进行认识分析，日常教学管理涉及的实体有：

学生 属性有学号、姓名、性别和出生日期

教师 属性有教师编号、姓名、学历和专长

课程 属性有课程号、课程名称、学分。

院系 属性有院系编号、院系名称、联系电话

这些实体之间的联系如下：

（1）一个院系可以容纳若干个教师和学生，而一个教师或学生只能隶属于一个院系，因此院系和教师之间以及院系与学生之间是一对多的联系。

（2）一个院系可以开设多门课程，而一门课程只能由一个院系提供，因此院系和课程之间的联系是一对多的。

（3）一个教师可以教授多门课程，而一门课程可以由多位教师主讲。由此可以看出，教师和课程之间是多对多的联系。

（4）学生可以选修多门课程，一门课程可以被若干个学生选修。学生与课程之间的联系是多对多的。

根据以上资料画出 E-R 图如图 5-21 所示。

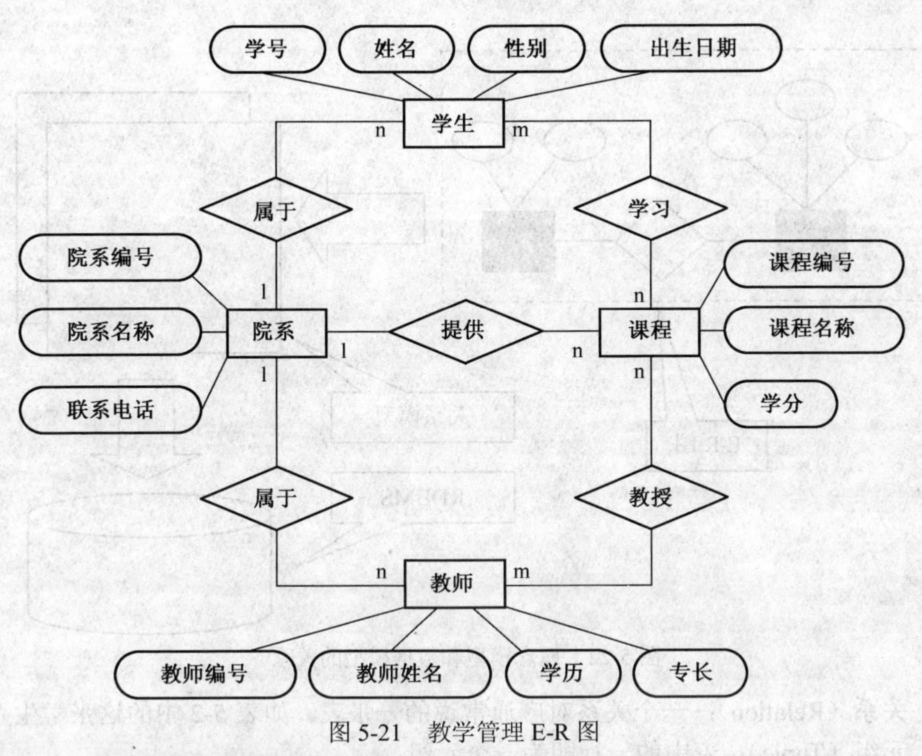

图 5-21　教学管理 E-R 图

3. 设计 E-R 图应遵循的原则

E-R 图式对现实世界的一种抽象，它抽取了客观事务中人们所关心的信息，忽略了非本质的细节，对这些信息进行了精确地描述。设计 E-R 图应遵循以下原则：

（1）首先针对特定用户的应用，确定实体、属性和实体间的联系，作出反映该用户视图的局部 E-R 图。

（2）综合各个用户的局部 E-R 图，产生反映数据库整体概念的总体 E-R 图。在综合时，删掉局部 E-R 图中的同名实体，以便消除冗余，保持数据的一致性。

（3）在综合局部 E-R 图时，还要注意消除那些冗余的联系，冗余信息会影响数据的完整性，使维护工作复杂化，但有时也要折中考虑，有时必要的冗余会提高数据处理效率。

（4）综合时也可以在总体 E-R 图中增加新的联系。

经过综合后的 E-R 图应尽量能真实地模拟现实世界，也容易被用户理解。

5.4.2　数据模型设计

数据模型是相对概念模型而言的，是对客观事物及其联系的数据化描述。在数据库系统中，对现实世界中数据的抽象、描述以及处理等都是通过数据模型来实现的，关于概念模型和数据模型的关系如图 5-22 所示。可以说数据模型在数据库中系统设计中是用来提供信息表示和操作手段的形式架构，是数据库系统实现的基础。

目前，主要的数据模型是关系模型。

用关系（二维表格数据）表示实体和实体之间联系的模型称为关系数据模型。从用户观点看，关系模型由一组关系组成。每个关系的数据结构是一张规范化的二维表。现在以学生登记表（如表 5-2 所示）为例，介绍关系模型中的一些术语。

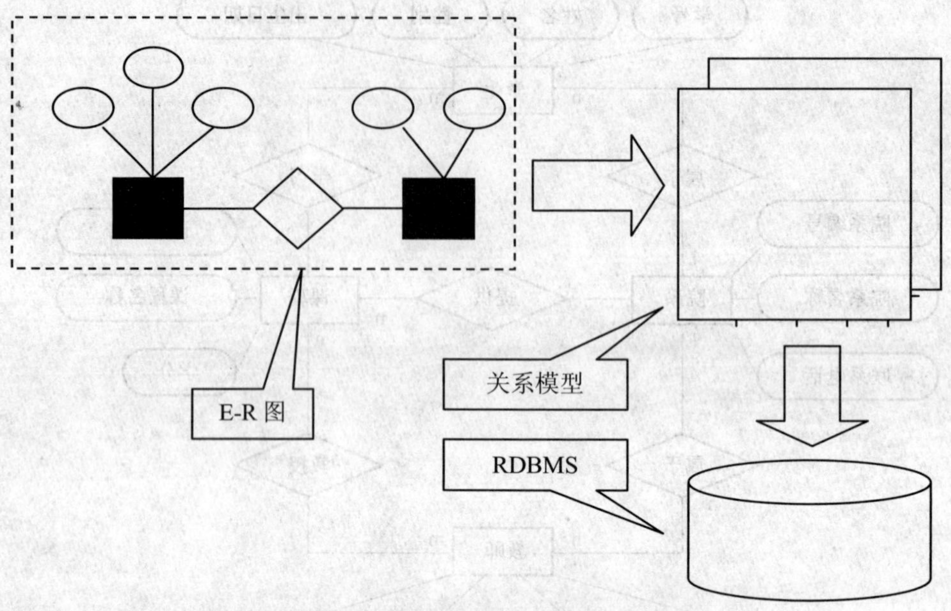

图 5-22　概念模型和数据模型的关系

（1）关系（Relation）：一个关系对应通常说的一张表。如表 5-2 中的这张学生登记表；

（2）元组（Tuple）：表中的一行即为一个元组；

（3）属性（Attribute）：表中一列即为一个属性，给每个属性起一个名称即属性名。如这张表中对应 6 列，对应 6 个属性（学号、姓名、年龄、性别、系名和年级）；

（4）码（Key）：也称为码键。表中的某个属性组，它可以唯一确定一个元组，如表 5-2 中学号可以唯一确定一个学生，也就成为本关系的码；

表 5-2　关系模型中的数据结构

学号	姓名	年龄	性别	系别	年级
2009001	王明	19	男	计科	2009
2009002	李强	20	男	历史	2009
2009003	张倩	18	女	化学	2009
……	……	……	……	……	……

（5）域（Domain）：属性的取值范围，如人的年龄一般在 1～100 岁之间，性别的域是（男，女），系别的域是一个学校所有系别的集合；

（6）分量：元组中的一个属性值；

E-R 图中描述的是概念模型，由概念模型向关系模型转换时，需要把 E-R 图中每一个实体或关系转换为关系模型中的关系。具体转换的规则如下：

（1）E-R 图中每个实体，相应转换为一个关系，该关系包括对应实体的全部属性，并确定出该关系的主关键字。一个关系是一张二维表。

（2）对于“联系集”，根据联系方式不同，采取不同手段以使被它联系的实体所对应的关系彼此实现某种联系（一般通过外部关键字）。

下面通过三个实例说明如何由 E-R 图转为为关系模型中的关系表

（1）一名厂长管理一个工厂，一个工厂由一位厂长管理（如图 5-23 所示）。

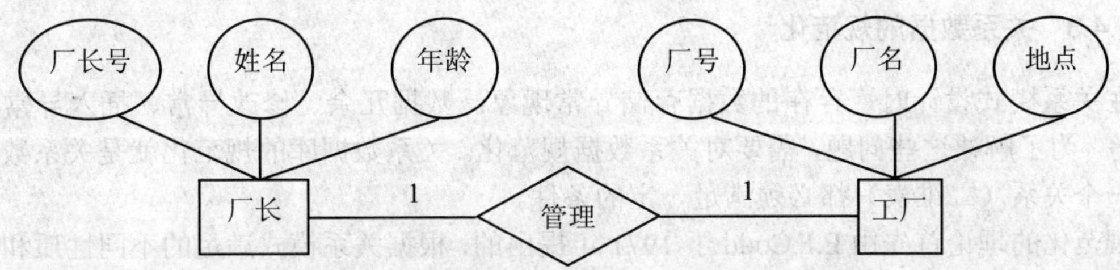

图 5-23　厂长和工厂的 E-R 图

图 5-23 对应的关系表如下：

厂长表（厂长号，姓名，年龄）

工厂表（厂号，厂名，地点）或工厂表（厂号，厂名，地点，厂长号）

（2）一个仓库可以存放多种零件，每种零件只能保存在一个仓库中（如图 5-24 所示）。

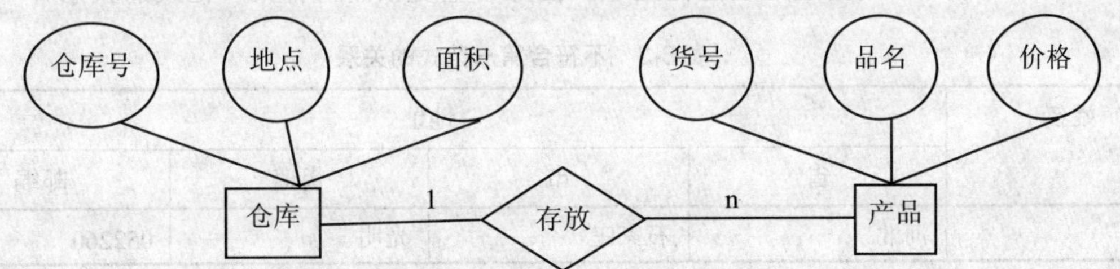

图 5-24　仓库和产品的 E-R 图

对于一对多的关系，可以在一个表中增加另外一个表的主键作为次关键值，图 5-24 对应的关系表如下：

仓库表（仓库号，地点，面积）

产品表（货号，品名，价格，仓库号，数量）

（3）一名学生可以选修多门课程，每门课程有多个学生选修（如图 5-25 所示），多对多的关系分解为两个一对多关系。

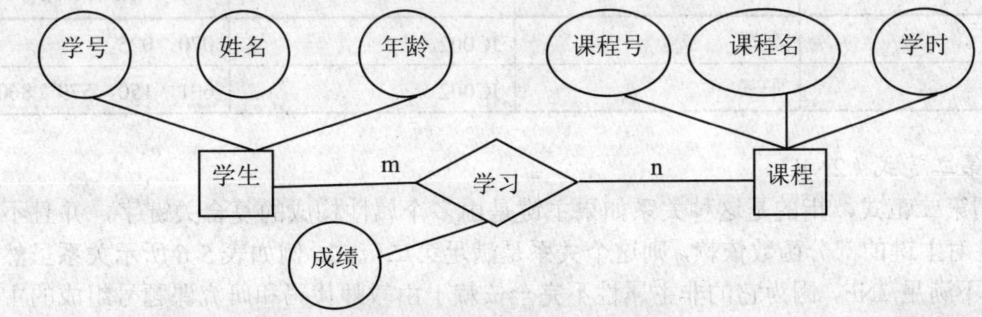

图 5-25　学生和课程的 E-R 图

对于多对多关系可以看成是两个一对多的关系，图 5-25 对应的关系表如下：

学生表（学号，姓名，年龄）

课程表（课程代码，课程名，学时）

学习表（学号，课程代码，成绩）

5.4.3 关系数据的规范化

在关系模式设计时，存在的数据存储异常现象：数据冗余、修改异常、插入异常、删除异常等。为了解决这些问题，需要对关系数据规范化。关系数据库的规范化就是关系数据库中的每一个关系（二维表）都必须满足一定的条件。

规范化的理论首先由 E.F.Codd 于 1971 年提出的，根据关系模式满足的不同性质和规范化的程度，把关系模式分为：第一范式、第二范式、第三范式、BC 范式/第四范式。在这几种范式中，通常只使用前面三个，下面介绍这三种范式。

1. 第一范式（1NF）

属于第一范式的关系应满足的基本条件是一个关系的所有分量（属性）都必须是不可分的最小数据项。简言之，第一范式指在同一表中没有重复项存在。例如，表 5-3 所示关系不符合第一范式，而表 5-4 则是经过规范化处理，丢掉了重复项而符合第一范式的关系。

表 5-3 不符合第一范式的关系

姓名	地址			
	省	市	街道	邮编
张三	河北	石家庄	光明	052260

表 5-4 符合第一范式的关系

姓名	省	市	街道	邮编
张三	河北	石家庄	光明	052260

考虑表 5-5 是否符合第一范式，如果不符合如何改进？

表 5-5 学生借阅情况表

学号	姓名	借书证号	所借书籍
0201	李好	JC002	070，025
0202	张三	JC002	601，150，579，860

2. 第二范式（2NF）

所谓第二范式，指的是这种关系如果主键是由多个属性构成的复合关键字，并且不存在非主属性对主键的部分函数依赖，则这个关系是满足第二范式。例如表 5-6 所示关系虽然满足 1NF，但不满足 2NF，因为它的非主属性不完全依赖于由教师代码和研究课题号组成的主关键字，其中，姓名和职称只依赖于主关键字的一个分量——教师代码，研究课题名只依赖于主关键字的另一个分量——研究课题号。这种关系引起冗余和更新异常，当要插入新的研究课题时，往往缺少相应的教师代码，以致无法插入；当删除某位教师信息时，常会引起有关研究课题信息的丢失。解决的办法是将一个非 2NF 的关系模式分解为多个 2NF 的关系模式。

表 5-6　不符合第二范式的关系表

教师代码	姓名	职称	研究课题号	研究课题名

在本例中，可将表 5-6 所示的关系分解为以下三种关系：

教师关系：教师代码、姓名、职称；

客体关系：研究课题号、研究课题名；

教师与课题关系：教师代码、研究课题号。

这些关系都符合 2NF 的要求。

考虑表 5-7 是否符合第二范式，如果不符合如何改进？

表 5-7　学生借阅表

书号	借书证号	姓名	书名	借书日期	应还日期	还书日期
0201	JC002	李好	C 语言	2006-1-1	2006-3-1	2006-2-4
0202	JC002	张三	操作系统	2006-9-3	2006-11-3	

3．第三范式（3NF）

所谓第三范式是指如果符合第二范式的条件，并且所有非主属性都不传递依赖于主关键字，那么就是第三范式。例如表 5-8 所示的产品关系属第二范式，但不是第三范式。这里，由于生产厂名依赖于产品代码（产品代码唯一确定该产品的生产厂家），生产厂家地址又依赖于厂名，因此，生产厂地址传递依赖于产品代码。这样的关系同样存在高度冗余和更新异常问题。

表 5-8　不符合第三范式的产品关系

产品代码	产品名	生产厂家	生产厂地址

消除传递依赖关系的办法是将原关系分解为如下几个 3NF 关系：

产品关系：产品代码、产品名、生产厂名；

生产厂关系：生产厂名、生产厂地址；

考虑表 5-9 是否符合第三范式，如果不符合如何改进？

表 5-9　职工信息表

职工号	职工	职务	工资
1001	张三	工程师	200
1002	李四	技术员	120
1004	赵二	工程师	200
1005	王五	高工	350

5.5 代码设计

用来表征客观事物的一个或一组有序的符号，它应易于计算机和人识别与处理。代码也简称“码”。

5.5.1 代码的作用

（1）它为事物提供一个概要而不含糊的认定，便于数据的存储和检索。代码缩短了事物的名称，无论是记录、记忆还是存储，都可以节省时间和空间。

（2）使用代码可以提高处理的效率和精度。按代码对事物进行排序、累计或按某种规定算法进行统计分析，处理十分迅速。

（3）代码提高了数据的全局一致性。这样，对同一事物，即使在不同场合有不同的名称，都可以通过编码系统统一起来，提高了系统的整体性，减少了因数据不一致而造成的错误。

（4）代码是人和计算机的共同语言，是两者交换信息的工具。代码设计在系统分析阶段就应当开始。由于代码的编制需要仔细调查和多方协调，是一项很费事的工作，需要经过一段时间，在系统设计阶段才能最后确定。

在手工处理系统中，许多数据如零件号、设备号、图号等早已使用代码。为了给尚无代码的数据项编码，为了统一和改进原有代码，使之适应计算机处理的要求，在建立新系统时，必须对整个系统进行代码设计。

现代化企业的编码系统已由简单的结构发展成为十分复杂的系统。为了有效地推动计算机应用和防止标准化工作走弯路，我国十分重视制定统一编码标准的问题，并已公布了GB2260－80 中华人民共和国行政区划代码、GB1988－80 信息处理交换的七位编码字符集等一系列国家标准编码，在系统设计时要认真查阅国家和部门已经颁布的各类标准。

5.5.2 代码设计的原则

合理的编码结构是信息处理系统是否具有生命力的一个重要因素，在代码设计时，应注意遵循以下一些原则：

（1）适用性。设计的代码在逻辑上必须能满足用户的功能需要，在结构上应当与系统的处理方法相一致。例如：在设计用于统计的代码时，为了提高处理速度，往往使之能够在不需调出有关数据文件的情况下，直接根据代码的结构进行统计。

（2）单义性。每个代码必须具有单义性，或称唯一性。即每个代码应唯一标志它所代表某一种事物或属性；每一种材料、物资、设备等只能有一个代码，不能重复，保持代码单义性。

（3）可扩充性。代码设计时，要预留足够的位置，以适应不断变化的需要。否则，在短时间内，随便改变编码结构对设计工作来说是一种严重浪费。一般来说，代码愈短，分类、准备、存储和传送的开销愈低；代码愈长，对数据检索、统计分析和满足多样化的处理要求就愈好。但编码太长，留空太多，多年用不上，也是一种浪费。

（4）规范性。代码要系统化，代码的编制应尽量标准化，尽量使代码结构对事物的表示具有实际意义，以便于理解及交流。

（5）明义性。要注意避免引起误解，不要使用易于混淆的字符。如 O、Z、I、S、V 与 0、

2、1、5、U 易混；不要把空格作代码；要使用 24 小时制表示时间等。

（6）合理性。要注意尽量采用不易出错的代码结构，例如字母－字母－数字的结构（WW2）比字母－数字－字母的结构（如 W2W）发生错误的机会要少一些；当代码长于 4 个字母或 5 个数字字符时，应分成小段。这样人们读写时不易发生错误。如 726－499－6135 比 7264996135 易于记忆，并能更精确地记录下来。

5.5.3　代码的种类

（1）顺序码。顺序码又称系列码，它是一种用连续数字代表编码对象的码，例如：用 1001 代表张三，1002 代表李四等。

顺序码的优点是短而简单，记录的定位方法简单，易于管理，处理容易，设计和管理也容易。但这种码没有逻辑基础，不适宜分类，本身也不能说明任何信息的特征，在项目比较多的时候，编码的组织性和体系性较差。此外，追加编码只能在连续号的最后添加一个号，删除则造成空码。所以，顺序码通常只起序列作用，作为其他码分类中细分类的一种补充手段。

（2）区间码。区间码把数据项分成若干组，每一区间代表一个组，码中数字的值和位置都代表一定意义。典型的例子是我国公民身份证号码和邮政编码。表 5-10 是某学校的学生分类和代码。 码 2001-004-005-02-01 代表该学生是 2001 级管理学院市场营销专业 2 班学生张三。

表 5-10　学生分类代码

年级	学院		专业		班级	学生	
	名称	码	名称	码		姓名	码
2001	经济	001	工商管理	004	01	张三	01
2002	艺术	002	市场营销	005	02	李四	02
2003	工程	003	财务会计	006	03	王五	03
2004	管理	004	证券金融	007	04	钱六	04

区间码的优点是：信息处理比较可靠，排序、分类、检索等操作易于进行。但这种码的长度与它分类属性的数量有关，有时可能造成很长的码。在许多情况下，码有多余的数。同时，这种码的修改也比较困难。

（3）表意码（助记码）。表意码是把直接或间接表示编码化对象属性的文字、数字、记号原封不动地作为编码。例如：TV－电视，B（Black）－黑色，C（Colour）－彩色，CM－厘米，MM－毫米，KG－公斤。表意码的特点是，可以通过联想帮助记忆，容易理解。但随着编码数量的增加，其位数也要增加，给处理带来不便。因此，助忆码适用于数据项数目较少的情况（一般少于 50 个），否则可能引起联想出错。

表意码适用于物资的性能、尺码、重量、容积、面积和距离等。例如：TV-B-12 代表 12 英寸黑白电视机，TV-C-20 代表 20 英寸彩色电视机。

（4）合成码。合成码是把编码对象用两种以上的编码进行组合，可以从两个以上的角度来识别、处理的一种编码。合成码的特点是容易进行大分类、增加编码层次，做各种分类统计也很容易。缺点是位数和数据项目个数比较多。

5.5.4 代码结构中的校验位

代码输入的正确性将直接影响到整个系统处理工作的正确性。当人们重复抄写代码或将代码通过人工输入计算机时，发生错误的可能性更大。为了保证正确输入，人们有意识地在编码设计结构中原有代码的基础上，另外增加一个校验位，使它事实上变成代码的一个组成部分。校验位通过事先规定的算法计算出来。代码一旦输入，计算机会用同样的数学运算方法按输入的代码数字计算出校验位，并将它与输入的校验位进行比较，以证实输入是否有错。

校验位可以发现以下各种错误：

抄写错误，例如 1 写成 7；

易位错误，例如 1234 写成 1324；

双易错误，例如 26919 写成 21963；

随机错误，包括以上两种或三种综合性错误或其他错误。

校验位的生成过程如下：

1. 对代码的每一位数加权求和

例如：原代码 1 2 3 4 5

各乘以权数 6 5 4 3 2

乘积之和 S=1×6+2×5+3×4+4×3+5×2=6+10+12+12+10=50

2. 用加权和除以模数 M 求余数

设：模数 M = 11

S/M=50/11=4………………6

3. 将模数减去余数的差数，即为校验位

11-6=5，即校验码为 5。

所以带校验码的代码为 123455。

从校验位的生成过程可以看出，校验码的产生取决于模数和权数的取法。其中权重因子可以采用自然数 1，2，3，4，…；几何级数 2，4，8，16，…；质数 3，5，7，9，…。模数通常可以选用 10，11，13。

以下是身份证的校验码的计算过程。

比如身份证号：34052419800101001

Σ(Ai×Wi) mod 11

i：表示号码字符从右至左包括校验码在内的位置序号

Ai：表示第 i 位置上的号码字符值

Wi：表示第 i 位置上的加权因子

Ai 3 4 0 5 2 4 1 9 8 0 0 1 0 1 0 0 1 ?

Wi 7 9 10 5 8 4 2 1 6 3 7 9 10 5 8 4 2

根据公式进行计算：

Σ(Ai×Wi) =21+36+0+25+16+16+2+9+48++0+0+9+0+5+0+0+2) Σ(Ai×Wi)(mod 11) = 189 Mod 11 = 2

余数： 0 1 2 3 4 5 6 7 8 9 10

校验码：1　0　X　9　8　7　6　5　4　3　2

得出：34052419800101001X

5.5.5　代码设计步骤

（1）确定代码对象。从整体出发，在充分调查分析的基础上，确定对象所属的子系统，需要编码的项目，确定编码的名称。

（2）考查是否已有标准代码。如果已有国家标准、部门标准代码，就必须遵循标准；如果没有标准代码，也应该参照国际标准化组织、其他国家、其他部门或其他单位的编码标准，以便将来标准化的需要。

（3）确定代码的使用范围。代码的设计不应该局限于某一企业或某一部门，它应该具有广泛的适用性。不仅能在本单位使用，还能在外单位使用。

（4）确定代码的使用时间。无特殊情况，代码应可永久使用。

（5）决定编码方法根据编码的对象、目的、使用范围、使用期限等特性，选定合适的代码种类及校验方式。

（6）编写代码表，对代码做详细的说明并通知有关部门，以便正确使用代码。

（7）编写相应的代码使用管理制度，保证代码的正确使用。

代码使用时应尽量减少传抄以避免人为造成的错误，在输入代码时，建议用缩写形式输入，然后由系统自动生成相应正确的代码。

5.6　输入输出设计

输入输出设计是管理信息系统与用户的界面，一般而言，输入输出设计对于系统开发人员并不重要，但对用户来说，却显得尤为重要。

（1）它是一个组织系统形象（CoopE-Ration Identify System，CIS）的具体体现；

（2）它能够为用户建立良好的工作环境，激发用户努力学习、主动工作的热情；

（3）符合用户习惯，方便用户操作，使目标系统易于为用户所接受。

（4）为用户提供易读易懂的信息形态。

5.6.1　输入设计

输入界面是管理信息系统与用户之间交互的纽带，设计的任务是根据具体业务要求，确定适当的输入形式，使管理信息系统获取管理工作中产生的正确的信息。输入设计的目的是提高输入效率，减少输入错误。

1. 输入设计的设计原则

控制输入量。尽可能利用计算减少输入延迟。批量输入、周转文件输入减少输入错误。采用多种校验方法和验证技术避免额外步骤。简化输入过程。

2. 输入设计的内容

输入界面设计。根据具体业务要求确定。

输入设备选择。输入设计首先要确定输入设备的类型和输入介质，目前常用的输入设备有以下几种：

键盘、磁盘输入装置。由数据录入员通过工作站录入，经拼写检查和可靠性验证后存入磁记录介质（如磁带、磁盘等）。这种方法成本低、速度快，易于携带，适用于大量数据输入。

光电阅读器。采用光笔读入光学标记条形码或用扫描仪录入纸上文字。光符号读入器适用于自选商场、借书等少量数据录入的场合。而纸上文字的扫描录入读错率较高。另外，收、发料单，记账凭证若通过扫描之后难于存入对应的表。

终端输入。终端一般是一台联网微机，操作人员直接通过键盘键入数据，终端可以在线方式与主机联系，并及时返回处理结果。

3. 输入数据正确性校验

在输入时校对方式的设计非常重要的。特别是针对数字、金额数等字段，没有适当的校对措施作保证是很危险的。所以对一些重要的报表，输入设计一定要考虑适当的校对措施，以减少出错的可能性。但应指出的是绝对保证不出错的校对方式是没有的。

常用校对方式有：

人工校对：即录入数据后再显示或打印出来，由人来进行校对。这种方法对于少量的数据或控制字符输入还可以，但对于大批量的数据输入就显得太麻烦，效率太低。这种方式在实际系统中很少有人使用。

二次键入校对：二次键入是指一种同一批数据两次键入系统的方法。输入后系统内部再比较这两批数据，如果完全一致则可认为输入正确；反之，则将不同部分显示出来有针对性地由人来进行校对。它是目前数据录入中心、信息中心录入数据时常用的方法。该方法最大的好处是方便、快捷，而且可以用于任何类型的数据符号。尽管该方法中二次键入在同一个地方出错，并且错误一致的可能性是存在的，但是这种可能性出现的概率极小。

根据输入数据之间的逻辑关系校对：利用会计恒等式，对输入的记账凭证进行借贷平衡的检验。输入物资的收、发料单，产品的入、出库单，均可采用先输入单子上的总计，然后逐项输入，计算机将逐项输入累计，用累计值与合计值比较，达到校对目的。

用程序设计实现校对：对接受数据字段，若在数据库设计时已知取值区间（可允许取值的上、下限）或取值集(例如性别的取值集为男或女,产品的取值集为该单位所有产品集合,...),可通过设置取值区间检验,或利用输入数据表的外键(取值集所在表的主键)进行一致性检验,对输入日期型数据，一定要进行合法性和时效性检验。

4. 输入设计的评价内容

输入界面是否明晰、美观、大方；是否便于填写，符合工作习惯；是否便于操作；是否有保证输入数据正确性的校验措施。

5.6.2 输出设计

输出设计的任务是使管理信息系统输出满足用户需求的信息。输出设计的目的是为了正确及时反映和组成用于管理各部门需要的信息。信息能够满足用户需要，直接关系到系统的使用效果和系统的成功与否。

1. 输出设计的内容

输出信息使用情况。信息的使用者、使用目的、信息量、输出周期、有效期、保管方法和输出份数。

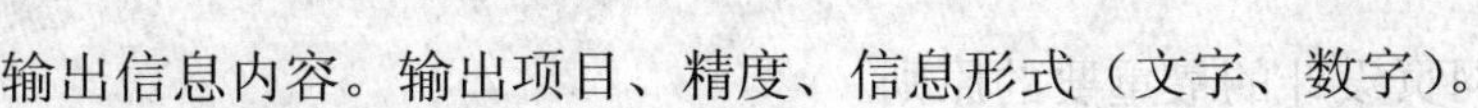

输出信息内容。输出项目、精度、信息形式（文字、数字）。

输出格式。表格、报告、图形等。

输出设备和介质。设备如打印机、显示器等；介质如磁盘、磁带、纸张（普通、专用）等。

2. 输出设计的方法

在系统设计阶段，设计人员应给出系统输出的说明，这个说明既是将来编程人员在软件开发中进行实际输出设计的依据，也是用户评价系统实用性的依据。因此，设计人员要能选择合适的输出方法，并以清楚的方式表达出来。

输出主要有以下几种：

表格信息。一般而言，表格信息是系统对各管理层的输出，以表格的形式提供给信息使用者，一般用来表示详细的信息。

图形信息。管理信息系统用到的图形信息主要有直方图、圆饼图、曲线图、地图等。图形信息在表示事物的趋势、多方面的比较等方面有较大的优势，在进行各种类比分析中，起着数据报表所起不到的显著作用。表示方式直观，常为决策用户所喜爱。

图标。图标也用来表示数据间的比例关系和比较情况。由于图标易于辨认，无需过多解释，在信息系统中的应用也日益广泛。

3. 输出设计评价内容

能否为用户提供及时、准确、全面的信息服务；是否便于阅读和理解，符合用户的习惯；是否充分考虑和利用了输出设备的功能；是否为今后的发展预留一定的余地。

5.6.3　界面设计

界面设计是人与机器之间传递和交换信息的媒介，包括硬件界面和软件界面，是计算机科学与心理学、设计艺术学、认知科学和人机工程学的交叉研究领域。近年来，随着信息技术与计算机技术的迅速发展，网络技术的突飞猛进，人机界面设计和开发已成为国际计算机界和设计界最为活跃的研究方向。

人机界面的定义、起源、发展、研究内容及发展趋势；人机界面设计中认知心理学、人机工程学、人机界面的艺术设计、色彩设计等；人机界面设计，硬件人机界面的设计风格、人文关怀等；软件人机界面的形式与标准、软件人机界面设计、Internet 网页界面设计、图标设计等；人机界面设计评价与可用性测试；新交互技术及展望，介绍了多通道用户界面、下一代人机界面展望及附录。

软件用户界面（Software UsE-R IntE-Rface）是指软件用于和用户交流的外观、部件和程序等。如果你经常上网的话，会看到很多软件设计很朴素，看起来给人一种很舒服的感觉；有些软件很有创意，能给人带来意外的惊喜和视觉的冲击；而相当多的软件页面上充斥着怪异的字体，花哨的色彩和图片，给人制作粗劣的感觉。软件界面的设计，既要从外观上进行创意以到达吸引眼球的目的，还要结合图形和版面设计的相关原理，从而使得软件设计变成了一门独特的艺术。通常的讲，企业软件用户界面的设计应遵循以下几个基本原则：

（1）用户导向（UsE-R oriented）原则。信息系统首先要明确到底谁是使用者，要站在用户的观点和立场上来考虑设计软件。要作到这一点，必须要和用户来沟通，了解他们的需求、目标、期望和偏好等。

（2）KISS（Keep It Simple And Stupid）原则。KISS 原则就是 Keep It Simple And Stupid

的缩写，简洁和易于操作是网页设计的最重要的原则。

（3）视觉平衡。设计时，也要各种元素（如图形、文字、空白）都会有视觉作用。根据视觉原理，图形与一块文字相比较，图形的视觉作用要大一些。另外，按照中国人的阅读习惯是从左到右，从上到下，因此视觉平衡也要遵循这个这个道理。

（4）和谐与一致性。通过对软件的各种元素（颜色、字体、图形、空白等）使用一定的规格，使得设计良好的页面看起来应该是和谐的。或者说，软件的众多单独页面应该看起来像一个整体。软件设计上要保持一致性，这又是很重要的一点。一致的结构设计，可以让浏览者对软件的形象有深刻的记忆；一致的导航设计，可以让浏览者迅速而又有效的进入软件中自己所需要的部分；一致的操作设计，可以让浏览者快速学会在整个软件的各种功能操作。

5.7 系统设计说明书

系统设计说明书是从系统总体的角度出发对系统建设中各主要技术方面的设计进行说明，是系统设计阶段的成果的全面总结，也是系统实施阶段的主要依据之一，其着重点在于阐述系统设计的指导思想以及所采用的技术路线、方法和具体技术措施。

系统设计说明书要达到全面、准确、清楚地阐明系统的技术方案和在实话过程中采取的技术手段、方法和技术标准以及相应的环境条件要求。

全面：是对系统所有的功能模块以及相应的运行环境要求都应进行技术上的说明。

准确：是指对各功能模块的内部规定、外部说明、接口设计以及相互之间的逻辑关系等从技术上必须给予准确的、无二义性的描述。

清楚：是在编写系统设计说明书时应注意文字上的描述清晰、简洁、可读性好，便于系统开发人员的阅读和理解。

系统设计说明书模版如下所示：

1　概述

1.1　编写目的

本文档的编写目的是：详细定义×××××软件的总体功能；给出系统的结构设计和过程设计，作为程序编写的依据。

1.2　参考资料

包括：

a．项目来源；

b．本文档中引用到的规范和资料等；

c．列出这些规范和资料的作者、编号、标题、发表日期、出版单位或资料来源。

1.3　术语和缩写词*

列出本文档中用到的专门术语的定义和缩写词，缩写词要给出中文译名和英文全称，常用的不需要定义。

2　需求概述

概述系统的特性和需求，扩充软件需求说明中的信息，给出增加的细节，详尽地指出对软件需求说明中有关特性和需求作出的变更（详细说明见《需求说明》）。

3　结构设计

3.1　总体设计

绘制软件模块结构图（Software Chart）。

对系统总体结构设计和所绘制图形加以文字说明。

3.2　接口设计

对与硬件或其他外部系统的接口进行说明。

3.3　数据结构设计

3.3.1　公共数据结构设计

对程序当中所定义的全局变量、全局数据结构或类当中 Public 数据结构进行定义和说明。

3.3.2　数据库设计

对程序当中所采用的数据库相关的名称和标识符、在数据库当中的位置、定义、度量单位、格式和值域、敏感程度、数据项名、缩写词和代码，包括用于数据库的规格说明等进行定义。建议给出数据库表结构。

3.3.3　数据结构同程序的关系*

数据结构影响最后的构件（模块）过程设计。因此，需要说明数据结构如何影响程序的数据组织、存取方式、结合程度和处理方法。

3.4　出错处理设计

包括对出错输出信息、出错处理对策的说明。

3.5　其他

说明设计当中对于安全保密、维护等情况的设计考虑。

4　模块详细设计

对系统当中主要的模块逐一进行说明。

4.1　模块 1 设计

4.1.1　功能说明

用文字形式简单的描述本构件（模块）完成的主要功能和输入输出接口。

4.1.2　算法

详细描述构件（模块）的实现算法，可以采用流程图、盒（N-S）图、PAD 图、HIPO 图、判定表及 PDL 语言等手段进行描述。

4.1.3　输入

说明输入。

4.1.4　输出

说明输出。

4.2　模块 2 设计

……

其他模块的设计要求同上说明。

5　用户界面设计

采用用户界面原型（如 VB 窗口），说明每个界面可以执行的功能，需要输入/输出的数据项，描述输入数据的输入形式和验证手段，以及对界面操作过程需要特别注意的地方进行说明。

习题5

1．系统设计的任务是什么？如何进行系统设计？

2．评价系统的标准是什么？

3．结构图和数据流图有什么区别？

4．什么是模块间耦合？如何度量模块间耦合度的高低？

5．什么是模块的内聚？模块内聚有哪些类型？

6．画出库存管理结构图，并设计相应的数据库。

7．画出图5-26所示数据流图的系统结构图。

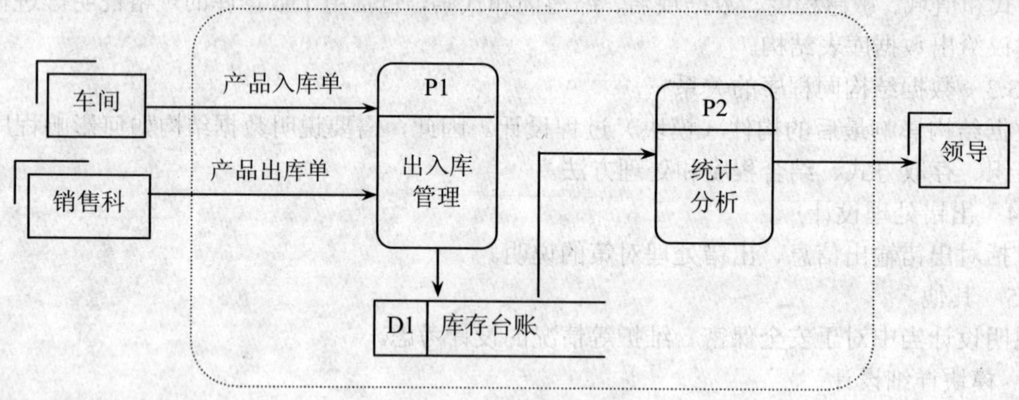

图5-26　数据流图

第 6 章 系统实施

本章介绍系统实施的任务、特点和实施方法，使读者掌握系统实施的方法。系统实施是系统开发的一个重要阶段。其基本任务包括系统物理、系统实施、编码、系统测试、系统切换。本章主要介绍了系统实施的任务、程序设计方法、软件测试方法和系统切换等内容。

- 系统实施的任务、特点
- 结构化程序设计方法、面向对象程序设计方法
- 系统的白盒测试、黑盒测试、灰盒测试
- 系统切换的主要方法

6.1 系统实施阶段的任务

6.1.1 实施阶段的主要活动

系统实施是开发信息系统的最后一个阶段。这个阶段的任务，是实现系统设计阶段提出的物理模型，按实施方案完成一个可以实际运行的信息系统，交付用户使用。系统设计说明书详细规定了系统的结构，规定了各个模块的功能、输入和输出，规定了数据库的物理结构。这是系统实施的出发点。如果说研制信息系统是盖一幢大楼，那么系统分析与设计就是根据盖楼的要求画出各种蓝图，而系统实施则是调集各种人员、设备、材料，在盖楼的现场，根据图纸按实施方案的要求把大楼盖起来。

具体讲，这一阶段的任务包括以下几个方面：

1. 硬件准备

硬件设备包括计算机主机、输入输出设备、存储设备、辅助设备（稳压电源、空调设备等）、通信设备等等。要购置、安装、调试这些设备。这方面的工作要花费大量的人力、物力，持续相当长的时间。

2. 软件准备

软件设备包括系统软件、数据库管理系统以及一些应用程序。这些软件有些需要购买，有些需要组织人力编写，这也需要相当多的人力、物力和时间。编写程序是这一阶段的主要任务之一。

3. 人员培训

主要指用户的培训，用户包括主管人员和业务人员。系统投入运行后，他们将在系统中工作。这些人多数来自现行系统，精通业务，但往往缺乏计算机知识。为保证系统调试和运行顺利进行，应根据他们的基础，提前进行培训，使他们适应，并逐步熟悉新的操作方法。有时，改变旧的工作习惯比软件的更换更为困难。

4. 数据准备

数据的收集、整理、录入是一项既烦琐，劳动量又大的工作。而没有一定基础数据的准备，系统调试不能很好地进行。一般说来，确定数据库物理模型之后，就应进行数据的整理、录入。这样既分散了工作量，又可以为系统调试提供真实的数据。实践证明，这方面的工作往往容易被人忽视，甚至系统完成后只能作为摆设放在那里而不能真正运行。这等于建好工厂，但缺乏原料而不能投产。这类例子虽然不能说司空见惯，但也不是绝无仅有。因此，要特别强调这一点，不能把系统的实现仅仅归结为编程序或买机器。这几方面的任务是相互联系，彼此制约的。它们的关系可概括为表 6-1。

表 6-1 系统实施阶段的主要活动及相直关系

	程序编制	设备购置	人员培训	数据准备
程序编制		提供调试设备	培训有关人员 试用软件	提供试验数据 调试程序
设备购置	提供对设备的要求		培训有关人员 接收设备	提供存储量和内存要求
人员培训	提供程序以培训人员	提供培训设备		提供培训的实验数据
数据准备	规定数据准备的内容、格式	提供录入设备	提供录入人员	

6.1.2 系统实施阶段的特点

与系统分析、系统设计阶段相比，系统实施阶段的特点是工作量大，投入的人力、物力多。因此，这一阶段的组织管理工作也很繁重。对于这样一个多工种、多任务的综合项目，合理的调度安排就十分重要。在我国的信息系统建设中，项目负责人往往一身兼任多种角色。在系统分析阶段，他是系统分析员；在设计阶段，他又是主要设计师；在实施阶段，他又是组织者。在系统分析阶段，系统分析员的主要任务是调查研究，分析问题，与用户一起充分理解用户要求。在系统设计阶段，系统设计人员的任务是精心设计，提出合理方案。在实施阶段，他们的任务是组织协调，督促检查。他们要制定逐步实现物理模型的具体计划，协调各方面的任务，检查工作进度和质量，组织全系统的调试，完成旧系统向新系统的转换。在实际工作中，系统分析员往往是这几个阶段的组织者。作为合格的系统分析员，不仅要有坚实的计算机科学知识，丰富的管理知识和经验，还要有较强的组织能力。

6.2 系统实施的方法

系统的实施有许多工作要做，就程序的编写和数据库的实现而言，事情也很多。结构图中有大大小小很多模块，先实现哪些模块呢？是先实现上层模块，还是先实现下层模块？下层模块执行具体功能，上层模块是控制性的。传统方法是先实现下层模块，实现一部分就调试一部分。这种方法往往造成返工。单个模块调试通过了，系统联调却不一定能通过，原因是模块之间的接口可能有问题。

结构化方法主张自顶向下实现，尽量先实现上层模块，逐步向下，最后实现下层最基本的模块。即首先调试整个系统的结构及各模块间的接口，确保系统结构和各模块接口的正确性。当然，所谓先实现上层模块也不是“一刀切”，先实现某个层次的所有模块，而是把整个实施方案分成若干个“版本”，首先实现系统的轮廓或框架，在此基础上不断添加新的功能，逐步完善，最后达到物理模型所要求的全部功能。在实现上层模块时，与这些模块有直接调用关系的下层模块只作为“树桩”出现，只有它的名字及有关参数传递，然而这些“树桩”的内部功能还没有实现，但可以测试系统结构的正确性，保证接口的通畅。

版本的划分需要考虑以下几个方面：

（1）总的原则是，先实现控制部分，后实现执行部分，先上层后下层。尤其是第一个版本具有特别重要的意义。第一个版本应该让控制流通过尽可能多的模块，以便于测试尽可能多的接口。因此，实现的模块大多数是控制模块，也包括少数执行模块，这往往是系统最主要、最经常的业务所必须通过的模块。一些例外情况的处理留待以后实现。

（2）每个版本实现多少模块、实现哪些模块要根据开发力量、设备、培训等方面的情况确定。参加系统实施的人多时，开发的模块可以多些，否则就少一些。一般两三个月完成一个版本比较合适。若时间太短，则完成的任务不可能太多，用户看不出有什么进展。若间隔时间太长，则与用户交流的机会少，容易偏离用户的需求，用户对项目的进展容易失去信心。

（3）复杂的模块分散在几个版本中逐步实现。

（4）兼顾功能模块和数据库的实现。

（5）兼顾硬件、软件、人员培训方面的情况。

与传统的方法相比，这种自顶向下的实现方法有效地解决了接口问题。接口解决不好，往往不得不对调试过的程序反复修改，甚至推倒重来，造成重大的返工。其次，这种方法便于对系统的设计方案进行校正，保证系统切实符合用户的要求。尽管精心设计的物理模型经过了认真的论证，用户也是同意的，但这毕竟是模型而不是实实在在的系统。因此，真正实现之后还会发现某些细节不完全符合用户的需求或使用习惯。自顶向下的方法有利于发现这些问题，然后进行某些局部的修改。第三，便于控制进度，保证研制工作。

6.3　程序设计

编程就是为各个模块编写程序。这是系统实现阶段的核心工作。在系统开发的各个阶段中，编程是最容易，也是人们已掌握得较好的一项工作。根据结构化方法设计了详细的方案，又有了高级语言，初级程序员都可以参加这一阶段的工作。当然，程序员的水平决定了程序的水平。

6.3.1　编程的标准

对于什么是好程序，20 世纪 50 年代与 70 年代末的观点有很大不同。50 年代的计算机内存小、速度慢，人们往往把程序的长度和执行速度放在很重要的位置，费尽心机缩短程序长度，减少存储量，提高速度。现在情况有了很大的不同，一般认为好程序应具备下列素质：

（1）能够工作。

（2）调试代价低。

（3）易于维护。

（4）易于修改。

（5）设计不复杂。

（6）效率高。

第 1 条当然是最基本的。一个根本不能够工作的程序当然谈不上“好”，即使谈执行速度、程序长度等指标也毫无意义。第 2 条调试代价低，即花在调试上的时间少。这一条是衡量程序好坏，也是衡量程序员水平的一个重要标志。国外有人做过试验，选两个题目，找 12 个有经验的程序员来编写和调试程序。结果发现最差的与最好的程序员调试时间之比是 28:1。第 3，4，5 条要求程序可读性强，易于理解。

在相当长的一个时期里，人们认为程序是用于给机器执行而不是给人阅读的。因而，程序员中存在严重的低估编程方法、不注意程序风格的倾向，认为可以随意编写程序，只要结果正确就行了。读这种程序像读“天书”。可读性（Readability）是 20 世纪 70 年代提出的新概念，主张程序应使人们易于阅读，编程的目标是编出逻辑上正确而又易于阅读的程序。

程序可读性好，自然易于理解、易于维护，并将大大降低隐含错误的可能性，从而提高程序的可靠性。

要使程序的可读性好，程序员应有一定的写作能力。他应该能写出结构良好、层次分明、思路清晰的文章。有人说：“对于程序员来说，最重要的不是学习程序设计语言 FORTRAN、Pascal 等，而是英语（日语、汉语）”。程序员在写程序时应该记住：程序不仅是给计算机执行的，也是供人阅读的。

要使程序可读性好，总的要求是使程序简单、清晰。20 世纪 70 年代以来，人们总结了使程序简单、清晰的种种技巧和方法，包括：

（1）用结构化方法进行详细设计。

（2）程序中包含说明性材料。

（3）良好的程序书写格式。

（4）良好的编程风格。

6.3.2 结构化程序设计

结构化程序设计被称为软件发展中的第三个里程碑，其影响比前两个里程碑（子程序、高级语言）更为深远。结构化程序设计的概念和方法、支持这些方法的一整套软件工具，构成了结构化革命。这是存储程序计算机问世以来，对计算机界影响最大的一个软件概念。

对于什么是“结构化程序设计”，至今还没有被普遍接受的定义。通常认为结构化程序设计包括以下四方面的内容：

（1）限制使用 GOTO 语句。从理论上讲，只用顺序结构、选择结构、循环结构这三种基本结构就能表达任何一个只有一个入口和一个出口的程序逻辑。为实际使用方便，往往允许增加多分支结构、REPEAT 型循环等两三种结构。程序中可以完全不用 GOTO 语句。这种程序易于阅读、易于验证。但在某些情况下，例如从循环体中跳出，使用 GOTO 语句描述更为直截了当。

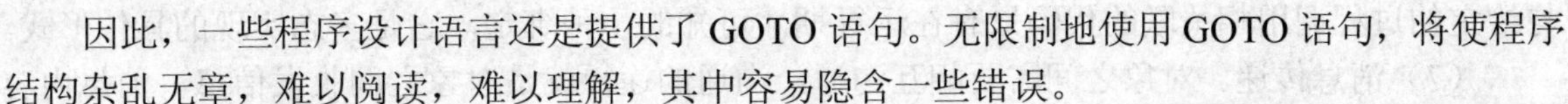

因此，一些程序设计语言还是提供了 GOTO 语句。无限制地使用 GOTO 语句，将使程序结构杂乱无章，难以阅读，难以理解，其中容易隐含一些错误。

（2）逐步求精的设计方法。在一个程序模块内，先从该模块功能描述出发，一层层地逐步细化，直到最后分解、细化成语句为止。

（3）自顶向下的设计、编码和调试。这是把逐步求精的方法由程序模块内的设计推广到一个系统的设计与实现。这正是本书介绍的结构化方法的来源。

（4）主程序员制的组织形式。这是程序人员的组织形式。一个主程序员组的固定成员是主程序员一人，辅助程序员一人；程序资料员（或秘书）一人。其他技术人员按需要随时加入组内。主程序员负责整体项目的开发，并负责关键部分的设计、编码和调试。辅助程序员在细节上给主程序员以充分的支持。主程员、辅助程序员必须在程序技术方面和项目管理方面具有经验和才能，必须完全熟悉该项目的开发工作。这种组织方式的好处在于显著减少了各子系统之间、各程序模块之间通信和接口方面的问题。把设计的责任集中在少数人身上，有利于提高质量。

作为这种组织形式中的一个程序员，应具备程序设计的基本知识，对项目所在的领域有较深入的了解，熟悉开发的技术环境，因而能承担一定的程序编写，更为重要的是必须有高度的组织纪律性和团队精神，使自己的工作融人整个系统，与组内其他成员协调一致地工作。为此，必须严格遵守：

（1）不使用可能干扰其他模块的命令或函数。

（2）按总体设计的要求传递参数，不随意修改其内容与含义。

（3）按规定的统一格式操作公用文件或数据库。

（4）按统一的原则使用标识符。

（5）按统一要求编写文档。

（6）保持程序风格的一致。

6.3.3　面向对象的程序设计

面向对象程序设计中的概念主要包括：对象、类、数据抽象、继承、动态绑定、数据封装、多态性、消息传递。通过这些概念面向对象的思想得到了具体的体现。

（1）对象。对象是运行期的基本实体，它是一个封装了数据和操作这些数据代码的逻辑实体。

（2）类。类是具有相同类型的对象的抽象。一个对象所包含的所有数据和代码可以通过类来构造。

（3）封装。封装是将数据和代码捆绑到一起，避免了外界的干扰和不确定性。对象的某些数据和代码可以是私有的，不能被外界访问，以此实现对数据和代码不同级别的访问权限。

（4）继承。继承是让某个类型的对象获得另一个类型的对象的特征。通过继承可以实现代码的重用：从已存在的类派生出的一个新类将自动具有原来那个类的特性，同时，它还可以拥有自己的新特性。

（5）多态。多态是指不同事物具有不同表现形式的能力。多态机制使具有不同内部结构的对象可以共享相同的外部接口，通过这种方式减少代码的复杂度。

（6）动态绑定。绑定指的是将一个过程调用与相应代码链接起来的行为。动态绑定是指与给定的过程调用相关联的代码只有在运行期才可知的一种绑定，它是多态实现的具体形式。

（7）消息传递。对象之间需要相互沟通，沟通的途径就是对象之间收发信息。消息内容包括接收消息的对象的标识，需要调用的函数的标识，以及必要的信息。消息传递的概念使得对现实世界的描述更容易。

一个语言要称为面向对象语言必须支持几个主要面向对象的概念。根据支持程度的不同，通常所说的面向对象语言可以分成两类：基于对象的语言，面向对象的语言。

基于对象的语言仅支持类和对象，而面向对象的语言支持的概念包括：类与对象、继承、多态。面向对象的语言中一部分是新发明的语言，如Smalltalk、Java，这些语言本身往往吸取了其他语言的精华，又尽量剔除它们的不足，因此面向对象的特征特别明显，充满了蓬勃的生机；另外一些则是对现有的语言进行改造，增加面向对象的特征演化而来的。如由Pascal发展而来的Object Pascal，由C发展而来的Objective-C、C++等，这些语言保留着对原有语言的兼容，并不是纯粹的面向对象语言，但由于其前身往往是有一定影响的语言，因此这些语言依然宝刀不老，在程序设计语言中占有十分重要的地位。

面向对象程序设计的优点主要包括：

面向对象出现以前，结构化程序设计是程序设计的主流，结构化程序设计又称为面向过程的程序设计。在面向过程程序设计中，问题被看作一系列需要完成的任务，函数（在此泛指例程、函数、过程）用于完成这些任务，解决问题的焦点集中于函数。其中函数是面向过程的，即它关注如何根据规定的条件完成指定的任务。

在多函数程序中，许多重要的数据被放置在全局数据区，这样它们可以被所有的函数访问。每个函数都可以具有它们自己的局部数据。

这种结构很容易造成全局数据在无意中被其他函数改动，因而程序的正确性不易保证。面向对象程序设计的出发点之一就是弥补面向过程程序设计中的一些缺点：对象是程序的基本元素，它将数据和操作紧密地连接在一起，并保护数据不会被外界的函数意外地改变。

比较面向对象程序设计和面向过程程序设计，还可以得到面向对象程序设计的其他优点：

（1）数据抽象的概念可以在保持外部接口不变的情况下改变内部实现，从而减少甚至避免对外界的干扰。

（2）通过继承大幅减少冗余的代码，可以方便地扩展现有代码，提高编码效率，也减低了出错概率，降低软件维护的难度。

（3）结合面向对象分析、面向对象设计，允许将问题域中的对象直接映射到程序中，减少软件开发过程中中间环节的转换过程。

（4）通过对对象的辨别、划分可以将软件系统分割为若干相对为独立的部分，在一定程度上更便于控制软件复杂度。

（5）以对象为中心的设计可以帮助开发人员从静态（属性）和动态（方法）两个方面把握问题，从而更好地实现系统。

（6）通过对象的聚合、联合可以在保证封装与抽象的原则下实现对象在内在结构以及外在功能上的扩充，从而实现对象由低到高的升级。

综上可知，在面对对象方法中，对象和传递消息分别表现事物及事物间相互联系的概念。类和继承是适应人们一般思维方式的描述范式。方法是允许作用于该类对象上的各种操作。这种对象、类、消息和方法的程序设计范式的基本点在于对象的封装性和类的继承性。通过封装能将对象的定义和对象的实现分开，通过继承能体现类与类之间的关系，以及由此带来的动态联编和实体的多态性，从而构成了面向对象的基本特征。

面向对象设计方法以对象为基础，利用特定的软件工具直接完成从对象客体的描述到软件结构之间的转换。这是面向对象设计方法最主要的特点和成就。面向对象设计方法的应用解决了传统结构化开发方法中客观世界描述工具与软件结构的不一致性问题，缩短了开发周期，解决了从分析和设计到软件模块结构之间多次转换映射的繁杂过程，是一种很有发展前途的系统开发方法。

但是同原型方法一样，面向对象设计方法需要一定的软件基础支持才可以应用，另外在大型的 MIS 开发中如果不经自顶向下的整体划分，而是一开始就自底向上的采用面向对象设计方法开发系统，同样也会造成系统结构不合理、各部分关系失调等问题。所以面向对象设计方法和结构化方法目前仍是两种在系统开发领域相互依存的、不可替代的方法。

6.3.4　可视化编程技术

虽然 OOPL 提高了程序的可靠性、可重用性、可扩充性和可维护性，但应用软件为了适应 Windows 界面环境，使用户界面的开发工作变得越来越复杂，有关这部分的代码所占比例也越来越大，因此 Microsoft 公司推出 Visual Basic 以后，可视化编程技术受到极大的欢迎，编程人员不再受 Windows 编程的困扰，能够所见即所得地设计标准的 Windows 界面。

可视化编程技术的主要思想是用图形工具和可重用部件来交互地编制程序。它把现有的或新建的模块代码封装于标准接口封包中，作为可视化编程编辑工具中的一个对象，用图符来表示和控制。可视化编程技术中的封包可能由某种语言的一个语句、功能模块或数据库程序组成，由此获得的是高度的平台独立性和可移植性。在可视化编程环境中，用户还可以自己构造可视控制部件，或引用其他环境构造的符合封包接口规范的可视控制部件，增加了编程的效率和灵活性。

可视化编程一般基于事件驱动的原理。用户界面中包含各种类型的可视控制部件，如按钮、列表框和滚动条等，每个可视控制部件对应多个事件和事件驱动程序。发生于可视控制部件上的事件触发对应的事件驱动程序，完成各种操作。编程人员只要在可视化编程工具的帮助下，利用鼠标或菜单建立、复制、缩放、移动或清除各种已提供的控件，然后使用该可视化编程工具提供的语言编写每个控件对应的事件程序，最后可以用解释方式运行来测试程序。这样，通过一系列的交互设计就能很快地完成一个应用项目的编程工作。

另外，一般可视化编程工具还有应用专家或应用向导提供模板，按照步骤对使用者进行交互式指导，让用户定制自己的应用，然后就可以生成应用程序的框架代码，用户再在适当的地方添加或修改以适应自己的需求。

面向对象编程技术和可视化编程开发环境的结合，改变了应用软件只有经过专门技术训练的专业编程人员才能开发的状况。它使软件开发变得容易，从而扩大了软件开发队伍。由于大量软件模块的重用和可视控件的引入，技术人员在掌握这些技术之后，就能有效地提高应用软件的开发效率，缩短开发周期，降低了开发成本，并且使应用软件界面风格统一，有很好的易用性。

6.3.5 编程风格

编程风格在很大程度上影响着程序设计的可读性、可测试性和可维护性。鉴于软件开发的绝大部分成本消耗在测试和维护阶段，努力追求可测试性和可维护性极其重要。编程风格是在不影响性能的前提下，有效地编排和组织程序，以提高可读性和可维护性。更直接地说，风格化意味着按照以下的规则进行编程：

（1）节俭化（Economy）。提供尽可能简洁的代码，具体措施包括：

- 避免程序中不必要的动作和变量。
- 避免变量名重载。
- 较少程序的体积。
- 减少程序的执行时间（提高速度），例如，使用执行时间短的算术运算；避免不同类型的对象混合操作；尽量使用整型运算和布尔表达式。
- 避免模块冗余和重复。
- 检查全局变量的副作用。

（2）模块化（Modularity）。把代码划为内聚度高、富有意义的功能块。通常是把长且复杂的程序段或子程序分解为小且定义良好的程序段，具体措施包括：

- 确保物理和逻辑功能密切相关。
- 限定一个模块完成一个独立的功能。
- 检查代码的重复率。

（3）简单化（Simplicity）。去掉过分复杂和不必要的矫揉造作。具体措施包括：

- 采用简单和直截了当的算法。
- 使用简单的数据结构，避免使用多维数组、指针和复杂的表。
- 注意对象命名的一致性。
- 以手工方式简化算术和逻辑表达式。

（4）结构化（Structure）。把程序的各个构建组织成一个有效系统。具体措施包括：

- 按照标准化的次序说明数据。
- 使用读者明了的结构化部件。
- 采用直截了当的算法。
- 根据应用背景排列程序的各部分。
- 不随意为效率而牺牲程序的清晰度和可读性。
- 让机器多做琐碎、繁琐的工作。
- 用公共函数调用代替重复出现的表达式。
- 检查参数传递的情况，保证有效性。
- 检查多层嵌套结构，确认是否存在某些语句可从内从循环中提出，避免大量使用嵌套循环结构和嵌套分支结构。
- 坚持使用统一缩进规则。
- 只编制单入口单出口的代码。

（5）文档化（Documentation）。程序能自说明。具体措施包括：

- 有效适当的使用注释，保证注释有意义，说明性强。

- 使用含义鲜明的变量名。
- 协调使用程序块注释和程序行注释。
- 始终坚持编制文档。

（6）格式化（Layout）。尽量使用程序布局合理、清晰、明了。具体措施包括：

- 有效使用编程空间（水平和垂直两个方向），以助读者理解。
- 适当的插入括号，使表达式的运算次序清晰直观，排除二义性。
- 有效使用空格符，以区别程序的不同意群，提高程序的可读性。

6.4 系统测试

系统测试就是利用测试工具按照测试方案和流程对产品进行功能和性能测试，甚至根据需要编写不同的测试工具，设计和维护测试系统，对测试方案可能出现的问题进行分析和评估。执行测试用例后，需要跟踪故障，以确保开发的产品适合需求。

系统测试是帮助识别开发完成（中间或最终的版本）的计算机软件（整体或部分）的正确度（Correctness）、完全度（Completeness）和质量（Quality）的软件过程；是 SQA（Software Quality Assurance）的重要子域。

Grenford J.Myers 曾对系统测试的目的提出过以下观点：

（1）测试是为了发现程序中的错误而执行程序的过程。

（2）好的测试方案是极可能发现迄今为止尚未发现的错误的测试方案。

（3）成功的测试是发现了至今为止尚未发现的错误的测试。

然而，这种观点指出测试是以查找错误为中心，而不是为了演示软件的正确功能。但是只从字面意思理解，可能会产生误导，认为发现错误是软件测试的唯一目的，查找不出错误的测试就是没有价值的测试，实际上并非如此！

（1）测试并不仅仅是为了找出错误。通过分析错误产生的原因和错误的发生趋势，可以帮助项目管理者发现当前软件开发过程中的缺陷，以便及时改进。

（2）这种分析也能帮助测试人员设计出有针对性的测试方法，改善测试的效率和有效性。

（3）没有发现错误的测试也是有价值的，完整的测试是评定软件质量的一种方法。

6.4.1 系统测试的内容

软件测试主要工作内容是验证（Verification）和确认（Validation ），下面分别给出其概念：

验证（Verification）是保证软件正确地实现了一些特定功能的一系列活动，即保证软件做了你所期望的事情（Do the right thing）。主要包括：

确定软件生存周期中的一个给定阶段的产品是否达到前阶段确立的需求的过程；程序正确性的形式证明，即采用形式理论证明程序符合设计规约规定的过程；

评审、审查、测试、检查、审计等各类活动，或对某些项处理、服务或文件等是否和规定的需求相一致进行判断和提出报告。

确认（Validation）是一系列的活动和过程，目的是想证实在一个给定的外部环境中软件的逻辑正确性。即保证软件以正确的方式来做了这个事件（Do it right），主要包括：

静态确认，不在计算机上实际执行程序，通过人工或程序分析来证明软件的正确性；

动态确认，通过执行程序做分析，测试程序的动态行为，以证实软件是否存在问题。

软件测试的对象不仅仅是程序测试，软件测试应该包括整个软件开发期间各个阶段所产生的文档，如需求规格说明、概要设计文档、详细设计文档，当然软件测试的主要对象还是源程序。

6.4.2 系统测试的分类

系统测试的方法从不同的角度分为不同的类型，下面分别从从是否关心软件内部结构和具体实现的角度、是否执行程序的角度和从软件开发的过程分别介绍软件测试的方法。

1. 从是否关心软件内部结构和具体实现的角度划分

按照从是否关心软件内部结构和具体实现的角度划分可以分为白盒测试、黑盒测试和灰盒测试。

（1）白盒测试。也称结构测试或逻辑驱动测试，它是按照程序内部的结构测试程序，通过测试来检测产品内部动作是否按照设计规格说明书的规定正常进行，检验程序中的每条通路是否都能按预定要求正确工作。

这一方法是把测试对象看作一个打开的盒子，测试人员依据程序内部逻辑结构相关信息，设计或选择测试用例，对程序所有逻辑路径进行测试，通过在不同点检查程序的状态，确定实际的状态是否与预期的状态一致。

采用什么方法对软件进行测试呢？常用的软件测试方法有两大类：静态测试方法和动态测试方法。其中软件的静态测试不要求在计算机上实际执行所测程序，主要以一些人工的模拟技术对软件进行分析和测试；而软件的动态测试是通过输入一组预先按照一定的测试准则构造的实例数据来动态运行程序，而达到发现程序错误的过程。

白盒测试的测试方法有代码检查法、静态结构分析法、静态质量度量法、逻辑覆盖法、基本路径测试法、域测试、符号测试、Z路径覆盖、程序变异。

白盒测试法的覆盖标准有逻辑覆盖、循环覆盖和基本路径测试。其中逻辑覆盖包括语句覆盖、判定覆盖、条件覆盖、判定/条件覆盖、条件组合覆盖和路径覆盖。

六种覆盖标准：语句覆盖、判定覆盖、条件覆盖、判定/条件覆盖、条件组合覆盖和路径覆盖发现错误的能力呈由弱至强的变化。语句覆盖每条语句至少执行一次。判定覆盖每个判定的每个分支至少执行一次。条件覆盖每个判定的每个条件应取到各种可能的值。判定/条件覆盖同时满足判定覆盖条件覆盖。条件组合覆盖每个判定中各条件的每一种组合至少出现一次。路径覆盖使程序中每一条可能的路径至少执行一次。

“白盒”法全面了解程序内部逻辑结构、对所有逻辑路径进行测试。“白盒”法是穷举路径测试。在使用这一方案时，测试者必须检查程序的内部结构，从检查程序的逻辑着手，得出测试数据。贯穿程序的独立路径数是天文数字。但即使每条路径都测试了仍然可能有错误。第一，穷举路径测试决不能查出程序违反了设计规范，即程序本身是个错误的程序。第二，穷举路径测试不可能查出程序中因遗漏路径而出错。第三，穷举路径测试可能发现不了一些与数据相关的错误。

白盒测试目前主要用在具有高可靠性要求的软件领域，例如：军工软件、航天航空软件、工业控制软件等。白盒测试工具在选购时应当主要是对开发语言的支持、代码覆盖的深度、嵌入式软件的测试、测试的可视化等。

对开发语言的支持：白盒测试工具是对源代码进行的测试，测试的主要内容包括词法分析与语法分析、静态错误分析、动态检测等。但是对于不同的开发语言，测试工具实现的方式和内容差别是较大的。目前测试工具主要支持的开发语言包括：标准 C、C++、Visual C++、Java、Visual J++等。

代码的覆盖深度：从覆盖源程序语句的详尽程度分析，逻辑覆盖标准包括以下不同的覆盖标准：语句覆盖、判定覆盖、条件覆盖、条件判定组合覆盖、多条件覆盖和修正判定条件覆盖。

语句覆盖：为了暴露程序中的错误，程序中的每条语句至少应该执行一次。因此语句覆盖（Statement Coverage）的含义是：选择足够多的测试数据，使被测程序中每条语句至少执行一次。语句覆盖是很弱的逻辑覆盖。

判定覆盖：比语句覆盖稍强的覆盖标准是判定覆盖（Decision Coverage）。判定覆盖的含义是：设计足够的测试用例，使得程序中的每个判定至少都获得一次“真值”或“假值”，或者说使得程序中的每一个取“真”分支和取“假”分支至少经历一次，因此判定覆盖又称为分支覆盖。

条件覆盖：在设计程序中，一个判定语句是由多个条件组合而成的复合判定。为了更彻底地实现逻辑覆盖，可以采用条件覆盖（Condition Coverage）的标准。条件覆盖的含义是：构造一组测试用例，使得每一判定语句中每个逻辑条件的可能值至少满足一次。

多条件覆盖：多条件覆盖也称条件组合覆盖，它的含义是：设计足够的测试用例，使得每个判定中条件的各种可能组合都至少出现一次。显然满足多条件覆盖的测试用例是一定满足判定覆盖、条件覆盖和条件判定组合覆盖的。

修正条件判定覆盖：修正条件判定覆盖是由欧美的航空/航天制造厂商和使用单位联合制定的“航空运输和装备系统软件认证标准”，目前在国外的国防、航空航天领域应用广泛。这个覆盖度量需要足够的测试用例来确定各个条件能够影响到包含的判定的结果。它要求满足两个条件：首先，每一个程序模块的入口和出口点都要考虑至少要被调用一次，每个程序的判定到所有可能的结果值要至少转换一次；其次，程序的判定被分解为通过逻辑操作符（and、or）连接的布尔条件，每个条件对于判定的结果值是独立的。

不同的测试工具对于代码的覆盖能力也是不同的，通常能够支持修正条件判定覆盖的测试工具价格是极其昂贵的。

嵌入式软件的测试：对于嵌入式软件的测试，我们还需要一方面进一步考虑测试工具对于嵌入式操作系统的支持能力，例如 DOS、Vxworks、Neculeus、Linux 和 Windows CE 等；另一方面还需要考虑测试工具对于硬件平台的支持能力，包括是否支持所有 64/32/16 位 CPU 和 MCU，是否可以支持 PCI/VME/CPCI 总线。

测试的可视化：白盒测试是工作量巨大并且枯燥的工作，可视化的设计对于测试来说是十分重要的。在选购白盒测试工具时，应当考虑该款测试工具的可视化是否良好，例如：测试过程中是否可以显示覆盖率的函数分布图和上升趋势图，是否使用不同的颜色区分已执行和未执行的代码段显示分配内存情况实时图表等，这些对于测试效率和测试质量的提高是具有很大的作用的。

白盒测试的测试方法有代码检查法、静态结构分析法、静态质量度量法、逻辑覆盖法、基本路径测试法、域测试、符号测试、Z 路径覆盖、程序变异。其中运用最为广泛的是基本路

径测试法。

基本路径测试法是在程序控制流图的基础上，通过分析控制构造的环路复杂性，导出基本可执行路径集合，从而设计测试用例的方法。

设计出的测试用例要保证在测试中程序的每个可执行语句至少执行一次。

在程序控制流图的基础上，通过分析控制构造的环路复杂性，导出基本可执行路径集合，从而设计测试用例。

白盒测试三步法：

①根据代码的功能，人工设计测试用例进行基本功能测试。

②统计白盒覆盖率，为未覆盖的白盒单位设计测试用例，实现完整的白盒覆盖，比较理想的覆盖率是实现100%语句、条件、分支、路径覆盖。

③自动生成大量的测试用例，捕捉“程序员未处理某些特殊输入”形成的错误。

第 1 步的测试用例通常是现成的，因为详细设计文档会规定程序的基本功能，没有文档的，程序员在编程时也要想清楚程序的功能，这些基本功能就是基本测试用例；

第 2 步是在第 1 步的基础上，检查未覆盖的白盒单位，由于未覆盖的逻辑单位通常对应未测试的等价类，因此第 2 步可以找出第 1 步所遗漏的测试用例；

第 3 步用自动动态测试弥补第 2 步的固有缺陷。

“三步法”尽量避免重复工作，白盒方法和黑盒方法相结合，人工方法和自动方法相补充，如果第 2 步的覆盖率比较理想，那么基本上可以保证找出所有等价类。在开发过程允许的限度内，“三步法”已接近极限，当得起“彻底测试”四个字。

（2）黑盒测试。黑盒测试也称功能测试，它是通过测试来检测每个功能是否都能正常使用。在测试中，把程序看作一个不能打开的黑盒子，在完全不考虑程序内部结构和内部特性的情况下，在程序接口进行测试，它只检查程序功能是否按照需求规格说明书的规定正常使用，程序是否能适当地接收输入数据而产生正确的输出信息。黑盒测试着眼于程序外部结构，不考虑内部逻辑结构，主要针对软件界面和软件功能进行测试。

黑盒测试是以用户的角度，从输入数据与输出数据的对应关系出发进行测试的。很明显，如果外部特性本身有问题或规格说明的规定有误，用黑盒测试方法是发现不了的。

黑盒测试法注重于测试软件的功能需求，主要试图发现下列几类错误。

- 功能不正确或遗漏。
- 界面错误。
- 数据库访问错误。
- 性能错误。
- 初始化和终止错误等。

从理论上讲，黑盒测试只有采用穷举输入测试，把所有可能的输入都作为测试情况考虑，才能查出程序中所有的错误。实际上测试情况有无穷多个，人们不仅要测试所有合法的输入，而且还要对那些不合法但可能的输入进行测试。这样看来，完全测试是不可能的，所以我们要进行有针对性的测试，通过制定测试案例指导测试的实施，保证软件测试有组织、按步骤，以及有计划地进行。黑盒测试行为必须能够加以量化，才能真正保证软件质量，而测试用例就是将测试行为具体量化的方法之一。具体的黑盒测试用例设计方法包括等价类划分法、边界值分析法、错误推测法、因果图法、判定表驱动法、正交试验设计法、功能图法等。

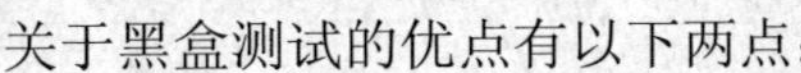

关于黑盒测试的优点有以下两点：

- 基本上不用人管着，如果程序停止运行了一般就是被测试程序 crash 了。
- 设计完测试例之后，下来的工作就容易了，当然更苦闷的是确定 crash 原因。

黑盒测试的缺点有以下三点：

- 结果取决于测试例的设计，测试例的设计部分来源于经验，OUSPG 的东西很值得借鉴。
- 没有状态转换的概念，目前一些成功的例子基本上都是针对 PDU 来做的，还做不到针对被测试程序的状态转换来做。
- 就没有状态概念的测试来说，寻找和确定造成程序 crash 的测试例是个麻烦事情，必须把周围可能的测试例单独确认一遍。而就有状态的测试来说，就更麻烦了，尤其不是一个单独的 testcase 造成的问题。这些在堆的问题中表现的更为突出。

（3）灰盒测试。灰盒测试，是介于白盒测试与黑盒测试之间的，可以这样理解，灰盒测试关注输出对于输入的正确性，同时也关注内部表现，但这种关注不像白盒那样详细、完整，只是通过一些表征性的现象、事件、标志来判断内部的运行状态，有时候输出是正确的，但内部其实已经错误了，这种情况非常多，如果每次都通过白盒测试来操作，效率会很低，因此需要采取这样的一种灰盒的方法。

灰盒测试结合了白盒测试和黑盒测试的要素，它考虑了用户端、特定的系统知识和操作环境。它在系统组件的协同性环境中评价应用软件的设计。

灰盒测试由方法和工具组成，这些方法和工具取材于应用程序的内部知识和与之交互的环境，能够用于黑盒测试以增强测试效率、错误发现和错误分析的效率。

灰盒测试涉及输入和输出，但使用关于代码和程序操作等通常在测试人员视野之外的信息设计测试。

2. *从是否执行程序的角度*

按照从是否执行程序的角度系统测试可以分静态测试和动态测试。

（1）静态测试。静态方法是指不运行被测程序本身，仅通过分析或检查源程序的语法、结构、过程、接口等来检查程序的正确性。对需求规格说明书、软件设计说明书、源程序做结构分析、流程图分析、符号执行来找错。静态方法通过程序静态特性的分析，找出欠缺和可疑之处，例如不匹配的参数、不适当的循环嵌套和分支嵌套、不允许的递归、未使用过的变量、空指针的引用和可疑的计算等。静态测试结果可用于进一步的查错，并为测试用例选取提供指导。

（2）动态测试。动态方法是指通过运行被测程序，检查运行结果与预期结果的差异，并分析运行效率和健壮性等性能，这种方法由三部分组成：构造测试实例、执行程序、分析程序的输出结果。

6.5　系统的交付使用

系统的交付使用即系统的转换，包括把旧系统的文件转换成新系统的文件，数据的整理和录入，也包括人员、设备、组织机构的改造和调整，有关资料档案的建立和移交。系统转换的最后形式是将全部控制权移交给用户单位。

系统转换有四种方式，如图 6-1 所示。

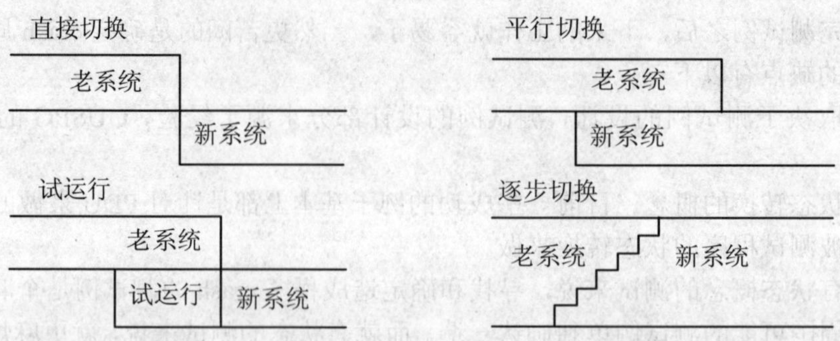

图 6-1　系统切换的四种方式

1. 直接转换方式

这种方式是新系统直接替换老系统。这种方式的优点是转换简单、费用最省。但是由于新系统还没有承担过正常的工作，可能出现意想不到的情况，因而风险大。实际应用中，应有一定的措施，一旦新系统出现问题，老系统能顶替工作。

2. 平行运行方式

在这种方式下，新老系统并行运行一段时间，可以保持系统转换期间工作不间断，新老系统还可以进行比较。但是两个系统并行运转，费用较高。

3. 试运行方式

这种方式类似于平行运行方式。在试运行期间，老系统照常运行，新系统承担部分工作，等试运行感到满意时再全面运行新系统，停止老系统的运行。

4. 逐步转换方式

这种方式是新系统一部分一部分地替代老系统，直到全部代替老系统。这种方式避免了直接转换方式的危险性，费用也比平行方式省。但是这种方式接口复杂，必须事先充分考虑。当新、老系统差别太大时，不宜采用这种方式。

实际工作中，这几种方式可以混合使用。例如，系统中不很重要的部分采用直接转换方式，重要部分采用平行方式。这样，各种方式取长补短，可使旧系统平稳地过渡到新系统。

习题 6

1. 系统实施包括哪些主要主要任务？
2. 结构化设计有什么优势？
3. 面向对象程序设计有什么优点？
4. 如何编写良好的程序？
5. 什么是黑盒测试和白盒测试，它们有什么不同？
6. 系统转化有哪些方式？这些方式各有什么优缺点？

第 7 章　系统维护与评价

信息系统维护是计算机信息系统投入运行后，为保证系统能够正常工作、进一步满足用户新的需求所采取的对原系统的修改完善等措施。它是系统开发最后一个阶段。

本章介绍信息系统维护、系统的安全性与可靠性、系统评价的方法、内容和指标体系。

- 系统维护、系统维护内容
- 系统评价的目的、内容
- 系统评价的指标体系、方法

7.1　信息系统的维护

有统计和预测结果表明，信息系统中硬件费用一般占 35%，软件费用占 65%，而软件后期维护费用有时竟高达软件总费用的 80%。

7.1.1　系统维护概述

系统维护是系统生存周期的最后一个阶段，所有活动都发生在系统交付、并投入到使用之后。系统的维护，就是在系统投入使用以后，其生存周期内，所出现的各种问题，进行适当的解决，使得整个系统处于良好地运行状态。有时甚至为了改正潜在的错误，扩充功能、完善功能、结构翻新、延长系统寿命而进行各项修改和维修活动。

系统维护包括了硬件设备的维护、应用软件系统维护和数据的维护。广义的系统维护包括硬件维护、数据维护、软件维护。狭义的系统维护仅包括软件维护。

1. 硬件维护

硬件的维护应由专职的硬件维护人员来负责，主要有两种类型的维护活动，一种是定期的设备保养性维护，保养周期可以是一周或一个月不等，维护的主要内容是进行例行的设备检查与保养；另一种是突发性的故障维修，即当设备出现突发性故障时，由专职的维修人员或请厂商来排除故障，这种维修活动所花的时间不能过长，以免影响系统的正常运行。为了提高硬件系统的可靠性一般可采取双机备份的形式，当一组设备出现故障时立即启动另一组备用设备投入运行，故障排除后再一次进入双机备份状态。

2. 数据维护

数据维护工作一般由数据库管理员来负责，主要负责数据库的安全性和完整性以及进行并发性控制。用户要向数据库管理员提出数据操作请求，数据库管理员负责审核用户身份，定义其操作权限，并以此负责监督用户的各项操作。同时数据库管理员还要负责维护数据库中的数据，当数据库中的数据类型、长度等发生变化时，或者需要添加某个数据项、数据库，数据库管理员要负责修改相关的数据库、数据字典，并通知有关人员。另外数据库管理员还要负责定期出版数据字典文件及一些其他的数据库管理文件，以保留系统开发和运行的轨迹；当数据库出现硬件故障并得到排除后要负责数据库的恢复工作。

3. 软件维护

软件维护主要指系统中应用系统的维护。在系统测试阶段已经对应用程序进行了大量的测试和修改工作，为什么还要在系统运行过程中进行软件维护呢？其原因主要有以下几个方面：

首先，从系统测试的原理来看。系统测试不能无穷尽地进行，并且整个测试过程并不能够把程序中的所有错误检查出来，在系统运行过程中仍然会出现软件方面的错误，因此必须对其进行维护。

其次，由于系统是服务于各项管理活动的，而管理活动要随着客观环境和管理需求的变化而变化，因此必然要求应用程序也要随之而变化，以满足这种不断变化的需求。

最后，由于硬件是不断发展的，相应的软件也要不断地更新，为了延长应用软件寿命，保证软件质量，则必须对应用软件进行维护，并且软件的寿命常常取决于维护的水平。

软件维护费费用与开发费用的比例关系在不同的历史时期表现不同，70 年代维护费用约占开发费用的 35%～40%，80 年代增长到 40%～60%，90 年代有增长到 70%～80%甚至更多。系统开发期一般为 1～3 年，而维护期一般为 5～10 年，因此要充分重视应用软件的维护工作。

7.1.2 系统维护内容

系统维护的内容一般有以下几个方面：

（1）正确性维护。是指改正在系统开发阶段已经发生而系统测试阶段尚未发现的错误。据统计这方面的系统维护工作量要占整个维护工作量的 17%～21%。所发现的错误有的不太重要，不影响系统正常运行，其维护工作可随时进行；而有的错误非常重要，甚至影响整个系统的正常运行，其维护工作必须制订计划，进行修改，并且要进行复查和控制。

（2）适应性维护。是指使应用软件适应外界环境的变化和管理需求变化而进行的修改。这方面的维护工作量占到整个系统维护工作量的 18%～25%。由于目前计算机硬件价格的不断下降，各类系统软件层出不穷，人们常常为改善系统硬件环境和运行环境而产生系统更新换代的需求；客观环境和管理需求的不断变化使得各级管理人员不断提出新的信息需求；这些因素都将导致适应性维护的产生。进行这方面的维护工作也要向系统开发一样，有计划有步骤的进行。

（3）完善性维护。这是为扩充功能和改善性能而进行的修改。主要是指对已有的软件系统增加一些在系统分析和设计阶段没有规定的功能与性能特征，这些功能对完善系统功能是非常必要的，另外还包括处理效率和编写程序的改进。这方面的维护占整个维护工作的 50%～66%，比重比较大，也是关系到系统开发质量的重要方面。这方面的维护工作除了要有计划、有步骤地完成外，还要注意将相关的文档资料加入到前面相应的文档中去。

（4）预防维护。为了改进应用软件的可靠性和可维护性，为了适应未来的软硬件变化，主动增加预防性的新功能，以使应用系统适应各类变化而不被淘汰。这方面的维护工作量占到整个维护工作量的 4%左右。

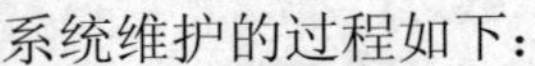

系统维护的过程如下：

（1）建立维护组织。建立和健全系统维护组织机构，这个机构的成员应在维护主管的领导下，有技术主管、系统硬件和软件维护人员、数据库管理员和应用软件维护人员等组成。各类维护申请首先提交给维护主管，再有技术主管负责对维护申请进行评估，提出评估报告，该报告要对所提出的问题的原因、严重程度、维护方法、维护计划、维护时间等进行论证，然后由维护主管出面协商并下达维护任务。

（2）安排计划。系统维护工作不应采用零打碎的方法，提出一个维护申请就进行一项维护工作，而是应当有计划有步骤地统筹安排。应当按照维护任务的工作范围、所需资源、维护费用、维修进度安排以及验收标准等。

（3）维护的实施。维护组织中的各类维护人员按照维护计划开展维护工作，当维护任务完成后，维护人员要将整个维护过程写成书面维修报告，维护主管要负责按照验收标准对维护结果进行验收，最后要将整个文档资料保存起来。

要保证系统维护工作的顺利进行，提高系统的可修改性，必须重视以下几个方面的问题：

（1）建立和健全各类系统开发文档资料。如果没有一套完整的开发文档资料，则系统维护，特别是数据维护和应用软件维护则很难进行。

（2）文档资料要标准化、规范化。由于文档资料常常是给别人看的，并且其作用在系统运行维护阶段得到了充分的体现，因此为了提高各类文档的可理解性，在系统开发初期要根据所使用的开发方法制订出文档标准规范，所有开发人员都必须遵循这个规范建立相应的文档资料，并且要形成制度约束开发人员的行为，评价开发人员的工作质量。

（3）开发过程中要严格按照各阶段所规定的开发原则和规范来进行。如在系统设计阶段要按照一定的设计原则和痕迹策略从事系统设计工作，只有这样才能保证系统全局最优。并且也是得系统维护工作相对比较容易进行。

（4）维护文档的可追踪性。无论是在系统开发阶段还是在系统运行阶段，都不可避免地对文档资料进行修改，要保留修改前和修改后的变化情况，这样才能保证系统有据可查，保证系统维护工作的顺利进行。

（5）建立和健全从系统开发到系统运行各阶段的管理制度。由于信息系统的开发过程不同于物质生产过程，其个阶段的成果都是人脑思维的结果，如何监督、管理和控制各阶段人员的各项工作则必须依靠一套完整的管理制度，这也是前几个方面的重要保证。

在系统维护的过程中还要注意的问题是维护的副作用。维护的副作用包括两个方面：

（1）改程序的副作用。修改程序代码有时会发生灾难性的错误，造成原来运行比较正常的系统不能正常运行。为了避免这类错误，要在修改工作完成后进行测试，直至确认和复审无错为止。

（2）修改数据的副作用。修改数据库中数据的副作用，即当一些数据库中的数据发生变化时可能导致某些应用软件不再适应这些已经变化了的数据而产生错误。

为了避免这类错误，一是要有严密的数据描述文件即数据字典系统，二是要严格记录这些修改并进行修改后的测试工作。

总之，系统维护工作是信息系统运行阶段的重要工作内容，必须予以充分的重视。维护工作做得越好，信息资源的作用才能够得以充分的发挥，信息系统的寿命也就越长。

7.2 信息系统的评价

对信息系统的评价是对其进行全面的检查、测试、分析和评价，以确定信息系统是否达到了预期的目的。

7.2.1 系统评价的目的

评价是许多因素相互作用下的一种综合判断。评价是为了决策，决策需要评价，在某种意义上讲，没有评价就没有决策。综合评价是指对被评价对象所进行的客观、公正、合理的全面评价。

系统评价的目的是了解信息系统投入运行后，是否达到了预期的质量要求和效益目标。信息系统评价的主要依据是系统日常运行记录和现场实际勘测数据，评价的结果可以作为系统改进的依据，并为决策提供必要的信息。由于信息系统的开发需要消耗大量的人力、财力、物力，需要很长的时间，所以信息系统综合评价的意义重大。

信息系统组成并投入运行一段时间以后，对其功能目标、技术性能、应用效果等进行评价以指出系统的长处与不足，为以后的改进与推广提出意见。随着全社会信息化程度的不断提高，各种信息系统大量涌现，对其评价工作提出了更高的要求。分析评价信息系统的优劣存在许多不确定的因素，因此系统评价是一项难度较大的工作，属于多指标综合评价问题。

7.2.2 系统评价的内容

信息系统的评价主要在高层领导的直接领导下，由系统分析员或专门的审计人员会同各类开发人员和业务部门经理共同参与进行。系统评价一般从以下几个方面考虑：

1. 达到目标的测定

系统的目标常常随着时间的推移，客观环境和管理需求的变化而变化，通过对系统的评价检查系统是否能够满足这些要求，同时要检查目标的合理性、有效性。评价可以通过现场观察、面谈、审计运行日志、统计分析等方式进行。如果发现系统目标与实际管理需求不符则要提出修改意见或者是提出重新开发新的信息系统的需求。

2. 系统的适应性、安全性评价

系统的适应性包括系统运行是否稳定可靠，系统使用与维护是否方便，运行效率是否能够满足管理人员的管理需求等。

为了防止信息的被盗、舞弊等利用计算机犯罪事件，系统的安全性越来越受人们重视。信息不安全，会给整个系统带来重大的损失和混乱，甚至给社会带来极其严重的影响。

例如，1987 年美国由于一名政府工作人员的疏忽，使美国银行和金融机构的现金总额出现一笔 370 亿美元的差错，这个差错在计算机信息系统中运行了三个星期，结果使股票和证券市场遭受 650 亿美元的损失。近年来无论我国还是其他国家，利用计算机进行行贿、受贿、盗窃等犯罪现象在逐年增加，所以加强系统的安全性、可靠性十分重要。

3. 系统的经济效益评价

信息系统的价值，实际上包括了经济和社会两个方面。社会效益与人们对系统的认识、使用直接相关，例如使用了信息系统可以提高信息的使用质量、提高数据的准确性、减轻人们的劳动强度、提高信息处理的能力、为领导决策提供有力的信息支持等。

经济效益是指通过信息系统开发与运行的投资，使得企业收入增加、成本降低，进而为企业带来更大的经济效益。例如在信息系统建设中的资金投入将在系统运行的多长时间内，通过降低成本、增加收入收回这些投资，继续创造效益？系统运行中必要的资金投入与所带来的收益的比例如何等，这些都可以用来衡量信息系统的经济效益，它可以看做是各个应用效益的总和。当总效益大于系统的投入时，这个系统便是一个成功的、有益的系统。如果运行一段时间以后，其投入与产出的比例不合适，投入大于或等于产出，则要考虑是否重新开发新的信息系统。因此要定期进行有关经济效益的评价，对系统未来的发展提出合理的意见和建议。

7.2.3　系统评价的指标体系

目前，国内外对于信息系统评价的研究主要集中在以下三个方面：第一，对信息系统经济效益的评价和预测，如日本企业采用第三利润概念来评价 MIS 的经济效益，前苏联将投资经济效益系数作为衡量 MIS 经济效益的基本指标来测量系统运行后经济效益的提高等；第二，对信息系统本身的质量的评价；第三，对信息系统进行多指标综合评价。考虑到信息系统是一个复杂的社会系统。因此，除了涉及费用、经济效益和财务方面考虑外，这种评价方法还涉及系统性能、系统建设、系统环境以及用户评价等。

1. 信息系统评价指标体系的建立原则

为了进行评价，必须确定评价指标和建立评价指标体系。科学、合理的评价指标体系是对信息系统进行全面分析和评价的先决条件。

信息系统评价指标体系的建立一般应遵循以下几个原则：

（1）综合性原则。信息系统是一个复杂的巨大系统，其中的各个要素相互联系、相互作用构成系统这一有机的整体，因此指标体系的设置首先要能全面、客观地反映系统的整体状况，要涵盖系统的各个方面，当然这并非说指标越多越好，指标体系如何设置，其数量与层次如何构造也都必须符合系统工程的综合性原则。

（2）指导性原则。任何评价活动都是一种目标驱动的活动，信息系统的评价也不例外，因此评价指标体系的设置必须围绕着评价的目的而展开，这样才能对信息系统的研究和应用具有一定的指导意义，才能为设计信息系统工作的各方面人员提供科学的参考依据。

（3）可行性。信息系统评价指标必须具有操作的可行性，因此含义必须明确，具体设置不宜太多、过细，要便于信息的收集和汇总；并且同类指标之间要能够比较，同一指标要具有历史可比性。

（4）相关性原则。系统的评价指标体系应能够反映出待评系统的运行和发展过程才具有实用价值。因此要求各项评价指标之间不是简单的数据集合，而是必须具有一定的相互联系。

2. 常用的信息系统评价指标

信息系统种类繁多、应用面广且规模大小不同。评价指标体系的建立并不存在统一的模式。而且评价指标可能会随着评价对象、评价时间和评价目的的不同而发生变化。一般主要从系统建设、系统性能和系统应用三方面来综合评价一个信息系统，如图 7-1 所示。

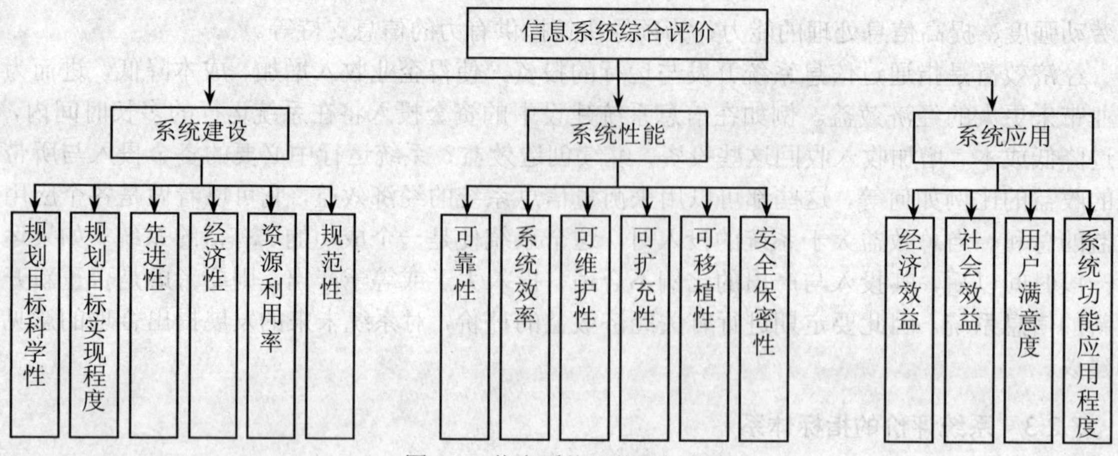

图 7-1　信息系统评价指标体系

上述三方面 16 项指标从一般意义来说基本包括了信息系统的各个方面，充分体现了指标体系设置的四原则，并且指标之间的充分互异性避免了其交叉意义存在的可能，是系统评价指标体系的原型，至于具体的信息系统评价指标体系则可以在此基础上稍作变更，以适应不同的评价需要。具体再细分为以下三类：

1. 一般性能指标

该部分指标由系统性能、系统费用、系统技术水平等几个方面组成，如表 7-1 所示。

表 7-1　一般性能评价指标表

一般性能评价指标			
系统性能	系统可靠性	系统费用	环境装备费用
	系统效率		硬件装置费用
	可维护性		软件费用
	可扩充性		安装费用
	可移植性		项目管理费用
	适应性		系统发展费用
	可共享性		培训费用
	系统寿命		安全费用
	系统安全性		项目其他费用
	系统实用性		基本消费
系统技术水平	响应时间	其他一般性指标	输入
	存取能力		输出
	资源利用率		文档
	规范性		操作安全可靠性
	经济性		界面友好方便性
	开发效率		管理科学性
	在线支持度		系统利用率
	系统可靠性		用户满意度
	决策满意度		企业流程重组
	系统新功能整合度		组织结构重造

2. 专业性能指标

现代信息系统专业性能指标即为信息质量的评价指标，包括内容质量、集合质量、表达质量、效用质量，如表 7-2 所示。

表 7-2　专业性能评价指标表

信息质量评价指标			
内容质量	客观性	集合质量	相关性
	正确性		完整性
表达质量	可理解性	效用质量	有用性
	准确性		实时性
	一致性		适量性
	简洁性		

3. 效益指标

效益指标由战略效益、技术效益、具体运作效益等几个方面组成，如表7-3所示。

表 7-3　益评价指标表

效益评价指标			
战略效益	领先新技术	技术效益	提高竞争优势
	提高市场份额		提高技术柔韧性
	领导市场		增强对变化的反应度
	合理优化资源		提高产品质量
	减少劳动力费用		提高整合度
具体运作效益	降低制造费用		增加生产力
	提高数据可用性和报告结构		提高作业效率
	提高产品跟踪服务		提高数据管理
	程序计算化和责任化		

目前常用的评价方法有层次分析法、模糊综合评判法、灰色综合评判法、数据包络法、德尔菲法、神经网络法等。

（1）层次分析法。层次分析法是美国著名运筹学家、匹兹堡大学教授 T.L.Satty 于 20 世纪 70 年代提出的解决非数学模型决策问题的方法，该方法从系统观点出发，把复杂的问题分解为若干层次和若干要素，并将这些因素按一定的关系分组，以形成有序的递阶层次结构；通过两两比较判断的方式，确定每一层次中因素的相对重要性；然后在递阶层次结构内进行合成，以得到决策因素相对于目标的重要性的总顺序。层次分析法是一种定性与定量分析相结合的评价决策法，要求评价者对评价问题的本质、包含要素及相互间的逻辑关系掌握比较清楚，比较适用于对无结构特性的系统评价以及多目标、多准则、多时期等的系统评价。

（2）模糊综合评判法。模糊综合评判法是一种利用集合理论和模糊数学理论将模糊信息数值化以进行定量评价的方法，是一种模糊综合决策的数学工具，在难以用精确数学方法描述的复杂系统问题方面有其独特的优越性。其模型有单层次的和多层次的，单层次模型主要用于规模比较小的系统，对于一个复杂的大系统来讲，需要考虑的因素往往非常多，而且因素之间还存在着不同的层次，这就产生了多层次模型。对于信息系统而言，常用的就是多层次模型，因为一个信息系统首先是“模糊”的：即系统内部诸要素之间的相互作用关系及各要素对系统功能的影响程度在量上是难以精确衡量的;其次信息系统也还是一个包含着若干不同层次（或若干子系统）的复合系统，其系统功能从整体上来说是一种综合功能，具有“多属性”特点。因此信息系统的功能评价就是一种多属性多层次的评价，在这方面，模糊多层次模型提供了一种行之有效的方法。

（3）灰色综合评判法。灰色理论是 1982 年开始发展起来的一种新理论，该理论认为：一个实际运行的系统是一个灰色系统，在这个系统中，有些信息是可知的，有的信息知道得不准或完全不知，但是尽管客观系统表象复杂，数据离散，信息不完全，其中必然潜伏着某些内在的规律，系统中各因素总是相互联系的。该理论提供了一种新的系统分析方法即灰色关联度分析法，它根据因素间发展趋势的相似或相异程度，来确定因素间关联程度的大小。灰色综合评判法就是利用灰色关联度分析法结合拓展的最小二乘准则来建立，能很好地处理贫信息系统，也是信息系统评价常用的一种方法。

（4）数据包络法。由美国著名的运筹学家 Charnes.A 和 Cooper.W.W 等人以相对效率概念为基础发展起来的一种新的评价方法，它通过使用数学规划模型比较决策单元之间的相对效率来定量做出评价。数据包络法可以用来评价技术有效性和规模有效性，对信息企业的效益评价是一种很好的方法。

（5）德尔菲法。德尔菲法也称专家法，20 世纪 40 年代由美国 O・赫尔姆和 N・达尔克首创，经过 T.J・戈尔登和美国兰德公司进一步发展而成的。德尔菲法依据一定的程序，采用匿名发表意见的方式，即专家之间不得互相讨论，不发生横向联系，只能与调查人员发生关系，通过多轮次调查专家对问卷所提问题的看法，经过反复征询、归纳、修改，最后汇总成专家基本一致的看法，作为预测的结果。

（6）神经网络法。神经网络的出现为信息系统的评价提供了一种新的方法，神经网络是由许多简单的信息处理单元组成，具有强大的非线性映射能力，还具有自适应、自组织、自学习的特性，并且能从近似的、不确定的、甚至相互矛盾的知识环境中做出决策，可以避开人为计取权重和计算相关系数等环节，因此，目前在系统评价方面也得到了一些尝试。

在实际的评价过程中，上述几种方法经常结合起来使用，常见的有模糊层次分析法、灰色层次分析法、专家神经网络法等，可以根据实际情况选取不同的方法。

上述介绍的评价指标体系涉及信息方面的指标，主要是评价信息的质量，如果用于评价现代信息管理系统将无法反映系统在信息加工、信息处理、信息分析方面的能力。现代信息管理系统评价指标建立应该是基于信息质量的、综合评价信息系统效益的现代信息系统评价指标体系。

每个系统中指标的指标权重决定了指标在整个评价指标体系中的相对重要性，因而决定了相应指标对评价选择的影响力。指标权重的确定可以有三种方法。

（1）采用专家调查法确定权重。采用 1～3 标度法，由专家确定指标权重。

（2）采用层次分析法与专家调查法确定权重。设对于评价目标组成的专家 E={E1,E2,

…,En}（n≥1），由E中专家对目标层中的各指标进行指标权重的两两比较，用求本征值的方法（如方根法、和积法等）计算各评价子指标的权重并进行一致性检验然后计算评价指标的总评分。

（3）完全采用平权的方法。在一定范围内的权重变化对计算结果虽然有所影响，但对结果的影响并不是决定的，即尽管采用不同权重产生了不同的计算结果，但并未造成显著的结果差异。也就是说平权的方法在一定的范围内，尤其是在评价指标所涉及的范围跨行业、跨部门、跨学科或涉及经济、科技、社会等诸多因素的情况下是适用的。完全采用平权的方法在计算和处理上易于操作，易于推广，可以克服上述两种方法带来的人为因素干扰，提供了一个发挥各指标因素作用的平等机率。

信息系统评价人员可以采用类似上述指标对信息系统进行评价，并根据具体评价项目的要求或者信息系统的常规要求挑选信息。如一个以挖掘企业内部信息资源为目标的信息系统，则信息的相关性、完整性、有用性、适量性这四个指标要求尤为突出；而一个以市场预警为目标的信息系统，其信息的实时性与准确性就是至关重要的。

1. 简述信息系统维护的内容。
2. 信息系统评价的指标体系有哪些？
3. 信息系统常用的评价方法有哪些？

第 8 章　面向对象的系统开发方法

本章将介绍面向对象的系统开发方法，供读者理解和学习面向对象系统开发过程与方法。本章首先介绍了面向对象方法和统一建模语言基础知识；其次，介绍面向对象系统开发的过程、模型与技术；接着，结合高校公修课选课系统的例子，进行业务事件分析、建立用例模型、类图和交互图，实现面向对象的系统建模与设计。

本章要点

- 面向对象方法与统一建模语言概述
- 面向对象系统开发过程、模型与技术
- 业务事件分析原理与方法
- 用例建模
- 类图的构建
- 交互模型的构建

面向对象方法（Object-Oriented Method，OOM）是由面向对象程序设计（Object Oriented Programming，OOP）方法发展起来的。1967 年挪威计算中心的 Kisten Nygaard 和 Ole Johan Dahl 开发了 Simula67 语言，它提供了比子程序更高一级的抽象和封装，引入了数据抽象和类的概念，它被认为是第一个面向对象语言。真正的面向对象程序设计还是由 Alan Keyz 主持设计的 Smalltalk 语言奠定基础的，“面向对象”词语也是在 Smalltalk 语言中最先提出的。20 世纪 70 年代初，Palo Alto 研究中心的 Alan Kay 所在的研究小组开发出 Smalltalk 语言，“面向对象”词语也是在 Smalltalk 语言中最先提出的，如 C++、Object-C、CLOS、Eiffel 等。20 世纪 80 年代起，人们基于以往已提出的有关信息隐蔽和抽象数据类型等概念，以及由 Modula2、Ada 和 Smalltalk 等语言所奠定的基础，再加上客观需求的推动，进行了大量的理论研究和实践探索，不同类型的面向对象语言（如 Object-C、Eiffel、Smalltalk-80、CLOS、Object-Pascal、C++等）发展起来。Sun Microsystems 公司于 1995 年推出面向对象的程序设计语言 Java，伴随着互联网的迅猛发展，Java 逐渐成为重要的网络编程语言。微软公司于 2000 年推出 C#，它支持 Windows、Web 和数据库应用程序开发。

8.1　面向对象方法概述

随着面向对象语言的出现，面向对象程序设计也就应运而生且得到迅速发展。之后，面

向对象不断向其他阶段渗透，1980 年，Grady Booch 提出了面向对象设计的概念，之后面向对象分析开始。1985 年，第一个商用面向对象数据库问世。1990 年以来，面向对象分析、设计、测试、度量和管理等研究都得到长足发展。面向对象不仅是一些具体的软件开发技术与策略，而且是一整套关于如何看待软件系统与现实世界的关系，以什么观点来研究问题并进行求解，以及如何进行系统构造的软件方法学。面向对象技术在计算机学科产生了巨大的影响，在产业界有着广泛应用。它已经渗透到计算机科学技术的几乎每一个分支领域，如编程语言、系统分析与设计、数据库、人机界面、知识工程、操作系统、计算机体系结构等。此外，新兴的基于构件开发、面向服务计算、Agent 和面向方面开发等技术也以面向对象技术作为基础。

8.1.1　面向对象领域中的基本概念

什么是面向对象？Coad 和 Yourdon 给出的定义是：

面向对象（Object Oriented）=对象（Objects）+分类（Classification）+继承（Inheritance）+通信（Communication）

面向对象中使用了对象、类、封装、继承、消息和多态等基本概念。

1. 对象

对象（Object）是系统中用来描述客观事物的一个实体，它是构成系统的一个基本单位。对象可以用来描述要研究的任何事物。从一本书到一家图书馆，单个整数到整数列庞大的数据库、极其复杂的自动化工厂、航天飞机都可看作对象，它不仅能表示有形的实体，也能表示无形的（抽象的）规则、计划或事件。对象由数据（描述事物的属性）和作用于数据的操作（体现事物的行为）构成一独立整体。从程序设计者来看，对象是一个程序模块，从用户来看，对象为他们提供所希望的行为。在对内的操作通常称为方法。

2. 类

类（Class）是对象的模板。即类是对一组有相同数据和相同操作的对象的定义，一个类所包含的方法和数据描述一组对象的共同属性和行为。类是在对象之上的抽象，对象则是类的具体化，是类的实例。类可有其子类，也可有其他类，形成类层次结构。

如图 8-1 所示是类的例子，其中类的名字是 Employee，该类有 5 个属性和 4 个方法。

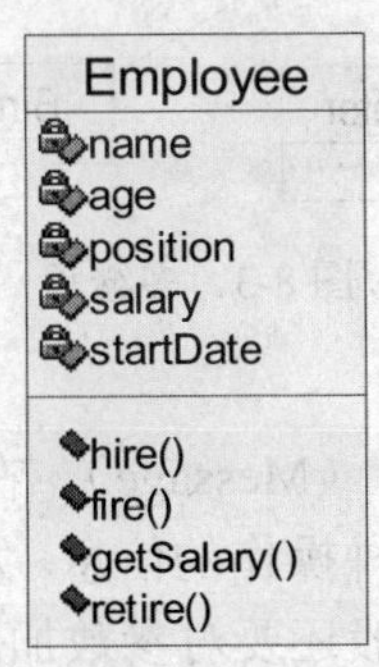

图 8-1　类 Employee

3. 封装

封装（Encapsulation）是一种信息隐蔽技术，它体现于类的说明，是对象的重要特性。封装使数据和加工该数据的方法（函数）封装为一个整体，以实现独立性很强的模块，使得用户只能见到对象的外特性（对象能接受哪些消息，具有哪些处理能力），而对象的内特性（保存内部状态的私有数据和实现加工能力的算法）对用户是隐蔽的。封装使一个对象形成两个部分：接口部分和实现部分。封装的目的在于把对象的设计者和对象的使用者分开，使用者只需了解对象的接口，不必知晓行为实现的细节，用设计者提供的消息来访问该对象。

4. 继承

继承（Inheritance）是子类自动共享父类之间数据和方法的机制。它由类的派生功能体现，一个类直接继承其他类的全部描述，同时可修改和扩充。

继承分为单继承（一个子类只有一父类）和多重继承（一个类有多个父类）。类的对象是各自封闭的，如果没继承性机制，则类对象中数据、方法就会出现大量重复。通过继承可以实现代码的重用：从已存在的类派生出的一个新类将自动具有原来那个类的特性，同时，它还可以拥有自己的新特性。

如图 8-2 所示是单继承的例子。其中，交通工具（Vehicle）是父类，地面交通工具（Ground Vehicle）和空中交通工具（TransatmosphericVehicle）是子类。

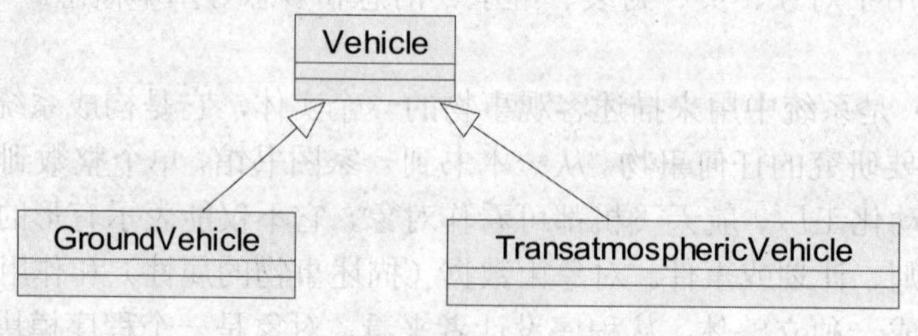

图 8-2 单继承

如图 8-3 所示是多继承的例子。其中子类鸟（Bird）同时继承飞行物（FlyingThing）和动物（Animal）两个父类。

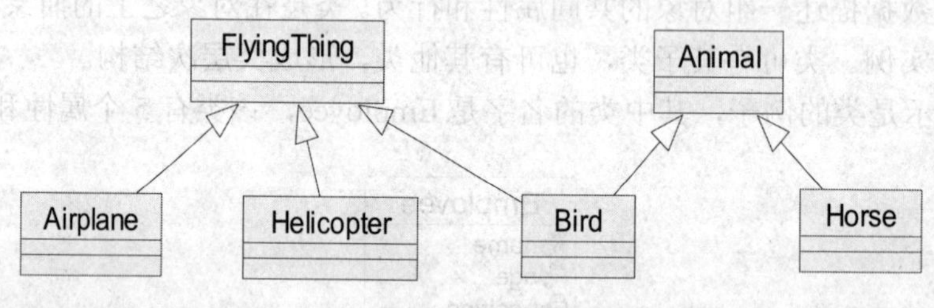

图 8-3 多继承

5. 消息

对象之间进行通信的结构叫做消息（Message）。在对象的操作中，当一个消息发送给某个对象时，消息包含接收对象去执行某种操作的信息。发送一条消息至少要包括说明接受消息的对象名、发送给该对象的消息名。一般还要对参数加以说明，参数可以是认识该消息的对象所知道的变量名，或者是所有对象都知道的全局变量名。

如图 8-4 所示，接受消息 calculateOrderTotal()的订单（Order）类有责任计算订单的总金额，计算结果返回给订单录入界面（OrderEntryForm）类。

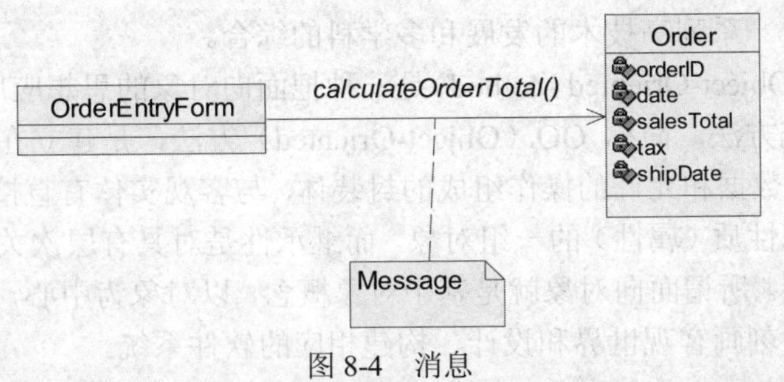

图 8-4 消息

6. 多态

多态（Polymorphism），字面上是指有多种形态的意思。在面向对象技术中，多态是指一个事物在不同上下文中具有不同意义或用法的能力。同一消息为不同的对象接受时可产生完全不同的行动。利用多态用户可发送一个通用的信息，而将所有的实现细节都留给接受消息的对象自行决定，同一消息即可调用不同的方法。例如：Print 消息被发送给一图或表时调用的打印方法与将同样的 Print 消息发送给一正文文件而调用的打印方法会完全不同。

多态的实现受到继承性的支持，利用类继承的层次关系，把具有通用功能的协议存放在类层次中尽可能高的地方，而将实现这一功能的不同方法置于较低层次，这样，在这些低层次上生成的对象就能给通用消息以不同的响应。在面向对象程序设计语言中可通过在派生类中重定义基类函数（定义为重载函数或虚函数）来实现多态机制。多态机制使具有不同内部结构的对象可以共享相同的外部接口，通过这种方式减少代码的复杂度。

在 OO 方法中，对象和传递消息分别表现事物及事物间相互联系的概念。类和继承是适应人们一般思维方式的描述范式。方法是允许作用于该类对象上的各种操作。这种对象、类、消息和方法的程序设计范式的基本点在于对象的封装性和类的继承性。通过封装能将对象的定义和对象的实现分开，通过继承能体现类与类之间的关系，以及由此带来的动态联编和实体的多态性，从而构成了面向对象软件系统。

8.1.2 面向对象方法

1. 面向对象方法概述

面向对象的方法起源于面向对象的编程语言。自 20 世纪 80 年代中期到 90 年代，OO 的研究重点已经从面向对象编程语言转移到设计方法学方面，陆续提出了一些面向对象的开发方法和设计技术。其中具有代表性的工作有：B.Henderson-Sellers 和 J.M.Edwards 提出的面向对象软件生存周期的“喷泉”模型及面向对象系统开发的七点框架方法；G.Booch 提出的面向对象开发方法学；P.Coad 和 E.Yourdon 提出的面向对象分析（OOA）和面向对象设计（OOD）；J.Rumbaugh 等人提出的 OMT 方法；Jacobson 提出的 OOSE 方法等等。值得一提的是统一的建模语言 UML（Unified Modeling Language），该方法结合了 Booch、Rumbaugh 和 Jacobson 方法的优点，统一了符号体系，并从其他的方法和工程实践中吸收了许多经过实际检验的概念和技术。这些方法的提出，标志着面向对象方法逐步发展成为一类完整的方法学和系统化的技术体系。而有关抽象数据类型的基础研究为面向对象开发方法提供了初步的理论。面向对象方法作为一种独具优越性的新方法引起计算机界广泛的关注和高度的重视。正像 20 世纪 70 年代结构化方法对计算机技术应用所产生的巨大影响和促进那样，20 世纪 90 年代 OO 方法强烈地影响、推动和促进了一系列高技术的发展和多学科的综合。

面向对象方法（Object-Oriented Method）是一种把面向对象的思想应用于软件开发过程中，指导开发活动的系统方法，简称 OO（Object-Oriented）方法，是建立在“对象”概念基础上的方法学。对象是由数据和允许的操作组成的封装体，与客观实体有直接的对应关系。一个对象类定义了具有相似性质（属性）的一组对象。而继承性是对具有层次关系的类的属性和操作进行共享的一种方式。所谓面向对象就是基于对象概念，以对象为中心，以类和继承为构造机制，来认识、理解、刻画客观世界和设计、构建相应的软件系统。

2. 面向对象模型

面向对象方法支持三种基本的活动：识别对象和类，描述对象和类之间的关系，以及通过描述每个类的功能定义对象的行为。

为了发现对象和类，开发人员要在系统需求和系统分析的文档中查找名词和名词短语，包括可感知的事物（汽车、压力、传感器）；角色（司机、教师、客户）；事件（着陆、中断、请求）；互相作用（借贷、开会、交叉）；人员；场所；组织；设备和地点。通过浏览使用系统的脚本发现重要的对象及其责任，是面向对象分析和设计过程初期重要的技术。

当重要的对象被发现后，通过一组互相关联的模型详细表示类之间的关系和对象的行为，这些模型从四个不同的侧面表示了软件的体系结构：静态逻辑、动态逻辑、静态物理和动态物理。

静态逻辑模型描述实例化（类成员关系）、关联、聚集（整体/部分）和一般化（继承）等关系，这被称为对象模型。一般化关系表示属性和方法的继承关系。定义对象模型的图形符号体系通常是从用于数据建模的实体关系图导出的。对设计十分重要的约束，如基数（一对一、一对多、多对多），也在对象模型中表示。

动态逻辑模型描述对象之间的互相作用。互相作用通过一组协同的对象、对象之间消息的有序序列、参与对象的可见性定义的途径来定义系统运行时的行为。Booch 方法中的对象交互作用图被用来描述重要的互相作用，显示参与的对象和对象之间按时间序列的消息。可见性图用来描述互相作用中对象的可见性。对象的可见性定义了一个对象如何处于向它发送消息的方法的作用域之中。例如，它可以是方法的参数、局部变量、新的对象或当前执行方法的对象的部分。

静态物理模型通过模块描述代码布局，动态物理模型描述软件的进程和线程体系结构。

综上所述，面向对象方法用于系统开发有如下优点：

（1）强调从现实世界中客观存在的事物（对象）出发来认识问题域和构造系统，使系统能更准确地反映问题域。

（2）运用人类日常的思维方法和原则（体现于 OO 方法的抽象、分类、继承、封装、消息等基本原则）进行系统开发，有利于发挥人类的思维能力，有效控制系统复杂性。

（3）对象的概念贯穿于开发全过程，使各个开发阶段的系统成分具有良好的对应关系，显著提高系统的开发效率与质量，并大大降低系统维护的难度。

（4）对象概念的一致性，使参与系统开发的各类人员在开发的各所段具有共同语言，有效地改善了人员之间的交流和协作。

（5）对象的相对稳定性和对易变因素隔离，增强了系统对环境的适应能力。

（6）对象、类之间的继承关系和对象的相对独立性，对软件复用提供了强有力的支持。

8.1.3　统一建模语言（Unified Modeling Language，UML）

1. UML 概述

面向对象系统开发中生成的大多数模型都用符号表示，这种符号就是统一建模语言（Unified Modeling Language，UML）。Booch 在《The Unified Modeling Language User Guide》一书中对 UML 的定义是“UML 是对软件密集型系统中的制品进行可视化、详述、构造和文档化的语言”。

UML 是在多种面向对象建模方法的基础上发展起来的建模语言，主要用于软件密集型系统的建模。它的演化，可以按其性质划分为以下几个阶段：最初的阶段是专家的联合行动，由三位 OO 方法学家 Jim Rumbaugh、Ivar Jacobson 和 Grady Booch 将他们各自的建模方法（OMT、OOSE 和 Booch）结合在一起，形成 UML 0.9（1996 年 6 月）。第二阶段是公司的联合行动，由十几家公司组成的“UML 伙伴组织”将各自的意见加入 UML，形成 UML 1.0（1997 年 1 月）和 UML 1.1（1997 年 11 月），并作为向 OMG（Object Management Group，对象管理组织）申请成为建模语言规范的提案。第三阶段是在 OMG 控制下的修订与改进，OMG 于 1997 年 11 月正式采纳 UML 1.1 作为建模语言规范，然后成立任务组进行不断的修订，并产生了 UML 1.2、1.3 和 1.4 版本，目前推出的是 UML 2.0 版本。

UML 目的是要成为一种标准的统一语言，为开发团队提供标准通用的设计语言来开发和构建计算机应用。UML 包括一套 IT 专业人员期待多年的统一的标准建模符号，通过使用 UML，这些人员能够阅读和交流系统架构和设计规划——就像建筑工人多年来所使用的建筑设计图一样。UML 成为“标准”建模语言的原因之一在于，它与程序设计语言无关。UML 符号集只是一种语言而不是一种方法学，它可以在不做任何更改的情况下很容易地适应任何公司的业务运作方式。UML 展现了一系列最佳工程实践，这些最佳实践在对大规模、复杂系统进行建模方面，特别是在软件架构层次已经被验证有效。

2. UML 的构成

UML 主要有三类元素：

（1）基本构造块（basic building block）

（2）规则（rule）

（3）公共机制（common mechanism）

其中基本构造块又包括 3 种类型：

（1）事物（thing）

（2）关系（relationship）

（3）图（diagram）

其中事物又分为 4 种类型：

（1）结构事物（structual thing）。UML 中的结构事物包括类（class）、接口（interface）、协作（collaboration）、用例（use case）、主动类（active class）、构件（component）和结点（node）。

（2）行为事物（behavioral thing）。UML 中的行为事物包括交互（interaction）和状态机（state machine）。

（3）分组事物（grouping thing）。UML 中的分组事物是包（package）。

（4）注释事物（annotational thing）。UML 中的注释事物是注解（note）。

关系有 4 种类型：

（1）依赖（dependency）

（2）关联（association）

（3）泛化（generation）

（4）实现（realization）

3. UML 描述图

UML 提供了多种类型的模型描述图（diagram），当在某种给定的方法学中使用这些图时，它使得开发中的应用程序更易理解。

UML 的内涵远不只是这些模型描述图，但是对于入门来说，这些图对这门语言及其用法背后的基本原理提供了很好的介绍。通过把标准的 UML 图放进工作产品中，开发人员就更加容易加入项目并迅速进入角色。UML 的模型描述图可以由下列五类图（9 种图形）来定义，如表 8-1 所示。

表 8-1　UML 图的描述

类型	图名	描述
用例图	用例图	从用户角度描述系统的功能，并指出各功能的操作者
静态图	类图	用于定义系统的类，包括描述类之间的联系（如关联、依赖、聚合等）以及类的内部结构，即类的属性和操作。因此类图是描述系统中类的静态结构，即它描述的是一种静态关系，在系统的整个生命周期都是有效的
	包图	包或类组成，主要表示包与包、或包与类之间的关系。包图用于描述系统的分层结构
行为图	状态图	描述一类对象的所有可能状态以及事件发生时状态的转移条件。通常状态图是对类图的补充
	活动图	描述为满足用例要求所要进行的活动以及活动间的约束关系。使用活动图可以很方便地表示并行活动
交互图	序列图	用以显示对象之间的动态合作关系。它强调对象之间消息发送的顺序，同时也显示对象之间的交互过程
	协作图	同序列图是等价的，但着重描述对象间的协作关系
实现图	构件图	描述代码部件的物理结构及各部件之间的依赖关系。一个部件可能是一个资源代码部件、一个二进制部件或一个可执行部件。它包含逻辑类或实现类的有关信息。部件图有助于分析和理解部件之间的相互影响程度
	配置图	定义系统中软硬件的物理体系结构。可以显示实际的计算机和设备（用节点表示）以及它们之间的连接关系，也可显示连接的类型及部件之间的依赖性。在节点内部,放置可执行部件和对象以显示节点跟可执行软件单元的对应关系

UML 五类图之间存在着或直接或间接的关系（如图 8-5 所示），这体现了 UML 中的辩证法。用例图主要用来描述系统的外部行为；类图和对象图用来定义类和对象以及它们的属性和操作；状态图描述类的对象所有可能的状态以及事件发生时状态的转移条件；顺序图显示对象之间的动态合作关系，它强调对象之间消息发送的顺序，同时显示对象之间的交互；协作图强调对象间的动态协作关系；活动图描述满足用例要求所要进行的活动以及活动间的约束关系，

有利于识别并行活动。除此之外，图 8-5 中未显示的包图用于描述系统的分层结构，构件图描述代码部件的物理结构及各部件之间的依赖关系，配置图定义系统中软硬件的物理体系结构。

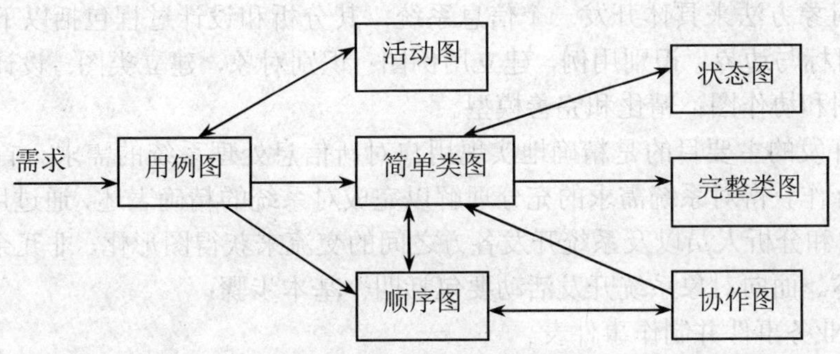

图 8-5　UML 图之间的关系

从应用的角度看，当采用面向对象技术设计系统时，首先是描述需求；其次根据需求建立系统的静态模型，以构造系统的结构；第三步是描述系统的行为。其中在第一步与第二步中所建立的模型都是静态的，包括用例图、类图（包含包）、对象图、组件图和配置图等五个图形，是标准建模语言 UML 的静态建模机制。其中第三步中所建立的模型或者可以执行，或者表示执行时的时序状态或交互关系，它包括状态图、活动图、顺序图和协作图等四个图形，是标准建模语言 UML 的动态建模机制。因此，标准建模语言 UML 的主要内容也可以归纳为静态建模机制和动态建模机制两大类。

8.2　面向对象系统开发过程

8.2.1　面向对象系统开发过程概述

面向对象的思想已经涉及到软件开发的各个阶段，如：面向对象的分析（Object Oriented Analysis，OOA）、面向对象的设计（Object Oriented Design，OOD）、面向对象的编程实现（Object Oriented Programming，OOP）。面向对象的系统开发生命周期有分析阶段、设计阶段、实现阶段组成，每个阶段都可以相互反馈，整个过程是一种迭代、渐增的开发过程。

首先要进行面向对象的分析（OOA），其任务是了解问题域所涉及的对象、对象间的关系和作用（即操作），针对不同的问题性质选择不同的抽象层次，然后构造问题的对象模型，使该模型能精确反映所要解决的“实质问题”。

其次就是面向对象的设计（OOD），即设计软件的对象模型。根据所应用的面向对象软件开发环境的功能强弱不等，在对问题的对象模型的分析基础上，可能要对它进行一定的改造，但应以最少改变原问题域的对象模型为原则。然后就在软件系统内设设计各个对象、对象间的关系（如层次关系、继承关系等）、对象间的通信方式（如消息模式）等，总之是设计各个对象的职责。

最后是面向对象的实现（OOP），即指软件功能的编码实现，主要工作包括：每个对象的内部功能的实现；确立对象哪些处理能力应在哪些类中进行描述；确定并实现系统的界面、输出的形式及其他控制机理等，需要实现 OOD 阶段所规定的各个对象所应完成的任务。

8.2.2 面向对象系统开发活动

运用面向对象方法来具体开发一个信息系统，其分析和设计过程包括以下几个方面的内容：识别系统目标与边界；识别用例，建立用例图；识别对象，建立类图；设计用例的详细逻辑，建立顺序图和协作图；精化和完善模型。

信息系统开发的主要目的是精确地实现用户对新信息处理系统的需求。首先需要用户和分析人员通力合作获得对系统需求的充分理解以完成对系统的精确表述，通过用户之间、分析人员之间、用户和分析人员以及系统开发各方之间的交流来获得图形化、非冗余、精确和本质的用户需求描述。面向对象系统开发活动要包括四个基本步骤：

（1）标识业务事件并制作事件表。

（2）标识用例并生成系统用例图，编写基本用例叙述。

（3）建立各层次类图，以表示系统中的概念、属性、关联以及操作。

（4）为每个用例场景绘制系统交互图，编写操作约定。

实际工作中，系统开发人员可以同时进行几个不同步骤。在进行不同步骤的时候，由于在后续步骤中获得了新认识，前面步骤中所做的工作不断被修改，这反映系统开发的迭代性。

8.2.3 面向对象系统开发模型

面向对象系统开发成果由该过程中开发的模型来反映，如表 8-2 所示，这些图形化的文档便于系统开发参与者们之间的交流。

表 8-2 用于面向对象系统开发的各种模型

模型	数量	重要组件	与其他模型的关系
事件表	每个系统一个	事件	
用例模型	用例图（每个系统一个） 用例叙述（每个用例一个）	用例 参与者 关联	每个事件最少一个用例
类图	每个系统一个	概念 属性 关联 操作	来自于用例叙述
交互模型	交互图（每个用例至少一个） 操作约定（每个消息一个）	参与者 系统 消息	来自参与者的消息的结构和内容取决于用例叙述； 操作约定参考用例叙述和类图

（1）为了描述、理解和交流信息处理系统的需求就要确定系统必须响应的各个事件，需要以事件表来表示的事件模型。

（2）为了研究对业务事件作出响应所需的系统动作，要描述与每个事件相关的用例，并不断修改直到获得用户需求的精确描述，需要表述系统需求的用例模型。

（3）为了理解应用程序以及定义用户对存储数据的需求就要建立类图，该模型显示问题域中相关的各个概念及其属性、关联、操作。

（4）为了表示用户和系统、系统内部类之间交互的每个场景，需要绘制能反映输入的形式和内容的交互图，为每个消息编写约定。

8.2.4　面向对象系统开发技术

系统分析包括对系统需求进行建模和修改的技术，不同分析方法采用对应于特有思维方式的技术，得到不同的分析模型。面向对象分析中使用的关键技术有：

（1）信息收集技术。如会谈、观察、实践、问卷等是收集相关信息和理解用户需求的基本技术。

（2）事件分析。事件分析是面向对象分析的起点，它是确定系统级需求的技术，认为信息处理系统对环境中的重要事件会作出预置响应。

（3）用例建模。用例模型表示系统和用户间所需的交互，由表示参与者和用例的的图和对每个用例的详细描述组成。

（4）类建模。通过应用领域中概念及其属性、关联以及操作的建模来获得对系统的最小化、非冗余、全面的理解，以及静态逻辑构建。

（5）交互建模。交互模型表示参与者与系统之间、系统内部对象之间的交互细节，交互建模用于定义系统内部的软件对象的交互。

8.3　业务事件分析

8.3.1　事件分析相关概念

事件分析启动了面向对象开发过程并作为后续模型开发的基础，是确定用户所需系统功能的强大技术。事件分析包含一些基本概念：事件、事件流、数据流。

1. 事件

事件是在特定的时间发生的事情，并且启动或触发了系统的预置响应。事件分为外部、内部和定时三类。

外部事件是发生在系统边界外的事件。如读者借书、顾客取款、学生选课等。

内部事件是发生在系统边界内的事件。例如，当库存商品的数量低于设定点时发出报警属于内部事件。在涉及各对象动态行为的实时系统和协调系统中，内部事件很重要。

定时事件是发生在预定时间的事件。最常见的定时事件是触发周期性的输出的事件。例如，每个月的第三天为雇员发薪，每周一上午九点之前给经理呈报每周销售报表。

2. 事件流

事件流是指不包含与应用相关的细节特征值的信息流。它仅仅通知系统特定事件的发生并触发系统响应，系统响应所需的所有必要数据都已经被保存在系统内部了。

定时事件总是伴随事件流。例如，定时事件“到了生成客户消费账单的时候了”，生成客户消费账单所需的数据已经在系统内部，不需要外部输入。

3. 数据流

数据流包含与应用程序相关的具有描述事件细节特征值的数据元素。

例如，客户从银行取款，取款请求包括：账户、取款日期、取款额等数据。航空订票请求包括：乘客姓名、乘坐日期、航班号、座位号、服务级别、航线里程等数据。

数据流在事件分析中有两个作用：它的到来触发系统响应；它包含的数据是系统产生响应所必需的。系统响应所产生的数据流可以只包含一两条数据项，也可以是包含详细数据项的复杂报告。

8.3.2 业务事件分析原理

1. 事件驱动原理

以事件的方式来理解系统行为采用的是“刺激－响应”方式。事件驱动系统的基本行为模式如下：

（1）系统空闲等待，直到有事件来触发系统行为。

（2）事件发生时系统做出完整响应。

（3）响应完成后，系统继续等待其他事件发生。

以提供馆藏文献查询的图书馆自助查询终端为例。查询终端在图书馆预置位置等待读者输入查询条件；读者通过查询条件进行查询；查询终端输出查询结果。

从事件分析的角度来看，系统就像自助查询终端，等待输入查询条件或者触发以执行预置动作。为了响应事件，系统或系统中的一些对象必须能够识别发生的事件。事件的发生生成事件流，以信号形式通知系统发生了特定事件。对于外部事件，进入系统的消息必须同时包含特定数据以使系统正确响应。

根据分析人员的目的和系统开发阶段不同，事件可以以不同规模和不同的细节程度来描述。例如，“客户取款”是系统级的高级、大范围事件，“输入取款金额”（客户在 ATM 上按键）是低级、小范围事件。系统级的高级事件一般包含多个低级事件。研究系统需求时主要研究在系统整体级别上的事件，这些系统级事件被称为业务事件。

2. “刺激－响应”观点

业务事件分析考察信息处理系统所采用的是“刺激－响应”观点。刺激就是系统的输入，通报系统环境中事件发生的消息或信号。有些响应是包含预置消息或信号的系统输出，另一些响应则在系统内部存储器中保存数据。如图 8-6 所示是从“刺激－响应”观点来看的外部事件。

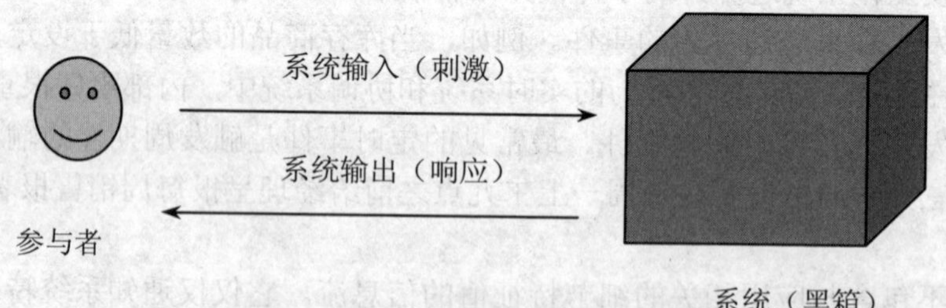

图 8-6　外部事件及其组件

系统输入和输出是系统与其环境交流的唯一方式。这里把系统想象成黑盒子，隐藏其内部发生的事情。系统获知其环境发生事情的唯一方式就是通过接收到的包含所发生事件必要信息的消息来感知。外部事件获知系统响应的唯一方式是来自黑盒子内部的消息。具有消息功能的刺激和响应的价值在于其传播的信息，这些消息可以被归入事件流或数据流。

事件是一个整体，事件分析时要着重于整体而非各部分。事件不同于事件的组件，系统输入、系统的动作或行为、系统输出作为事件的组件，自身都不是事件。

基于“刺激－响应”观点，为获得对用户需求的精确理解，需要通过确定以下信息来进行业务事件分析：

（1）系统需要响应的所有事件。

（2）与每个事件相关联的刺激（系统输入，事件流或数据流）。

（3）所需的响应（系统输出）。

（4）对每个刺激进行响应所需的动作或行为。

8.3.3　业务事件分析方法

1．描述业务事件

进行事件分析时，需要用精确的语言来确定和描述业务事件。用短语进行事件描述，可以获得清晰地理解。下面提供每种类型事件（主要关注外部事件和定时事件）描述的特定样式。

（1）描述外部业务事件。

外部事件描述采用一个完整的主动语态句子。

例如：学生查询成绩；客户从银行账户中取款；顾客购买商品。

当指定外部事件时，句子的主语表示人、组织或环境中的系统，句子的谓语通常表示系统输入——通知系统事件发生的消息。

（2）描述定时业务事件。

定时事件的描述采用短语“到……的时间了”或者“该……了”的样式。

例如：到生成学校公修课程表的时间了。这和“生成学校公修课程表”不一样，“生成学校公修课程表”表述了系统的动作（当事件发生时系统应该做的事情）而不是事件。

这里，当指定定时事件时，句子的谓语通常表示系统的输出——描述系统对事件响应的消息。

2．确定参与者

参与者是提供系统输入或接收系统输出的人、组织或者其他系统。

确定参与者需要：

（1）找到提供系统输入或者接收系统输出的人、组织或环境中的系统。

（2）为参与者命名。

参与者的名字是描述该参与者的名词或名词短语。事件“学生查询成绩”中发出查询请求的参与者是学生。

3．确定系统的输入和输出

系统输入是通知系统需要了解的事件内容的消息，是系统必须响应的刺激。系统输出是系统为了响应事件而产生的消息。

确定系统的输入和输出需要：

（1）找到与事件相关联的进入或离开系统的信息。

（2）为系统的输入和输出命名。

输入和输出的名字采用能描述包含在输入或输出中信息的名词（或名词短语）。主要着重于输入和输出的信息，而不强调动作。成绩管理系统中，查询请求包含了学号和课程信息。

一般来说，输入和输出都被当作数据流。在面向对象系统中，输入用消息来表示；输出可以用消息或输出对象来表示。需要注意，有时候外部事件只是在系统中存储数据而不产生相应的输出。

4. 确定系统的动作

系统的动作是对事件作出响应时必须执行的一个动作或行为。

确定系统的动作需要：

（1）找到对事件作出响应时必须执行的动作或行为。

（2）为系统的动作命名。

动作的名字是该事件描述中包含的动词短语。事件“学生借书”中系统的动作是借书。

当确定了事件、参与者、系统输入和输出、系统动作后，用事件表列出它们对于理解是很有帮助的。表 8-3（下面例子中）所示的就是以推荐格式编写的事件表。

8.3.4 业务事件分析示例

为了深入理解使用事件分析方法建立事件模型的过程，下面以一个高校公修课选课系统为例来进行事件分析。

1. 高校公修课选课的背景

根据教务处的时间期限，每个学期的高校公修课班级计划列表都在学生选课日期之前制定出来。根据这个时间期限，大学里的每个系必须向教务处提交该学期的本系公修课班级计划列表。这些列表中信息综合在一起形成最终的学校公修课班级计划列表。学校公修课班级计划列表被分发给各个系办公室和每位教授，而学生可以在学校布告栏看到。

在预选课期间，学生对自己要选的班级提出请求（通过选课单方式）。每个班级请求包含学生的学号以及学生要选择的公修课的班级号（注：一门课程可分多个班级）。如果该班级不能选，学生可以尝试选择同类课程的其他班级。当学生选择了尽可能多（达到最大允许值）的班级后，学生获得一份打印出来的班级列表。该列表显示了学生成功选定的所有班级。

列出了所含学生的名字和学号的每个班级花名册被打印出来后送给每位任课教授。

2. 高校公修课选课系统的事件模型

根据背景描述，需要进行业务事件分析生成事件表。

（1）确定业务事件。

高校公修课选课过程包含几项活动：首先院系需要制定并向学校教务处提交该系公修课程开课计划列表（开多少门课，每门课程分几个班，每个班计划人数、上课时间、地点、任课教师等信息）；然后学校教务处统计汇总、检查审批并发布学校公修课班级计划列表，院系、教授、学生可以看到；学生根据学校公修课程选课规则选择班级，并获得自己成功选定的所有班级列表；最后，教务处根据选课情况，打印出每个班级的花名册送给相应的任课教授。总体分析后，我们确定四个必须的业务事件，并用推荐格式来描述：

1）系提交公修课班级计划列表。这是一个外部事件，系统直到收到系提交的包含在班级计划中的信息后才作出响应。各系单独上交系公修课班级计划，系统将保存信息以备将来使用。

2）到生成学校公修课班级计划列表的时间了。这是一个定时事件，当所有系都提交了所需要的信息后学校公修课班级计划列表才能生成。

3）学生选择班级。这是一个外部事件，系统完成每个学生选择最大允许班级的请求并生成每个学生的班级列表，系统内部将这些信息记录下来。系统在学生完成班级选择后可立即为其生成班级列表，并不需要等到所有学生都选择完毕。

4）到生成班级花名册的时间了。这是一个定时事件，当所有学生都完成班级选择后系统用保存的数据生成班级花名册。事实上班级花名册可以在某个班级被选满后立即产生，这并不妨碍事件类型的确定。

（2）确定参与者。

这个过程中需要知道谁提供系统输入或从系统获得输出。

在外部事件“系提交公修课班级计划列表”中，可以看出系向高校公修课选课系统提供了各系打算提供的各班级计划信息。系是这个事件的一个参与者。这个事件描述的句子主语是“系”。如果外部事件的描述恰当，那么主语一般就是提供系统输入的参与者。在“学生选择班级”事件中，学生就是提供班级选择信息的参与者。“到生成学校公修课班级计划列表的时间了”、“到生成班级花名册的时间了”两个定时事件由时间来触发，认为不需要参与者提供外部输入。

分析接收系统输出的参与者，事件“系提交公修课班级计划列表”只保存信息没有输出；事件“到生成学校公修课班级计划列表的时间了”中，系、教授和学生收到了学校公修课班级计划列表；“学生选择班级”事件中，学生收到了班级列表；“到生成班级花名册的时间了”事件中，班级花名册发到了各任课教授手中。

四个事件中，识别出系、学生和教授三个参与者。

（3）确定系统输入和输出。

根据业务事件描述，在这里确定并命名系统的输入和输出。在高校公修课选课系统中有两个输入：系公修课班级计划列表（事件“系提交公修课班级计划列表”），选择班级请求（事件“学生选择班级”）。三个输出：学校公修课班级计划列表（事件“到生成学校公修课班级计划列表的时间了”），学生班级列表（事件“学生选择班级”），班级花名册（事件“到生成班级花名册的时间了”）。

（4）确定系统动作。

高校公修课选课系统中有四个业务事件，系统必须执行的一个动作或行为对这四个事件作出响应。这四个动作是：提交公修课班级计划列表（事件“系提交公修课班级计划列表”），生成学校公修课班级计划列表（事件“到生成学校公修课班级计划列表的时间了”），选择班级（事件“学生选择班级”），生成班级花名册（事件“到生成班级花名册的时间了”）。

通过业务事件分析结果，用事件表来表示事件模型。对于每个事件，事件表包含了相关的参与者、输入和输出、系统动作。表 8-3 所示的是高校公修课选课系统的事件表。

表 8-3　高校公修课选课系统的事件表

高校公修课选课系统的事件表						
事件编号	事件描述	系统输入	提供输入的参与者	系统动作	系统输出	接收输出的参与者
1	系提交公修课班级计划列表	系公修课班级计划列表	系	提交公修课班级计划列表		

续表

高校公修课选课系统的事件表

事件编号	事件描述	系统输入	提供输入的参与者	系统动作	系统输出	接收输出的参与者
2	到生成学校公修课班级计划列表的时间了			生成学校公修课班级计划列表	学校公修课班级计划列表	学生 系 教授
3	学生选择班级	选择班级请求	学生	选择班级	学生班级列表	学生
4	到生成班级花名册的时间了			生成班级花名册	班级花名册	教授

业务事件分析中建立的是忽略了系统实现技术的基本模型，分析人员不能假设设计人员选择何种实现技术，必须以能够容许多种实现方式的方法来陈述需求。业务事件分析中，系统具有完美的内部技术，消息在系统中即时流动，系统能立即且无误地作出响应，存储的数据没有意外发生，这些假设帮助分析人员进行事件建模，专注本质而忽略一些次要细节。

8.4 用例模型

用例模型用于对系统的功能以及与系统进行交互的外部事物建模，这是面向对象系统开发的第二个步骤。用例模型表示系统和参与者间的交互，由表示参与者和用例的的图和对每个用例的详细描述组成。这个步骤的主要工作是标识与每个事件相关的用例并生成系统用例图，并编写基本用例叙述，并不断修改直到获得用户需求的精确描述。

8.4.1 面向对象系统的用例

用例，或译为使用案例、用况（Use Case），是一种描述系统需求的方法，使用用例的方法来描述系统需求的过程就是用例建模。用例方法最早是由 Ivar Jacobson 博士提出的，后来被综合到 UML 规范之中，成为一种标准化的需求表述体系。用例的使用在 Rational 统一过程（Rational Unified Process，RUP）中被推崇备至，整个 RUP 流程都被称作是“用例驱动”（Use-Case Driven）的，各种类型的开发活动包括项目管理、分析设计、实现、测试等都是以系统用例为主要输入工件，用例模型奠定了整个系统软件开发的基础。

1. 用例

用例是一组连续的操作，在参与者使用系统来完成某个过程时出现。起初，用例是用于测试在系统响应来自环境的消息时会发生何种情况，是一种在系统内提供所需功能的过程。它是对系统如何反应外界请求的描述，是一种通过用户的使用场景来获取需求的技术，也就是说系统是如何被参与者所使用的，从而获得一个明确的业务目标。可以利用系统对事件响应所需要执行的动作或行为来标识用例。

用例一般是由软件开发者和最终用户共同创作的。用例命名时要避免使用技术术语，而应该用最终用户或者领域专家的语言。实践中往往用动宾结构（动词短语）来强调用例是用于描述过程这一事实。我们从参与者而非系统角度来命名用例。例如，“购买图书”是源自“顾客”参与者，而“销售图书”则是从系统角度来看待用例。在 UML 中，用例用一个椭圆来表示，如图 8-7 所示。

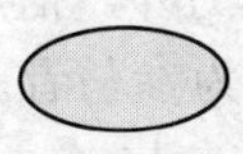

购买图书

图 8-7　用例的例子

用例不是计算机进程模型，是与实现无关的关于系统功能的描述，这是一个需求模型。即从使用系统的角度，站在系统外部查看系统功能。从用户的角度来看，他们并不想了解系统的内部结构和设计，他们所关心的是系统所能提供的服务，也就是被开发出来的系统将是如何被使用的，这就是用例方法的基本思想。

用例并不进行计算，它们只是帮助理解系统必须执行何种操作的模型。用例把系统看作“黑盒”，同系统的交互，包括系统的响应都是可以在系统外部感知的。良好识别的用例应该：描述了满足业务目标的业务活动；没有涉及特定的实现语言；要求合适的细节级别；足够短，使得在一次发布中能够被一个软件开发人员实现。

每个用例集中描述如何获得一个业务目标或任务。从传统的软件工程视角来看，用例只是描述了系统的一个特征。所以对大部分软件项目来说，这就意味着需要很多（有可能是数十个）用例来完整的描述新系统。一个特殊软件项目的正规度和项目的不同阶段将会影响每一用例需要的详细程度。

2. 事件和用例

系统用例的标识可与业务事件分析中标识的事件相关联。每个事件需要一个或多个用例来响应。在初始的用例模型中，建议每个业务事件包含一个用例。之后在初始模型基础上，在复杂情况下，也许需要使用用例间关系来对某个带有多个用例的事件进行建模。

在初始的用例模型中，每个业务事件都有一个用例。因此，对于高校公修课选课系统来说，有四个用例：

（1）提交公修课班级计划列表。

（2）生成学校公修课班级计划列表。

（3）选择班级。

（4）生成班级花名册。

一般情况下，初始模型中用例对应于事件表中的系统动作，即为响应事件而执行的行为，也是向系统用户提供的服务。用例名称也遵循了推荐的命名方法。

8.4.2　参与者

1. 概念与表示法

对于每个有意义的系统，都存在着一些与系统交互的事物，这些事物为了某些目的而与系统进行交互，这些事物被命名为参与者（Actor）。参与者代表的是系统的使用者或使用环境，它们向系统提供输入或接收系统输出。

参与者可以是与系统交互的某个人、组织或系统。最常见的参与者是体现某种角色的人，一个银行业务系统会有从系统获取信息并执行金融交易的客户，一个图书馆管理系统会有查询馆藏信息的读者，人在与系统交互时扮演了这样的角色。一个人可以在不同的事件或不同的系统中具有不同的角色，例如公司员工会同时是公司的客户。诸如厂商、学校等组织也会是参与者，如高校公修课选课系统的参与者系。另外，信用卡确认系统、库存系统、Mail 系统以及客户信用评级系统等计算机系统也常常作为参与者。

需要注意的是，尽管在模型中使用了参与者，但参与者实际上并不是系统的一部分。参与者只能位于系统边界之外，是在系统之外与系统进行交互的任何事物，边界之内的所有人和事物都不是参与者。

参与者的标准图符是一个“人形符号”，参与者的名字放在图符下方，如图 8-8 所示。

如果一些参与者与系统的交互有一部分是相同的，这时用到参与者之间的继承关系（也称为泛化关系）。需要引入包含这些共同的交互的一般参与者（称作父参与者），并对原有参与者进行特殊化处理而形成的特殊参与者（称作子参与者）。特殊参与者从一般参与者中继承执行相同交互的能力，还可以增加自己特有的与系统交互的能力。在 UML 中，继承关系用带三角形箭头的实线表示。如图 8-9 所示是参与者之间继承关系的例子，其中客户是父参与者，A 类客户、B 类客户是子参与者。

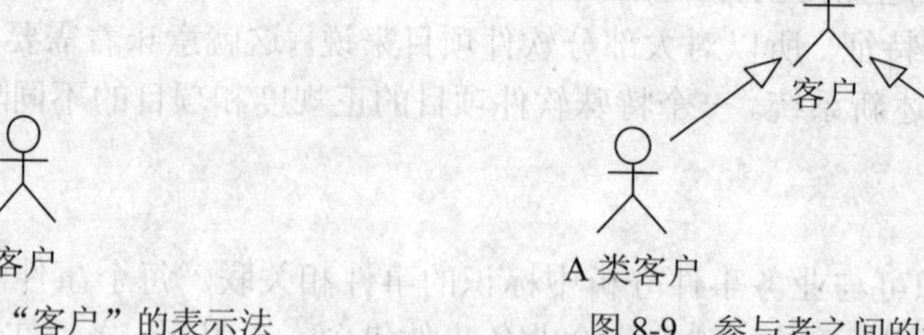

图 8-8 参与者“客户”的表示法

图 8-9 参与者之间的继承关系

根据参与者与系统交互情况，通常把参与者分为发起参与者和加入参与者。发起参与者（通常发起外部事件，提供系统输入）发起用例。加入参与者与用例相关，但不启动用例，仅接收系统输出。经常存在参与者既为发起者又为加入参与者的例子。

2. 识别参与者

事件分析是系统开发的起点，最重要的参与者已经被标识出来。这些参与者出现在事件表中。询问下面六个问题会有助于查找参与者：

谁初始化每个外部事件？

谁作为每个事件的一部分，将信息输入系统或者从系统获取信息？

谁来更新系统中作为每个事件一部分的信息？

谁维护和管理系统？

每个用例与什么计算机系统交互？

每个用例与什么组织交互？

这些问题有助于我们抽象出系统的参与者。对于 ATM 机的例子，回答这些问题可以使我们找到更多的参与者：操作员负责维护和管理 ATM 机系统、ATM 机也需要与后台服务器进行通讯以获得有关用户帐号的相关信息。识别过程中，从用户的角度，集中精力找出最重要的参与者，然后按着工作过程找出一些其他参与者。对识别出来的参与者，记录他们的责任，必要时通过识别继承关系来组织参与者。

3. 高校公修课选课系统中的参与者

使用前面用于查找参与者的六个问题，我们为高校公修课选课系统中的四个事件相对应的用例标识候选参与者。

谁初始化每个外部事件？ 系、学生

谁作为每个事件的一部分，将信息输入系统或者从系统获取信息？ 系、教授、学生

谁来输入要存储在系统中的信息？ 系

谁维护和管理系统？ 系统管理员

每个用例与什么计算机系统交互？ 分数系统

每个用例与什么组织交互？ 大学（其他需要学生成绩的大学）

这四个用例相关的最重要的参与者是系、学生和教授，没有涉及系统管理员、分数系统以及其他大学。这些参与者可能参与到其他用例中。

在为高校公修课选课系统标识的四个用例中，发起参与者是系和学生，与两个外部事件有关，而加入参与者是系、教授以及学生，接收了系统的输出信息。

8.4.3 用例图

1. 用例图

在标识出系统的用例、参与者后，就可以制作用例图了。用例图（Use Case Diagram）是图形模型，是一幅显示系统中所包含的参与者、用例和两者之间对应关系的图。图 8-10 显示了高校公修课选课系统的用例图。表 8-4 显示了从前面事件表中导出的部分。

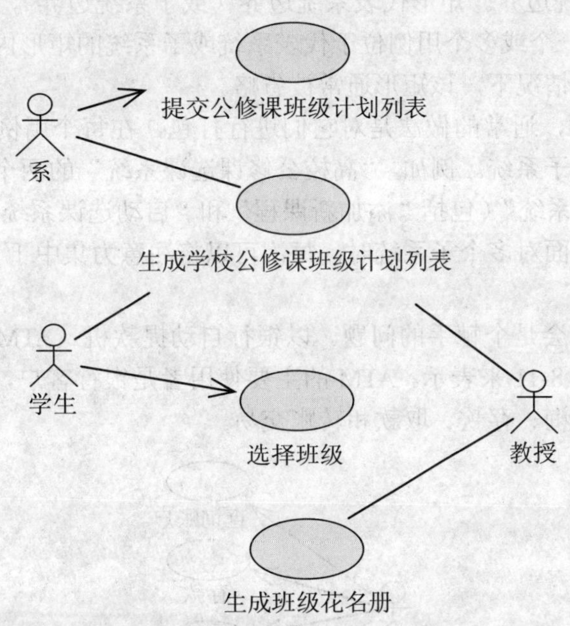

图 8-10 高校公修课选课系统的用例图

可以看到，用例图提供的信息少于事件表所提供的，因为用例图中的线没有标示出系统输入、输出信息，也没有明确指出定时事件和外部事件之间的差别。所以，结合事件表有助于更透彻地理解功能需求。

表 8-4　从高校公修课选课系统的事件表中选择的列

事件编号	事件描述	提供输入的参与者	接收输出的参与者
1	系提交公修课班级计划列表	系	
2	到生成学校公修课班级计划列表的时间了		学生 系 教授
3	学生选择班级	学生	学生
4	到生成班级花名册的时间了		教授

2. 用例图组件

在绘制用例图之前，充分理解用例图组件非常重要。它包含四种类型的组件，每一种都有一个图标代表。它们是：

（1）用例。用于表示系统所提供的服务，用一个含用例名字的椭圆形图标表示。

（2）参与者。代表系统的使用者或使用环境，用一个含参与者名称的人形符号表示。

（3）参与者和用例之间的关联。关联用于表示参与者和用例之间的对应关系，它表示参与者使用了系统中的哪些用例（服务），或者说系统所提供的用例（服务）是被哪些参与者所使用的。UML 标准通过直线将参与者与用例连接在一起。但是，在用例图中我们可以标识发起参与者。从参与者到用例的箭头意味着，该参与者是该用例的发起参与者。加入参与者与用例之间的直线没有箭头。

（4）系统或子系统边界。矩形代表系统边界（或子系统边界），用于显示该系统或子系统内部和外部的事物。一个或多个用例位于代表系统或子系统的矩形内部，把参与者放在外边。在只定义一个子系统的情况下，该矩形通常被省略。

当具有许多用例时，通常的做法是对它们进行打包，在每个用例组周围放置矩形，用例包可以代表一个系统或子系统。例如，“高校公修课选课系统”的两个子系统可能是“选课子系统”和“课程维护子系统”（包括“添加新课程”和“启动选课系统”两个用例），可以分别被打包。这样，在用户面对多个子系统时，每次可以将注意力集中于一个单一子系统上。

3. 标识系统边界

定位系统边界常常会是个棘手的问题。以银行自动提款机（ATM）为例，它的主要功能可以由下面的用例图图 8-11 来表示。ATM 的主要使用者是银行客户，客户主要使用自动提款机来进行银行账户的查询、存款、取款和转账交易。

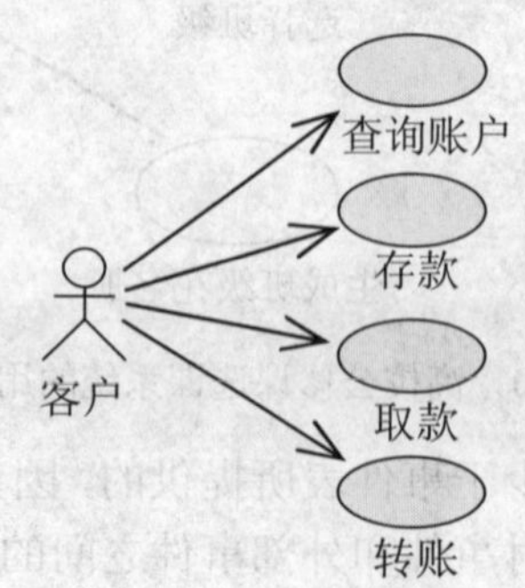

图 8-11　银行自动提款机（ATM）系统的用例图

对于 ATM 系统，操作员负责维护和管理 ATM 系统、ATM 也需要与后台服务器进行通讯以获得有关用户账号的相关信息。如果我们所要定义的系统边界仅限于 ATM 机本身，那么后台服务器就是一个外部的系统，可以抽象为一个参与者。如果我们所要定义的系统边界扩大至整个银行系统，ATM 机和后台服务器都是整个银行系统的一部分，这时候后台服务器就不再被抽象成为一个参与者。

标识系统边界时，我们建议系统边界内包含的场所应尽量多一些，这样就避免了为用例假设特定技术的问题。在系统分析中，应当仅指定基本需求，避免假设特定解决方案。

用例建模时不要将一些系统的组成结构作为参与者来进行抽象，如在 ATM 系统中，打印机只是系统的一个组成部分，不应将它抽象成一个独立的参与者；在一个管理信息系统中，数据库系统往往只作为系统的一个组成部分，一般不将其单独抽象成一个参与者。

8.4.4　用例叙述

用例图只是在总体上大致描述了系统所能提供的各种服务，使我们对于系统的功能有一个总体的认识。用例描述的是参与者与系统之间的对话，但是这个对话的细节并没有在用例图中表述出来，针对每一个用例还需要描述这一对话的细节内容，这些信息包含在用例叙述中，用例模型是由用例图和每一个用例的详细描述——用例叙述所组成的。没有描述的用例就像是一本书的目录，我们只知道该目录标题，并不知道这些目录标题的内容是什么。事实上，用例的描述才是用例的主要部分，是后续的类图和交互图分析的基础。

用例叙述是系统响应参与者操作所依据的内部操作顺序的叙事描述。用例叙述可以由简短描述到完整描述来完成，一般采用自然语言表达，便于用户、项目经理、开发人员、测试人员等相关用户交流与理解。用例的描述应该包含哪些内容，没有一个统一的标准，但一般应包含“充分”描述系统预期响应的内容。

1. 简短用例叙述

简短用例叙述可以只包含概述系统作用域和功能的的基本项，使分析人员能够总体上把握每个用例。简短用例叙述的模板如图 8-12 所示，图 8-13 为用例“提交公修课班级计划列表”的简短用例叙述示例。

用例：	用例名称
参与者：	罗列所有发起参与者和加入参与者
目的：	用例的理由
概述：	对谁发起用例、预期的系统操作以及对参与者的响应的简短、完整的说明。

图 8-12　简短用例叙述的模板

用例：	提交公修课班级计划列表
参与者：	系
目的：	记录系公修课班级计划
概述：	系提交其将为下一个学期提供的公修课班级计划。每个班级的详细信息（系编号、课程编号、班级编号、最大座位数、上课地点以及教师编号）均记录在系统中。

图 8-13　简短用例叙述示例

2. 完整用例叙述

在简短用例叙述基础上，通常需要对外部业务事件的系统响应进行更为完整的描述。业务（或系统级）事件经常包括几个级别较低或小规模的事件，这些细节事件描述了参与者和系统之间交互的详细信息。完整用例描述包含有关这些低级事件的其他详细信息。它以顺序形式罗列出每个低级事件，每个事件后是系统对该事件的响应。完整用例叙述的模板如图 8-14 所示。

用例：	用例名称
参与者：	罗列所有发起参与者和加入参与者
目的：	用例的理由
概述：	对谁发起用例、预期的系统操作以及对参与者的响应的简短、完整的说明。
类型：	关于需求的基本描述，或者考虑技术细节的实现描述
前置条件：	必须为真的条件，以使用例能够开始并产生所需结果。例如，在学生选择公修课程班级之前，班级信息必须存在。
后置条件：	用例完成后必须为真的条件。它描述在用例执行后，系统中应当出现什么变化。
特殊需求：	系统正常使用时所必须达到的用户的重要需求。例如，如果学生在 10 秒之后没有获得对注册请求的系统响应，该学生可能会认为系统出现了故障，或失去耐性并中断进程。
事件流：	参与者的操作顺序以及系统的相应响应的描述。
候选/例外事件流	描述在该用例的执行过程中可能出现的意外情况。在用例中执行的每一个行为都可能因参与者或系统原因出错，添加候选/例外事件流有助于了解每一个例外和应该采取的措施。

图 8-14　完整用例叙述的模板

事件流要描述参与者与系统之间一步一步的交互，每一步要提供充分的内容，用以说明哪个参与者、做了什么事以及相应的系统响应结果。银行 ATM 系统的典型事件流如图 8-15 所示。图 8-15 显示了用例低级事件描述中使用的许多功能，用例应当具有开头、内容以及结尾，最常见的开头句型是“用例在……时启动”，结束句型用“参与者带着……离开/参与者接受了……”。

1.	在银行的客户带着银行卡使用 ATM 系统时用例启动。
2.	银行客户输入银行卡密码。
3.	系统验证银行客户的信息，然后显示消息以示正常状态。
4.	银行客户输入取款金额。
5.	系统验证正确性并记录该事务，然后显示消息。
6.	银行客户完成取款后带着现金和银行卡离开。

图 8-15　完整用例叙述中的事件流格式示例

图 8-15 所示的用例叙述格式无法清晰地显示出事件流中哪些步骤是参与者的操作，哪些操作是系统的响应。可以使用两列格式，如图 8-16 所示。该格式有利于快速识别低级事件和系统的响应。

<table>
<tr><th colspan="2">事件流</th></tr>
<tr><th>参与者操作</th><th>系统响应</th></tr>
<tr><td>1. 在银行的客户带着银行卡使用 ATM 系统时用例启动。</td><td></td></tr>
<tr><td>2. 银行客户输入银行卡密码。</td><td>3. 系统验证银行客户的信息，然后显示消息以示正常状态。</td></tr>
<tr><td>4. 银行客户输入取款金额。</td><td>5. 系统验证正确性并记录该事务，然后显示消息。</td></tr>
<tr><td>6. 银行客户完成取款后带着现金和银行卡离开。</td><td></td></tr>
</table>

图 8-16　完整用例叙述中事件流的两列格式示例

用例“提交公修课班级计划列表”的完整叙述如图 8-17 所示。这个用例叙述忽略了系统要使用或实现的技术细节，称为基本叙述。事件流的参与者操作描述包含必要的特定信息（如：第 2 行提到了系编号、课程编号、班级编号以及教师编号），以使系统正确响应。

<table>
<tr><td>用例：</td><td>提交公修课班级计划列表</td></tr>
<tr><td>参与者：</td><td>系</td></tr>
<tr><td>目的：</td><td>记录系公修课班级计划</td></tr>
<tr><td>概述：</td><td>系提交其将为下一个学期提供的公修课班级计划。每个班级的详细信息（系编号、课程编号、班级编号、最大座位数、上课地点以及教师编号）均记录在系统中。</td></tr>
<tr><td>类型：</td><td>基本</td></tr>
<tr><td>前置条件：</td><td>课程与教师信息已经输入到系统中。</td></tr>
<tr><td>后置条件：</td><td>系公修课班级计划保存在系统中。</td></tr>
<tr><td>特定要求：</td><td>系必须在输入每个小组后，于 10 秒内获得系统响应。</td></tr>
<tr><th colspan="2">事件流</th></tr>
<tr><th>参与者操作</th><th>系统响应</th></tr>
<tr><td>1. 该用例在系提交其学期公修课班级计划时开始。</td><td></td></tr>
<tr><td>2. 该系提供计划中每个小组的系编号、课程编号、班级编号、最大座位数、上课时间、上课地点以及教师编号。</td><td>3. 记录系公修课班级计划信息。</td></tr>
<tr><td>4. 完成计划输入后，该系提示该计划完成。</td><td></td></tr>
<tr><td colspan="2">候选事件流
第 3 行：
输入了无效的系编号和课程编号。提示错误。返回到步骤 2。
输入了无效的上课时间。提示错误。返回到步骤 2。
输入了无效的上课地点。提示错误。返回到步骤 2。
输入了无效的教师编号。提示错误。返回到步骤 2。</td></tr>
</table>

图 8-17　提交公修课班级计划列表的完整用例叙述

需要特别注意完整用例叙述中由参与者提供的输入细节。图 8-17 中，第 2 行标识了系输入的数据，显示了描述每个小组的信息可以重复。数据项相同，但它们的值会随着小组而有所不同。在用例叙述中事件流的右列只包含系统操作，每个系统响应开头处“系统”被省略。

如图 8-18 所示显示了用例“生成学校公修课班级计划列表”的完整叙述。

用例：	生成学校公修课班级计划列表
参与者：	学生、系、教授
目的：	生成大学公修课班级计划
概述：	根据教务处确定的计划，生成并显示某个学期的大学公修课班级计划
类型：	基本
前置条件：	必须输入所有的系公修课班级计划。
后置条件：	无。
特定要求：	学生、系、教授必须能够打印大学公修课班级计划副本。
事件流	
操作	**系统响应**
1. 该用例在生成某个学期的大学公修课班级计划列表时开始。	2. 生成并显示公修课班级计划列表。

图 8-18　生成学校公修课班级计划列表的完整用例叙述

因为定时业务事件的事件流始终如“该用例在时序需求事件触发系统响应时开始；系统生成一个（或多个）系统输出”的模式，事件流简单易理解，所以很少为这类事件编写完整用例叙述。

3. 用例叙述的质量评估

用例是一种在系统内提供所需功能的过程，用例模型作为需求模型仅仅指定了需求的内容，没有说明如何实现这些需求。从事件分析开始，强调系统对事件的完整响应建模，良好的用例叙述详细描述了在参与者使用系统来完成某个过程时出现的操作顺序。识别出的参与者期望用例完成一个或多个功能，直到参与者的所有预期功能都被指定后，才算完成用例建模。事件表中每个事件包括系统输入和系统输出，或者仅有系统输入或系统输出，对应的作为系统内部动作的用例具有某些功能。用例的两个基本功能是生成系统输出和存储数据以备将来使用。

如果系统未生成输出，那么它就没有存在的理由——它没有为其用户创造任何价值。外部事件中，通常是通过向参与者提供直接输出完成用例。例如“学生选择班级”，当过程结束后，学生就接到了有价事物“学生班级列表”。衡量用例质量好坏的一种标准是，看其为参与者生成的有价事物。

另一种情况下，用例不直接为参与者生成有用的输出。例如，事件“系提交公修课班级计划列表”不生成任何输出。有用的输出是“大学公修课班级计划列表”，直到所有系都提交了自己的“系公修课班级计划列表”后，系统才能生成“大学公修课班级计划列表”完整信息。即，用例“提交系公修课班级计划列表”的所有实例必须在用例“生成大学公修课班级计划列表”发生之前进行，仅在延迟后生成所需的输出。处理器中的系统内存会维护“系公修课班级计划列表”信息，直到准备使用该内存中的信息为止。因此，另一个用于衡量用例是否生成有价事物的标准是，看其在不能生成即时输出时，是否存储数据以备将来使用。

4. 为高校公修课选课系统完成用例叙述

其余用例的完整用例叙述如图 8-19 和图 8-20 所示。到此，完成了高校公修课选课系统的用例模型。

用例：	**选择班级**
参与者：	**学生**
目的：	将学生登记到班级，并记录学生选择的班级。
概述：	学生针对本学期预选课程申请加入相应的班级小组，如果所选择的班级还有名额，系统就将学生加入到该班级。完成后系统为学生提供其选择成功的班级列表。
类型：	基本
前置条件：	必须存在学校公修课班级计划，学生信息已输入到系统中。
后置条件：	学生登记到班级中。
特定要求：	学生必须在 10 秒钟内获得系统响应。

事件流

参与者操作	**系统响应**
1. 该用例在学生选择某个班级时开始。	
2. 学生提供自己的编号，以及选择的每个班级的系编号、课程编号和小组编号。	3. 验证学生输入的信息，若有名额就将学生添加到班级。
4. 学生确认不再选择课程小组。	5. 为学生生成班级列表。
6. 学生收到自己的班级列表。	

候选事件流

第 3 行：

输入了无效的学生编号和课程编号。 提示错误。返回到步骤 2。

输入了无效的小组编号。提示错误。返回到步骤 2。

无名额。通知学生。返回到步骤 2。

图 8-19　选择班级的完整用例叙述

用例：	**生成班级花名册**
参与者：	**教授**
目的：	为每位教师生成班级花名册。
概述：	在选课期结束时，生成并显示学期的每个班级花名册。
类型：	基本
前置条件：	学生已完成班级登记。
后置条件：	为教师提供班级花名册。
特定要求：	教师必须能够打印自己的班级花名册副本。

事件流

操作	**系统响应**
1. 该用例在生成学期的班级花名册时开始。	2. 生成并显示班级花名册。

图 8-20　生成班级花名册的完整用例叙述

8.4.5　用例间的关系

除了在参与者和用例之间存在着关联关系，在用例之间也可存在一定的关系。例如，在一个用例中存在着几处重复使用的动作序列，在几个用例中存在着重复使用的动作序列，或一个用例的动作序列被特殊情况所修改。这些情况下，合理分离一个用例中的主要动作序列或分支动作序列会有助于对需求进行管理和理解。UML 规范提供了用例间三种不同类型的关系：包含（include）、扩展（extend）以及继承（generalize）关系，它们的目的是标识并利用通用性。

1. 包含

在两个或多个用例中经常存在着重复的动作序列。把重复的动作序列放在一个用例中，原有的用例（基本用例）再引入该用例（包含用例），这样就在用例间建立了包含关系。

作为包含关系的一个示例，图书的在库状态在登记借阅与归还时必须进行修改，保证读者可以即时查询图书的在库、已借出或已预定状态。重复的动作序列可以成为单独的共享用例，如图 8-21 所示。图中箭头的方向是从基本用例指向包含的用例，也就是说，基本用例是依赖于包含用例的。

可以把包含关系想象为基本用例调用包含用例（类似于子程序调用），基本用例仅仅依赖包含用例执行的结果，而不依赖包含用例的内部结构，显示其可重用性。

一个用例可以包含多个用例，一个用例也可以被多个用例包含。

2. 扩展

扩展关系常用于用例被特殊情况所修改的情况。例如，某位学生在选择大学公修课班级时，可能因为该学生是运动员而允许其登记到已经满员的班级。这种情况下，不用为例外情况逐个编写特殊用例，可以从用例（基本用例）中把可能的行为描述部分抽取出来，放在另一个用例（扩展用例）中，基本用例再用其进行扩展。这样在描述基本动作序列的用例和描述可选动作序列的扩展用例之间就建立了扩展关系。

一个扩展点是用例中的一个位置，如果扩展条件为真，就可以插入扩展用例中描述的动作序列，并予以执行；如果扩展条件为假，扩展不会发生。

如图 8-22 所示是事件流与用例图的扩展，箭头的方向是从扩展用例指向基本用例。

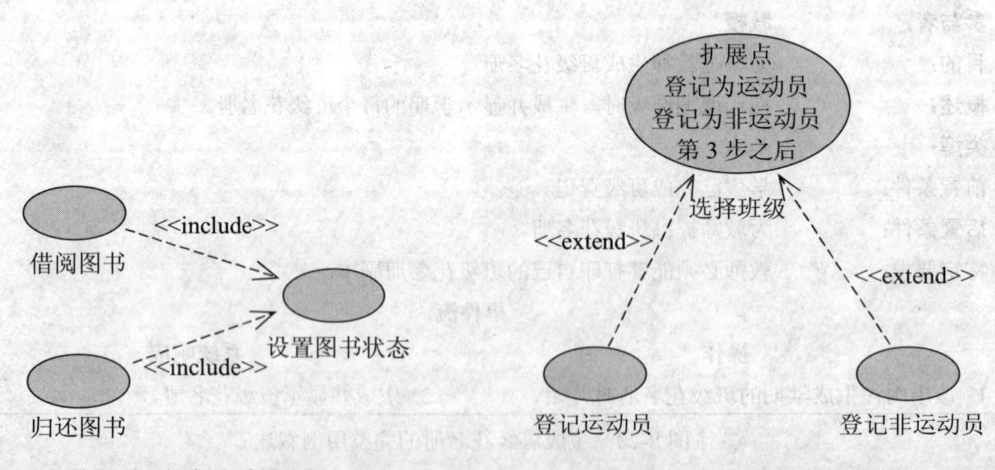

图 8-21　包含关系的示例　　　　图 8-22　扩展关系的示例

可以使用 if 条件语句来指定事件流中应用扩展的位置，扩展关系中基本用例（扩展点）的事件流非常短。如图 8-23 所示显示了向选择班级用例叙述添加的条件语句，以选择适当的登记规定。如图 8-24 和图 8-25 所示显示了扩展“登记运动员”和“登记非运动员”。

用例：	选择班级
参与者：	学生
目的：	将学生登记到班级，并记录学生选择的班级。
概述：	学生针对本学期预选课程申请加入相应的班级小组，如果所选择的班级还有名额，系统就将学生登记到该班级。完成后系统为学生提供其选择成功的班级列表。
类型：	基本
前置条件：	必须存在学校公修课班级计划，学生信息已输入到系统中。
后置条件：	学生登记到班级中。
特定要求：	学生必须在 10 秒钟内获得系统响应。

事件流

参与者操作	系统响应
1. 该用例在学生选择某个班级时开始。	
2. 学生提供自己的编号。	3. 查看该学生是否是运动员。如果该学生是运动员，则执行“登记运动员”用例，否则，执行“登记非运动员”用例。

候选事件流

第 3 行：

输入了无效的学生编号。提示错误。返回到步骤 2。

图 8-23　选择班级的完整用例叙述，其中显示了扩展点

用例：	登记运动员
参与者：	学生
目的：	将学生登记到班级，并记录学生选择的班级。
概述：	一位是运动员的学生选择本学期预选课程的班级小组。系统会将该学生加入到其选择的每个班级，即使所选择的班级已经满员。完成后系统为学生提供其选择成功的班级列表。
类型：	基本
前置条件：	已经完成了选择班级用例的步骤 1 到步骤 3。
后置条件：	学生登记到班级中。
特定要求：	学生必须在 10 秒钟内获得系统响应。

事件流

参与者操作	系统响应
1. 该用例在学生请求选择班级期间已指示他或她是运动员时开始。	
2. 学生提供需要选择的每个班级的系编号、课程编号和小组编号。	3. 验证学生输入的信息，将学生添加到班级。
4. 输入请求的班级后，学生确认不再继续选择班级。	5. 为学生生成班级列表。
6. 学生收到自己的班级列表。	

候选事件流

第 3 行：

输入了无效的系编号和课程编号。提示错误。返回到步骤 2。

输入了无效的小组编号。提示错误。返回到步骤 2。

图 8-24　登记运动员的完整用例叙述

用例:	登记非运动员
参与者:	学生
目的:	将学生登记到班级，并记录学生选择的班级。
概述:	学生针对本学期预选课程申请加入相应的班级小组，如果所选择的班级还有名额，系统就将学生加入到该班级。完成后系统为学生提供其选择成功的班级列表。
类型:	基本
前置条件:	已经完成了选择班级用例的步骤 1 到步骤 3。
后置条件:	学生登记到班级中。
特定要求:	学生必须在 10 秒钟内获得系统响应。

事件流

参与者操作	系统响应
1.该用例在学生请求选择班级期间已指示他或她是非运动员时开始。	
2. 学生提供需要选择的每个班级的系编号、课程编号和小组编号。	3. 验证学生输入的信息，若有名额就将学生添加到班级。
4. 输入请求的班级后，学生确认不再继续选择班级。	5. 为学生生成班级列表。
6. 学生收到自己的班级列表。	

候选事件流

第 3 行：

输入了无效的系编号和课程编号。提示错误。返回到步骤 2。
输入了无效的小组编号。提示错误。返回到步骤 2。
无名额。通知学生。返回到步骤 2。

图 8-25　登记非运动员的完整用例叙述

若要在基本用例中表述可选的交互行为，就可以使用扩展关系。用这种方式把可选行为分离出来，通过扩展关系在扩展点使用它们。对例外行为处理建模时或对系统的可配置的功能建模时，也可使用扩展行为。

3. 继承

用例之间的继承关系意味着子用例包含父用例的所有行为顺序以及扩展，还可以增加行为，或覆盖父用例的行为。用从子用例指向一般用例的空心箭头的实线来表示用例之间的继承关系。

如图 8-26 所示是用例之间继承关系的示例。父用例是 Validate User，子用例有 Retina Scan 和 Check Password 两个。

尽管用例之间的三种关系都有助于重用，但它们之间是有区别的。一般来说，可以使用“is a”和“has a”来判断使用哪种关系。扩展关系和继承关系可类比于用例之间“is a”的关系，包含关系可类比于用例之间“has a”的关系。

扩展关系和继承关系相比，多了扩展点的概念，也就是说，一个扩展用例只能在基本用例的扩展点上进行扩展。

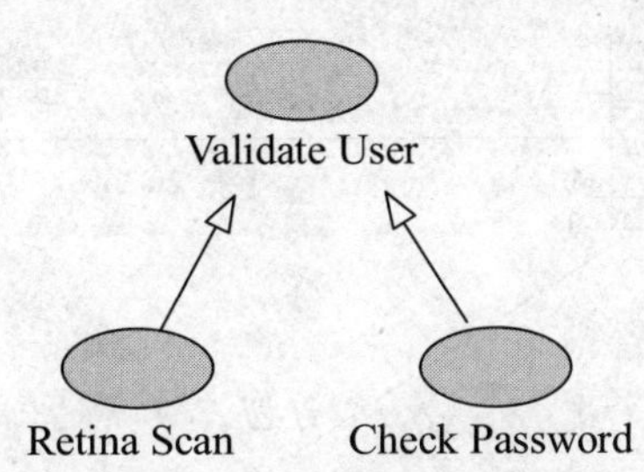

图 8-26　继承关系的示例

扩展关系中，基本用例一定是一个结构完整的用例，即是可以独立存在的用例。一个基本用例执行时，可以执行、也可以不执行扩展部分。

包含用例中，基本用例可能是、也可能不是一个结构完整的用例。执行基本用例时，一定会执行包含用例部分。

8.5　类图

用例叙述详细描述了系统将对每一个事件做出的响应，这为后续工作中系统及其环境间交互建模提供了可能。同时，为了理解应用程序的问题域以及定义用户对已存储数据的需求需要建立概念模型，描述系统中各种对象以及它们之间的各种关系。面向对象方法的核心工作是分析和设计对象以及类，这是一个迭代过程。类作为一个整体，代表了早期系统问题域的概念模型，随着其含义的逐步明确，概念模型不断演进，发展到实现模型，直接对应到程序语言的实现框架，最后根据实现模型进行类编程实现。

尽管在面向对象分析与设计阶段都使用类图，但它们的抽象层次是不一样的。分析层次的类图通过描述应用程序领域内的有用名词概念以及它们之间的相互关系，从而详细说明用户对新系统的需求，我们称之为域模型。在这个阶段，通过问题域中概念及其属性、关联的建模来获得对问题域的最小化、非冗余、全面的理解。

8.5.1　分析层次类图——域模型

生成类图是面向对象系统开发过程的第三个基本步骤。分析层次类图——域模型是一个问题域结构的静态模型。它建立的是现实世界中概念的模型，而不是软件单元的模型。一个域模型由以下部分组成：概念；概念的属性；概念间的关联。

域模型只包括属性——不包括行为。它也不包括与实现用户界面相关的概念，如屏幕输出或按钮。用户界面实现问题是一个设计行为。域模型是一个关于概念及其属性、关联的视图，它可以反映模型内各组件之间的关系。

“域模型”是统一过程（Unified Process）中的术语。就统一建模语言（UML）来说，一个域模型就是一个类图。UML 对所有的类图采用相同的约定，无论是分析模型、设计模型，还是实现模型。如图 8-27 所示显示了一个简单的域模型的例子。

概念，也称为概念类、分析对象，是对一件事情、一个人或者一个理念的抽象。如图 8-27 所示，用一个矩形表示概念。概念的名字出现在矩形框最顶端的空格里。如果概念名用英文单词表示，每个单词的首字母大写，如 Course，DepartmentClassShedule。

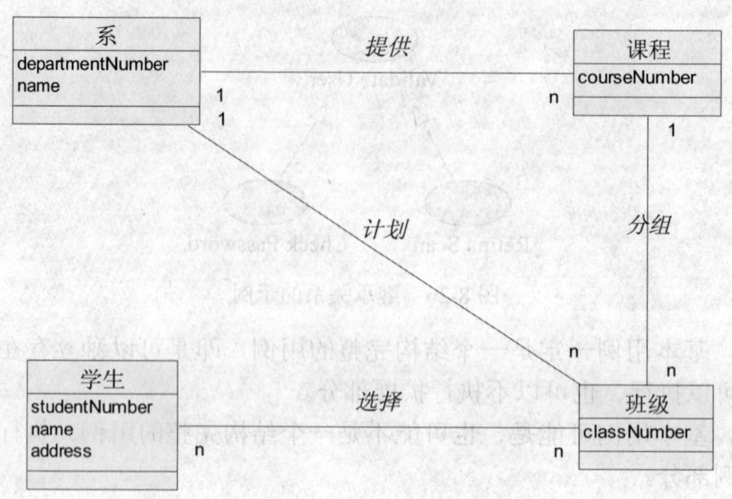

图 8-27 问题域模型的例子

属性是概念的被命名的特征，可以具有值。概念的属性列在矩形框中间的空格中，属性名由小写字母开头而且不包含空格，属性名中所有的附加单词首字母大写。

一个关联说明了问题域的两个概念间存在着重要的关系。用连接一对概念的直线来表示关联，用关联的名字标记这条线。关联的名字应该是动词短语，它们用英文表示时首字母大写。关联是双向的，可以从任何一个方向进行理解，但标记双向关联的名称只能应用于一个方向。例如：关联“选择”指的是概念“学生”选择“课程”，而不是“课程”选择“学生”，从另一个方向理解时是“课程”被“学生”选择。关联的末端注释表示数目的标签以说明多样性，即一个概念有多少个实例与另一个概念的某个实例相关联。

建立域模型，需要发现其各个组件并把它们加入到模型中，我们可以根据业务事件表和用例模型，采用一次分析一个用例的方法来建立域模型。实践中，概念、属性和关联在被发现的同时被加入到域模型中。我们采用四个步骤来进行：定义并添加概念；添加属性；识别并添加关联；一致性检验。

8.5.2 定义并添加概念

概念是对问题域中一个人、事物或者理念的抽象。人被抽象为像经理、顾客、学生、职员等角色。事物的例子像客房、图书、商品等。理念是抽象的概念，如航线、银行账户等。发现概念是面向对象开发中重要的一步，因为分析、设计和编码将使用它们作为主要元素。

1. 发现概念

发现概念需要有关面向对象的深入知识和技术，以及将其应用到所要开发的系统的能力。在使用用例模型完成了需求捕获和描述后，已经对问题域、系统边界和系统责任进行了分析，把用户的需求落实到了各个用例之中。问题域、系统边界和系统责任是发现概念的基础，考虑问题域，侧重于客观存在的事物与系统中概念的映射；考虑系统边界，可启发分析员发现一些与系统边界以外的参与者进行交互并处理系统对外接口的概念；考虑系统责任，侧重于系统责任范围内的每一项职责都应落实到某个（某些）概念来完成。

作为一种策略，可通过查找问题域中的名称和名词短语来发现概念。参考用例叙述可以找到这种单词和短语，考虑用例“提交公修课班级计划列表”（如图 8-28 所示），它的描述包括以下名词短语：系、公修课、班级计划列表、班级、学期、系编号、课程编号、班级编号、最大座位数、上课地点、教师编号、教师、课程。

用例:	**提交公修课班级计划列表**
参与者:	**系**
目的:	记录系公修课班级计划
概述:	系提交其将为下一个学期提供的公修课班级计划。每个班级的详细信息（系编号、课程编号、班级编号、最大座位数、上课地点以及教师编号）均记录在系统中。
类型:	基本
前置条件:	课程与教师信息已经输入到系统中。
后置条件:	系公修课班级计划保存在系统中。
特定要求:	系必须在输入每个小组后，于 10 秒内获得系统响应。

事件流

参与者操作	**系统响应**
1. 该用例在系提交其学期公修课班级计划时开始。	
2. 该系提供计划中每个小组的系编号、课程编号、班级编号、最大座位数、上课时间、上课地点以及教师编号。	3. 记录系公修课班级计划信息。
4. 完成计划输入后，该系提示该计划完成。	

候选事件流

第 3 行：

输入了无效的系编号和课程编号。提示错误。返回到步骤 2。
输入了无效的上课时间。提示错误。返回到步骤 2。
输入了无效的上课地点。提示错误。返回到步骤 2。
输入了无效的教师编号。提示错误。返回到步骤 2。

图 8-28　提交公修课班级计划列表的完整用例叙述

使用这种方法时需注意，并非所有的名词或名词短语都是概念名，如系编号、课程编号、班级编号等可能是属性名，还有一些可能也不作为概念。

2. 在域模型中包含概念的准则

哪些名词应该包含在域模型中，是一个重要和困难的决策，实践中可以参考以下原则：

（1）当系统需要存储与某概念相关的数据以备响应未来某个事件时，应该将概念包含到域模型中。

如为了记录系公修课班级计划，系统必须知道系编号、课程编号、教师编号，以及其他属性。它需要知道已输入系统的课程和教师信息。从中，我们了解需要包含系、课程和教师的概念。

（2）并非每个参与者都要为一个概念，验证标准是系统是否需要记录参与者的属性。

系在“提交公修课班级计划列表”用例中是一个参与者，同时也是一个概念。但这并不意味着每个参与者都必须是概念，要分析系统是否需要记录参与者的属性，如果不需要，我们不把它作为概念包含在域模型中。

（3）区分概念和描述概念的属性。

概念和属性都是域模型的组件，但它们扮演着不同的角色。参照系的概念，系编号是一个属性。上课时间、上课地点与课程的某个班级相关，看起来像是班级的属性。课程编号是概念课程的一个属性，教师编号是概念教师的一个属性。我们通过一个描述课程的属性间接地发现了课程这个概念，通过一个描述教师的属性间接地发现了教师这个概念。类似地，班级编号是概念班级的一个属性。

系统将来需要了解的那些表示系统输出的概念，需要作为重点来考虑。这些概念的属性作为用户界面设计的基础。任何需要生成输出以响应某个事件的数据元素必须包含在系统输入中，必须是域模型的属性，或者必须能从系统的输入和属性中推导得到。

现在我们已经定义了系、课程、班级、教师这些与用例“提交公修课班级计划列表”相关的概念，如图 8-29 所示。当前，这些概念是彼此无关的，属性也没有标示出来，只是个初始的模型。

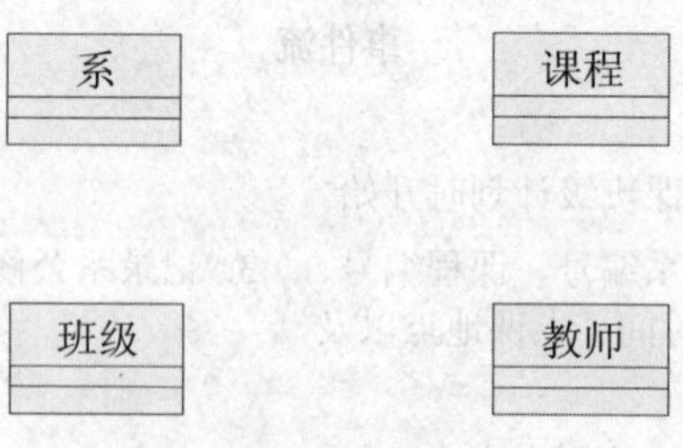

图 8-29 初始的概念

8.5.3 添加属性

属性是概念的某个被命名的特征，它可以有值。定义属性的活动是要把每个概念的特征抽出来，分别作为该概念的单独的属性。

1. 属性与值

不同概念具有不同的概念名，多数情况下，也具有不同的属性集。但有些概念可能具有相同的属性名，例如学生（number，name，address，major,classlevel），教师（number，name，address，title），学生和教师的编号、名字、住址这些属性名相同。

当需要唯一的定义某特殊概念的属性时，可以用概念名作为属性名的前缀，格式如学生（studentNumber，studentName，studentAddress，major，classlevel），教师（professorNumber，professorName，professorAddress，title），这被称作限定属性名。

为概念的每个属性赋值可以充分确定一个实例，如（09562453，郑飞，中五 302，数学，大三）。一个实例是所有与这个概念相关的实例集合中的一员。

可以从两个角度看一个概念。一个是抽象——它命名了概念并枚举了其属性，另一个是具体——通过为属性赋值来区分概念的实例。

2. 发现属性

寻找属性通常是为了在概念中存储必要的描述数据。前面所发现的，在问题域的描述中寻找名词短语的方法为我们带来了属性名和概念名。在寻找概念的时候，可以发现属性系编号、课程编号、班级编号、最大座位数、上课地点、上课时间以及教师编号。

另一个策略是查看每个系统输入中的数据。如果系统输入中的数据必须被保留以备将来使用，它们将作为属性，同时要分析它们描述的是哪些概念的特征。

完整识别的情况下，所需的系统输出都能从域模型的属性中生成。如果不能，说明遗漏了一个或多个属性（也可能是概念），需要继续分析问题域。

3. 在域模型中包含属性的准则

（1）当系统需要记录某属性值以响应某个事件时，应该在域模型中包含此属性。

（2）如果不能确定是属性还是概念，就在初始模型中将其定义为概念。

（3）不要用属性来记录概念间的关系，用关联来代替。

（4）如果一个属性能从模型中其他的属性推导得到，不要包含它。

尝试寻找那些值不变，但能用来计算其他所需值的属性。班级中最大座位数是比可用座位数更好的属性，可用座位数可以通过最大座位数和目前已登记学生人数计算得到。

图 8-30 加入了一些域模型当前发现的属性。

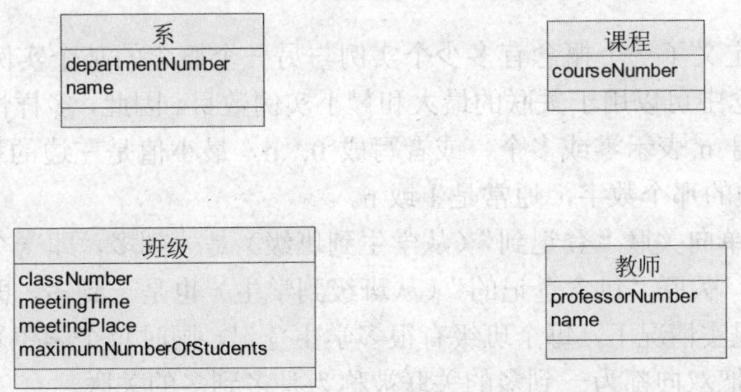

图 8-30　带有属性的概念

8.5.4　定义概念间的关联

前面已经定义了概念以及属性，这里定义概念间的关联，以在域模型中添加概念之间的关系。这样，各个概念才能构成一个整体的、有机的域模型。运用关联可以表现概念间的相互关系和交互情况，关联扩展了域模型，为用户的问题域提供了一个宽广的相互连接的视图。

1. 关联与关联实例

关联指明了问题域中两个概念间存在着的重要关系。一个概念在逻辑上与另一个概念相连接。正如概念具有实例，关联也具有实例。关联在域模型中用一条连接两个相关概念的直线表示，我们需要根据它在问题域中的含义为它命名。

考虑关于概念学生和班级的一个关联，把它称为“登记到”。当概念学生的一个实例与概念班级的一个实例结对时就有一个“登记到”关联实例产生。例如：学生实例（09562453，郑飞，中五 302，数学，大三）与班级实例（01，周三下午 1、2 节，理科楼 303，35）相关联，产生一个关联实例。大多数关联是双向的，只有一个方向的关联要在域模型中表明。通常为关联命名，便于在图中从左到右以及从上到下地阅读。

在图 8-31 中，“登记到”从概念学生指向概念班级，可读成“学生登记到班级”。图 8-32 中，显示的是从概念班级指向概念学生的关联，从右向左可读成“班级包含登记的学生”。

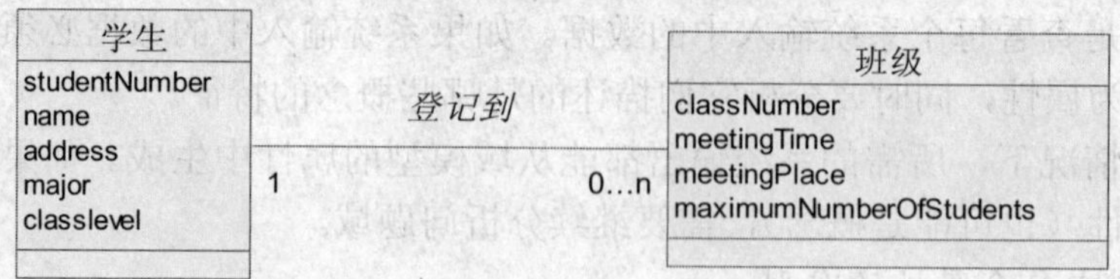

图 8-31　关联从概念学生指向概念班级

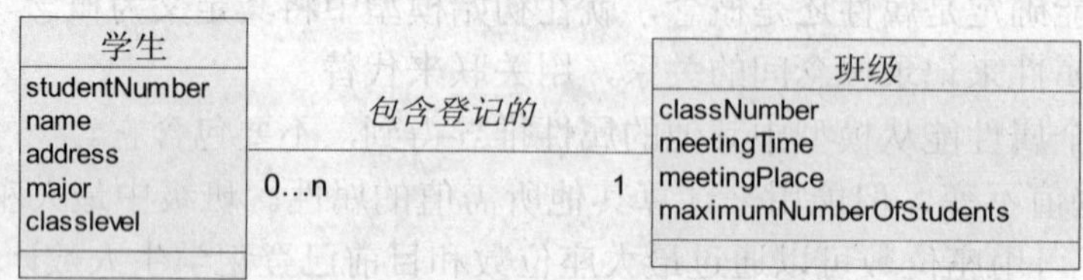

图 8-32　关联从概念班级指向概念学生

2. 多样性

关联的多样性定义了一个概念有多少个实例与另一个概念的某个实例相关联。代表关联的直线也显示了概念中可以用于关联的最大和最小实例数目。因此，多样性的值成对地显示在关联的尾部——符号 n 表示零或多个，或者写成 0…n。最小值是左边的那个数字，通常是 0 或 1；最大值是右边的那个数字，通常是 1 或 n。

在图 8-31 中，单向关联“登记到”（从学生到班级）是一到多，即一个学生登记零或多个班级。在图 8-32 中，关联“包含登记的”（从班级到学生）也是一到多，即一个班级可以被零或多个学生登记。现实情况下，每个班级有很多学生登记，同时每个学生登记了多个班级，如图 8-33 所示。我们把双向都为一到多的关联被称为是多到多的关联。

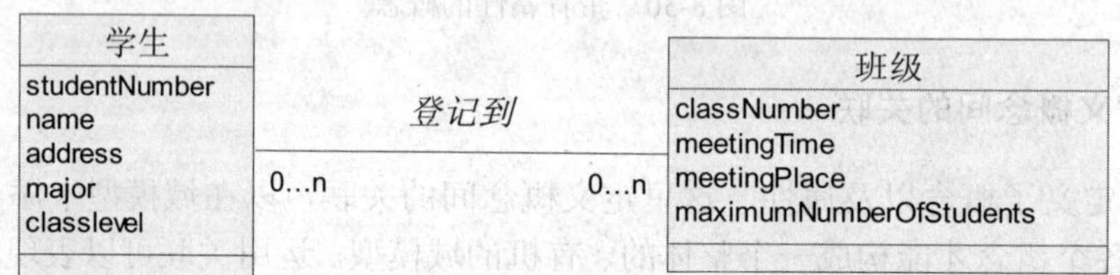

图 8-33　学生和班级之间的多到多关联

3. 在域模型中包含关联的准则

可以使用普通关联列表的方法帮助发现关联，表 8-5 使用了这样的列表。

表 8-5　普通关联列表

关联类别	示例
概念 A 是概念 B 的物理组成部分	屏幕—显示器 车架—自行车
A 在物理上包含于 B	货品—集装箱 乘客—客车

续表

关联类别	示例
A 在逻辑上包含于 B	课程—学期课程表
A 是业务交易 B 中的一个产品	销售项目—销售
A 是 B 的一个成员	学生—社团
A 是 B 的一个分组	系—大学
A 与事务 B 相关	顾客—购物 读者—借书

当系统需要记住某关联以响应某个事件时，应在域模型中包含此关联。例如，在学生选课系统中，必须记录某个具体学生选择了某个具体的班级。

4. 整体—部分关联

客观世界中，事物之间的“整体—部分”关联很常见。整体—部分关联使得域模型中一个概念与参与构成的概念间发生联系，例如：一张大学班级计划和其中的项目，一个社团与它的成员，一个计算机和它的组件。为了描述整体—部分关联，可以用“有一个”、“包含”（从整体到部分）或者“是……的一部分”、“是……的成员”（从部分到整体）这样的词汇。UML 提供了整体—部分关联的两个形式——聚合与组合。

（1）聚合。

聚合是表示整体的概念和表示部分的概念之间的“整体—部分”关系。聚合关系中，代表整体的概念被称为聚合体；代表某个部分的概念被称为要素。聚合体和要素相互独立，一个要素可以同时是多个整体的组成部分。例如，一个学生可以同时是几个社团的成员。

聚合的数学性质包括如下两个方面：

①非对称性，若对象 A 是对象 B 的一部分，那么对象 B 就不能是对象 A 的一部分。

②传递性，若对象 A 是对象 B 的一部分，对象 B 是对象 C 的一部分，那么对象 A 是对象 C 的一部分。

把聚合关系表示成一条一端带有空心菱形的线段，菱形紧靠着代表整体的概念。多样性同时显示在聚合的两个端，图 8-34 显示了聚合的一个例子——拥有一名指导老师和众多成员的学生社团。

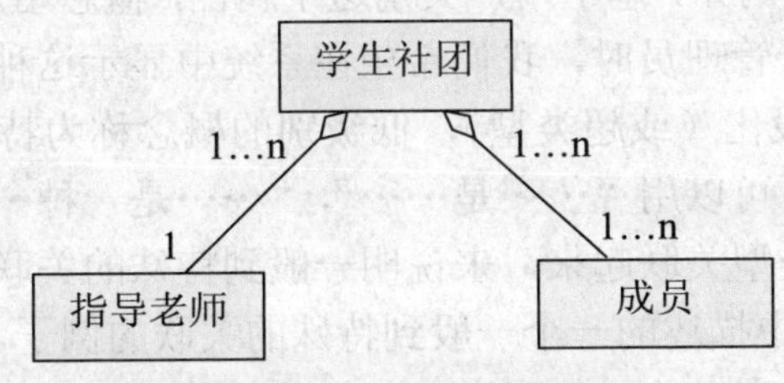

图 8-34　一个聚合关系的例子

（2）组合。

组合表示的也是整体和部分之间的关系。代表整体的概念被称为组合体，代表某个部分的概念被称为组件。

组合是比聚合更具限制性的关联。组合关系中，组合体不能独立于它的组件而存在。一个组件在一个时刻只可能是某一个组合体的组成部分。

当为一个组合关系建立模型时，关联底部为实心菱形并仅靠着代表总体的概念，多样性要在组件的尾部标示，组合体末端的多样性值都假定为 1。图 8-35 显示了一个组合关系的例子——一个计算机有主机、显示器、键盘和鼠标构成。

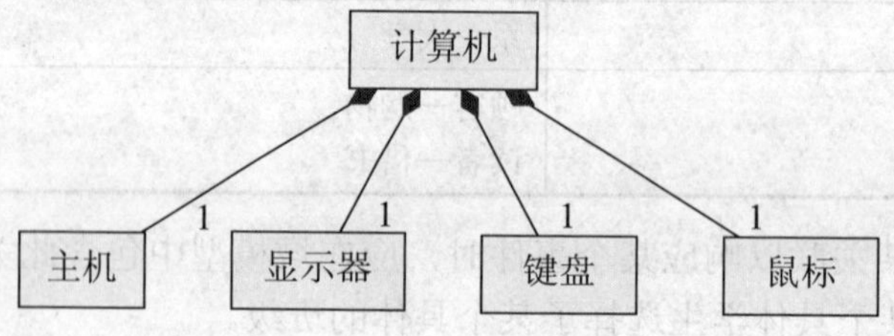

图 8-35　一个组合关系的例子

聚合和组合是整体—部分关联中很重要的两个概念，但也是比较容易混淆的概念，实际应用时开发人员需要根据需求分析描述的上下文来确定是使用聚合关系还是组合关系。表 8-6 总结了聚合关系和组合关系的区别。

表 8-6　聚合关系与组合关系

	聚合关系	组合关系
总体的名称	聚合体	组合体
组成部分的名称	要素	组件
组成部分	可能有不同类型	通常是相同类型
存在状态	可能独立于组成部分存在	不能独立于组成部分存在
组成部分可能从属于多少个整体	组成部分可以同时从属于多个聚合体	组成部分只能同时从属于一个组合体

5. 一般到特殊的关联

应用领域中，一个概念基于一个或多个公共属性的不同值可以被划为子分类，这些子分类可能是互斥的或交迭的。例如，基于用户类别这个属性，概念用户可以分为管理员和一般用户。特别是某些功能仅限于管理员时，我们希望在系统中显示这种区别。

高级别的概念称作一般化（或超类型），低级别的概念称为特殊化（或子类型）。子类型是超类型的特殊化或改进。可以用"……是……"，"……是一种……"，"……是一类……"，这样的语句把子类型和超类型关联起来，来说明一般到特殊的关联。

图 8-36 显示了域模型中描述的一个一般到特殊的关联的例子。子类型和超类型用一个带箭头实线相连，末端是一个空心的三角箭头，指向超类型。可以被读作研究生"是"学生或研究生"是一类"学生。每个子类型的实例必须也是它的超类型的实例，例如每个研究生概念的实例也是学生概念的实例，如果两个概念间的关系不满足这种条件，那么这种关系不是一般到特殊的关联。

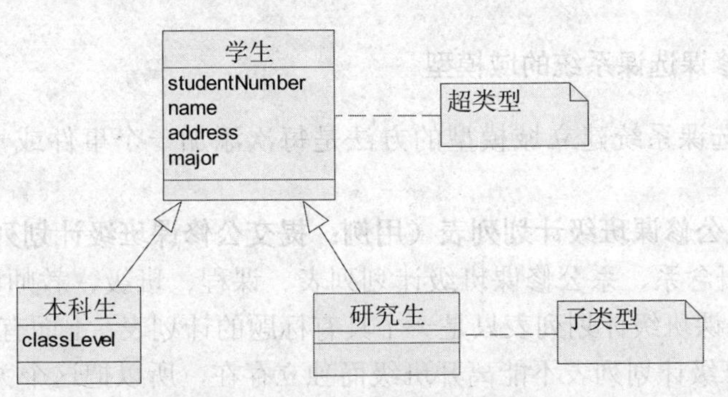

图 8-36　一般到特殊关联的例子

一般到特殊的关联允许子类型间存在不同的属性。图 8-36 中，本科生有一个属性：classLevel，它不属于研究生。共享属性只显示在超类型中，特有属性才出现在子类型中。

一般到特殊的关联的第二个例子是课程与它的班级（如图 8-37 所示）。课程有编号、标题、单元个数这样的属性，班级具有编号、上课时间、上课地点以及最多学生数目这些属性。运用“……是……”原则，我们发现所有的班级可以被称作是一门课程（课程的教学计划安排），但是每门课程不能被称作班级。

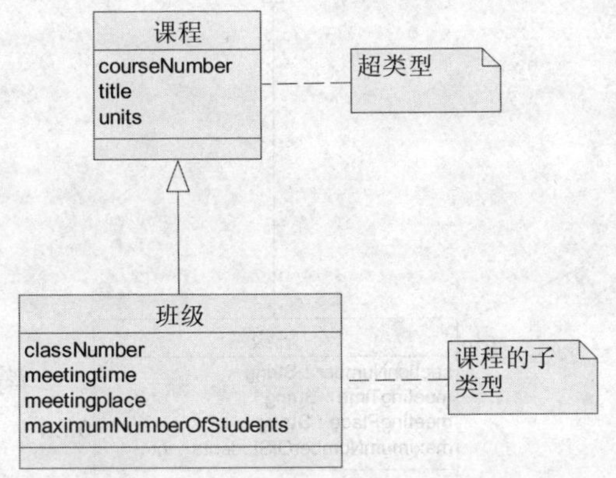

图 8-37　一般到特殊关联的另一个例子

课程/班级的例子不能被建模为整体—部分关联。课程并不包含班级，班级也不是课程的一部分。完成了某门课程中一个班级的学习的学生也就完成了这门课程，他或她无须为了获得完整学分而登记同课程的其他班级。

一般到特殊的关联与聚合关联是不同的概念。聚合与实例相关，包含了两个截然不同的实例：一个是另一个的一部分。一般化与概念相关，是为单个实例构建具体描述的一个方法。我们可以通过思考两个问题来区分两种关联：“这个概念的实例是不是也是另一个概念的实例的一部分？”；“这个概念的实例是不是也是另一个概念的实例？”

显示器是计算机的一部分，但是显示器不是一种计算机——因此我们得到了限制的聚合关系（即组合关系）。一个指导老师和一个成员都是属于学生社团的，但是无论是指导老师还是任何一个成员都不是学生社团——还是聚合关系。但是，一个教师是大学的员工，研究生是一类学生——每个都是一般到特殊关联的例子。

8.5.5 高校公修课选课系统的域模型

为高校公修课选课系统建立域模型的方法是每次添加一个事件或一个用例所涉及的概念、属性与关联。

事件 1：系提交公修课班级计划列表（用例：提交公修课班级计划列表）。

这个事件包括概念系、系公修课班级计划列表、课程、班级、教师以及这些概念间的相互关联。概念系公修课班级计划列表只是一个具有标题的计划表，上面有学期、年份以及班级等信息，系公修课班级计划列表不能离开班级而独立存在，所以把这个关联建模为一个组合。系公修课班级计划列表中也包含了每个班级的上课教师的名字，所以我们必须添加一个教师概念并把它和班级相关联。同时，也要建模课程和班级这个一般到特殊的关联。图 8-38 为事件 1 涉及到的部分问题域的域模型。

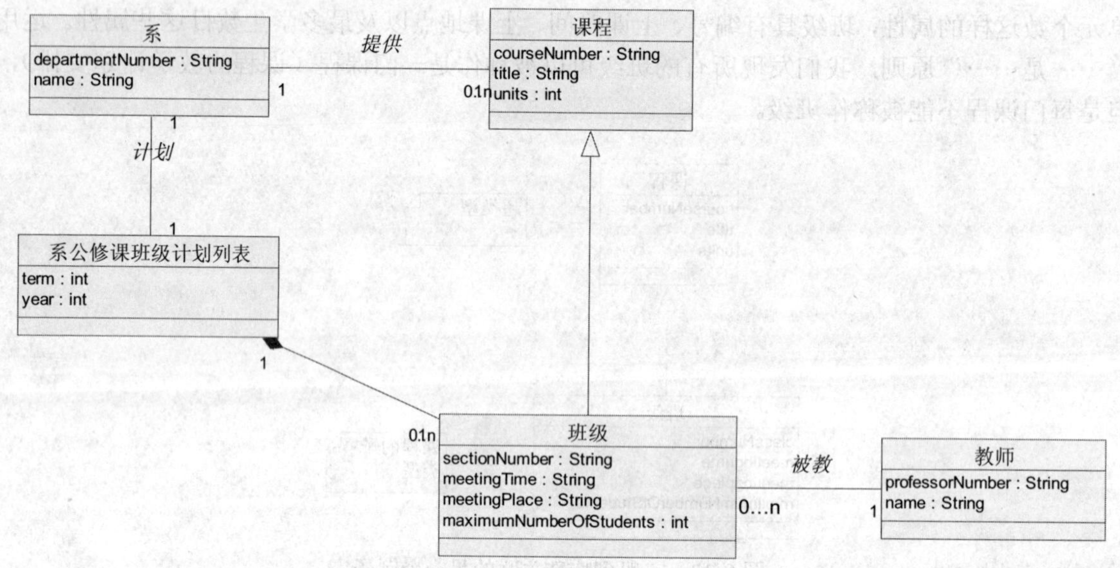

图 8-38 事件 1 相关问题域的域模型

事件 2：到生成学校公修课班级计划列表的时间了（用例：生成学校公修课班级计划列表）。

由于学校公修课班级计划列表是由各系公修课班级计划列表构成的，因此不需要添加任何新的概念。

事件 3：学生选择班级（用例：选择班级）。

选择过程创建了一个学生与班级之间的选择关联的的实例。加入了概念学生和选择关联后，域模型如图 8-39 所示。

事件 4：到生成班级花名册的时间了（用例：生成班级花名册）。

班级花名册不包含任何新信息，它可以由现有的域模型生成。

通过上面的步骤，高校公修课选课系统的域模型就建立起来，也就是建立了分析层次的类图。

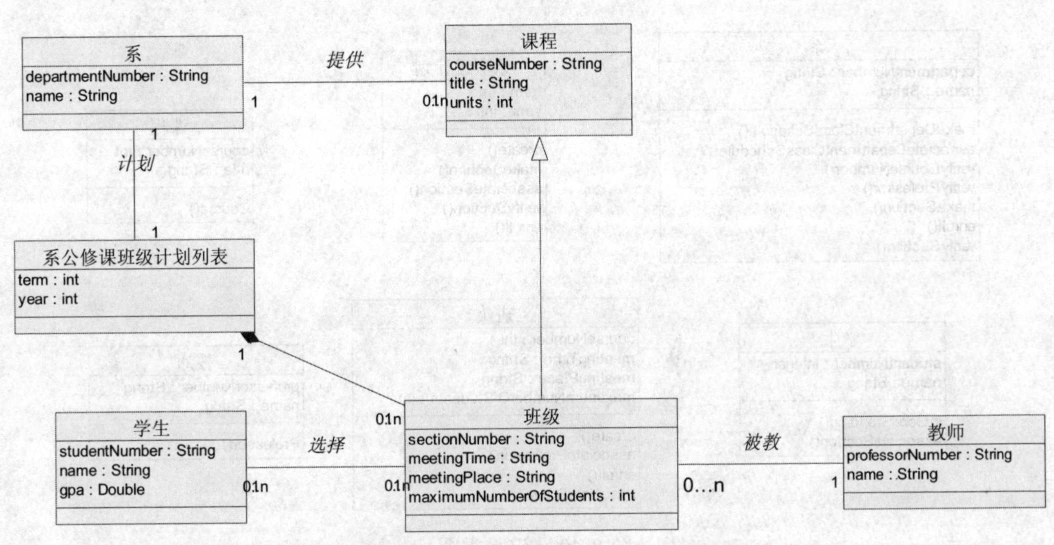

图 8-39 高校公修课选课系统的域模型

8.5.6 完整类图的构建

完整的类图中最上面的部分显示类的名称，中间部分包含类的属性，最下面的部分包含类的操作（或者说"方法"）。分析层次的类图用于详细说明用户对新系统的需求，没有考虑类的操作。

1. 操作

操作是类的对象被要求执行的服务。操作除了要具有名称外，还可具有可见性、参数列表或返回类型。定义操作的基本格式为：

[可见性]操作名[(参数列表)][:返回类型]

可见性分为公有的、受保护的或私有的。操作的可见性为公有的，意味着该操作可由拥有它的对象和其他对象访问；操作的可见性为受保护的，意味着该操作可由拥有它的对象以及该对象所属于的类的子类所产生的对象访问；操作的可见性为私有的，意味着该操作仅仅能由拥有它的对象访问。

操作描述对象的动态特征（行为），可以把操作看作是为其他对象或拥有它的对象所做的工作。对象的操作可分为内部操作和外部操作。内部操作只供对象内部的其他操作使用，不对外提供；外部操作是指，当其他对象用消息请求它时，它进行响应。把一个对象的所有外部操作看作是该对象向外提供的接口，对象通过接口对外部提供服务。在一个对象的内部也可以使用自己的外部操作。

2. 完整类图的构建方法

完整类图的构建基于面向对象方法中的域模型、交互图和系统操作约定。根据三个步骤创建一个完整的类图：确定类及其行为；根据域模型中的一般化添加继承；确定关联。

（1）以域模型和交互图为基础，确定软件方案中的类。将出现在交互图中的对象列出一个列表，同时包含它们在交互图中的行为，得到一个初始类图的清单。然后将列表中每个类的一个符号放置在类图中，添加其在域模型中获得的所有属性，类操作出现在每个类矩形的第三个部分中。图 8-40 展示了一个可能的初始类图。

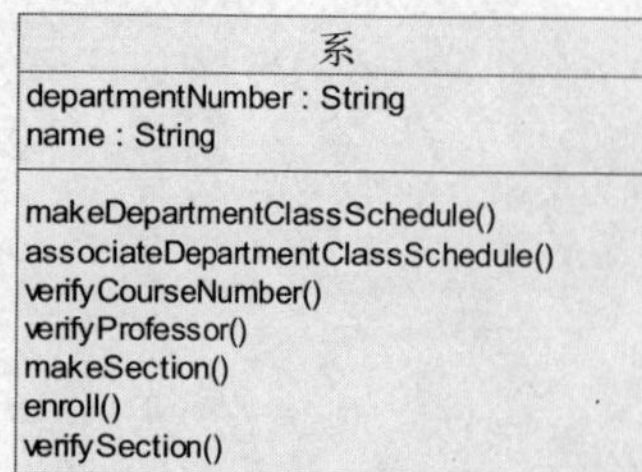

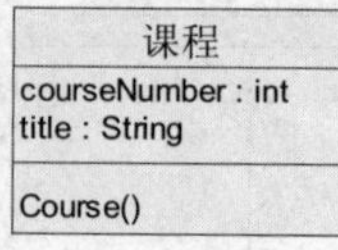

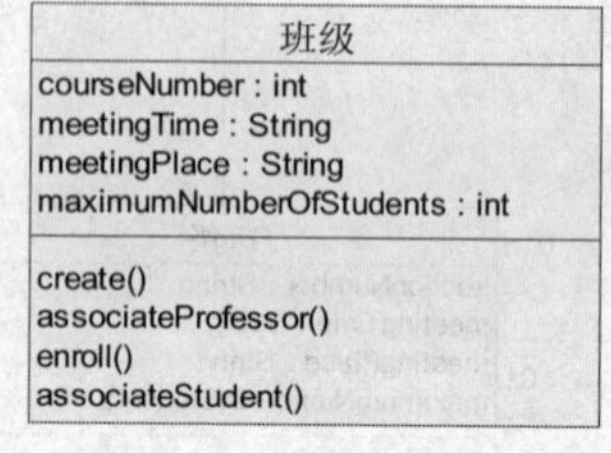

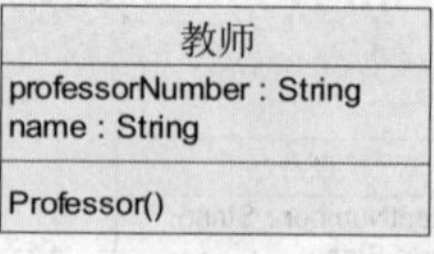

学生
studentNumber : Integer
name : String
inGoodStanding()
associateSection()

图 8-40　初始类图

（2）向类图中添加继承。域模型的一般化显示了超类中由其子类继承的属性，同样，超类中的操作也由其子类继承。高校公修课选课系统中，班级是课程的特殊化，这意味着课程的所有属性，同时也是每个班级对象的属性。由于这些属性是继承来的，就不需要在班级中进行重新定义。

（3）向类图中添加关联。关联包括聚合、组合以及普通关联。可以根据后面的交互图确定哪些对象发送消息，对每个消息或操作，列出有操作创建的关联并添加到类图中。图 8-41 展示了一个包含属性、操作和关联的类图。

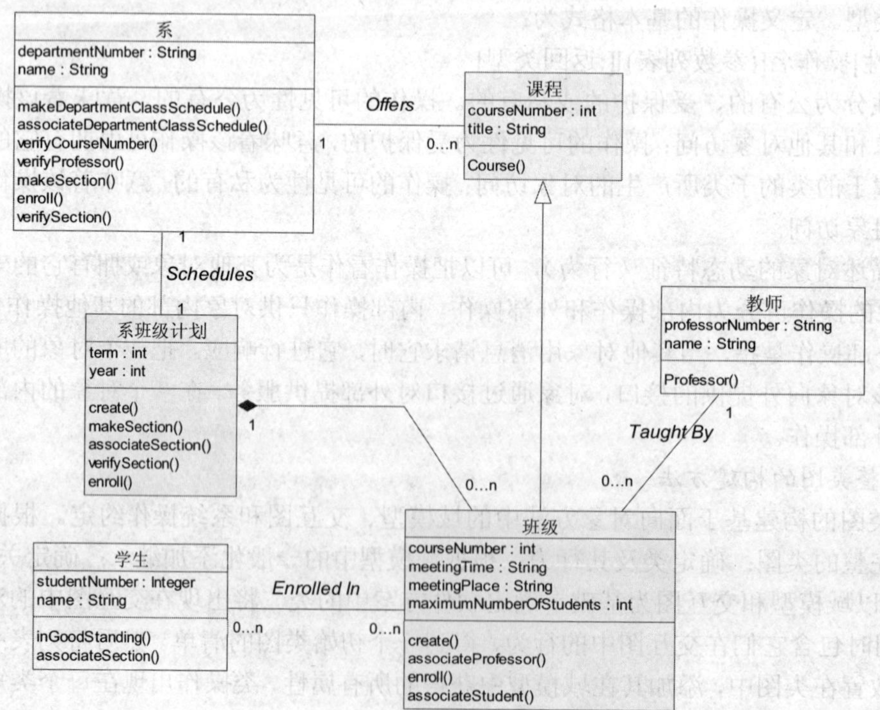

图 8-41　有关联的类图

8.6 交互模型

交互模型描述对象之间的互相作用。互相作用通过一组协同的对象、对象之间消息的有序序列、参与对象的可见性定义的途径来定义系统运行时的行为。Booch 方法中的交互图被用来描述重要的互相作用，显示参与的对象和对象之间按时间序列的消息。

8.6.1　交互模型概述

交互模型是由用来描述对象之间以及对象与参与者之间的动态协作关系以及协作过程中行为次序的图形文档，即交互图（Interaction Diagram）来表示。它通常用来描述一个用例的行为，显示该用例中所涉及的对象和这些对象之间的消息传递情况。

交互图包括顺序图（Sequence Diagram）和协作图（Collaboration Diagram）两种形式。顺序图着重描述对象按照时间顺序的消息交换，展示了类相互协作的完成预期行为的动态过程，向用户提供了随时间推移、清晰和可视的事件流轨迹；协作图是参与交互的对象和类之间消息的网络模型，着重描述系统成分如何协同工作。顺序图和协作图从不同的角度表达了系统中的交互和系统的行为，它们之间可以相互转化。

交互图可以帮助分析人员对照检查每个用例中所描述的用户需求，如这些需求是否已经落实到能够完成这些功能的类中去实现，提醒分析人员去补充遗漏的类或方法。交互图和类图可以相互补充，类图对类的描述比较充分，但对对象之间的消息交互情况的表达不够详细；而交互图不考虑系统中的所有类及对象，但可以表示系统中某几个对象之间的交互。

8.6.2　系统顺序图

交互图的构建基于用例建模结果，完整交互图包括参与者与系统、系统内部对象之间的交互，首先需要绘制参与者与使用用例场景的系统之间的交互，我们称之为系统顺序图。用例场景是用例的实例，当用例在真实情况下发生时，它描述贯穿该用例的特定路径。规模较小的简单系统情况下，可将几个用例场景或用例显示在单个系统顺序图上。

1. 系统顺序图组件

一个系统顺序图显示了：

（1）用例的发起参与者。

（2）该系统。

（3）从发起参与者到系统的消息。

（4）向系统发送消息的每个外部系统。

（5）该系统与业务事件要求的其他系统之间的消息。

（6）从系统到参与者的消息。

（7）这些消息出现的顺序。

因为只有外部事件需要系统输入，有时生成系统输出，所以只为与外部事件相对应的用例制作系统顺序图。

图 8-42 显示了从选择班级用例导出的高校公修课选课系统的系统顺序图。

垂直的虚线（称为生命线）从每个参与者的符号以及代表系统的矩形向下延伸，从参与者到系统的消息被认为是触发系统操作的刺激，系统顺序图上显示的系统输入是一个从发送消息的参与者到系统的箭头，虚线在其被连接至消息处成为矩形。

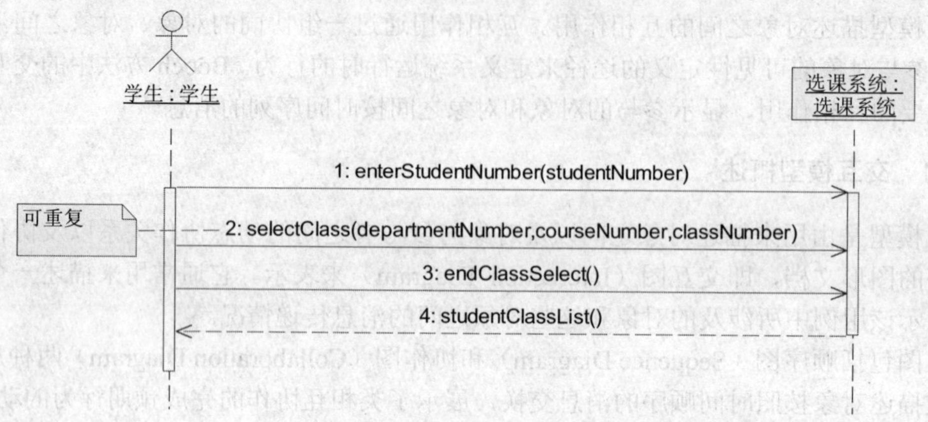

图 8-42　选择班级用例的系统顺序图

每个箭头代表一个标记有输入名称的系统输入，其名称为动词短语。它们以小写字母开始，并且其中不包括空格，系统输入名称中任何附加的单词都是首字母大写的方式出现。输入名称之后的圆括号中是参数列表。同时，系统顺序图上也显示输入中的消息是重复出现还是有选择地出现，可以使用附注来标记。

与之前的消息相关联的系统输出显示为虚线箭头。是否包含系统输出为可选项。包含了系统输出的系统顺序图可以显示参与者和系统之间的所有消息，如图 8-43 所示为提交公修课班级计划列表用例的系统顺序图。

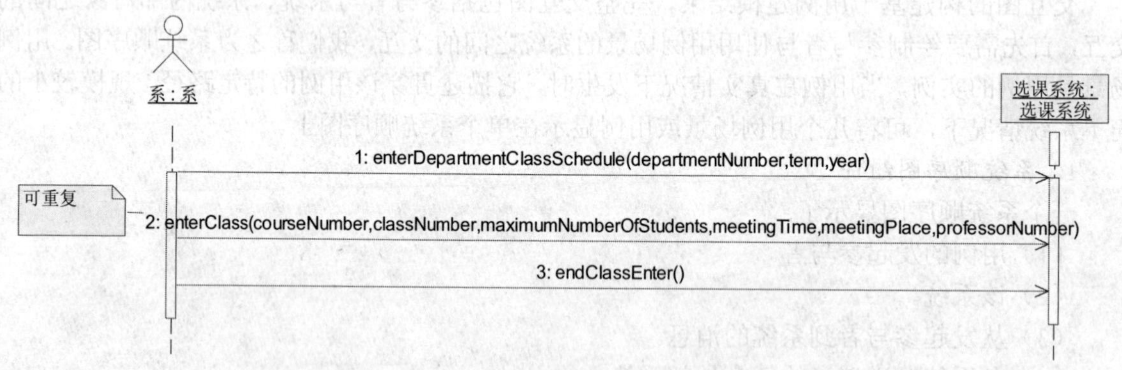

图 8-43　提交公修课班级计划列表用例的系统顺序图

2. 创建系统顺序图

为系统创建系统顺序图的步骤如下：

（1）绘制一个将系统表示为黑盒子的矩形，将该矩形标记上系统名（如选课系统），在矩形下方绘制一条生命线（某些自动化建模工具可以自动实现）。

（2）标识每个向系统直接提供输入的参与者。在系统生命线的左侧，绘制一个代表参与者的人形图标，并标记该参与者的名称。在图标下方，为该参与者绘制一条生命线。

（3）标识系统输入。根据用例描述，从该参与者的生命线向系统的生命线绘制一个水平的箭头，并为其标记系统输入的名称和参数。

（4）标识与之前的系统输入相关联的系统输出，包括系统输出的名称和参数。

（5）确认从上到下显示输入的顺序就是向系统提供输入的所需顺序，以及对应的系统输出的顺序。

8.6.3　系统输入和输出

为了定义系统时序图中系统输入和输出，必须指定信息内容（构成部分）以及信息结构（如何组织各个消息）。在面向对象的系统中，输入被指定为消息；输出被指定为消息或其他信息系统或作为输出对象。

1. 指定系统输入（输入消息）的结构

系统输入的结构是指参与者需要多少消息来通知系统触发系统响应的外部事件。如果需要多个消息，输入结构需要处理消息间的关系。

在事件表中，系统输入具有单一名称（例如，选择班级）。在面向对象的系统中，这一必要系统输入将会被组织为一个或多个消息，我们需要注意每个事件的输入消息的顺序和结构。

需要解决的问题是：系统首先需要知道什么？消息的一部分具有重复结构吗？如果是，则应将重复的部分看作是单独的消息，其后应是向系统指示不再有重复的消息。

例如，要选择班级的学生至少提供以下信息：该学生是谁（学生编号）；消息顺序指定所有请求的班级（班级编号或每个班级的系编号、课程编号以及小组编号的组合）。

如前面的图 8-42 所示，选择班级用例期望学生同一时间请求多个班级。因此，学生必须向系统发生三个消息：一个包含学生的编号的消息；一个指定特定班级的重复消息；一个指示班级列表末尾的消息。

2. 指定系统输入（输入消息）的内容

确定了输入消息的结构后，需要定义其信息内容。我们必须标识系统完全并正确地响应所需要了解的有关外部事件的最低信息量。其目标就是指定系统必需的每个数据片，完整用例叙述应标识所有这些关键的数据片。

（1）数据元素。

每个系统输入（和输出）最终以其数据元素的形式进行定义，所以系统顺序图中每个输入包含哪些基本数据元素必须完全指定。

数据元素是一个信息项（如学生编号、上课时间等），不需要在其所属的系统中进行任何分解。对于数据定义的意义而言，数据元素是最低级或原子级的。按照其可能具有的值以及与每个值相关联的意义来定义数据元素。数据元素可以被重组，这是因为它能够具有值，例如，数字或名称。

（2）消息格式。

消息的格式是：messageName(参数列表)

消息名是动词或动词短语。它们可能强调数据的输入，或请求系统执行的操作。根据 UML 标准，消息名的首字母为小写字母，消息名中没有空格，而消息名中每个附加单词的第一个字母要大写。例如，可以将用例“选择班级”的输入消息命名为：

enterStudentNumber()

selectClass()

endClassSelect()

内容为空的圆括号可能表示：该消息没有参数、当前未定义参数或参数被省略以简化消息的表示。作为消息的一部分进行传输的数据元素就是所谓的消息参数，跟随在消息名之后的圆括号内是消息参数的名称。

（3）指定消息中的数据元素。

现在可以开始指定消息的信息内容了，通过在圆括号内列出数据元素来进行说明。遵循UML 标准，参数名以小写字母开头并且不包含空格，参数名中的附加单词以大写字母开头。参数名用逗号分隔。

用例“选择班级”的输入消息扩展为：

enterStudentNumber(studentNumber)

selectClass(departmentNumber,courseNumber,classNumber)

endClassSelect()（请注意：消息 endClassSelect()用于终止班级列表选择，不需要参数）

（4）系统输入和系统操作。

系统操作是系统执行以响应系统输入的操作。系统输入和相应的系统操作具有同样的名称。系统操作的格式是：messageName（参数列表）。

表 8-7 列出了高校公修课选课系统的系统输入和系统操作。

表 8-7　系统输入与系统操作

用例	系统输入消息/系统操作
提交公修课班级计划列表（如图 8-17 所示） 2. 该系提供计划中每个小组的系编号、课程编号、班级编号、最大座位数、上课时间、上课地点以及教师编号。	enterDepartmentClassSchedule (departmentNumber,term, year) enterClass(courseNumber, classNumber, maximumNumberOfStudents, meetingTime, meetingPlace,professorNumber) endClassEnter()
生成学校公修课班级计划列表（如图 8-18 所示）	（时序事件用例——无输入）
选择班级（如图 8-19 所示） 2. 学生提供自己的编号，以及选择的每个班级的系编号、课程编号和小组编号。	enterStudentNumber(studentNumber) selectClass(departmentNumber,courseNumber, classNumber) endClassSelect()
生成班级花名册（如图 8-20 所示）	（时序事件用例——无输入）

3. 指定系统输出（输出消息）

一般来说，有两种类型的输出消息：完成事件的系统响应（如学生成功选择的班级列表）；向外部系统请求操作和回复的消息（如信用卡消费情况下向发卡银行请求信用卡授权以购买商品）。每个输出必须能够从系统输入或内部存储的数据导出。

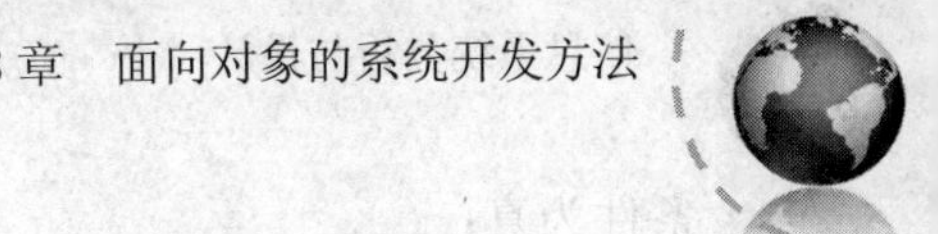

表 8-8　系统输出

用例	带有数据元素的系统输出
提交公修课班级计划列表（如图 8-17 所示）	（没有向参与者的输出）
生成学校公修课班级计划列表（如图 8-18 所示） 2. 生成并显示公修课班级计划列表。	大学公修课班级计划列表=term、year 以及适用于每个系的：departmentNumber、courseNumber、title、classNumber、maximumNumberOfStudents、meetingTime、meetingPlace、professorNumber、professorName
选择班级（如图 8-19 所示） 5. 为学生生成班级列表。	学生班级列表= studentNumber、 studentName 以及适用于每个小组的：departmentNumber、courseNumber、title、classNumber、maximumNumberOfStudents、meetingTime、meetingPlace、professorNumber、professorName
生成班级花名册（如图 8-20 所示） 2. 生成并显示班级花名册。	班级花名册= departmentNumber、courseNumber、title、classNumber、maximumNumberOfStudents、meetingTime、meetingPlace、professorNumber、professorName 以及适用于每个学生的 studentNumber、studentName

（1）定义系统输出。

系统输出如何显示在系统顺序图上，这取决于其类型：

1）根据描述其信息内容的名称的形式来显示普通的系统响应，这是个名称，如学生班级列表。

2）以参数名的 UML 格式列出输出中的所有数据元素（如表 8-8 所示）。

3）以用于系统输入的相同消息格式向外部系统显示消息。

（2）将系统输出的内容指定为输出对象。

在实现信息处理系统时，普通输出（即不要求有关接收方部分的操作的输出）可能由输出对象生成。如果系统顺序图通过单一名称来显示这些普通输出之一，则我们可以通过定义输出对象来定义其信息内容。表 8-8 详细描述了高校公修课选课系统的系统输出。

8.6.4　系统操作约定

系统顺序图显示了消息如何从发起参与者发送到系统，与每个消息相关的是系统操作。编写系统操作约定为软件设计时定义系统内部的软件对象的交互打下基础。

一个系统操作约定描述了系统为消息的参与者作出的内部响应。因为用例模型并没有说明系统会怎么实现响应，所以这仍需要在需求中声明并进行分析。

约定是对某种行为的描述，系统组件（系统操作）保证它自己会执行这个行为。这里所强调的是完成的内容而不是如何完成，约定可以是为软件单元的某个单独操作或者一个系统级操作而编写的。

约定是消息的发送方和接收方共同达成的。约定暗示了：

（1）如果消息的发送方能保证前提条件为真，那么目标操作也会保证操作执行之后后置条件为真；

（2）如果发送方不能保证前提条件为真，那么所有的约定也就失效了，该操作既不会被强制执行也不会保证执行结果。

通常按照前提条件和后置条件来编写约定，前提条件是一种操作开始时必须为真的条件，后置条件是操作执行完成后必须为真的条件。

1. 系统操作和系统操作约定

系统操作是系统根据系统输入做出的响应操作，系统输入和相应的系统操作具有相同的名字。系统操作约定描述的是当执行了某个系统操作后整个系统的状态。表 8-9 定义了一些约定的内容。

表 8-9 约定的内容

条目	内容提示
约定名称	操作名称和参数
职责	对此操作必须履行的职责的简述
类型	表明是系统操作还是其他操作
异常	当它们发生时，表示与正常事件不同的典型流程和做法
输出	发送到外部系统的消息
前提条件	操作执行前系统的假定状态
后置条件	操作执行后的系统状态

2. 创建系统操作约定

在系统顺序图中创建系统操作约定需要以下几个步骤：

（1）在图中定义每个系统操作。

（2）为约定命名并写下约定职责。前面的系统顺序图 8-42 可以用来确定系统操作需求的约定，基本系统操作是 selectClass()，还有两个系统操作 enterStudentNumber()和 endClassSelect()用来为这个基本操作提供支持。

（3）编写后置条件，描述类的变更需求。为了找到系统操作的后置条件，需要将域模型（分析层类图）中会受到该系统操作影响的部分分离出来，然后思考几个问题：

哪些概念的什么实例必须被创建或删除？

哪些属性值改变了？新值是什么？

哪些概念间关联的实例需要被添加或者删除？

用后置条件的过去式和被动语态强调操作的结果本身，而不强调如何得到这些结果。

（4）加入前提条件和异常。

这些用来查看输入对于系统操作上下文和它所在的用例是否有效。表 8-10、表 8-11 和表 8-12 显示了高校公修课选课系统中选课用例的三个系统操作 enterStudentNumber()、selectClass()和 endClassSelect()的约定。

表 8-10　enterStudentNumber 系统操作约定

约定名称	enterStudentNumber(studentNumber)
职责	接受并检验学生的学号；确认该学生具有选课资格
类型	系统
异常	如果该学生的学号无效，提示错误； 如果该学生没有选课资格，那么通知该学生。
输出	无
前提条件	系统能识别学生信息
后置条件	无

表 8-11　selectClass 系统操作约定

约定名称	selectClass(departmentNumber,courseNumber,classNumber)
职责	将某学生登记到所选班级中
类型	系统
异常	如果系编号、课程编号和小组编号的组合无效，则提示错误；如果没有名额，则通知该学生
输出	无
前提条件	系和班级的信息已经被输入到系统中
后置条件	建立一个选课关联的新实例，链接该学生和所选班级

表 8-12　endClassSelect 系统操作约定

约定名称	endClassSelect()
职责	生成学生班级列表
类型	系统
异常	如果学生没有进行选择，则提示错误。
输出	无
前提条件	学生选课正在进行中
后置条件	产生一个学生选择成功的班级的列表

8.6.5　完整交互模型的构建

面向对象软件是由各种对象组成，它们协同工作完成系统功能，完整交互模型的构建需要考虑组成系统软件结构的各个对象、类和消息。

1. 消息

面向对象系统中所有的通信都通过消息来完成。消息是一个对象要求另一个对象执行其功能的请求。发出消息的对象可以被看作是客户端对象，接收消息的对象可以被看作是服务器对象。对象通过交换消息协同工作完成系统的功能，消息指定了：发出消息对象的标识；行为的名字；与消息有关的参数（如果有的情况下）。

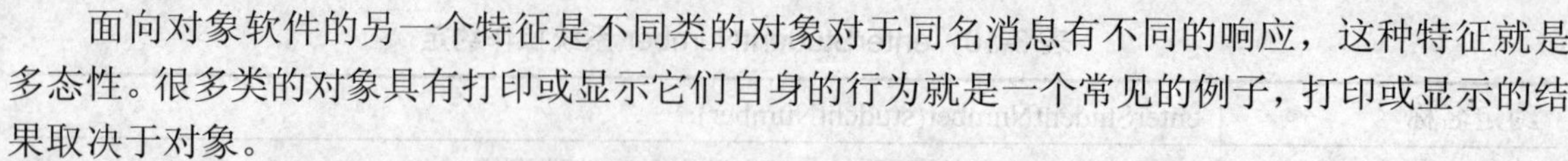

面向对象软件的另一个特征是不同类的对象对于同名消息有不同的响应，这种特征就是多态性。很多类的对象具有打印或显示它们自身的行为就是一个常见的例子，打印或显示的结果取决于对象。

2. 职责、操作和方法

职责是对象对其他对象的义务。它强调类为系统中的对象提供服务的义务或承诺。职责有两种：获知和执行。

对象对获知的响应包括：知道了什么——其属性；知道了谁——与之关联的对象；知道了怎么做什么——其行为（能够执行的操作）。对象对执行的响应包括：自行完成功能；请求其他对象的服务；控制和协调其他对象的活动。

操作是用来完成整个职责或一部分职责的行为。在 UML 中，操作是对象可以请求的服务，操作通过与之同名的消息调用。操作的签名由操作名、参数和返回类型组成。

方法通常被非正式地用于表示对象对消息做出的响应。UML 中定义的方法是类操作的特定实现。

3. 面向对象软件设计模式

面向对象软件设计中，使用模式集来为对象分配职责。这些模式是面向对象设计人员经验的总结，它们代表了面向对象设计的基本原则和最佳实践。

模式就是设计问题及其解决方案的已命名描述。模式也提供了关于何时及如何应用它的指导，包括模式名、问题、解决方案和关于使用结果的注释。面向对象软件设计有很多模式，表 8-13 介绍了设计中应用的 4 种模式。

表 8-13 面向对象软件设计的通用模式

模式名称	**Facade**
问题	谁必须负责处理来自参与者的系统操作消息
解决方案	将职责分配给代表系统整体的对象
注释	Façade 模式提供了两个系统层之间的接口
模式名称	**创建者**
问题	谁必须响应创建新对象的请求
解决方案	将职责分配给与新创建对象的类密切相关的类
注释	既然所有的对象必须在过程中的某一点创建，该模式指导设计人员在何处定位创建消息
模式名称	**专家**
问题	给对象分配职责时的最基本原则是什么
解决方案	将职责分配给具有完成职责所需信息的类
注释	通过将行为分配到数据所在的类，可以改善设计，并使程序易于理解
模式名称	**Singleton**
问题	如何提供全局可见性？如何提供接口的单一访问点
解决方案	定义仅有一个实例的类（“Singleton”）
注释	Singleton 模式提供可以获得的单一位置对系统其他部分是可见的

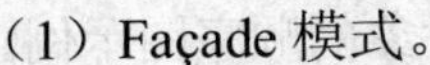

（1）Façade 模式。

管理软件的代表性结构是层次，最佳的系统设计实践将系统至少组织成三层：表示层、应用层和存储层。在三层系统体系结构中，表示层必须与很多应用层对象通信。表示层对应用层所知越多，表示层就越复杂，这会增加整个系统的复杂性。比较好的方法是创建“统一前端”或者中间层的 Façade 对象。使用 Façade 对象的主要优点是强化了三层体系结构的完整性，简化了最上面两层之间的连接，表示层所需要知道的仅仅是 Façade 对象的行为而不是模型的其他内容。

（2）创建者模式。

每个软件对象必须在程序执行的某一点上创建，有些对象在系统启动时创建。每个必须实例化的对象都需要关于哪个对象请求创建它的设计决策。创建者模式将创建消息分配给与新对象密切相关的对象。

（3）专家模式。

因为所有的过程都和数据打交道，所以根据数据的位置来分配行为是有道理的。专家模式规定：职责必须分配给自身包含完成任务所需的绝大部分数据的对象，或者是可以与其他具有数据的对象通信的对象。

（4）Singleton 模式。

Singleton 模式使得对系统其他部分的访问或全局可见性易于实现，该模式常被用来管理应用层和存储层之间的通信。

4. 完整交互图的构建方法

交互图描述了程序中对象或类之间的消息，表示对象间的协作。协作图是参与交互的对象和类之间消息的网络模型，如图 8-44 所示为协作图的示例。它包含表示对象之间消息的线，直线表示从参与者或另一个对象发到该对象的消息，循环表示对象发向自身的消息。消息都被编号以表示它们发生的顺序，消息的各个参数也可以被表示出来。

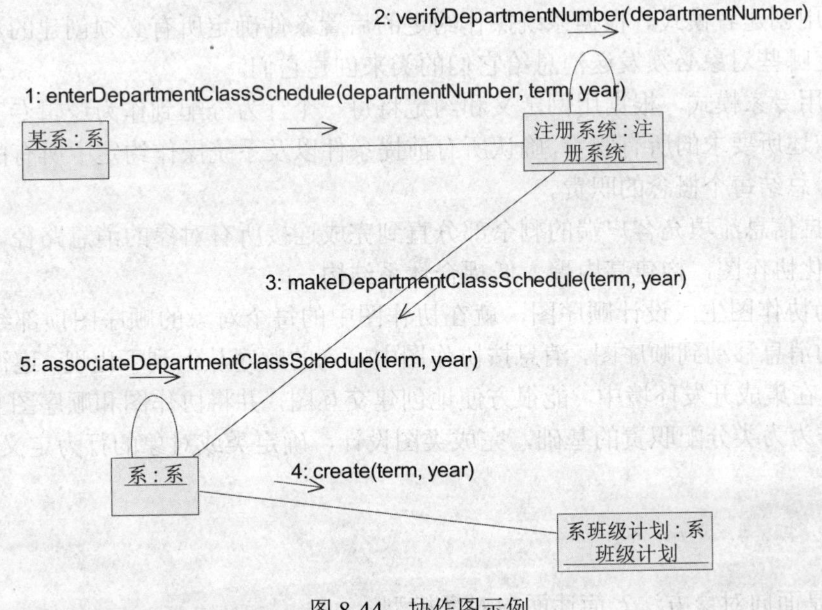

图 8-44　协作图示例

顺序图以栅栏格式表示交互，如图 8-45 所示的是表示系统内各对象的顺序图示例。顺序图中的消息根据时间顺序从上到下出现，这样可以省略顺序图中的消息编号。

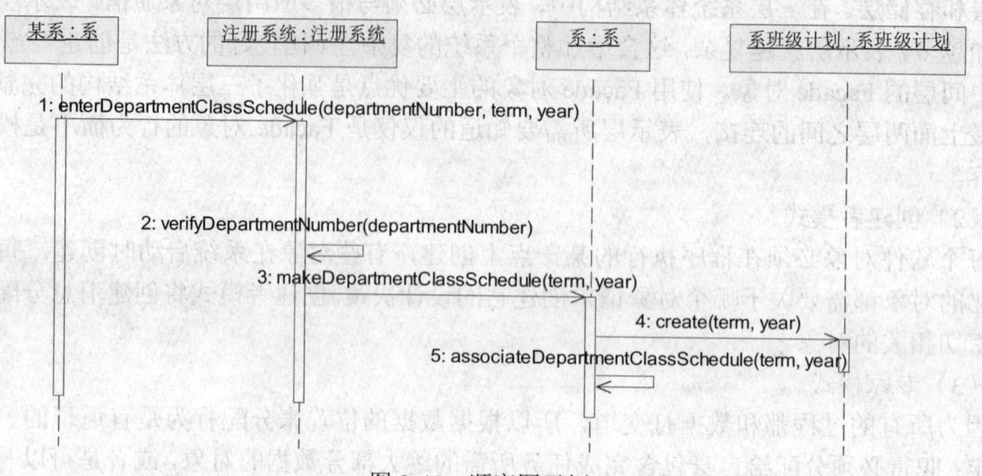

图 8-45　顺序图示例

顺序图着重体现对象间消息传递的时间顺序，协作图着重于哪些对象间有消息传递。顺序图和协作图是同构的，它们相互之间可以转化而不损失信息，依靠工具协作图和顺序图可互相转换。对于入门程序设计人员推荐使用协作图，因为它比顺序图更容易显示细节，在这种图上只需要显示消息。

为系统顺序图中的每项系统操作创建单独的协作图，从而完成完整交互图的构建。创建协作图需要五个步骤：

（1）应用 Façade 模式，选择 Façade 对象将消息从表示层调拨到应用层的适当对象。该模式只使用一次，相同的 Façade 对象出现在所有的协作图中，将系统输入作为每个图的起始输入，Façade 对象就是它的接收者。

（2）应用创建者模式。根据系统操作约定的后置条件确定所有必须创建的对象，然后使用域模型确定哪些对象必须发送消息给它们的类来创建它们。

（3）应用专家模式，根据用例定义和约定将每一个行为分配到作为逻辑专家的对象。确保满足用例叙述所要求的所有职责，确认所有前提条件以及系统操作约定中所有的后置条件都已经被满足，总结每个概念的职责。

（4）根据信息流填充客户端的剩余部分直到完成连接所有对象的消息路径。

（5）优化协作图，构建高内聚、低耦合体系结构。

如果要为协作图生成设计顺序图，就在协作图中的每个对象的顺序图顶部绘制矩形，然后将协作图的消息移动到顺序图，消息按协作图中序列的顺序从上到下出现，遵循协作图的层次编号方案。在集成开发环境中，能很方便地创建交互图，并将协作图和顺序图互相转换。完整的交互图作为为类分配职责的基础，完成类图设计，确定类或对象的行为定义。

习题 8

1．什么是面向对象方法？简述面向对象模型。

2. 简述 UML 描述图及其关系。
3. 简述面向对象系统的开发过程与开发活动。
4. 业务事件分析的原理是什么？现实中如何运用业务事件分析方法？
5. 什么是用例、用例图？如何编写用例叙述？
6. 域模型的组件有哪些？简述构建域模型的步骤。
7. 交互模型有何作用？简述系统顺序图的创建步骤。
8. 什么是设计模式？分析几种面向对象软件设计模式的具体应用。

第 9 章　信息系统的应用与发展

本章将介绍信息系统的应用与发展，帮助读者从信息系统应用、构建和交付的角度理解信息系统的发展。首先介绍了现代集成化信息系统，包括制造资源计划系统、企业资源计划系统、组织间集成的供应链管理系统和客户关系管理系统；其次，介绍了智能化信息系统应用，包括决策支持系统、专家系统、联机分析处理和商务智能；随后，介绍了信息系统开发模式的发展，如软件复用与软件构件技术、CORBA 技术以及面向服务架构；最后，介绍了信息系统交付模式的变革，有软件许可证模式、ASP 模式和 SaaS 模式。

- MRPⅡ、ERP、SCM 与 CRM 系统
- DSS、ES 与 BI 系统
- 软件复用与软件构件技术、CORBA、SOA 基础
- 软件许可证模式、ASP 模式与 SaaS 模式

计算机在管理应用中的发展与计算机技术、通信技术、软件技术和管理科学的发展密切相关。自 1946 年第一台电子计算机问世以来，现代信息系统经历了由单机到网络、由低级到高级、由电子数据处理到信息管理控制再到决策支持、由事务处理到智能分析的发展过程。伴随着信息系统的深层次应用，近年来其开发和交付模式也发生了根本变化。本章将介绍信息系统的深层次应用类型，由于软件工程技术发展而带来的组件式开发方法，以及交付模式的变化。帮助读者从信息系统应用、构建和交付的角度理解信息系统的发展。

9.1　现代集成化信息系统

应用系统是把概念、技术和组织的实际相联系的桥梁，它直接为组织的高层管理人员、中层管理人员和基层业务人员提供相应层次信息支持。现代应用系统的发展趋势，一方面体现为集成的范围越来越广，紧密性越来越高，出现了组织内部一体化集成的制造资源计划（Manufacturing Resources Planning，MRPⅡ）系统、企业资源计划（Enterprise Resources Planning，ERP）系统、组织间集成的供应链管理（Supply Chain Management，SCM）系统和客户关系管理（Customer Relationship Management，CRM）系统；另一方面则体现为信息系统的智能化程度不断提升，决策支持与商务智能应用不断深化，决策支持系统、专家系统和商务智能技术是典型的决策支持工具。

9.1.1　制造资源计划（MRPⅡ）系统

面向生产运营的制造资源计划（MRPⅡ）系统起步于物料库存管理，其管理思想和处理逻辑经历了持续的发展，直到 20 世纪 60 年代计算机应用于库存管理，制造业生产管理产生了质的变革，这一思想才得到实现。随着在持续的发展中不断提升集成的深度和广度，系统经历了 MRP、闭环 MRP 和 MRPⅡ三个层次，才形成现在的制造资源计划。

1. *物料需求计划*（Material Requirements Planning，MRP）

早期生产管理中，存在着生成所需的原材料不能及时供应、库存占用资金高、影响生产问题。如企业可能拥有卓越的销售人员推销产品，但是生产线上的工人却没有办法如期交货，车间管理人员则抱怨说采购部门没有及时供应他们所需要的原料；实际上，采购部门的效率过高，仓库里囤积的某些材料 3 年都用不完，仓库库位饱和，资金周转很慢；许多公司要用 6～13 个星期的时间，才能计算出所需要的物料量，所以订货周期只能为 6～13 个星期；订货单和采购单上的日期和缺料单上的日期都不相同，没有一个是肯定的；财务部门不信赖仓库部门的数据，不以它来计算制造成本。

20 世纪 30 年代初期，开始运用库存控制订货点理论管理库存，库存控制订货点理论是一种库存补充方法，目的是保证仓库中的某一物料始终都有一定的存量，以便需要时随时使用。其基本方法是当库存量达到或低于预先确定的数量，即再订货点时，就要立即进行订货来补充。库存控制订货点法适用于物料消耗相对稳定、物料的供应比较稳定、物料的需求独立的情况。在实际生产中，随着市场环境的变化，需求常常是不稳定的，同时，订货点法不是按照企业的生产计划来确定物料的订货数量和交货期，也不考虑各种物料之间的相互关系，显然，这种方法的应用受到一定的限制。

20 世纪 60 年代中期，IBM 公司的约瑟夫·奥利佛博士提出了把对物料的需求分为独立需求和相关需求的概念。若某种需求与对其他产品或零部件的需求无关，则称之为独立需求；对某些项目的需求若取决于对另一些项目的需求，则这种需求称为相关需求，它是根据物料之间的结构组成关系由独立需求的物料所产生的需求，如半成品、零部件、原材料等的需求，MRP 处理的正是这类相关需求。如图 9-1 所示，MRP 的基本思想就是从最终产品的生产计划（MPS）反推出相关物料的需求量和需求时间，并根据物料的需求时间和生产与订货周期，确定其开始加工或订货的时间。

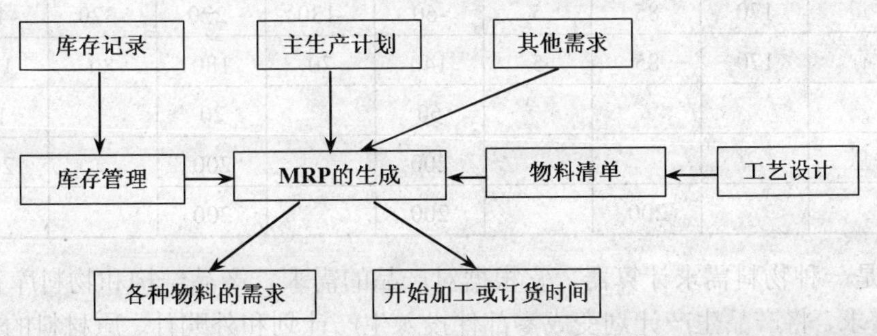

图 9-1　MRP 的基本构成及逻辑流程图

主生产计划（Master Production Shedule，MPS），是根据营销计划、物料清单（Bill of Materials，BOM）和工艺规程决定成品出厂时间和各种零部件的制造进度。它决定了产成品和零部件在各个时间段内的生产量，包含产出时间、数量或装配时间和数量等。MPS 是 MRP 的主要输入，它是 MRP 运行的驱动力量。

物料清单（Bill of Materials，BOM），是产品结构的技术性描述文件，反映产品的层次结构，即所有零部件的结构关系和数量组成。根据 BOM 可以确定该产品所有零部件的需要数量、需要时间以及相互关系。BOM 是一种树形结构，称为产品结构树。表现形式如图 9-2 所示。

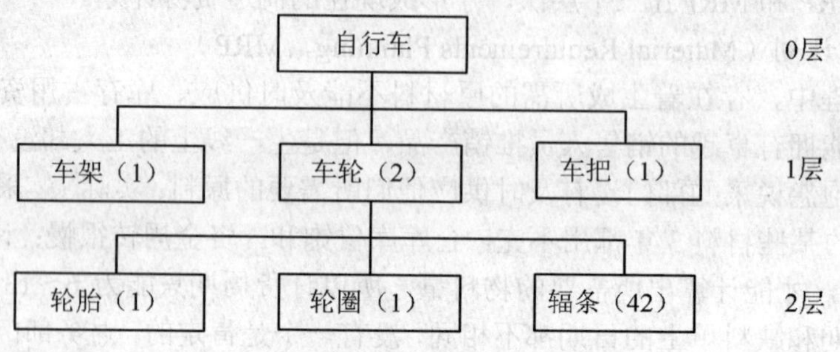

图 9-2　物料清单（BOM）示例

库存记录，它保存了每一种物料的有关数据，MRP 系统关于订什么、订多少、何时发出订货等重要信息，都存储在库存记录中。产品结构文件是相对稳定的，而库存记录却处于不断变动之中。根据物料需求计划计算结果所需的物料数量，首先应考虑库存量，不足部分再进行采购。未在 MPS 中反映的其他需求包括替换件需求，从外部企业或车间来的外部订单，为进行质量控制需要的产品量等。

MRP 的生成过程是把 MPS、BOM 和库存记录等信息输入转换为最终产品对各层物料的需求以及订货安排的过程，逐层分步地求出各种零部件或者原材料的需求数量和需求时间。表 9-1 为 MRP 运算结果基本示例。

表 9-1　MRP 运算示例

已分配量＝5 单位，安全库存＝0，生产周期＝2 周，固定订货数量＝200

期数	0	1	2	3	4	5	6	7	8
毛需求量		80	90	65	70	90	100	95	120
预定入库量			10						
预计现有库存量	170	85	5	-60	-130	-220	-320	-415	-535
预计待分配库存	170	85	5	140	70	180	80	185	65
净需求量				60		20		15	
计划订货入库量				200		200		200	
计划订货量		200		200		200			

MRP 仅是一种物料需求计算器，它根据对产品的需求、产品结构和物料库存数据来计算各种物料的需求，将产品生产计划变成零部件投入生产计划和外购件、原材料的需求计划，从而解决了物料转化过程中的几个关键问题：何时需要，需要什么，需要多少。它不仅在数量上解决了缺料问题，更关键的是从时间上来解决缺料问题。但它是开环的，没有信息反馈。

2. 闭环物料需求计划

开环的 MRP 能根据有关数据计算出相关物料需求的准确时间与数量，但没有考虑到生产企业现有的生产能力和采购能力的有关约束条件。因此，计算出来的物料需求的数量和日期有可能因设备和工时的不足而无法满足，或因原料的不足而无法满足。同时，它也缺乏根据计划实施情况的反馈信息对计划进行调整的功能。

MRP 系统在 1970 年发展为闭环 MRP 系统，它是一种计划与控制系统。如图 9-3 所示，闭环 MRP 在 MRP 的基础上，将生产能力需求计划、车间作业计划和采购作业计划纳入 MRP，形成一个封闭的系统。

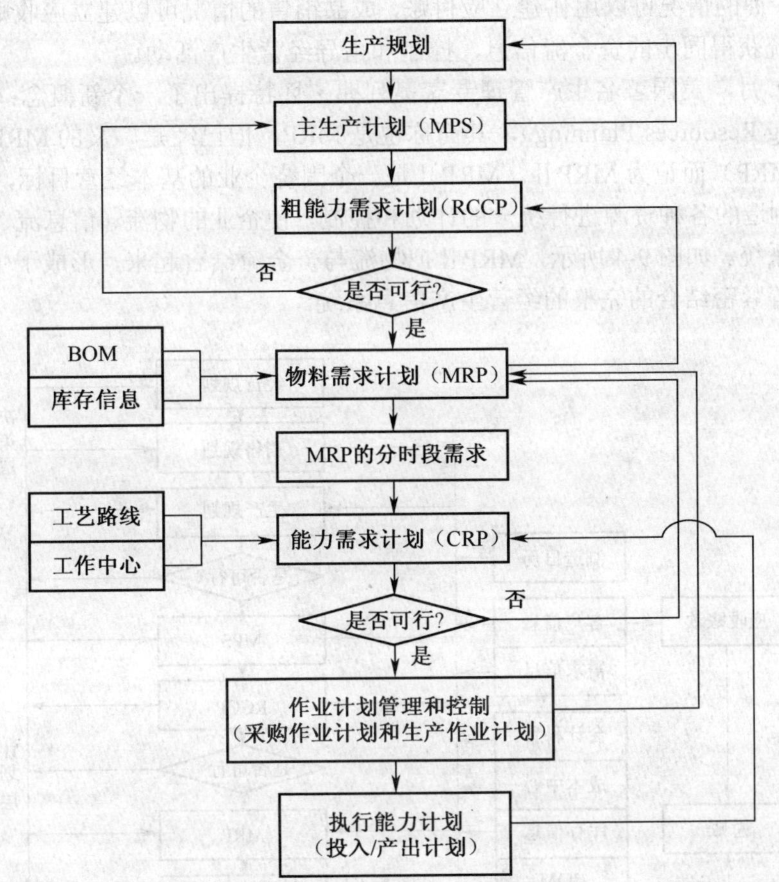

图 9-3　闭环 MRP 逻辑流程图

闭环 MRP 理论认为主生产计划（MPS）与物料需求计划（MRP）应该是切实可行的，因此应该考虑能力的约束，或者对能力提出需求计划，在满足能力需求的前提下，才能保证物料需求计划的执行和实现。在这种思想要求下，企业必须对投入与产出进行控制，也就是对企业的能力进行校检、执行和控制，因此要制定能力需求计划（Capacity Requirement Planning，CRP）。

CRP 是一种将 MRP 输出的对物料的分时段需求计划转变成对企业各个工作中心的分时段需求计划的管理工具，是一种协调能力需求与可用能力之间平衡管理的处理过程，一种协调 MRP 的计划内容和确保 MRP 在现有生产环境中可行、有效的计划管理方法，具体内容包括工作中心加工能力、员工工作时间、设备加工效率、员工出勤率和劳动生产率等。

闭环物料需求计划有以下优点：主生产计划来源于企业的生产经营规划和市场需求（合同、订单）；主生产计划与物料需求计划的运行伴随着能力与负荷的运行，从而保证计划是可执行的；采购与生产加工的作业计划与执行是物流的加工变化过程，同时又是控制能力的投入与产出过程；能力的执行情况最终反馈到计划制定层，整个过程是能力的不断执行与调整的过程。

3. 制造资源计划（MRPⅡ）

闭环MRP系统的出现，使生产计划方面的各种子系统得到了统一。但在企业的管理中，物流只是一方面，企业的经营状况和效益最终要靠资金流来表现。人们希望MRP在管理物料的同时，同步处理财务信息。这样库存记录可以反应资金占用情况，物料清单可以用作成本核算，采购及供应商的情况可以用作建立应付账，成品销售的情况可以建立应收账等，财务系统可以从生产系统获得同步的资金流信息，控制和指导经营生产活动。

1977年9月，美国著名生产管理专家奥列弗·怀特提出了一个新概念：制造资源计划（Manufacturing Resources Planning），其简称也是MRP，但已经是广义的MRP，为了区别物料需求计划（MRP）而记为MRPⅡ。MRPⅡ是一个围绕企业的基本经营目标，以生产计划为主线，对企业制造的各种资源进行统一的计划和控制，使企业的物流、信息流、资金流流动畅通的动态反馈系统。如图9-4所示，MRPⅡ把物流与资金流结合起来，形成了生产、销售、财务、采购工程等紧密结合的完整的经营生产信息系统。

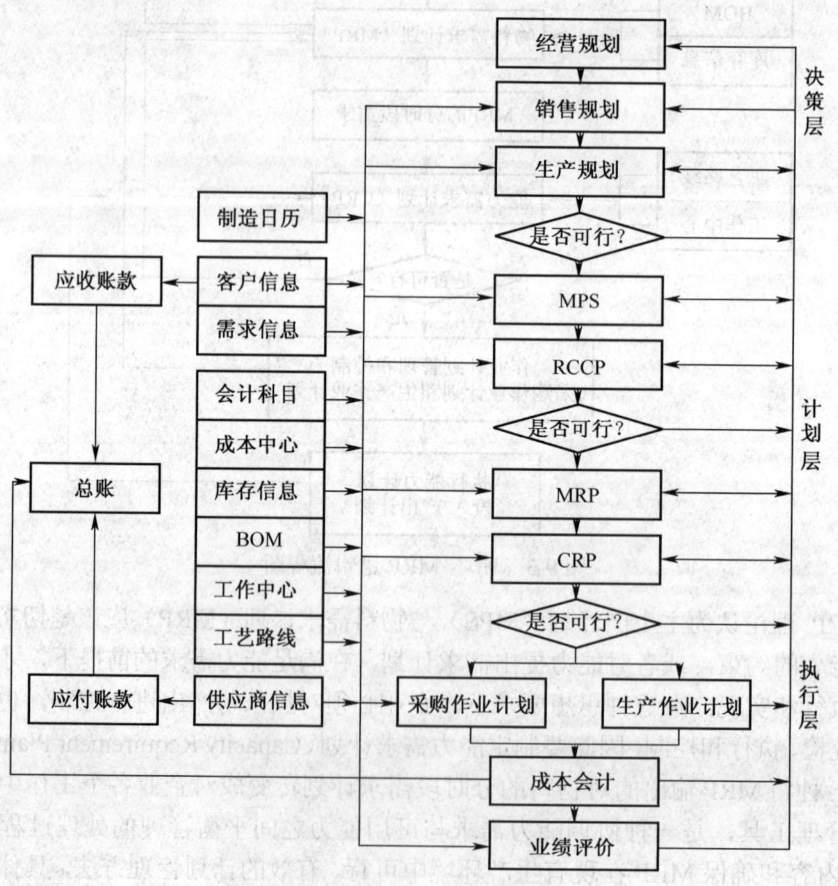

图9-4 MRPⅡ结构原理图

标准形式的 MRPⅡ包括业务和财务领域功能模块，如销售与生产计划、需求管理、主生产计划、物料需求计划、物料清单子系统、库存管理子系统、计划入库子系统、车间作业管理、能力需求计划、采购、配送资源计划、财务计划接口、绩效评价等。MRPⅡ与闭环 MRP 的本质区别体现在：前者包括了财务管理和模拟能力，财务子系统和生产作业管理子系统的结合，使 MRPⅡ在成本控制上更加广泛有效。实现了采购作业成本控制、生产作业成本控制、营销作业成本控制以及技术开发成本（费用）控制与财务管理全方位结合。可以加强财务计划能力，及时协调企业生产活动中的物流和资金流。

MRPⅡ具有广泛的适用性。它不仅适用于多品种中小批量生产，而且适用于大量大批生产；不仅适用于制造企业，而且适用于某些非制造企业。进入 20 世纪 90 年代，MRPⅡ也从离散型制造业向流程式制造业扩展，不仅应用于汽车、电子等行业，也能用于化工、食品等行业。随着信息技术的发展，MRPⅡ系统的功能也在不断地增强与完善，向企业资源计划（ERP）发展。

9.1.2　企业资源计划（ERP）系统

企业竞争范围的扩大，要求企业在各方面加强管理，并要求企业有更高的信息化集成，要求对企业的整体资源进行集成管理，而不仅仅对制造资源进行集成管理。企业规模不断扩大，多集团、多工厂要求协同作战，统一部署，这也超过 MRPⅡ的管理范围。经济全球化趋势的发展要求企业之间加强信息交流和信息共享，企业之间既是竞争对手，又是合作伙伴，信息管理要求扩大到整个供应链的管理，这些更是 MRPⅡ所不能解决的。

ERP（Enterprise Resources Planning，企业资源计划）是在 MRPⅡ基础上发展起来的，以供应链思想为基础，融现代管理思想为一身，以现代化的计算机及网络通信技术为运行平台，集企业的各项管理功能为一身，并能对供应链上所有资源进行有效控制的计算机管理系统。ERP 的管理范围包括了企业的各个方面，包括财务、制造、物流与人力四个大的职能区域，如图 9-5 所示。

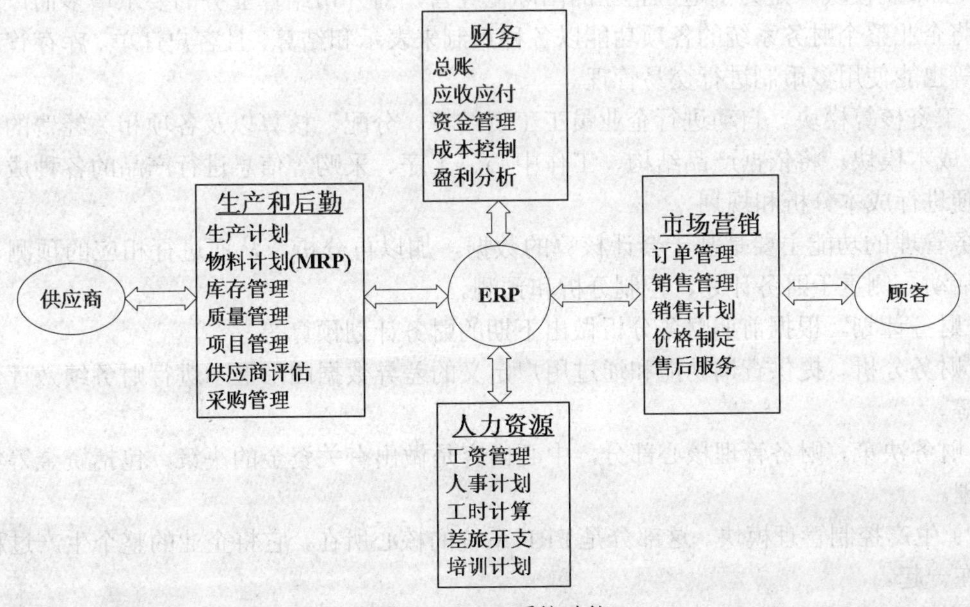

图 9-5　ERP 系统功能

可以从管理思想、软件产品、管理系统三个层次理解 ERP：管理思想上，ERP 包含一整套先进的现代管理思想，是一套企业管理系统体系标准，其实质是在 MRPⅡ基础上进一步发展而成的面向供应链的管理思想；软件产品方面，ERP 是整合了所有企业资源全部价值链和供应链环节的计划体系和控制体系，综合应用了客户机、关系数据库结构、面向对象技术、图形用户界面、第四代语言（4GL）、网络通信等信息产业成果，并以 ERP 管理思想为灵魂的软件产品；管理系统层次，ERP 是全部企业资源集成的计算机管理信息系统，整合了企业管理理念、业务流程、基础数据、人力物力、计算机硬件和软件。

在企业中一般的管理主要包括四方面的内容：生产控制、市场营销、财务管理和人力资源。这四大系统本身就是集成体，它们互相之间有相应的接口，能够很好的整合在一起来对企业进行管理。

（1）财务管理模块。一般的 ERP 软件的财务管理模块分为会计核算与财务管理两大块。

会计核算主要是记录、核算、反映和分析资金在企业经济活动中的变动过程及其结果。

1）总账模块。主要功能是支持和统帅其他各模块，起到编制目录、登录账簿、期末结账、编制报表等作用。同时，为企业财务控制、财务预算的编制与管理提供信息。

2）应收账款模块。指企业应收的由于商品赊欠而产生的正常客户欠款。主要功能是进行应收款的核算和客户往来账的管理。它根据销售发票来处理客户付款，可灵活地处理预付款、退款、逾期结算，并催促付款。

3）应付账款模块。主要功能是处理从发票审核、批准、支付到检查、对账的业务，并可起到减少处理时间、改进现金支付控制、提高商业信用等目的。

4）现金管理模块。主要对现金流入流出的控制以及零用现金及银行存款的核算。包括对硬币、纸币、支票、汇票和银行存款的管理。

5）固定资产核算模块。主要功能是控制和最佳地使用企业的资产，对折旧、保险、资产等级评估等数据进行管理。这一模块是和应付帐、成本、总帐模块集成的。

6）多币制模块。是为了适应企业的国际化经营，对外币结算业务的要求增多而产生的。多币制将企业整个财务系统的各项功能以各种币制来表示和结算，且客户订单、库存管理及采购管理等也能使用多币制进行交易管理。

7）工资核算模块。自动进行企业员工工资结算、分配、核算以及各项相关经费的计算。

8）成本模块。将依据产品结构、工作中心、工序、采购等信息进行产品的各种成本的计算，以便进行成本分析和规划。

财务管理的功能主要是基于会计核算的数据，加以再分析，从而进行相应的预测、管理和控制活动，侧重于财务计划、控制分析和预测。

1）财务计划。根据前期财务分析做出下期的财务计划预算等。

2）财务分析。提供查询功能和通过用户定义的差异数据图形显示进行财务绩效评估，账户分析等。

3）财务决策。财务管理核心部分，中心内容是做出有关资金的决策，包括资金筹集、投放及管理。

（2）生产控制管理模块。这部分是 ERP 系统的核心所在，它将企业的整个生产过程有机地结合在一起。

1）主生产计划。主要功能是根据销售订单与经营预测数据，以及企业的能力计划，来排

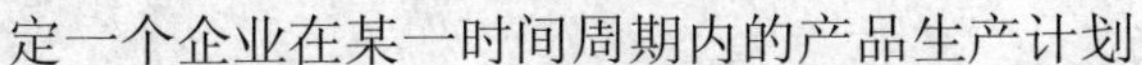

定一个企业在某一时间周期内的产品生产计划。

2）物料需求计划。它是根据产品生产计划大纲、物料清单、物料库存情况等计算原材料的采购计划、自制件和半成品的生产计划。

3）能力需求计划。主要功能是对主生产计划进行粗能力平衡，以确保主生产计划的合理性和可执行性，并确保生产能力的合理应用。

4）车间控制。这是随时间变化的动态作业计划，是将作业分配到具体各个车间，再进行作业排序、管理和监控。主要功能是根据主生产计划、物料需求计划、能力需求计划来下达对车间和工序的具体作业计划，它主要通过下达生产订单的形式来实现。

5）制造标准。在编制计划中需要许多生产的基本信息，这些信息就是制造标准，包括零件、工序和工作中心，都是唯一的代码在计算机中识别。

（3）物流管理模块。

1）分销管理。根据企业的产品目录与报价，与客户建立供销合同，然后企业根据已建立的客户档案资料，对客户的信用状况等进行审核，审核通过后，将供销合同转化为销售订单。计划、采购、生产部门按销售订单进行计划排产、原材料采购、组织生产，生产完工后报交入库，销售部门开具发票和出库单、送货单等进行送货处理。最后进行客户的跟踪服务，及时处理和记录客户的反馈意见，包括客户提出的退货处理。

2）库存控制。根据采购部门的入库单清点数量后收货入库，并按照仓库物料管理的原则进行物料的存放与保管，然后按照生产部门的生产作业指令或部门、车间的领料单进行材料的发放，按照销售部门的送货计划准备成品的出库，凭货物出库单办理出库手续。在此期间，做好周期性的盘点工作，并根据盘点情况及时进行库存调整。

3）采购管理。由物料需求计划运行结果或其他库存控制方法（如安全库存）产生采购计划，经维护、审核、批准后，再根据供应商的价格、交货期、质量状况等生成针对每个供应商的采购订单。供应商送货时需进行收货处理，检验合格的生成入库单予以入库，检验不合格的则进行退货处理。

SAP 公司的 R/3 系统由一系列模块组成，主要的模块包括：

- 销售和分销 SD（sales and distribution）
- 物料管理 MM（materials management）
- 生产计划 PP（production planning）
- 质量管理 QM（quality management）
- 工厂维护 PM（plant maintenance）
- 项目系统 PS（project system）
- 工业方案 IS（industry solutions）
- 办公室和通信 OC（office and communication）
- 人力资源 HR（human resources）
- 固定资产管理 AM（fixed assets management）
- 控制 CO（controlling）
- 财务会计 FI（finance）

近年来，SAP 公司对 R/3 的功能及技术进行了进一步的扩展，推出了 MySAP ERP 系列解决方案。MySAP 通过 SAP NetWeaver 技术平台，将 R/3 的传统功能与灵活的开放技术平台相

结合，从而可以实现 SAP 与非 SAP 系统的集成。

ERP 思想为企业管理赋予了全新的定义，同时，随着企业管理水平的不断提高，也在不断促进着 ERP 理论的发展与完善。ERP 的发展从深度上扩展对内部供应链的支持，从广度上则面向外部供应链。未来的 ERP 产品将具有下述特点：支持系统适应性，支持电子商务和虚拟企业概念，支持客户关系管理，支持信息分析处理和商务智能等。

9.1.3 供应链管理（SCM）系统

随着经济全球化进程的加快，IT 技术的飞速发展，Internet/Intranet 技术和电子商务的广泛应用，企业所处的商业环境发生了巨大的变化。顾客需求瞬息万变，技术创新不断加速，产品生命周期越来越短，市场竞争日趋激烈。对于一个企业来说，单单配置自己企业的资源已经满足不了日益竞争激烈的环境。一个成功的产品的推出，需要从原料到成品、再到销售与服务的一连串企业的配合，有供需关系的上下游企业之间的联系越来越紧密。在这种情况下，企业内部和企业间关于运作和价值增值的相应的供应链管理理论和方法得到了很大的发展。

1. 供应链管理理论的产生背景

供应链由波特（Michael Porter）的价值链理论发展而来。波特在 1980 年指出，任何一个组织均可以看作是一系列相关联的基本活动构成，这些活动对应于从供应商到消费者的物流的流动，依次是：内部后勤（inbound logistics），与接收、存储和分配相关的各种活动；生产作业（operations），与将投入转化为最终产品形式相关的各种活动；外部后勤（outbound logistics），与集中、存储和将产品发送给买方有关的各种活动；市场营销和销售（marketing and sales），与传递信息、引导和巩固购买有关的各种活动；服务（service），与提供服务以增加或保持产品价值有关的各种活动。同时还有为这些基本活动提供支持的辅助活动：企业基础设施（firm infrastructure），包括总体管理、计划、财务、会计、法律、信息系统等价值活动；人力资源管理（human resource management），包括组织各级员工的招聘、培训、开发和激励等价值活动；技术开发（technology development），包括基础研究、产品设计、媒介研究、工艺与装备设计等价值活动；采购（procurement），指购买用于企业价值链各种投入的活动，包括原材料采购，以及诸如机器、设备、建筑设施等直接用于生产过程的投入品采购等价值活动。物料在企业流动的过程就是被企业的各个部门不断增加价值的过程，如图 9-6 所示。

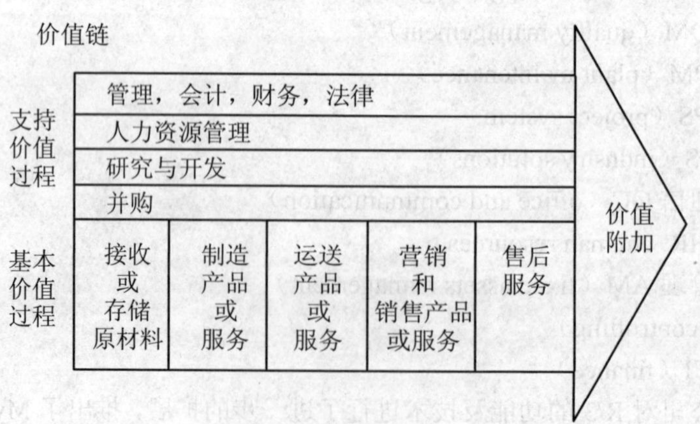

图 9-6 波特的企业价值链

每一个企业都是这样的一个价值链，但是一个企业的产品又成为另一个企业的原料，这样不同的价值链就通过供需关系联系起来，构成一个网络或更高层次的价值链。整个链条中，每个企业既是链中某个对象的客户，也是另一个对象的供应商，如图 9-7 所示。

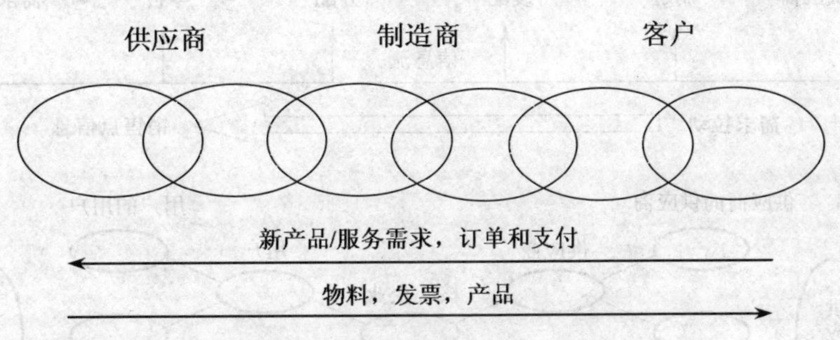

图 9-7　供应链的网状结构示意图

2. 供应链管理

在编号为 GB/T18354－2001 的《物流术语》国家标准中，供应链（Supply Chain，SC）的定义是：“生产及流通过程中，涉及将产品更新换代或服务提供给最终客户的上游或下游企业，所形成的网络结构。”

有些专家认为，供应链是围绕核心企业，通过对信息流、物流、资金流的控制，从采购原材料开始，制成中间产品，最后由销售网络把产品送到消费者手中，将供应商、制造商、分销商、零售商、直至最终用户链成一个整体的功能网链结构模式。

根据这些定义，供应链是一个范围广泛的企业结构模式，它包含所有加盟的节点企业，从原材料的开始，经过链中不同企业的制造加工、组装、分销等过程直到最终用户。供应链不仅是一条连接供应商到用户的物料链、资金链、信息链，而且是一条增值链，物流在供应链上因加工、包装、运输等过程而增加其价值，给相关的企业带来收益。供应链的网状结构模型示意图如图 9-8 所示，一般有一个核心企业，节点企业在需求信息的驱动下，通过供应链的职能分工与合作，以资金流、物流和服务流为媒介实现整个供应链的不断增值。

在 GB/T18354－2001 标准中，对供应链管理（Supply Chain Management，SCM）的定义是：“利用计算机网络技术全面规划供应链中的商流、物流、信息流、资金流等，并进行计划、组织、协调与控制等。”

这里定义，供应链管理（SCM）就是指对整个供应链系统进行计划、协调、操作、控制和优化的各种活动和过程，其目标是要将顾客所需的正确的产品（Right Product）能够在正确的时间（Right Time）、按照正确的数量（Right Quantity）、正确的质量（Right Quality）和正确的状态（Right Status）送到正确的地点（Right Place）——即 6R，并使总成本最小。供应链管理系统（Supply Chain Management System，SCMS）是指采用系统工程的理论、技术和方法，借助于计算机技术、信息技术等建立的用于支持供应链管理的信息系统。

集成化 SCM 是指供应链上的节点企业以先进的集成管理思想为指导，通过信息技术把所有供应链成员的计划、采购、生产、销售、财务等业务整合，将企业内部的供应链与企业外部的供应链有机地集成起来进行管理，达到全局动态最优目标，以适应在新的竞争环境下市场对生产和管理过程提出的高质量、高柔性和低成本的要求。在早期所研究的供应链管理中，通常将视点集中在一个企业内部的供应链管理，而现在的研究则主要集中在跨组织/公司的计划与执行。

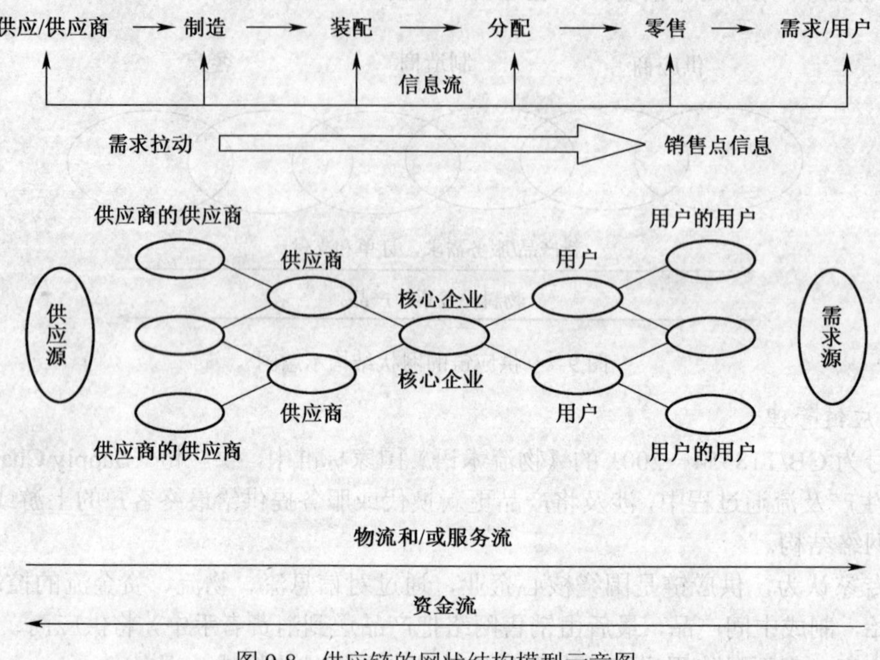

图 9-8 供应链的网状结构模型示意图

图 9-9 为供应链管理的总体框图。可以看出，供应链管理共分为三个层次，最上层为战略层、中间为运作层、下方为支持层。

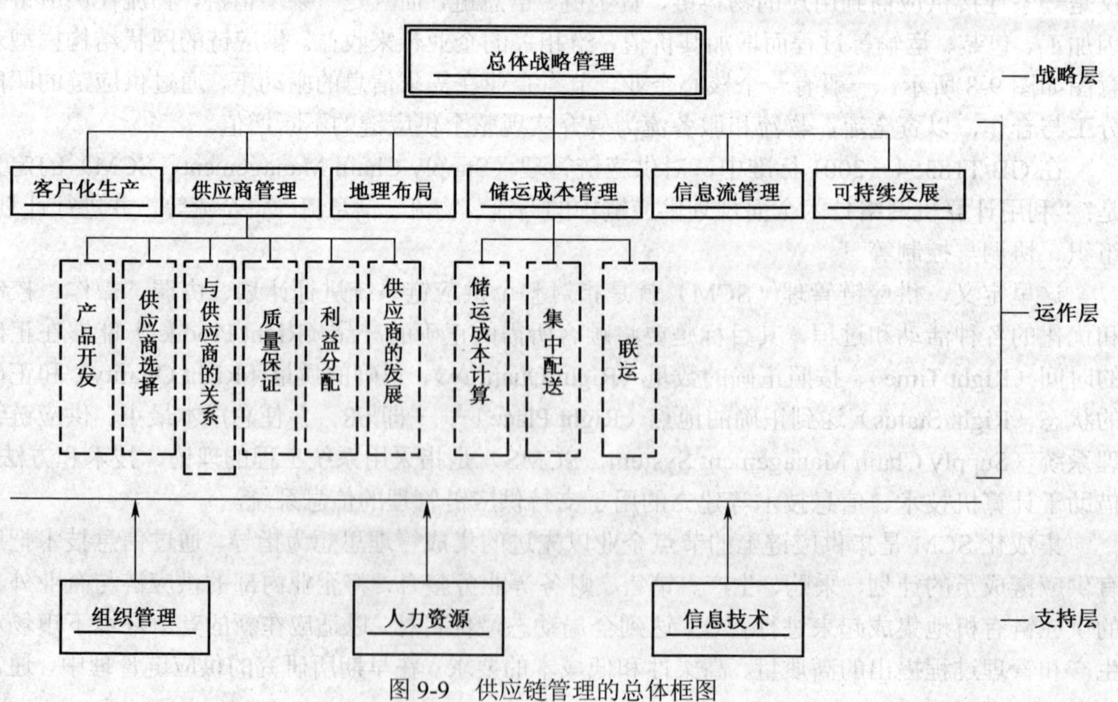

图 9-9 供应链管理的总体框图

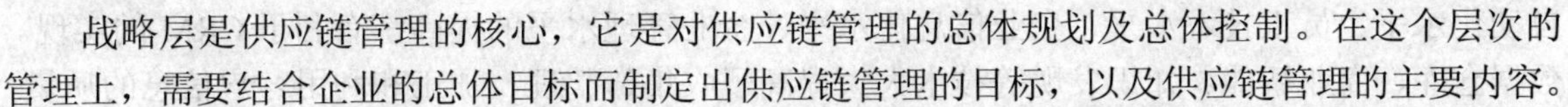

战略层是供应链管理的核心，它是对供应链管理的总体规划及总体控制。在这个层次的管理上，需要结合企业的总体目标而制定出供应链管理的目标，以及供应链管理的主要内容。

运作层是供应链管理的重要组成部分，许多具体的操作都要在这个层次的管理中进行。这个层次的管理不仅包括企业内部的供应系统管理，还包括与其他企业（本企业上一级的供应商、下一级的客户，甚至同类企业）的协调、合作管理。这是一个复杂的过程，是一个需要不断优化的过程，同时也是优化生产过程、降低生产成本的关键。

支持层是供应链管理的基础。合理的组织结构和制度保证了管理方法的顺利进行；只有具有相应知识、技能的管理人员，才能使得管理方法正确执行；信息技术保证信息快速、准确地传递，保证产品的质量，加强合作者之间的沟通。

9.1.4　客户关系管理（CRM）系统

随着 20 世纪 90 年代以来信息技术的广泛应用，传统的商业模式发生了根本变化。在很多行业，所提供的产品和服务日益商品化，产品的同质化倾向越来越强，独特的竞争优势越来越难以获得，市场竞争愈加激烈。与此同时，客户要求更高的及时周到的服务，对质量、个性化和价值的要求更加挑剔。面临新的竞争环境，依赖于客户生存的企业必须学会如何对待具有不同背景的客户，并通过现代计算机和通信技术提高服务能力，提高顾客满意度和忠诚度，建立和维持客户关系成为企业取得竞争优势的最重要的基础。

为了提高客户满意度，企业必须完整掌握客户信息，准确把握客户要求，快速响应个性化需求，提供便捷的购买渠道、良好的售后服务与经常的客户关怀等。传统的客户关系管理中，客户信息分散在销售、服务、市场、制造和库存等不同部门，难以在统一信息的基础上面对客户。这种客户信息的分散性和片段性给企业的经营活动造成了极大的困扰，浪费了很多资源，失去了很多机会，在市场竞争中处于不利的地位。因此，加强客户关系管理的研究具有重要的理论和实践意义。

1. 客户关系管理（CRM）

自 20 世纪 90 年代初，客户关系管理在国外的发展已有近二十年的历史。最初的客户关系管理（Customer Relationship Management，CRM）是独立的解决方案，如销售队伍自动化（SFA）和客户服务与支持（CSS），这些基于部门的解决方案增强了特定的商务过程，但却不能为公司提供与顾客相关的完整信息。CRM 软件制造商在开始把独立的应用组合到具有综合功能的 CRM 解决方案中，CRM 逐渐成为查看和管理整个公司与客户关系的工具。

客户关系管理是一种以客户为中心的经营策略，它以信息技术为手段，并对工作流程进行重组，以赋予企业更完善的客户交流能力和最大化客户的收益率。它的核心思想是建立以客户为中心的经营管理理念，其目标定位在提升企业的市场竞争能力、建立长期优质的客户关系、不断挖掘新的销售机会，帮助企业规避经营风险、获得稳定利润 。

CRM 的产生是市场需求和管理理念更新的需要，具体来说，它的兴起与以下三个方面的因素有着密切的关系。

（1）企业对 CRM 的需求。在很多企业，销售、营销和服务部门的信息化程度越来越不能适应业务发展的需要，迫切需要将面向客户的各项信息和活动进行集成，组建一个以客户为中心的企业，实现对面向客户的活动的全面管理。

（2）计算机技术、通讯技术、网络应用的飞速发展使得上述需求的实现成为可能。办公自动化水平、员工技术水平、企业信息化水平、企业管理水平的提高都有利于 CRM 的实现。数据仓库、商业智能、知识发现等技术大大提高了收集、整理、加工和利用客户信息的质量。

（3）管理理念的更新已经为客户关系管理做好了准备。以客户为中心、视客户为资源、通过客户关怀提高客户满意度和忠诚度的理念为企业所接受，使得 CRM 的实施更容易进行。

2. CRM 系统的功能架构

CRM 系统是利用信息科学技术，实现市场营销、销售、服务等活动的自动化，使企业能更高效地为客户提供满意、周到的服务，以提高客户的满意度、忠诚度为目的的一种管理系统。图 9-10 是 CRM 系统的功能架构示意图，CRM 系统的功能可以归纳为四个部分，即接触中心、业务操作系统、数据分析系统、系统管理和集成平台。

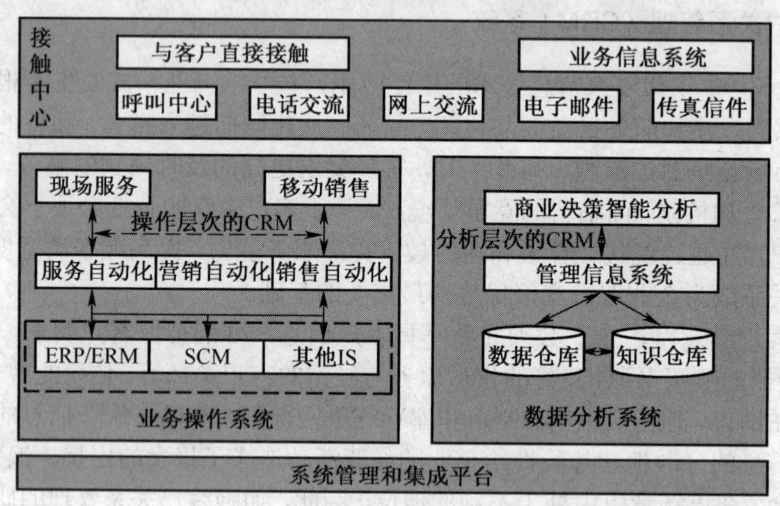

图 9-10　CRM 系统功能架构示意图

接触中心主要完成与客户沟通和合作的功能，这些功能包括呼叫中心、电话交流、网上交流、电子邮件、传真信件、与客户直接接触以及相应的与客户直接关联的业务信息系统。

业务操作系统主要是对销售、营销和客户服务三部分业务流程的自动化和信息化。图 9-10 中业务操作系统区域的虚线部分表示企业的后台系统，虚线外面则是 CRM 的前台系统，显示了 CRM 系统与企业其他系统的有机集成。

数据分析系统主要是对接触中心和业务操作系统两部分功能所积累下来的信息进行深入地加工、挖掘、分析，产生客户智能，为企业战略决策提供支持。

系统管理和集成平台用于确保 CRM 系统正常运行所必需的技术、设备、软件、工具等方面的管理和维护。

3. 实现 CRM 的相关技术

实现 CRM 所需的相关技术如图 9-11 所示，可以大致分为 4 种可以重叠的种类：计算机软件、计算机硬件、流程和专业服务、电信产品和服务。

这四类技术通常与 CRM 具有不同的关系，维护一个现有的 CRM 系统可能需要其中的某一类或几类技术，新建一个 CRM 系统将更多地依赖于所有四类产品和服务。

计算机软件

分析	电子商务
商务智能	电子邮件
电话中心管理	行政决策支持
商业活动管理	野外服务
线路支持	帮助桌面管理
通信软件	信息保护
接触管理	促销自动化
客户忠诚软件	中间设备
客户服务自动化	移动计算解决方案
数据集中	安全
数据采集	电话促销
数据提取	地域管理
数据仓库	语音识别
数据库管理系统	员工管理

计算机硬件

数据备份系统	外围设备
显示器	安全系统
网络硬件	不间断电源
个人计算机	无线设备

流程和专业服务

应用服务提供商	网络管理
后台集成	过程再造
电话中心服务	软件设计
咨询	系统集成
客户通信	技术外包
网络支持服务	教育/培训

电信产品和服务

电话中心设备	电话网络
信息传递	无线系统
寻呼服务	

图 9-11　CRM 所需的相关技术

9.2　智能化信息系统

20 世纪 50 年代，当计算机开始应用于企业数据处理时，其功能十分有限，效率也很低，人机交互和用户界面都不令人满意，计算机只是作为取代大量人力计算的工具。随着时代的进步和技术改进，一方面，计算机技术和通信技术的发展使得数据的获取、存储和传播更为迅捷，成本也大大降低；另一方面，为了使决策更为科学，在商业运作中获得竞争力，管理者对信息和知识的需求大大增加，已经不满足于简单的查询和报表机制。同时，管理科学和人工智能迅速发展，如运筹学、数理统计、模式识别等都有了巨大的进步。这些条件促进了信息系统的发展和演化，即应用于支持决策和提取知识的信息系统和方法，具体包括决策支持系统、专家系统、联机分析处理和商务智能。这些系统和方法在商业组织中的成功应用，帮助管理者提高了决策的效率和有效性，提高了企业效益，降低了成本。

9.2.1 决策支持系统

随着计算机技术和管理科学的发展，计算机的应用从数据的存储、查询等事务处理功能延伸到对于决策的支持。决策支持系统是在管理信息系统基础上发展起来的，以管理科学、运筹学、控制论和行为科学为基础，以计算机技术、模拟技术和信息技术为手段，面对半结构化的决策问题，支持决策活动的具有智能作用的人－机计算机系统。

1. 决策过程

决策是组织或个人为了实现某种目标而对未来一定时期内有关活动的方向、内容及方式的选择或调整过程。在解决问题时，问题的解决者将做出很多选择。

对于决策问题一般用“结构”这个概念来描述，把问题分为结构化、半结构化和非结构化，这是对问题结构化程度的三种不同描述。结构化程度是指对某一个过程的环境和规律，能否用固定的程序、规则和方法来说明或解决。那些重复出现的，日常管理的“例行问题”，有固定的程序、规则和方法，称为结构化问题；那些偶然发生的、新颖的、性质和结构不明的具有重大影响的“例外问题”，依赖于决策者经验、知识、价值观（风险观）、决断能力，称为非结构化问题；介于这两者之间的问题，则称为半结构化问题。如表 9-2 所示，每一类决策问题需要不同的支持需求，又可以分为三个层次，即作业调度、运筹管理和战略规划。

表 9-2 决策问题的性质分类

	支持需求	作业调度	运筹管理	战略规划
结构化	办事员 EDP MS/OR	库存报表 零件订货	线性规划 生产调度	新工厂位置选择
半结构化	决策支持系统	股票管理 贸易	开发市场 经费预算	资本获利分析
非结构化	经验和直觉	为杂志选取封面	聘用管理人员	研究与开发分析

所谓决策过程，是指人们为实现一定目标而制定行动方案，并准备实施的活动过程，这个过程也是一个提出问题、分析问题和解决问题的过程。管理学家 Simon 描述了管理者在解决问题时所要经历的四个阶段：

（1）情报行为，搜索周围环境，试图找出解决问题需要的条件。

（2）设计行为，创造、开发并分析可能的行为方式。

（3）选择行为，从所有可行的行为方式中选择其中的某一种。

（4）评价行为，对过去的选择进行评估。

2. 决策支持系统

为了能够支持管理者对半结构化和非结构化问题的决策，决策支持系统（Decision Supporting System，DSS）在传统的管理信息系统（MIS）的基础上开始形成和发展。

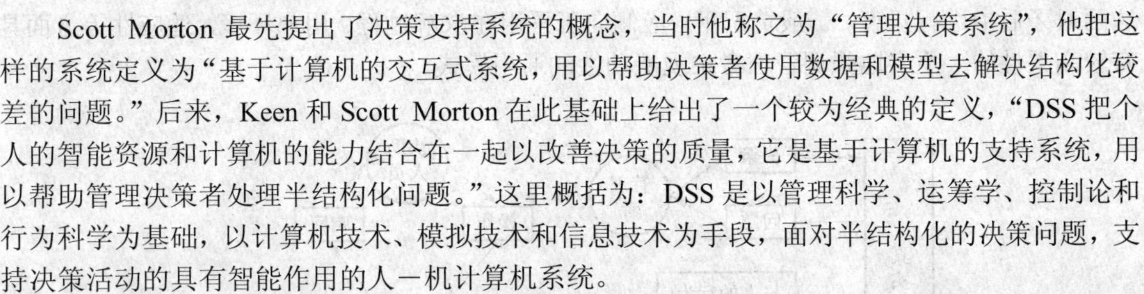

Scott Morton 最先提出了决策支持系统的概念，当时他称之为“管理决策系统”，他把这样的系统定义为“基于计算机的交互式系统，用以帮助决策者使用数据和模型去解决结构化较差的问题。”后来，Keen 和 Scott Morton 在此基础上给出了一个较为经典的定义，“DSS 把个人的智能资源和计算机的能力结合在一起以改善决策的质量，它是基于计算机的支持系统，用以帮助管理决策者处理半结构化问题。”这里概括为：DSS 是以管理科学、运筹学、控制论和行为科学为基础，以计算机技术、模拟技术和信息技术为手段，面对半结构化的决策问题，支持决策活动的具有智能作用的人－机计算机系统。

决策支持系统的目标是要在人的分析和判断能力的基础上借助计算机和科学方法支持决策者对半结构化和非结构化问题进行有效地决策，以获得尽可能令人满意的客观的解决方案。DSS 具有以下一些特征：

（1）面向决策者：决策支持系统的输入和输出、起源和归宿都是决策者。

（2）主要帮助管理人员完成半结构化的决策问题。

（3）强调支持的概念：辅助和支持管理人员，而非取而代之。

（4）模型和用户共同驱动。

（5）强调交互式的处理方式，通过大量、反复、经常性的人机对话方式将计算机系统无法处理的因素（如人的偏好、主观判断等）输入计算机，并依次来规定和影响决策的进程，让决策者在根据自己的实际经验和洞察力的基础上，主动利用各种支持功能，在人机交互的过程中反复学习和探索，最后选择一个合适的方案。

为了能够辅助决策者更加有效地做出决策，决策支持系统一般具有如下功能：

（1）管理并随时提供与决策问题有关的组织内部信息。

（2）搜集、管理并提供与决策问题相关的组织外部信息。

（3）及时搜集提供有关各项活动的反馈信息。

（4）能以一定的方式存储和管理与决策问题相关的各种数学模型。

（5）能够存储并提供常用的数学方法及算法。

（6）上述数据、模型和算法能够容易的添加和修改。

（7）能够灵活的运用模型与方法对数据进行处理，得出所需的综合信息与预测信息。

（8）具有方便的人机对话和图像输出功能，能够满足随机的数据查询要求，回答“如果……则……”之类的问题。

（9）提供良好的数据通信功能，以保证及时收集所需数据并将加工结果传送给使用者。

3. *决策支持系统的模式与结构*

一个完整的决策支持系统的模式被表示为 DSS 本身以及它与真实系统、管理者和外部环境的关系，如图 9-12 所示。其中，管理者处于核心位置，他运用自己的知识，把其和 DSS 的响应输出结合起来对他所管理的“真实系统”进行决策。对“真实系统”而言，提出的问题和操作的数据是输出信息流，而管理者的决策则是输入信息流。图的下部表示了与 DSS 有关的基础数据，它包括来自真实系统并经过处理的内部信息、环境信息、与人的行为有关的信息等。图的右边是最基本的 DSS，由模型库系统、数据库系统和对话系统等组成。

管理者在决策过程中处于中心地位，因此在基本模式中同样地占据着核心位置。由于 DSS 使用者面临的决策的规则与步骤不完全确定，决策过程难以明晰表达，管理者的素质、解决问题的风格、所采用的方法都有较大差异，使得 DSS 的模式在专用与通用、自动化程度的高低这两对矛盾中进行折衷。一般情况下，应倾向于采用在求解过程、用户环境、适应性等方面具有较高柔性的，更多地强调管理者主观能动性的通用模式。

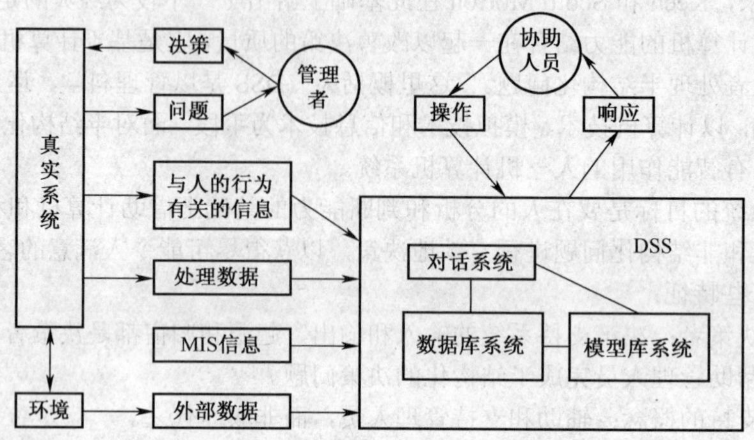

图 9-12　决策支持系统的基本模式

图 9-12 中右下方的决策支持系统由对话系统、数据库系统、模型库系统以及方法库系统、知识库系统等构件组成。其中对话系统与数据库系统、模型库系统构成了最基本的二库系统，依次加入方法库系统、知识库系统则构成三库系统和四库系统。

对话系统是 DSS 中介于用户和计算机之间，在操作者、模型库、数据库、方法库和知识库之间起着传送（包括转换）命令和数据重要作用的接口，其核心是人机界面。数据库系统是存储、管理、提供与维护用于决策支持数据的 DSS 基本部件，是支撑模型库系统及方法库系统的基础，它由数据库、数据析取模块、数据字典、数据库管理系统及数据查询模块等部件组成。模型库系统是构建和管理模型的计算机软件系统，由模型库和模型库管理系统两部分组成。方法库系统是存储、管理、调用及维护 DSS 各部件要用到的通用算法、标准函数等方法的部件，由方法库与方法库管理系统组成。知识库系统是有关规则、因果关系及经验等知识的获取、解释、表示、推理及管理与维护的系统。

使用 DSS 时，管理者作为用户通过人机对话系统提出信息查询的请求或决策支持的请求；人机对话系统对接受到的请求作检验，形成命令，为信息查询的请求进行数据库操作，提取信息，所得信息传送给用户；对决策支持的请求将识别问题与构建模型，从方法库中选择算法，从数据库中读取数据，运行模型库中的模型，运行结果通过人机对话系统传送给用户或暂存数据库待用。

对话系统、数据库系统、模型库系统、方法库系统以及知识库系统之间的连接方式组成了 DSS 的系统结构。当前存在的结构包括三角式结构、串联结构、融合式结构以及以数据库为中心的结构等。

如图 9-13 所示，三角式结构中用户通过对话管理部分以各种对话形式直接与数据管理和模型管理对话，查询或者操作数据库，或运行模型库获得结果。三个管理部分之间都有直接联系，而且两两之间有互相通信的接口。串联式结构中，对话系统不直接与数据库系统联系，而是通过模型库系统转达操作请求，因此模型库系统必须设有用户操作数据库的转接功能。串联式结构由于省去了对话子系统与数据库子系统之间的接口而使系统结构较简单。

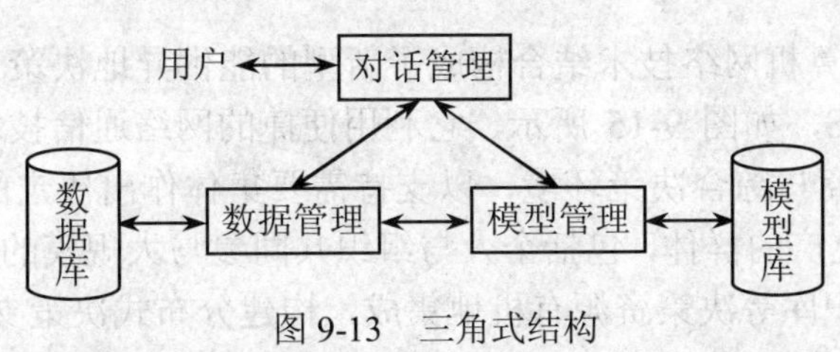

图 9-13　三角式结构

融合式结构中，数据库系统与模型库系统合二为一，数据库系统与模型库系统互不独立，既可以说是模型库系统建立在数据库系统的基础上，也可以说是数据库系统被嵌入模型库系统之中，模型库中的模型运行时直接调用数据库中的数据。其缺点是更换数据库系统时，模型库系统需作较大的改动，系统的移植性较差。为了克服这一不足，人们于融合式结构的基础上在数据库系统与模型库系统之间增设了统一的模型管理标准接口，提出了一种以数据库为中心的系统结构。这种结构间接调用数据库中的数据，避免了模型对数据库结构的依赖，使模型库系统与数据库系统相对独立。

由于 DSS 特殊的构件和结构，其系统分析方法与 MIS 方法不同，目前典型方法是 ROMC，即表述（Representation）、操作（Operation）、记忆辅助（Memory Aids）和控制机制（Control Mechanisms）。表述是采用表格、图表、数据、文本或模型等概念化的形式来描述各个活动的规范和内容，而不必描述决策过程整体；操作是将概念化的描述转换为相应决策活动中的具体操作，这些操作无须确定先后顺序；记忆辅助对决策者采用的决策方法与决策数据的记忆手段加以辨识，可确定 DSS 应该具有的各种记忆辅助功能；控制机制是关于如何引导决策者使用表述、操作、记忆辅助，以便根据他们个人的风格、技能和知识综合进行决策的机制。

4. *决策支持系统的发展*

20 世纪 80 年代后期，人工神经元网络及机器学习等技术的研究与应用为知识的学习与获取开辟了新的途径。专家系统与 DSS 相结合，充分利用专家系统定性分析与 DSS 定量分析的优点，形成了智能决策支持系统 IDSS，如图 9-14 所示。它以知识库为核心，引入了启发式等人工智能求解方法，使传统 DSS 原来由人承担的定性分析工作部分或者大部分转由机器完成。

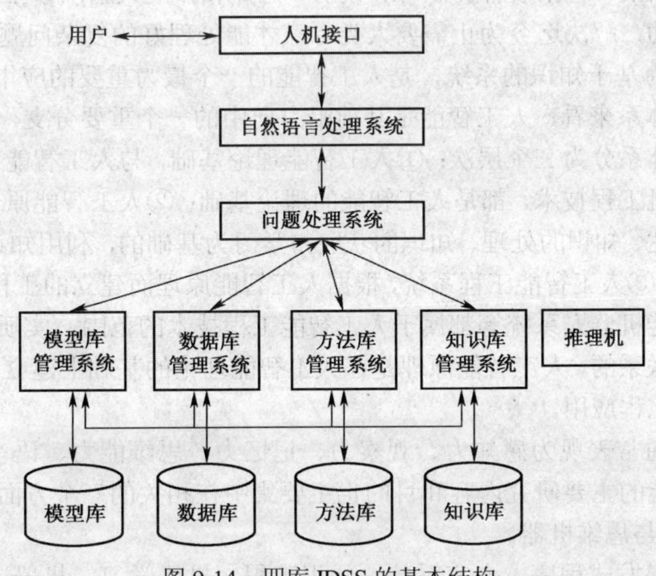

图 9-14　四库 IDSS 的基本结构

近年来，DSS 与计算机网络技术结合构成了新型的能供异地决策者共同参与进行决策的群体决策支持系统 GDSS，如图 9-15 所示，它利用便捷的网络通信技术在多位决策者之间沟通信息，提供良好的协商与综合决策环境，以支持需要集体作出决定的重要决策。在 GDSS 基础上，为了支持范围更广的群体，包括个人与组织共同参与大规模的复杂决策，又将分布式的数据库、模型库与知识库等决策资源有机地集成，构建分布式决策支持系统 DDSS。

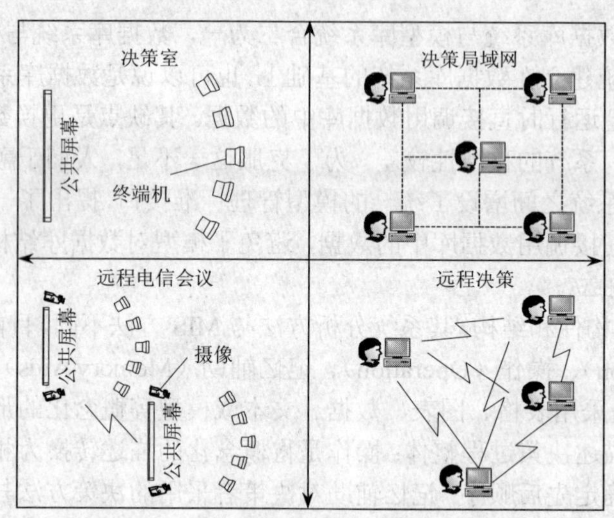

图 9-15　群体决策支持（GDSS）模型

9.2.2　专家系统

1. 人工智能概述

人工智能（Artificial Intelligence，AI）是在计算机科学、控制论、信息论、神经生理学、心理学、哲学、语言学等多种学科相互渗透的基础上发展起来的一门新兴边缘学科。它研究怎样让计算机或智能机器（包括硬件和软件）模仿、延伸和扩展人脑从事推理、规划、计算、思考、学习等思维活动，解决迄今为止需要人类专家才能处理好的复杂问题。专家系统（Expert System，ES）也称为基于知识的系统，是人工智能的一个最为重要的应用领域。

从计算机科学体系来看，人工智能是其前沿方向中的一个重要分支，是研究智能的科学，可将人工智能学科体系分为三个层次：①人工智能理论基础，与人工智能有关的数学理论、思维科学理论和计算机工程技术，都是人工智能的理论基础；②人工智能原理，人工智能的作用原理是以知识的表达、知识的处理、知识的获取与学习为基础的，利用知识求解问题的基本技术为主要研究内容；③人工智能工程系统，根据人工智能原理而建立的工程系统，如专家系统、图像识别系统、智能机器人系统等都属于人工智能工程技术的范围，实质是人工智能的应用。这三个层次是相互联系的，人工智能原理是在人工智能理论的基础上建立的，而人工智能技术是人工智能原理的工程应用。

由于人类智能通常表现为感知力、观察力、记忆力、思维能力、语言表达能力、正确行动能力等，人工智能的主要研究内容和目的也主要集中在相关的三个方面：

（1）机器思维与思维机器。

机器思维包括启发式程序、专家系统、知识工程、机器学习、机器证明、机器博弈等。

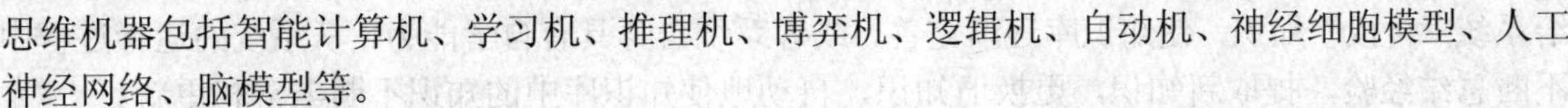

思维机器包括智能计算机、学习机、推理机、博弈机、逻辑机、自动机、神经细胞模型、人工神经网络、脑模型等。

（2）机器感知与感知机器。

机器感知包括文字、图像、物体、声音等模式识别与自然语言理解；计算机视觉、听觉、触觉等。感知机器包括文字、图像、声音、语言的识别机、感知机等，触觉感知器，平衡感知器，各种智能传感器等。

（3）机器行为与行为机器。

机器行为包括自适应、自镇定、自寻优等智能控制、管理和决策行为，机器人在不确定的、动态的环境中的“漫游”行为。行为机器包括智能控制器、智能效应器、智能机械手、智能机器人等。

广义的人工智能，不仅包括专家系统，还包括人工神经元网络、模式识别、智能机器人等。因此，专家系统可以看作是人工智能研究领域内的一部分，它包含了人工智能所涉及的诸多重要因素，如知识的表示、获取、推理、存储、解释，自然语言的处理等。

2. 专家系统的概念与特征

专家系统也称为基于知识的系统（Knowledge-based Systems），或基于规则的系统（Rule-based Systems），产生于20世纪60年代中期，至今已经在医疗诊断、化学工程、语音识别、图像处理、金融决策、信号解释、资源勘探等领域大量应用，产生了巨大的经济效益和社会效益。

由于专家系统严格的内涵和外延尚未形成，人们对专家系统的定义存在不一致的看法。一个比较通用的定义是：专家系统是利用计算机技术、人工智能及其他理论，将某个特定领域内专家的知识或者推理过程在计算机上实现，并且用来解决过去需要专家才能解决的现实问题的计算机系统。

一般来说，如何应用人工智能日益成熟的各种技术，将专家的知识和经验以适当的形式存入计算机，利用类似专家的思维规则，对事例的原始数据进行逻辑或可能性的推理、演绎，并做出判断和决策，这就是专家系统的任务。

为了实现上述的目标，一个高性能的专家系统应该具备如下7个特征：

（1）具有专家水平的专门知识。这是专家系统能够成功地解决领域内的各种问题，在解题的质量、速度和动用启发式规则的能力方面达到本领域专家水平的基础和前提。

（2）符号处理。专家系统用符号准确地表达领域有关的信息和知识，并且对其进行各种处理和推理。

（3）一般问题的求解能力。专家系统应具备一种公共的智能行为，能够做一般的逻辑推理、目标搜索和常识处理等工作。

（4）复杂度和难度。专家系统所拥有的知识涉及面一般很窄，但必须具有相当的复杂度和难度。如果某个领域不够复杂，不需要专家来解决，没有什么专家知识可言，就不能成为专家系统的用武之地。

（5）具有解释功能。解释机制运用知识库求解过程使用过的知识和各种中间结果，回答用户关于求解结果提问的“为什么”、“为什么要如此做”、“它是如何做的”等问题。这种机制加强了用户对专家系统的接受性，并且可以让专家检查求解过程中知识运用是否合理。

（6）具有获取知识的能力。系统能够提供一种手段，使知识工程师和领域专家能不断地给系统“传授”知识，使知识库逐渐完善，或者系统自身具有自学能力，从系统的运行过程中不断总结经验，提取新知识，更换旧知识，自动地使知识库中的知识不断丰富和更新。

（7）知识和推理机构相互独立。这样使系统具有良好的可扩充性和维护性。

3. 专家系统的结构与机制

专家系统是由知识库、推理机、知识获取子系统和解释子系统组成的，其基本的结构如图 9-16 所示。知识库中包含信息和经验法则，专家系统利用这些来制定决策；推理机是专家系统的中央处理单元，推理机与用户对话，询问信息，使用知识库为每种情况得出结论；知识获取子系统可以在知识库中加入新的规则；解释子系统用来解释求得结果的过程，用户可以跟踪用来解决问题的方法，而且可以理解决策是如何做出的。

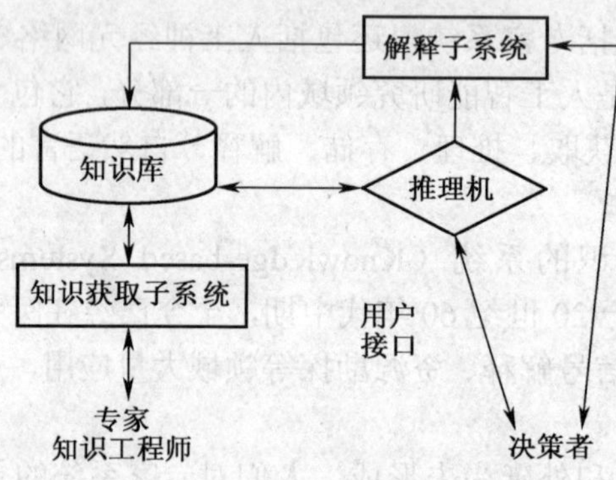

图 9-16　专家系统的基本结构

专家系统的核心就是知识库中存储的知识。专家系统需要获取、存储、推理和解释这些专家知识，而它们最先涉及的则是知识的表示方法。人们还没有找到一种通用的、完善的知识表示模式，但目前比较常用的表示方法包括产生式规则、框架和语义网络等。

（1）产生式规则。

产生式规则的一般形式为 P→Q，P 代表一组前提（条件或者状态），Q 表示若干结论（或者动作）。其含义是“如果前提 P 满足，则可以推出结论 Q”。一系列这样的规则就组成了一个知识库。通常推理程序从前往后顺序的进行匹配，查找可被运用的产生式，因而放在前面的产生式可能先得到匹配，从而执行其右部动作。

在使用产生式规则进行推理和问题求解时，推理机负责把规则的条件部分与用户提供的信息进行比较（通常称为匹配），如果匹配成功，则根据规则右部的内容去修改用户提供的信息。如果匹配的规则不止一个，推理机则会采用合适的控制策略进行选择（通常称为冲突消解）。然后推理机根据修改后得到的信息进一步进行匹配操作，如此反复，以实现一个问题的最终求解。推理机的工作以“匹配－冲突消解－操作”的方式循环运转，直到解决问题。

（2）框架。

框架是一种知识结构化表示方法，也是一种定型状态的数据结构。它的顶层是固定的，表示某个固定的概念、对象或者事件；下层是由槽组成，每一个槽可以有任意有限数目的侧面；每个侧面又可以有任意数目的值，且侧面还可以是其他框架（称为子框架）。相互关联的框架连接起来组成框架系统，或者框架网络。不同的框架网络又可通过信息检索组成更大的系统，代表一块完整的系统。图 9-17 用框架来描述椅子的概念，它包含 4 个槽：范畴（它建立了实体间的属性继承关系）、椅子腿的数目、靠背样式和扶手数目。其中椅子腿的数目包括两个侧面：值范围和默认值。

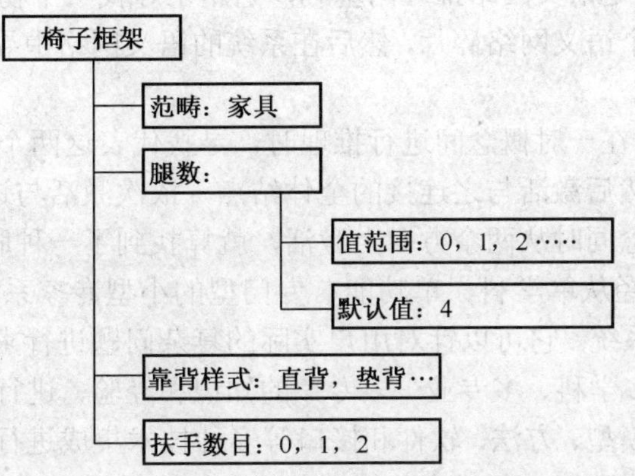

图 9-17　用框架描述“椅子”的概念

在基于框架的系统中，框架网络上主要有两种活动：填槽，即对框架未知内容槽的填写；匹配，即根据已知事件寻找合适的框架，用于描述当前事件，并对未知事件进行预测。以上两种活动均引起推理，其推理形式有：

1）继承推理。在框架网络中，各框架之间可以构成继承关系。填槽过程中，如果没有特别说明，子框架的槽值继承父框架的槽值。

2）匹配。对于一个给定的事件，利用部分已知信息选择初始候选框架，然后推理机通过查询、默认、继承和附加过程等填槽方式为候选框架寻找满足要求的属性值，使候选框架更加具体化，以生成当前事件的描述。

3）预测，联想和直觉。根据已知的信息寻找部分匹配的框架，如同从观察事实形成合理假设。有了预选的框架，可根据其中各槽规定的取值要求，对未知的事件进行预测，直到进一步获得信息，或把注意力集中到某个方向上。

（3）语义网络。

语义网络是一个带标识的有向图，有向图的结点表示各种事务、概念、属性等，有向图的弧表示各种语义联系，指明所连接结点之间的某种联系。如图 9-18 所示，该语义网络有四个结点“科拉迪”、“知更鸟”、“鸟”、“翅膀”以及两种弧“is-a”和“has-part”。我们可以看到，它不仅可以表示“科拉迪是一种知更鸟”，“知更鸟是一种鸟”和“鸟有翅膀”三个直接事实，而且可以通过弧“is-a”和“has-part”推出另外一些间接事实，如“科拉迪是一种鸟”，“科拉迪有翅膀”和“知更鸟有翅膀”。这种继承性可以实现语义网络中的推理。

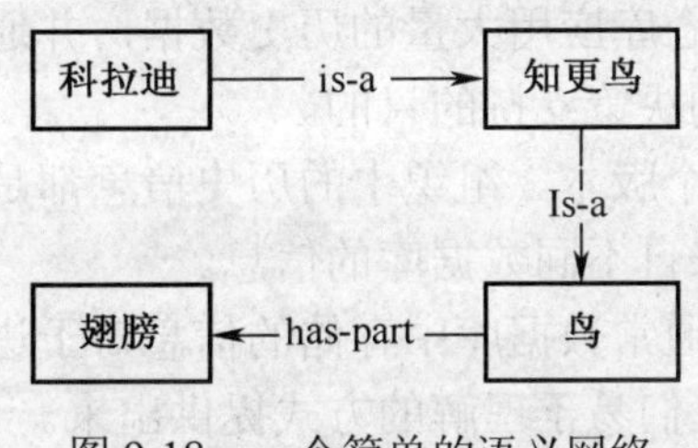

图 9-18　一个简单的语义网络

概括来讲，语义网络系统中的推理有继承推理、匹配推理和散射激活推理三种。

1）继承推理。通过 is-a 弧，一个概念结点的所有属性和信息可以继承到实例结点。

2）匹配推理。匹配是语义网络推理的基础，它用于寻找一个物体或者回答一个问题，首先根据提问内容构造一个语义网络碎片，然后在系统的语义网络中寻找匹配，使变量结点在匹配过程中得到赋值。

3）散射激活推理。在一对概念间进行推理时，寻找代表这两个概念的结点之间的联系，即从这两个结点开始，然后激活与之连接的全体结点，依次激活与这些结点连接的全体结点，如此往外扩散。当某概念同时从两个方向上激活，就算找到了一种联系。

当前，专家系统已经从单学科、单功能、专门型的小型专家系统发展到了多学科、多功能、综合型的大型知识系统。它可以针对用户实际的复杂问题进行求解，具有综合性、多方面的集成功能，可以应用多学科、多专业、多专家的知识和经验，进行并行协同解题。同时，现在的专家系统依靠诸如模型、方法、软件和接口等多种技术集成进行设计和建造，运行于分布式、开放性软硬件及网络环境，可以实现知识共享和知识重用。

9.2.3 商务智能系统

商务智能（Business Intelligence，BI）的概念出现于 20 世纪 90 年代末，是指利用计算机及计算机网络技术，从商业数据存储中提取与分析企业关注信息的智能化的数据分析处理技术。它是决策支持技术的扩展，是用于商务目的的智能型决策支持技术。商务智能系统可以对企业内部以及外部产生的大量数据进行及时深入地分析，从而使企业管理者能够及时准确地掌握企业所面临的内部与外部环境，并且做出正确的决策。商务智能的主要技术包括数据仓库（Data Warehousing，DW）技术，联机分析处理（Online Analytical Processing，OLAP）技术以及数据挖掘（Data Mining，DM）技术等。

1. 数据仓库

数据库由存储在计算机中的数据组成，主要是为了检索和使用。数据仓库是对数据库概念的一个改进，它为用户提供一个改进的数据资源，使用户能用比较直觉的方式操纵和使用数据。1992 年，Walliam H.Inmon 在《建立数据仓库》（Building the Data Warehouse）一书中首先提出了数据仓库的概念，数据仓库是管理决策过程中面向主题的、集成的、稳定的、与时间相关的数据集合。一般认为，数据仓库是一个集中组织中的历史数据以便于处理的中央仓库，它是支持决策过程的、面向主题的、集成的、随时间而变的、稳定的数据集合。

从最基本的功能来看，数据仓库和数据库一样也是用来存储结构化的数据的。但是，数据仓库和传统的数据库相比具有以下特征：

（1）面向主题。数据仓库更加侧重于从决策支持的最终用户的角度来组织和提供数据。

（2）管理大量信息。数据仓库应用大量的历史数据，并通过对历史数据的分析可以确认一些模式，预测趋势，从而达到决策支持的目的。

（3）跨越数据库模式的多个版本。组织中的历史信息都是在不同时间的数据库模式的不同版本中，数据仓库需要处理来自不同数据库的信息。

（4）信息的概括和聚集。通常数据库中存储的信息对于进行决策往往过于详细，数据仓库可以将信息概括和聚集并以人们易于理解的方式提供出来。

（5）从许多数据来源中将信息集成并使之关联。组织中的历史信息的收集和操作涉及多个应用程序和多个数据库，需要面对存储技术、数据库技术和数据语义差异的问题。

数据仓库的主要组成部件包括：数据本身；可供数据存储、访问的硬件及网络基础结构；可从原始数据源析取数据，将这些数据转化成规范格式，并存入数据仓库中的软件；图表查询工具；在数据仓库中进行数据挖掘的用户使用的图形查询工具；使信息系统人员维护、升级数据仓库的管理软件。数据仓库的建设有多种方案，其所采用的体系结构有所区别。一种有代表性的三层数据仓库架构中，底层是数据仓库服务器，其关注的问题是如何从数据源提取数据来构建数据仓库；中间层是 OLAP 服务器，关注的问题是 OLAP 服务器如何实施（关系型 OLAP，多维 OLAP 等）；顶层是与用户交互的前端客户工具层，关注的问题是查询工具、报表工具、分析工具、挖掘工具的设计与实现。

2. 联机分析处理

几十年的发展过程中出现的各种信息系统，可以按照许多不同的分类方式来对这些系统进行各种角度和层面上的划分。从商务信息应用的角度，也就是企业对于所得到的数字化信息的利用并用于决策支持的程度来对信息系统进行划分，基本上可以分为三个层次：事务处理（transaction processing）、分析处理（analytical processing）、商务智能（business intelligence）。这里介绍分析处理的出现及其基本操作。

（1）从 OLTP 到 OLAP。

20 世纪 70 年代，E.F.Codd 提出了关系数据库的理论模型，基于关系数据库管理系统的事务处理逐渐成为商业界 IT 应用的主流。在这个阶段，企业的 IT 应用主要还是着重于对业务职能的自动化及对信息的存储、汇总、统计和查询等方面，而分析能力较弱。这样的信息模式称为事务处理，在网络应用和实时交互处理功能日益强大和普遍的今天，基于在线计算的事务处理被称之为联机事务处理（Online Transaction Processing，OLTP）。

随着数据库应用系统的普及使用，积累在企业内部的数据量不断增多，对这些数据的查询请求也越来越复杂。OLTP 已不能满足终端用户对数据库查询分析的需要，SQL 对大型数据库进行的简单查询也不能满足终端用户分析的要求。很多厂商开发一种前端产品，通过专门的数据综合引擎，辅之以更加直观的访问界面，用于支持复杂的查询和分析操作，侧重对决策人员和高层管理人员进行决策支持，以便他们准确地掌握企业的经营情况，了解市场需求，制定正确的运营方案。1993 年 E.F.Codd 将这类技术定义为联机分析处理（Online Analytical Processing，OLAP）。

事务处理侧重于对组织的业务职能的自动化，典型的处理形式是统计报表和数据查询。而分析处理则侧重于对信息的切分、多维化、前推和回溯，以及回答 what-if 问题。分析处理相对于事务处理来说，更与中高管理层的业务范围相关，并更集中于对企业管理决策的支持。表 9-3 概括了 OLTP 与 OLAP 的主要区别。

表 9-3　OLTP 与 OLAP 对比

OLTP	OLAP
数据库原始数据	数据库导出数据或数据仓库
细节性数据	综合性数据
当前数据	历史数据

续表

OLTP	OLAP
经常更新	不可更新，但周期性刷新
一次性处理的数据量小	一次性处理的数据量大
相应时间要求高	相应时间合理
用户数量大	用户数量相对较少
面向操作人员，支持日常事件	面向决策人员，支持管理需要
面向应用，事务驱动	面向分析，分析驱动

（2）OLAP 中的基本概念。

商业数据是一种多维数据，也就是说对于同样的数据，从不同的角度来看具有不同的性质。同时这些性质之间是相互联系的，通常具有一定的层次。为了清楚地描述 OLAP 所处理的数据的特点以及在这些数据上的操作，需要了解与 OLAP 所处理的数据相关的基本概念。

变量是从现实系统中抽象出来，用于描述数据的实际含义。例如客户人数是 100，商品的销售量（件数）是 100。一般情况下，变量总是一个数值度量指标，如人数、销售量、高度等，而 100 则是变量的一个值。

维是人们观察数据的特定角度。例如，企业常常关心产品销售数据随时间推移而产生的变化情况，这是从时间的角度来观察产品的销售，所以时间是一个维。同样道理，区域、产品、顾客都可以分别作为一个维。

维的层次对应于数据的粒度。比如区域维度可以用“县”作为单位刻度，也可以用“市”、“省”、“国家”、“洲”等作为其单位刻度。单位刻度间呈现一定的层次性。

类别是构成一个维的独立的数据元素，是存在于层里每一个数据。它们是你在报表的行、列或层中所看到的数据片。维、层和类别之间的关系如图 9-19 所示。

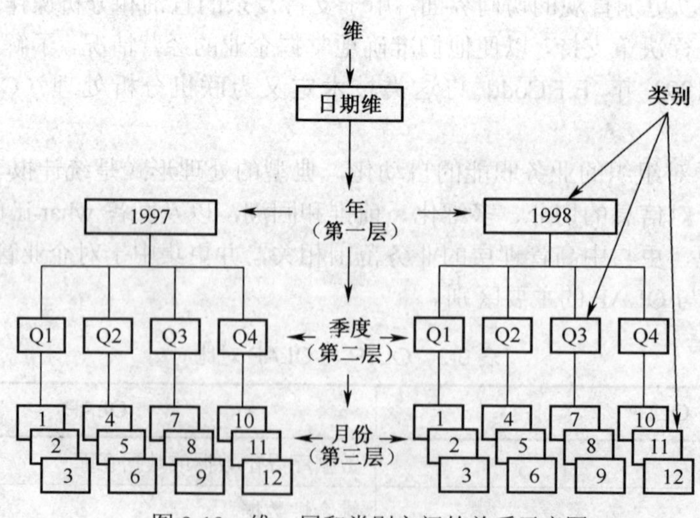

图 9-19　维、层和类别之间的关系示意图

维的取值也称为维的成员。如客户维的取值包括整个客户集合。由于维度存在层次性，

当维度具有多个层次时，维成员由各个维层次的所有类别取值的组合构成。

度量是企业收集和存储的用于评价业务状况的数值性数据，以监测和评估企业成效。如企业可以用销售量、销售金额、成本和利润指标来衡量销售状况。

多维数组是维和变量的组合表示。一个多维数组可以表示为（维 1，维 2，…，维 n，变量），如三维数组（时间，地区，产品，销售额）组织起来的三维立方体，如图 9-20 所示。

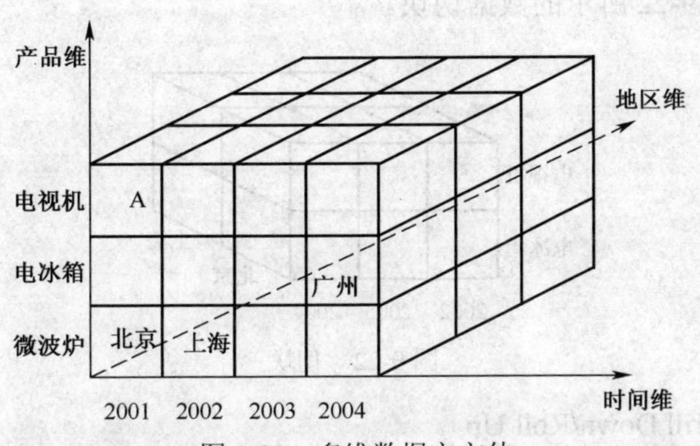

图 9-20　多维数据立方体

数据单元（单元格）是指多维数组的取值。当多维数组的各个维都选中一个维成员，这些维成员的组合就唯一确定了度量的值。因此数据单元就表示为（维 1 维成员，维 2 维成员，…，维 n 维成员，变量的值）。

（3）OLAP 的基本操作。

OLAP 分析是指对以多维形式组织起来的数据采取切片、切块、下钻/上卷、旋转等各种基本操作，以求剖析数据，使最终用户能从多个角度、多侧面地观察数据仓库中的数据，从而更深入地了解包含在数据中的信息、内涵。

1）切片（Slice）。

在多维数组的某一维上选定其维成员的动作称为切片，即在多维数组（维 1，维 2，…，维 n，度量）中选中某一维，如维 i，并取其某一维成员（设为维成员 Vi），所得的多维数组的子集（维 1，维 2，…，维成员 Vi，…，维 n，度量）称为在维 i 上的一个切片。

如图 9-20 所示中按照产品维、地区维和时间维组织起来的产品销售数据，用多维数组表示为（时间，地区，产品，销售额）。如果在地区维上选定维成员（设为“上海”），就得到了地区维上的一个切片；在产品维上选定一个维成员（设为“电冰箱”），就得到了产品维上的一个切片，如图 9-21 所示。

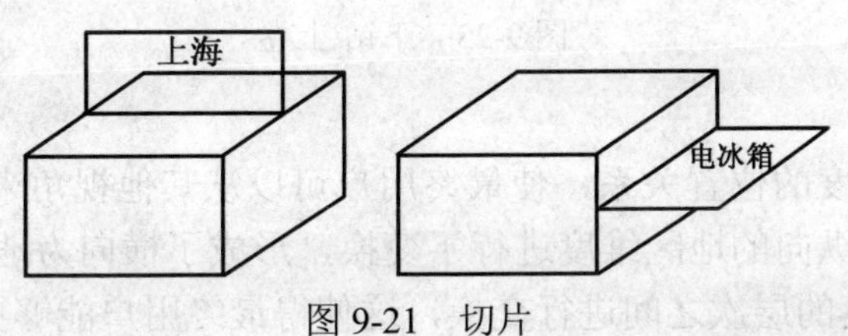

图 9-21　切片

2）切块（Dice）。

数据切块就是将完整的数据立方体切取一部分数据而得到的新的数据立方体。选取多维数组（维 1，维 2，…，维 n，度量）中若干维度（通常是 3 个维度便于图形显示）的取值范围，从而形成了多维数据的子集（维 1，维 2，…，Ai < 维 i < Bi，…，Bj < 维 j < Bj，…，维度 n，度量），这个多维数据子集被称为切块。

例如在图 9-20 所对应的多维数组中，选中所有的三个维度：产品维、地区维和时间维，指定时间维的取值为 2002～2004 年，地区维选定为（北京，上海），产品维选定为（电视机，电冰箱），则获得如图 9-22 所示的数据切块。

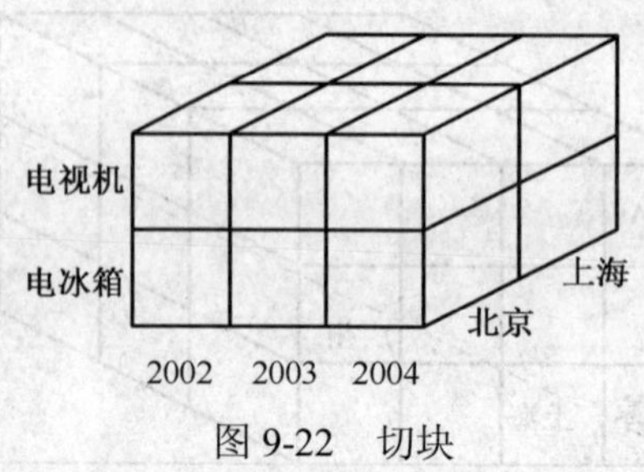

图 9-22　切块

3）下钻/上卷（Drill Down/Roll Up）。

维度是有层次性的，如时间维可以由年、季度、月、日等构成，维度的层次实际上反映了数据的细节程度或者综合程度。维度层次越高，代表的数据综合度就越高，细节越少，数据量越少；维度层次越低，细节越充分，数据量越大。数据下钻是从较高的维度层次下降到较低的层次上来观察多维数据。数据上卷是下钻的逆向操作，是对数据进行高层次的聚合操作。

图 9-23 显示了一个企业在不同时间和不同地区上的销售额的分布情况。图中的第一张表，时间层次是“年”，如果选择时间维度下钻，得到图中的第二张表。如果从图中的第二张表按时间维上卷，则可以获得综合度更高的第一张表。因此，上卷和下钻是互逆的。

	2003	2004
北京	200	230
上海	456	478
广州	100	120

	2003				2004			
	1季	2季	3季	4季	1季	2季	3季	4季
北京	50	50	50	50	50	50	50	80
上海	120	120	100	116	120	120	120	118
广州	24	24	24	28	25	25	25	45

图 9-23　下钻/上卷

4）旋转（Rotate）。

数据旋转是改变维度的位置关系，使最终用户可以从其他视角来观察多维数据。图 9-24 是把横向的时间维度和纵向的地区维度进行了变换，形成了横向为地区、纵向为时间的报表。

图 9-25 则是在维度的层次之间进行交换，这使得最终用户能够更好地对不同年份同时期的数据进行比较。

	2003				2004			
	1季	2季	3季	4季	1季	2季	3季	4季
北京	50	50	50	50	50	50	50	80
上海	120	120	100	116	120	120	120	118
广州	24	24	24	28	25	25	25	45

		北京	上海	广州
2003	1季	50	120	24
	2季	50	120	24
	3季	50	100	24
	4季	50	116	28
2004	1季	50	120	25
	2季	50	120	25
	3季	50	120	25
	4季	80	118	45

图 9-24　不同维度间的旋转

	2003				2004			
	1季	2季	3季	4季	1季	2季	3季	4季
北京	50	50	50	50	50	50	50	80
上海	120	120	100	116	120	120	120	118
广州	24	24	24	28	25	25	25	45

	1季		2季		3季		4季	
	2003	2004	2003	2004	2003	2004	2003	2004
北京	50	50	50	50	50	50	50	80
上海	120	120	120	120	100	120	116	118
广州	24	25	21	25	24	25	28	45

图 9-25　维层次间的旋转

3. 知识发现与数据挖掘

基于数据仓库和 OLAP 技术所得到的分析结果通常是运用已有的知识（如业务规则和商务规律）来建立决策分析模型，并通过数据仓库的支持进行多维视角的预测和回溯分析。

20 世纪 90 年代以来，随着计算机技术的飞速发展以及人工智能、数据仓库、统计分析、专家系统以及数据可视化等技术的集成，使得人们可以从另外一个方向去思考决策分析问题。当面临大量数据的时候，人们不是根据已知领域的知识和规则来构造模型，并通过数据进行模型检验或预测；而是首先考虑基于大量数据的领域的知识和模式的发现与获取。这需要通过强大的计算能力，对数据进行多层次和多角度的处理，从而得到新颖的、具有潜在有用性的知识。由于这些知识是事先未知的，而且也不是通过已有的规则或模式推断得到的，如果它反映了商务运作中潜在的某种规律性，并被及时利用和把握，将有助于获得竞争优势。

面向这种决策知识的发现是信息创造的更高形式，也是企业信息化的更高层次，我们称之为商务智能（Business Intelligence，BI）。商务智能的核心技术是数据挖掘（Data Warehousing，DW），目标是从庞大的数据中将有价值的知识挖掘出来。

（1）知识发现与数据挖掘。

随着数据库技术和软件开发技术的飞速发展，企业决策者在决策过程中经常面临着这样一个问题：一方面，企业能够比较容易地获得和存储大量的业务信息；另一方面，除了业绩报表和数据库查询之外，这些信息并没有被进一步发掘和使用，更没有有效地用于分析处理和决策支持。结果出现了“丰富的数据，贫乏的信息”现象。

为了从数据库中提取有用的信息，人们开始借助人工智能的成果进行数据分析。20 世纪 80 年代末，机器学习方法在数据分析中的应用导致数据库知识发现（Knowledge Discovery in Database，KDD）的产生。1996 年，Fayyad 等人给出了知识发现的定义，即知识发现是从数据集中识别有效模式的非平凡过程，该模式是新颖的、有潜在应用价值的和最终可理解的。如图 9-26 所示，知识发现这个过程具有多个步骤，它包括数据选择和预处理、数据转化、数据挖掘、知识解释和评价、知识应用等过程，并通过反馈不断自我改进。其中数据挖掘是知识发现的关键步骤。

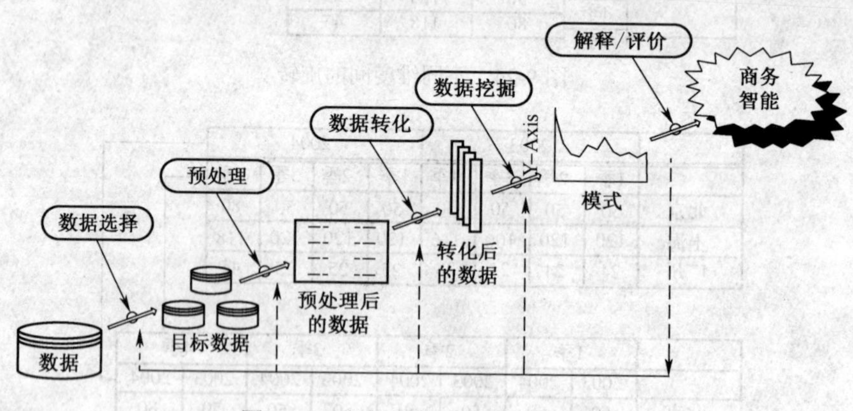

图 9-26　商务智能中的 KDD 过程

20 世纪 90 年代以来，以数据挖掘技术为核心的商务智能（知识发现在商业的应用）受到了学术界和业界的广泛关注。它所得到的模式蕴涵数据集当中对象之间的特定关系，揭示了一些有用的信息，可以为经营决策、市场策划、金融预测等提供依据。

传统的决策分析技术中，都是决策人员事先给出逻辑假设和模型，而后在数据中进行检验和参数评估。这样就可能会丧失对一些潜在的而事先未知的模式进行检验的机会，得不到新颖的模式。而数据挖掘是数据驱动的，它并不是始于一个有待证明的具体逻辑模式，而是始于纷繁复杂的海量数据，利用强大的数据分析工具和特定的知识提取方法，从数据出发，挖掘其中有效的模式，从而获得潜在的、新颖的以及有用的知识。

（2）数据挖掘模式。

数据挖掘的方法一般都是基于机器学习、模式识别以及统计方法的。通过对这些方法的综合与集成，完成在海量数据中对决策知识挖掘的工作。一般来说，数据挖掘的基本任务是预测（prediction）和描述（description）。预测就是利用数据中已知的变量和字段来确定一些感兴趣的未知或未来的值，如分类等。而描述则集中于寻找一种人类能够理解和解释的模式对数据进行刻画，如聚类、关联规则等。数据挖掘常见模式有以下几类：

1）概念描述（归纳或简约）。

包括概念的识别与比较。它是通过将数据进行一般化、汇总或将可能矛盾的数据的特征进行说明，寻求对一个数据子集的简约的描述。对于给定存放在数据库中的大量数据，能够以

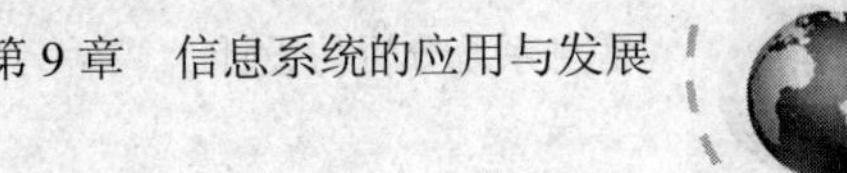

简洁的形式在更一般的抽象层描述数据，便于用户考察数据的一般行为。

2）分类和预测。

这种方法有两个阶段。首先给定已有的数据和类别，通过分类算法得到描述和区分数据类或概念的模型；然后将上述分类模型应用到要进行测试的数据上，对未来或者未知的数据进行预测。

图 9-27 给出了一个应用分类技术对顾客的信用水平进行分类的例子。○代表所对应的收入—债务情况下偿还贷款的客户，×代表所对应的收入—债务情况下不偿还贷款的客户。利用历史数据和选择的分类算法，可以得到判断客户是否偿还贷款的分类模型。对于申请贷款的新客户，可以使用该模型根据客户的收入—债务情况预测其还款的可能性，进而作为银行发放贷款的决策基础。

3）聚类。

聚类是将一个数据集按照某个标准分成几个簇的过程。其结果使得在每个簇内部的数据按照该标准具有很高相似性，而簇之间的数据的相似性很低。

聚类与分类不同，在分类中，类标记事先给出，然后选择分类算法对这些类进行划分，是一种监督学习的方法；而聚类则是将数据集合按对于特定属性测度的相似性进行聚合，没有事先给定类别，属于一种非监督的学习。

图 9-28 是聚类的一个例子。通过对数据点的相似性进行分析，得到三个聚类。结果显示，聚类 1 是债务水平一般的顾客群，聚类 2 是债务水平比较高的顾客群，聚类 3 是债务水平比较低的顾客群。

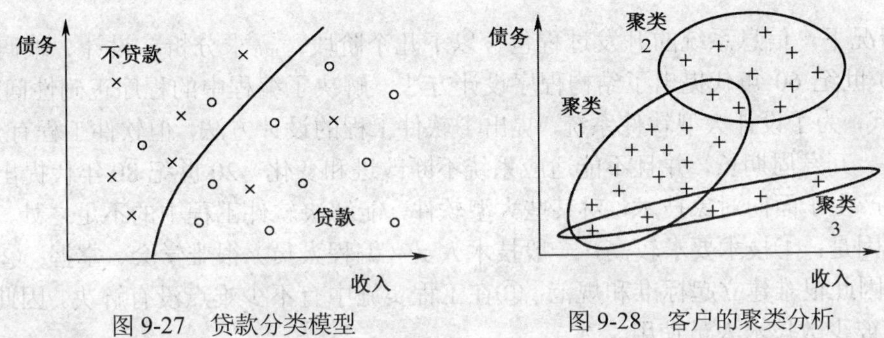

图 9-27　贷款分类模型　　图 9-28　客户的聚类分析

4）关联规则。

自然界中某种事物发生时其他事物也会发生的这样一种联系称之为关联。反映事件之间依赖或关联的知识称为关联型知识（又称依赖关系）。

数据挖掘中，关联是两个或多个变量取值之间存在的一类重要的可被发现的某种规律性。关联分析目的是寻找给定数据记录集中数据项之间隐藏的关联关系，描述数据之间的密切度。关联分析的结果常有两种：关联规则和序列模式。关联规则是描述在一个交易中物品之间同时出现的规律的知识模式，更确切的说，关联规则是通过量化的数字描述物品 X 的出现对物品 Y 的出现有多大的影响；序列模式与此类似，但它寻找的是事件之间时间上的相关性。

以零售业为例，体育用品商场通过对销售数据进行关联分析通常可以发现这些数据中常常隐含形式如下的规律——“购买篮球的顾客中有 70%的人同时购买篮球运动服，所有交易中有 40%的人同时购买篮球和篮球运动服”等。

（3）数据挖掘系统的发展。

根据数据挖掘系统的产生和发展过程，可以划分为四代：

第一代数据挖掘系统支持一个或几个数据挖掘算法，这些算法设计用来挖掘向量数据（Vector-Valued Data），这些数据模型在挖掘时候，一般一次性调进内存进行处理。许多这样的系统已商业化。

第二代数据挖掘系统支持数据库和数据仓库，和它们具有高性能的接口，具有高的可扩展性。如，第二代系统能够挖掘大数据集、更复杂的数据集、以及高维数据。这一代系统通过支持数据挖掘模式（Data Mining Schema）和数据挖掘查询语言（DMQL）增加系统的灵活性。

第三代数据挖掘系统的特征是能够挖掘 Internet/Extranet 的分布式和高度异质的数据，并且能够有效地和操作型系统集成。这一代数据挖掘系统关键的技术之一是为建立在异质系统上的多个预测模型以及管理这些预测模型的元数据提供第一级别（First Class）的支持。

第四代数据挖掘系统能够挖掘嵌入式系统、移动系统、和普遍存在（Ubiquitous）计算设备产生的各种类型的数据。

数据挖掘系统表现为两个方面的发展趋势，一是集成化，第二代、第三代、以及第四代数据挖掘和预测模型系统将与数据仓库合并，以提供一个集成的系统来管理日常的商业过程；另一方面是嵌入式，第二代、第三代、以及第四代数据挖掘技术将不断发展和成熟，能够和各种应用集成，成为一种嵌入式的技术（Embedded Technology）。

9.3 信息系统开发模式的发展

通常情况下，信息系统的开发过程包含以下几个阶段：需求分析、设计、编码、测试、维护等。20 世纪 60 年代提出了结构程序设计方法，解决了编程中的程序正确性问题。到 20 世纪 70 年代，为了设计大型软件系统，提出了软件工程的设计方法，但软件工程有先天不足，开发成本高、开发周期长，并且不能适应系统不断改进和变化。20 世纪 80 年代提出了采用可重用技术，产生了面向对象技术，对某些大型软件，能解决软件工程中的不足之处，但还是不尽人意，原因是：①技术要求较高，一般技术人员（编程人员）很难学会、掌握；②由于概念上不统一，因此很难建立起标准和规范；③在工程实施中有不少难点没有解决。因此，只能在某些应用上被少数技术人员使用。

为此，在面向对象方法基础上出现了构件技术，这种思想来自于汽车制造业和建筑业，采用流水线生产方式的预制件装配方式，它的预制件要求并不苛刻，而只要是重用就可以了，所以称为构件。在这个生产流水线上的各阶段，可以由不同专业人员去完成，社会有了分工，效率和质量都有了提高，这种开发技术称为“基于构件/构架的开发技术”。

到 21 世纪的今天，各企事业单位都已经普遍使用了信息技术，建立了各种软件系统，如财务软件、信息管理系统、CAD、实时工控系统等，可是这些系统都是自身相对独立的，也就是说，相互之间无法连通。当今社会 IT 技术发展日新月异，已经进入网络新时代，企业的竞争相当激烈，企业的负责人都要考虑如何整合各种资源，把现有系统连接起来，发挥资源最大能量，使得机构运转更畅通。同样，各企事业单位，不但要把内部各系统连接起来，还要与上级的系统互连，同时还要与其他单位的信息系统横向互连。总之，当前需要把在不同平台开发的软件连起来，迫切需要新的技术。

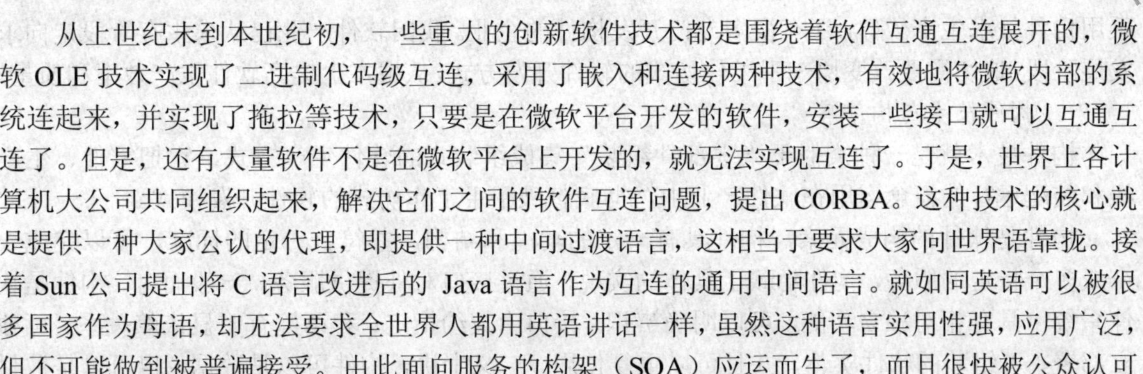

从上世纪末到本世纪初，一些重大的创新软件技术都是围绕着软件互通互连展开的，微软 OLE 技术实现了二进制代码级互连，采用了嵌入和连接两种技术，有效地将微软内部的系统连起来，并实现了拖拉等技术，只要是在微软平台开发的软件，安装一些接口就可以互通互连了。但是，还有大量软件不是在微软平台上开发的，就无法实现互连了。于是，世界上各计算机大公司共同组织起来，解决它们之间的软件互连问题，提出 CORBA。这种技术的核心就是提供一种大家公认的代理，即提供一种中间过渡语言，这相当于要求大家向世界语靠拢。接着 Sun 公司提出将 C 语言改进后的 Java 语言作为互连的通用中间语言。就如同英语可以被很多国家作为母语，却无法要求全世界人都用英语讲话一样，虽然这种语言实用性强，应用广泛，但不可能做到被普遍接受。由此面向服务的构架（SOA）应运而生了，而且很快被公众认可和接受，成为当前解决大型软件系统互连的最佳开发方案，SOA 的推广和应用已经成为软件开发中的头等大事。其原因主要在于客观需求和技术成熟度两个方面：

（1）客观上需要。随着网络普及化，越来越迫切地需要集成现有的多个应用系统，以实现更强的信息处理功能，如电子商务的供应链、智能交通、电子政务、数字地球等都需要互连技术。

（2）技术成熟度。现在面向对象和构件架构的基础理论和技术已趋向成熟，发展到统一建模语言，提供建模工具，并提出了中间件、interbus 等技术。浏览器技术普及，已成为行业标准，奠定了 SOA 的基础理论和技术规范基础，接着许多关键技术得以解决，如用 BPEL（业务过程执行语言）来描述用户需求，由 BPM（业务过程管理平台）来解释执行等。

SOA 的优点就是把企事业单位中现有的系统以松耦合方式很方便地整合起来，称为“整合创新”，新系统管理起来很方便、集成时间很短，成本也很低。另外，当 SOA 技术已与 BPM 工作流管理技术结合起来了，企业人员自己可以写出它的工作流，很快地响应外部变化，能够使企业在市场上取得很强竞争力，称为“随需应变”。

9.3.1　软件复用与软件构件技术

分析传统产业的发展，其基本模式均是符合标准的零部件（构件）生产以及基于标准构件的产品生产（组装），其中，构件是核心和基础，“复用”是必需的手段。实践表明，这种模式是产业工程化、工业化的必由之路。标准零部件生产业的独立存在和发展是产业形成规模经济的前提。这种模式是软件产业发展的良好借鉴，软件产业要发展并形成规模经济，标准构件的生产和构件的复用是关键因素。这正是软件复用受到高度重视的根本原因。

软件复用是在软件开发中避免重复劳动的解决方案，其出发点是应用系统的开发不再采用一切“从零开始”的模式，而是以已有的工作为基础，充分利用过去应用系统开发中积累的知识和经验，如：需求分析结果、设计方案、源代码、测试计划及测试案例等，从而将开发的重点集中于应用的特有构成成分。通过软件复用，在应用系统开发中可以充分地利用已有的开发成果，消除了包括分析、设计、编码、测试等在内的许多重复劳动，从而提高了软件开发的效率，同时，通过复用高质量的已有开发成果，避免了重新开发可能引入的错误，从而提高了软件的质量。

1998 年在日本召开的国际软件工程会议上，基于构件的软件开发模式成为当时会议研讨的一个热点。美国总统信息顾问委员会也在 1998 年的美国国家白皮书上，提出了解决美国软件产业脆弱问题的五大技术，其中之一就是建立国家级的软件构件库。美国已有不少软件企业采用构件技术生产软件，还有很多专门开发构件的企业。我国软件产业已从求生存阶段走向求发展阶段，迫切需要改变原来手工作坊式的软件开发方式，从根本上提高软件生产效率和质量。

1. 构件技术与构件库

构件技术就是一种类似于“零部件组装”集成组装式的软件生产方式，它把零件、生产线和装配运行的概念运用在软件产业中，彻底打破了手工作坊式的软件开发模式。

构件是软件的构成元素，构件具有一定的功能和结构，并符合一定的标准，可以完成一个或多个特定的服务，构件隐藏了具体的实现，通过接口对外提供服务。一般而言，构件是软件系统中具有相对独立功能，可以明确辨识、接口由契约指定、和语境有明显依赖关系、可独立部署、可组装的软件实体，并且可以重复使用。广义上讲，构件可以是数据，也可以是被封装的对象类、软件构架、文档、测试用例等。软件构件库作为一种支持软件复用的基础设施和软件资产的管理设施，它提供对软件构件的描述、分类、存储和检索等功能，它为基于构件的软件开发提供了有效的支持，提高了软件开发效率和软件产品质量。

构件技术的出现是对传统软件开发过程的一次变革。构筑在“构件组装”模式之上的构件技术，使软件技术人员摆脱了“一行行写代码”的低效编程方式，直接进入“组装构件”的更高阶段。基于构件的软件开发，不仅使软件产品在客户需求吻合度、上线时间、软件质量上领先于同类产品，提高了项目的成功率，而且对软件的开发和维护变得十分简单，客户可以随时随地应对商业环境变化和 IT 技术变化，实现“敏捷定制”。

从最终用户的角度来看，采用基于构件技术搭建的系统，在遇到业务流程变革或系统升级等问题时，不再需要对系统进行大规模改造或推倒重来，只需对构件进行“拖、拉、拽”的方式，使之重新排列、组合，就可以组装成新的系统，或者通过增加新的构件、改造原来的构件来实现。由于不用在代码层进行一个个改编和测试，因此可以很快开发出新的系统。

2. 实现软件复用的关键因素

实现软件复用的各种技术因素和非技术因素是互相联系的。如图 9-29 所示，它们结合在一起，共同影响软件复用的实现。

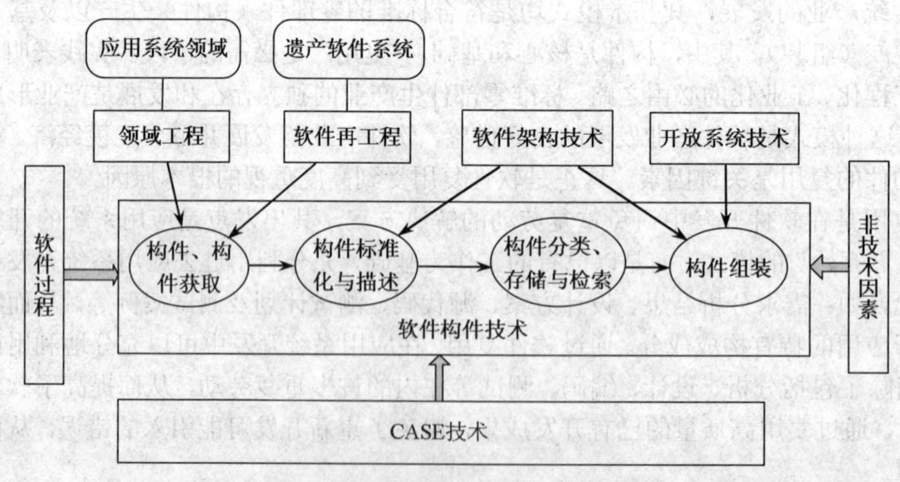

图 9-29 实现软件复用的关键因素

（1）软件构件技术。

随着对软件复用理解的深入，构件的概念已不再局限于源代码构件，而是延伸到需求、系统和软件的需求规约、系统和软件的构架、文档、测试计划、测试案例和数据以及其他对开发活动有用的信息。这些信息都可以称为可复用软件构件。软件构件技术是支持软件复用的核心技术，其主要内容包括：构件获取；构件模型；构件描述语言；构件分类与检索；构件复合组装；标准化。

（2）软件构架。

软件构架是对系统整体结构设计的刻划，包括全局组织与控制结构，构件间通讯、同步和数据访问的协议，设计元素间的功能分配，物理分布，设计元素集成，伸缩性和性能，设计选择等。软件构架研究如何快速、可靠地从可复用构件构造系统的方式，着重于软件系统自身的整体结构和构件间的互联。其中主要包括：软件构架原理和风格，软件构架的描述和规约，特定领域软件构架，构件向软件构架的集成机制等。

（3）领域工程。

领域工程是为一组相似或相近系统的应用工程建立基本能力和必备基础的过程，它覆盖了建立可复用软件构件的所有活动。领域是指一组具有相似或相近软件需求的应用系统所覆盖的功能区域。领域工程包括三个主要的阶段：领域分析；领域设计和领域实现

（4）软件再工程。

软件复用中的一些问题是与现有系统密切相关的，如：现有软件系统如何适应当前技术的发展及需求的变化，采用更易于理解的、适应变化的、可复用的系统软件构架并提炼出可复用的软件构件？现存大量的遗产软件系统（Legacy Software）由于技术的发展，正逐渐退出使用，如何对这些系统进行挖掘、整理，得到有用的软件构件？已有的软件构件随着时间的流逝会逐渐变得不可使用，如何对它们进行维护，以延长其生命期，充分利用这些可复用构件？等。软件再工程（Software Reengineering）正是解决这些问题的主要技术手段。

软件再工程是一个工程过程，它将逆向工程、重构和正向工程组合起来，将现存系统重新构造为新的形式。再工程的基础是系统理解，包括对运行系统、源代码、设计、分析、文档等的全面理解。

（5）开放系统技术。

开放系统技术的基本原则是在系统的开发中使用接口标准，同时使用符合接口标准的实现。这些为系统开发中的设计决策，特别是对于系统的演化，提供了一个稳定的基础，同时，也为系统（子系统）间的互操作提供了保证。开放系统技术具有在保持（甚至是提高）系统效率的前提下降低开发成本、缩短开发周期的可能。对于稳定的接口标准的依赖，使得开发系统更容易适应技术的进步。

开放系统技术为软件复用提供了良好的支持。特别是分布对象技术使得符合接口标准的构件可以方便地以“即插即用”的方式组装到系统中，实现黑盒复用。这样，在符合接口标准的前提下，构件就可以独立地进行开发，从而形成独立的构件制造业。

（6）软件过程。

软件过程又称软件生存周期过程，是软件生存周期内为达到一定目标而必须实施的一系列相关过程的集合。一个良好定义的软件过程对软件开发的质量和效率有着重要影响。当前，软件过程研究以及企业的软件过程改善已成为软件工程界的热点，并已出现了一些实用的过程模型标准，如 CMM、ISO9001/TickIT 等。

（7）CASE 技术。

随着软件工程思想的日益深入人心，以计算机辅助开发软件为目标的 CASE（Computer Aided Software Engineering）技术越来越为众多的软件开发人员所接受，CASE 工具和 CASE 环境得到越来越广泛的应用。CASE 技术对软件工程的很多方面，例如分析、设计、代码生成、测试、版本控制和配置管理、再工程、软件过程、项目管理等等，都可以提供有力的自动或半自动支持。CASE 技术的应用，可以帮助软件开发人员控制软件开发中的复杂性，有利于提高软件开发的效率和质量。

软件复用同样需要 CASE 技术的支持。CASE 技术中与软件复用相关的主要研究内容包括：在面向复用的软件开发中，可复用构件的抽取、描述、分类和存储；在基于复用的软件开发中，可复用构件的检索、提取和组装；可复用构件的度量等。

（8）非技术因素。

除了上述的技术因素以外，软件复用还涉及众多的非技术因素，如：机构组织如何适应复用的需求；管理方法如何适应复用的需求；开发人员知识的更新；创造性和工程化的关系；开发人员的心理障碍；知识产权问题；保守商业秘密的问题；复用前期投入的经济考虑；标准化问题等等。

在这种新的软件开发方式下，软件公司将以开发构件为主要业务，提供规格化的软部件。系统集成商则汇总部件，组合成能完成不同功能的软构件，将自己的核心技术构件化。正是这两者之间分工的泾渭分明，将软件行业工业化逐渐推向成功。未来的软件产业将划分为三种业态：第一个是构件业，类似传统产业的零部件，这些构件是可以买卖的；第二个是集成组装业，相当于汽车工厂，根据市场的需要先设计汽车的款型，然后到市场上采购通用零部件，特别需求还可以委托专门生产零部件的企业去设计生产，最后把这些零部件组装在一起；第三个是服务业，基于互联网平台上的软件服务是当前正在推行的一种软件应用模式，未来这种应用将更加普遍。

9.3.2 CORBA 技术概述

CORBA 全称是公共对象请求代理体系结构（Common Object Request Broker Architecture），它是由 IBM、HP 等多家公司联合开发的部件软件的体系结构和部件接口标准。1997 年 8 月版的 CORBA 2.1 的版权页上已有 21 个公司、组织。而支持 CORBA 的对象管理集团 OMG 已达 750 多家公司。对象管理集团英文名是 Object Management Group，简称为 OMG。OMG 是以美国公司为主体的非盈利性国际组织，共目标是为在计算机网络上独立开发的应用软件建立一个相互之间互操作性的标准。OMG 的成员包括绝大多数信息技术公司和终端用户，其中心任务是接纳广泛认可的对象管理体系结构（Object Management Architecture，OMA）或其语境中的接口和规程的规范。

OMA 以分布式的对象为集成单位。以对象为基础来构作分布式应用系统的最大优点是对象的封装性：对象的数据和状态只能通过对象上定义的一组运算来访问，而不允许直接存取。因此易于处理平台的异构性，因为数据表达的互异已被隐藏，从而简化了系统的集成。最初，OMG 在 1990 年制定了对象管理体系结构 OMA。OMA 是比 CORBA 更高一层的概念，它定义了一种体系结构，在 OMA 之上可以用任何方法来实现。CORBA 是其中的一种实现方案。

1. 对象管理体系结构（OMA）

OMA 由参考模型（Reference Model）和对象模型（Objet Model）组成。参考模型则刻画了对象之间的交互，由对象请求代理 ORB、对象服务、公共设施、领域接口和应用接口这几个部分组成，其核心部分是对象请求代理 ORB（Object Request Broker），如图 9-30 所示。对象模型主要定义了如何描述在异构（heterogeneous）环境中的分布式对象。

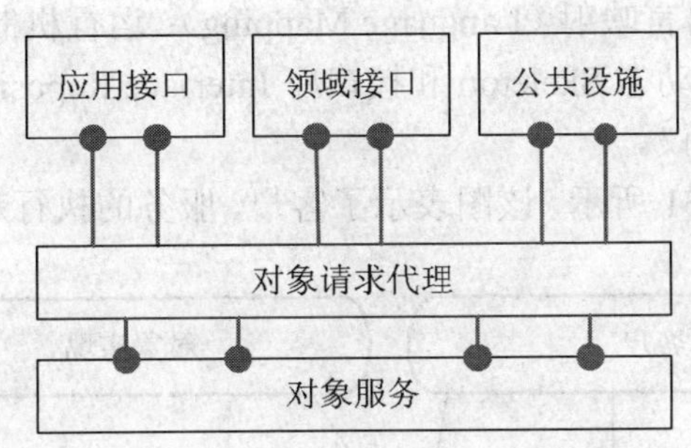

图 9-30　OMA 参考模型

其中 ORB 作为对象互相通信的软件总线，用来联系客户端和对象间的通信。ORB 是 OMA 参考模型的核心，它保证在分布式异构环境中透明地向对象发送和接收请求，帮助实现应用部件之间的互操作。在 ORB 之上有 4 个对象接口：

（1）对象服务（Object Services）。定义加入 ORB 的系统级服务，如安全性、命名和事务处理，它们是与应用域无关的。对象服务是一些最有可能被用来支持分布式对象环境构造应用的标准化部件。目前通过的对象服务包括对象命名服务、事件服务、对象生存期服务、永久对象服务、对象关系服务以及事务服务、并发控制服务等等。

（2）公共设施（Common Facilities）。水平级的服务，定义应用程序级服务，如复合文档等。公共设施是比对象服务粒度更大的可重用的部件块。它主要用来帮助构造跨多个应用域的应用程序。典型的公共设施包括用户接口、信息管理、系统管理和任务管理等。

（3）领域接口（Domain Interfaces）。面向待定的领域，在 OMA 中所处的位置与对象服务与公共设施相似。

（4）应用接口（Application Interfaces）。面向指定的现实世界应用。是指供应商或用户借助于 ORB、公共对象服务及公共设施而开发的特定产品，它不在 CORBA 体系结构中标推化。

2. CORBA 的结构基础

CORBA 的结构基础是 OMG 的核心对象模型（Core Object Model）。部件可作为对象，以客户身份通过封装的接口提出请求，并获取服务对象所提供的服务，形成协同工作的系统。为了达到互操作性，设计了对象请求代理 ORB（Object Request Broker）作为通信的基础设施。ORB 能够帮助对象实现和网络上另一个对象的握手过程。1994 年末出台的 CORBA 2.0 允许不同厂商的 ORB 协同工作。它截获客户的请求，并负责找出实现其请求的服务对象；传送参数及调用方法给服务对象，并负责返回结果。客户不必知道服务对象是位于同一机器或是跨网位于不同机器上；也不要求客户与服务对象是否有同一编程语言、运行于何种平台、使用何种操作系统或有否其他特征。即由 ORB 来提供异步分布环境中不同机器上应用的互操作性。

CORBA 是建立在 OMA 概念之上，是 OMG 所采纳的第一个标准，同时也是 OMA 的一个重要组成部分。CORBA 的 OMA 定义了一个四层模型，并且规定了其 IDL 语言（Interface

Definitin Language）工作于各个层面。四层模型的底层是 ORB；直接建筑在 ORB 层之上的，是 Object Service Layer，它负责对象的命名、创建和管理；第三层是 Common Facilities Layer，在这一层完成用户对象直接使用的一些功能，而最高层是 Business Object，像 Java 和 ActiveX applets 等。

CORBA 已经发展到 CORBA 2.0。CORBA 2.0 主要包括以下几个部分：ORB 核心（core）；OMG 接口定义语言 IDL；语言映射（Language Mapping）；运行机制；静态调用（包括 Stub and Skeleton）；动态调用（包括动态 Skeleton 和接口库 Interface Repository）；对象适配器（Object Adapter）以及 Inter-ORB 协议。

CORBA 的组成如图 9-31 所示，该图表示了客户、服务的执行对象与 ORB 接口间的关系。

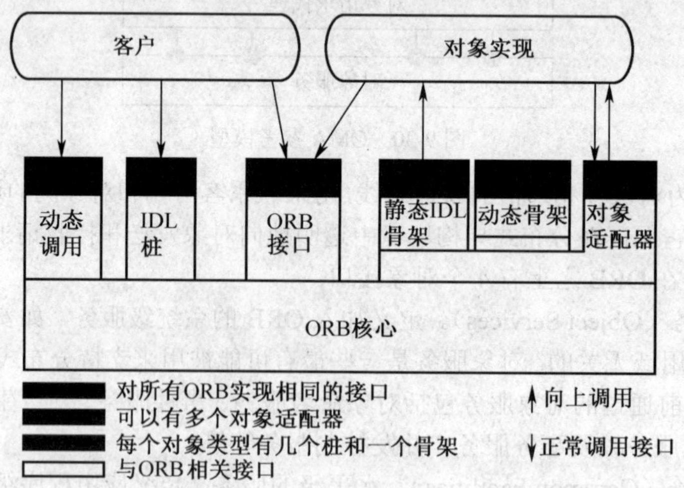

图 9-31　CORBA 的组成

ORB 能识别的协议是 OMG 的接口定义语言 IDL。它可完整地确定部件的接口——即客户所需使用接口的全部信息。

IDL 定义的接口经 IDL 编译器编译后能产生客户的桩（stub）及执行对象的骨架（skeleton）这类能与 ORB 通信的接口：

（1）接口桩 stub，在编译时确定的静态接口，它位于客户对象的本地，接受客户的请求，对客户来说相当于远程的执行对象，接口桩向 ORB 提交请求。

（2）动态调用接口（DII），用于编译时不能确定的请求，与接口桩作用相同。

（3）骨架 Skeleton，分动态骨架与静态骨架，它针对执行对象来说代表了远程客户的作用，可在本地调用执行对象服务，并与 ORB 通信。

（4）对象适配器，提供执行对象可以访问 ORB 服务的基本接口，其作用是产生及解释对象引用、安全交互、登记和执行等。

CORBA 作为标准化接口的规范及体系结构正在发展中，最初仅考虑基本机制。随着对异构分布应用互操作性的深入认识，不断有人提出 CORBA 应提供更多的服务要求 RFP（Request for Proposal），如命名服务、交易服务和生命周期等等。CORBA 2.1 中都已纳入以上服务要求。但新的要求，如实时系统 CORBA、CORBA 部件模型和 CORBA 版本语言等又作为新的 RFP 已正式提出。

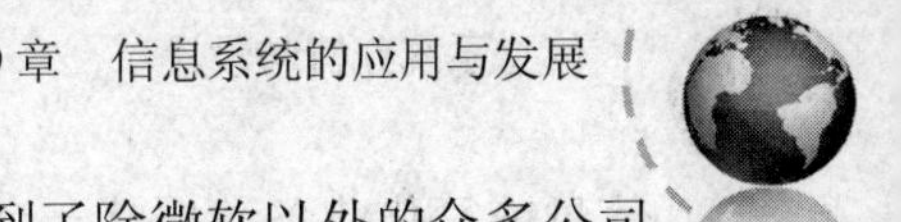

在 1996 年中期，CORBA 向 Internet 适应的要求被提出，并得到了除微软以外的众多公司的响应。CORBA 的开发者创造了被 OMG 称作“ORBlet”的 Java applet，它被下载到使用 Java 的浏览器后，能够同其他与 CORBA 标准兼容的对象和服务进行通信交互。现在 ORBlet 已经能够从 Sun、HP、IBM、Iona Technologies InL、Oracle Corp.处得到。最终，对 CORBA 的支持将集成到 Java 浏览器之中。OMG 仅仅制定标准，而并不生产软件产品或分布部件平台。但由于微软的垄断地位和市场的压力，它也发展相应的标准来保证 CORBA 和 COM 对象的交互兼容性。同样的理由也将使之出台 DCOM 和 CORBA 的交互协议。

3. 应用

CORBA 定义了一个带有开放软件总线的分布式结构，在这一结构中，来自不同厂商的、运行在不同操作系统上的对象，能够进行互操作，CORBA 定义了分布式对象如何实现互操作。在 World Wide Web 盛行之前，特别是 Java 编程语言风靡之前，C++开发者基本将 CORBA 作为其高端分布式对象的解决方案。CORBA 对象可以用任何一种 CORBA 软件开发商所支持的语言，如 C、C++、Java、Ada 和 Smalltalk 来编写。

使用接口描述语言（Interface Description Language）编写的对象接口，使得与语言无关的独立性成为可能。IDL 使得所有 CORBA 对象以一种方式被描述，仅仅需要一个由本地语言（C/C++、CORBA、Java）到 IDL 的“桥梁”。CORBA 对象的互通信要以 ORB 为中介，这种互通可以在多种流行通信协议之上（如 TCP/IP 或是 IPX/SPX）实现。在 TCP/IP 上，来自于不同开发商的 ORB 用 Internet Inter-ORB 协议（IIOP）进行通信。IIOP 是 ORB 保证对象间互操作的必要的通信协议，是 CORBA 2.0 标准的一部分。

当前，CORBA 对于流行的操作系统如 Windows、UNIX 系列都有很好的支持。就是说，CORBA 对象可以运行在任何一种 CORBA 软件开发商所支持的平台上，如 Solaris、Windows 95/NT、Open VMS、Digital Unix、HP-UX 或 AIX 等。可以在 Windows 95 下运行 Java 应用程序，同时动态调入并使用 C++对象，而实际上，该对象可能存储于一个在 Internet 上的 Unix Web 服务器上。目前，对于较为流行的编程语言（包括（C++、SmalltaLk、Java 和 Ada95），已经有了许多第三方的 ORB。随着其他语言的逐渐流行，CORBA 开发商毫无疑问地要做出相应的 ORB 来支持它们。

9.3.3　面向服务架构

面向服务架构（Service-Oriented Architecture，SOA）作为一种应用框架，凭借其松耦合的特性，使得企业可以按照模块化的方式来添加新服务或更新现有服务，提高业务流程的灵活性，以解决新的业务需要，并可以把企业现有的或已有的应用作为服务，从而实现了更多的资产重用、更轻松的管理和更快的开发与部署。

1. SOA 概述

SOA（Service-Oriented Architecture，面向服务架构），也称为服务导向架构，是指为了解决在 Internet 环境下业务集成的需要，通过网络对松散耦合的粗粒度应用组件进行分布式部署、组合和使用来完成特定任务的一种软件系统架构。SOA 并不是一种现成的技术，而是一种架构和组织 IT 基础结构及业务功能的方法。它是一种在分布式计算环境中设计、开发、部署和管理离散逻辑单元（服务）的模型。

SOA 中，服务（Service）是封装成用于业务流程的可重用组件的应用程序函数。它提供信息或简化业务数据从一个有效的、一致的状态向另一个状态的转变。通过定义的通信协议，可以调用服务来强调互操作性和位置透明性。一个服务表现为一个软件组件，因为从服务请求者的角度来看，它看起来就像是一个自包含的函数。然而，实际上，服务的实现可能包括在一个企业内部的不同计算机上或者许多业务合作伙伴拥有的计算机上执行的很多步骤。就封装的软件而言，服务可能是一个组件，也可能不是一个组件。如同类对象，请求者应用程序能够将服务看作是一个整体。

SOA 使用户可以构建、部署和整合这些服务，且无需依赖应用程序及其运行计算平台，从而提高业务流程的灵活性。这种业务灵活性可使企业加快发展速度，降低总体拥有成本，改善对及时、准确信息的访问。SOA 有助于实现更多的资产重用、更轻松的管理和更快的开发与部署。在当今变化的业务环境中，快速响应客户需求、市场机遇和外部威胁的敏捷性比以往任何时候都更显重要。

实施 SOA 项目的组织通常有以下几个目标：

（1）获得流程的可见性和灵活性。SOA 已经逐渐融合了分布式计算领域的几个重大变化，SOA 同时集成了业务流程管理（BPM），在它的统领之下，多家组织齐心协力，获得全面了解数据和流程的可见性，不断进行改进，并且以一种有效、透明的方式实施细粒度控制。

（2）消除孤岛。多年的软件开发工作形成了应用、部门、交易合作伙伴当中的孤岛，SOA 有望消除这些孤岛，让组织获得更清楚地了解数据及流程的可见性。

（3）管理更准确的数据。一家组织不但需要更有效地管理数据，还需要管理更准确的数据。需要确保跨组织及交易合作伙伴生成及使用的数据是可靠的、安全的、妥善管理的、易于获取的。SOA 的目标之一就是，为组合式数据服务平台提供一套统一的组件，这些组件用于数据存取、质量、转换、管理、缓存及其他许多以数据为中心的服务。

（4）重复使用服务。SOA 能有效地管理及重复使用企业的服务和数据。如果由组织内某一部门开发的服务在易于访问的注册中心里面采用标准格式发布并加以描述，它们就可以供该组织内外的其他任何部门使用。如果数据和服务属于所有者，使用者需要时，就可以共享它们，就能减少与维护及管理数据和服务有关的操作成本。

（5）统一组织目标。SOA 有助于协调业务部门和 IT 部门，共同实现组织的目标，有助于更好地开发灵活、可配置的业务流程。业务部门和 IT 部门过去几乎采用独立的方式来提高组织的经济效益。而作为 SOA 的一个方面，BPM 可以消除业务和 IT 之间的分歧，因为它采用了业务部门和 IT 部门之间通用并且都能理解的一套术语，通过建模、模拟、执行和监控等手段，能够不断改进流程。

2. SOA 模型

SOA 中的协作遵循“查找、绑定和调用”范例，其中，服务请求者执行动态服务定位，方法是查询服务注册中心来查找与其标准匹配的服务。如果服务存在，注册中心就给请求者提供接口契约和服务的端点地址。图 9-32 具体展示了 SOA 中协作支持“查找、绑定和调用”范例的实体。

（1）SOA 中的角色包括：

①服务请求者：服务请求者是一个应用程序、一个软件模块或需要一个服务的另一个服务。它发起对注册中心中的服务的查询，通过传输绑定服务，并且执行服务功能。服务请求者根据接口契约来执行服务。

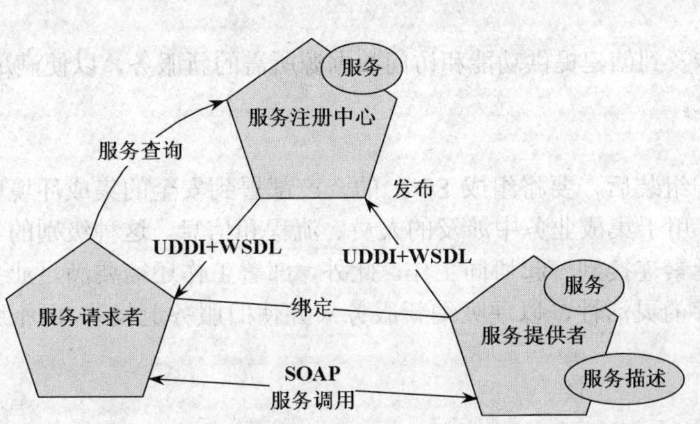

图 9-32　SOA 模型

②服务提供者：服务提供者是一个可通过网络寻址的实体，它接受和执行来自请求者的请求。它将自己的服务和接口契约发布到服务注册中心，以便服务请求者发现和访问该服务。

③服务注册中心：服务注册中心是服务发现的支持者。它包含一个可用服务的存储库，并允许感兴趣的服务请求者查找服务提供者接口。

（2）SOA 中的每个实体都扮演着服务提供者、请求者和注册中心这三种角色中的某一种（或多种）。SOA 中的操作包括：

①发布：为使服务可访问，需要发布服务描述使服务请求者可以发现和调用它。

②发现：服务请求者定位服务，方法是查询服务注册中心找到满足标准的服务。

③绑定和调用：在检索完服务描述之后，服务请求者根据服务描述中的信息来调用服务。

（3）SOA 中的构件包括：

①服务：可以通过已发布接口使用服务，并且允许服务请求者调用服务。

②服务描述：服务描述指定服务请求者与服务提供者交互的方式。它指定来自服务的请求和响应的格式。服务描述可以指定一组前提条件、后置条件和/或服务质量级别。

除了动态服务发现和服务接口契约的定义之外，SOA 服务还有以下特征：服务是自包含和模块化的；服务支持互操作性；服务是松散耦合的；服务是位置透明的；服务是由组件组成的组合模块。

3. SOA 生命周期步骤

（1）建模。

SOA 项目的第一步几乎和技术没有任何关系，所有事项都与业务相关。面向服务的方法将业务所执行的活动视为服务，因此，第一步是要确定这些业务活动或流程实际是什么。对业务体系结构进行记录，这些记录不仅可以用于规划 SOA，还可以用于对实际业务流程进行优化。通过在编写代码前模拟或建模业务流程，可以更深入地了解这些流程，从而有利于构建帮助执行这些流程的软件。

（2）组装。

对业务流程进行了建模和优化后，开发人员可以开始构建新的服务和（或）重用现有的服务，然后对其进行组装以形成组合应用程序，从而实现这些流程。在“建模”步骤中，已经确定了需要何种类型的服务以及它们将访问何种类型的数据，已经存在某种形式的实现这些服务或访问该类数据所需的一些软件。“组装”步骤将要找到已经存在的功能，并为其添加服务支持。另外，还涉及到创建提供功能和访问数据源所需的新服务，以便满足 SOA 涉及的业务流程范围内的需求。

（3）部署。

进行了建模和组装后，要将组成 SOA 的资产部署到安全的集成环境中。此环境本身提供专门化的服务，用于集成业务中涉及的人员、流程和信息。这种级别的集成可帮助确保将公司的所有主要元素连接到一起协同工作。此外，部署工作还需要满足业务的性能和可用性需求，并提供足够的灵活性，以便吸纳新服务（并使旧服务退役），而不会对整个系统造成大的影响。

（4）管理。

部署后，需要从 IT 和业务两个角度对系统进行管理和监视。在“管理”步骤中收集的信息用于帮助实时地了解业务流程，从而能更好地进行业务决策，并将信息反馈回生命周期，以进行持续的流程改进工作。客户需要处理服务质量、安全、一般系统管理之类的问题。

完成此步骤后就要开始新的“建模”步骤了。在“管理”步骤中收集的数据将用于重复整个 SOA 生命周期，再次进行整个过程。

（5）控制。

SOA 是一种集中系统，其中可以包含来自组织的不同部门的服务，甚至还能包含来自组织外的服务。如果没有恰当的控制，这种系统很容易失控。控制对所有生命周期阶段起到巩固支撑作用，为整个 SOA 系统提供指导，并有助于了解系统全貌。它提供指导和控制，帮助服务提供者和使用者避免遇到意外情况。

4. SOA 技术基础

要实施 SOA，首先要了解实现 SOA 所需要的相关技术，其中涉及的主要技术包括以下几个：XML、SOAP、WSDL 和 UDDI。

（1）XML。

XML 1.0（可扩展标记语言，Extensible Markup Language）标准是一个基于文本的 World Wide Web 组织（W3C）规范的标记语言。与 HTML 使用标签来描述外观和数据不同，XML 严格地定义了可移植的结构化数据，它可以作为定义数据描述语言的语言，如标记语法或词汇、交换格式和通信协议。

（2）SOAP。

简单对象访问协议（Simple Object Access Protocol）是一个基于 XML 的，用于在分布式环境下交换信息的轻量级协议。SOAP 在请求者和提供者对象之间定义了一个通信协议，这样，在面向对象编程流行的环境中，该请求对象可以在提供的对象上执行远程方法调用。因为 SOAP 是平台无关和厂商无关的标准，因此尽管 SOA 并不必须使用 SOAP，但在带有单独 IT 基础架构的合作伙伴之间的松耦合互操作中，SOAP 仍然是支持服务调用的最好方法。

W3C SOAP 1.2 规范在服务请求者和服务提供者之间定义使用 XML 格式的消息进行通信。将应用程序请求（在 XML 中）放入 SOAP 信封中（也是 XML），并从请求者到提供者发送应用程序请求，提供者发回的响应也采用相同的形式。目前，SOAP 被称为面向服务的架构协议（Services-Oriented Architecture Protocol）。

（3）WSDL。

Web 服务描述语言 WSDL（Web Services Description Language）是一个提供描述服务 IDL

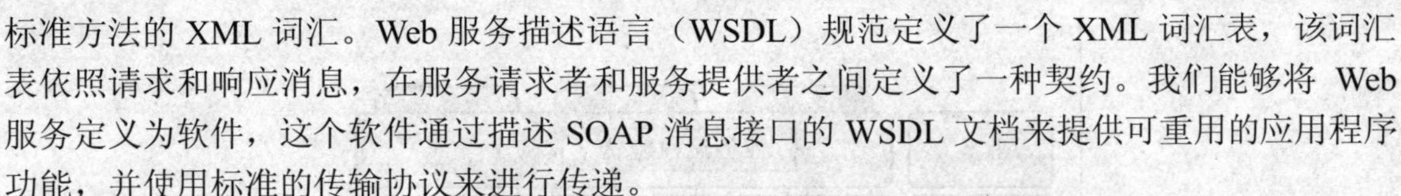

标准方法的 XML 词汇。Web 服务描述语言（WSDL）规范定义了一个 XML 词汇表，该词汇表依照请求和响应消息，在服务请求者和服务提供者之间定义了一种契约。我们能够将 Web 服务定义为软件，这个软件通过描述 SOAP 消息接口的 WSDL 文档来提供可重用的应用程序功能，并使用标准的传输协议来进行传递。

WSDL 是基于 XML 的，因此 WSDL 文档是计算机可读的（machine-readable）。这样开发环境使用 WSDL 将集成服务的流程自动处理到请求者应用程序。例如 Web Sphere Studio 产生一个 Java 的代理对象，它能够像本地对象一样实现服务，但是实际上代理对象仅仅处理请求的创建和响应消息的解析。不管服务是否用 Java、C#或者其他的语言实现，生成的 Java 代理对象都能够从 WSDL 描述中调用任何的 Web 服务。实际上，WSDL 不能像编程语言那样描述实现细节。

（4）UDDI。

统一描述、发现和集成（Universal Description、Discovery and Integration）规范提供了一组公用的 SOAP API，使得服务代理得以实现。UDDI 为发布服务的可用性和发现所需服务定义了一个标准接口（基于 SOAP 消息）。UDDI 实现将发布和发现服务的 SOAP 请求解释为用于基本数据存储的数据管理功能调用。

为了发布和发现其他 SOA 服务，UDDI 通过定义标准的 SOAP 消息来实现服务注册（Service Registry）。注册是一种服务代理，它是在 UDDI 上需要发现服务的请求者和发布服务的提供者之间的中介。一旦请求者决定使用特定的服务，开发者通常借助于开发工具（如 Microsoft Visual Studio .NET）并通过创建以发送请求并处理响应的方式访问服务的代码来绑定服务。

5. SOA 方法学

实践层面上，在 IT 的生命周期中贯彻 SOA 的原理和思想，一步步地构建出符号 SOA 设计原则的 IT 系统，就是 SOA 方法学范畴。广义上讲，SOA 方法学贯穿于 IT 生命周期的各个阶段和各个方面：IT 系统项目的规划，系统分析和设计，系统的实施，系统的部署和维护，以及整个过程中的监控和管理等。

与 SOA 的设计原则类似，SOA 方法学并不是全新的方法学，它是现有方法学的继承和发展。一方面，原有的方法学并不能解决由于服务概念的引入带来的问题，如怎样发现服务，怎样定义服务；另一方面，服务是一个水平的概念，而不是一个垂直的概念，在服务分析和设计的过程中，需要处理服务和现有方法学产物的关系，如业务流程和服务，企业架构和 SOA，服务和对象等。因此服务的分析和设计最主要的职责在于发现服务、定义服务和实现服务，并指导如何和其他方法学结合完成这些职责。

如图 9-33 所示揭示了现有几种方法学的定位。图的横坐标将项目周期分为分析、设计和开发三个阶段，纵坐标将域分为应用、架构和业务。流程建模（BPM）用于业务领域的分析和设计，如业务流程的定义、业务数据的定义等；企业架构（EA）和方案架构（SA）侧重在架构领域的分析和设计，如根据业务需求确定目前目标业务系统和 IT 系统，根据目标系统需求设计主要架构元素和它们之间的关系；面向对象的分析和设计（OOAD）则贯穿分析、设计和开发三个阶段，它主要分析细粒度的业务需求，如用例，分析和设计实现这些需求的类和对象，以及它们之间的关系。

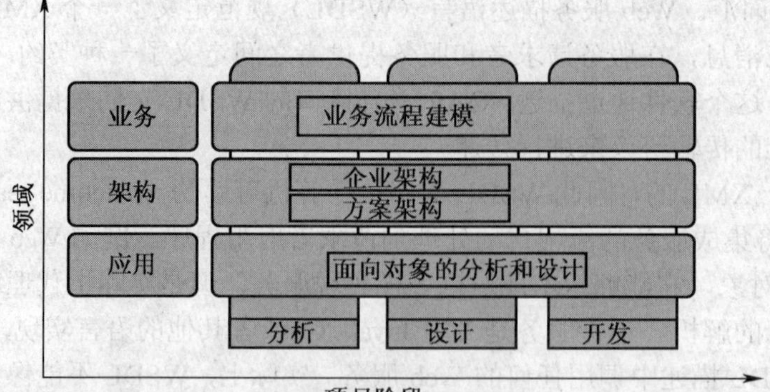

图 9-33 传统的方法学

如图 9-34 所示，面向服务的分析和设计贯穿项目周期的三个阶段和 IT 系统的三个域。这暗示着，在操作层面上，面向服务的分析和设计会和其他方法学紧密相联。

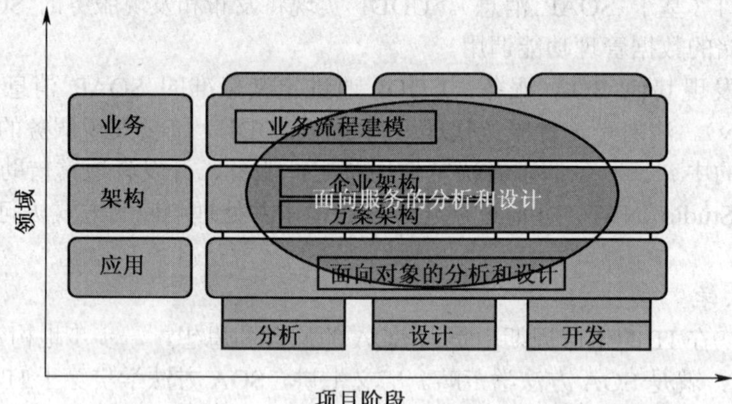

图 9-34 SOA 和传统的方法学

（1）BPM 和 SOA。

业务流程建模是一个相当零散的领域，存在各种各样的方法和技术，有效的方法可以帮助企业对业务进行合理的划分，从而求得业务层面的灵活性。有些方法则侧重于流程建模本身，例如如何确定和定义业务流程中的业务活动、业务数据、业务规则、业务指标和业务事件等，但是 BPM 并不会帮助我们去发现和定义服务。从 SOA 的方法学来看，各种 BPM 的结果是面向服务的分析和设计的重要输入，如业务组件、业务流程和业务目标是服务发现的重要依据，而业务指标、业务数据、业务规则等是服务暴露的分析的重要依据。

（2）EA 和 SOA。

尽管和 BPM 一样，EA 是一个零散的领域，但是当前的 EA 主要侧重于定义跨越业务单元边界的系统框架，企业范围内系统的主要构成元素，这些元素间的关系，以及将这些元素有机组合在一起的参考架构。但是，各种 EA 技术都缺乏业务领域的蓝图指导企业架构的设计。从 SOA 方法学来看，一方面，面向服务的分析和设计通过和 BPM 结合将业务分解为各种类型的服务，可以作为企业业务的蓝图指导企业架构的设计；另一方面，企业架构设计的结果，如参考架构，又是服务实现的重要依据。

（3）OOAD 和 SOA。

面向对象的分析和设计告诉我们使用 Use Case 捕获需求，并设计类、对象及对象间交互来满足 Use Case 定义的需求。但是面向对象的分析和设计往往只是局限在单个应用内部，它不会缺乏业务蓝图和企业架构蓝图的指导。从 SOA 方法学看，在原理层面上，OOAD 中的很多设计原则，如抽象、隔离关注等被 SOA 继承和发扬，并应用于服务的定义和实现中。而在操作层面上，服务模型为 OOAD 进行类和对象设计提供了业务蓝图和企业架构蓝图，与此同时，Use Case 作为对业务流程的补充说明被用于服务的发现和定义中。

6. 面向服务的分析和设计（Service Oriented Analysis and Design，SOAD）

IBM 的 SOMA（Service Oriented Modeling and Architecture，面向服务的建模与架构）将面向服务的分析和设计分为服务发现、服务规约和服务实现。服务的实现包括服务、组件和服务组装的实现。

为了开始面向服务的分析和设计，如下的输入需要被用在分析和设计的过程中：

（1）业务领域（Business Domain）和业务功能域（Business Function Area）。业务领域和业务功能域的划分勾勒了目标企业的业务结构，它一方面帮助我们从全局的角度来理解目标企业的业务，另一方面也是我们进行组织服务层次结构的重要依据。

（2）业务流程（Business Process）。业务流程，尤其是第一级的业务流程，对企业经营全局至关重要。通常，通过第一级的业务流程可以追溯到企业中最为重要的业务活动，因此第一级业务流程是我们进行服务分析和设计的主要入口点。

（3）业务目标（Business Goal）。组织和业务流程都是为业务目标服务的，为了完成业务目标，组织和业务流程都有可能进行适当的调整。分析业务目标在有些时候可以帮助我们发现一些通过业务流程分析遗漏的服务，同时，业务目标也是服务描述中一部分重要的内容。

（4）现有系统（Existing System）。现有系统是目前业务活动和业务流程的写照，通过分析现有系统模块和功能，能够帮助发现服务。与此同时，对于现有系统的分析和理解是进行服务实现设计的重要前提。

在掌握了业务领域划分、业务流程、业务目标和现有系统后，SOMA 按照三个阶段来进行服务分析和设计——发现服务、描述服务和服务实现，如图 9-35 所示。

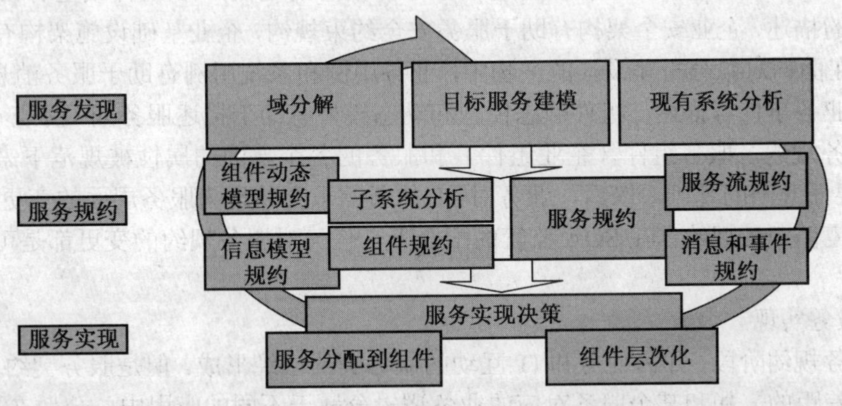

图 9-35　面向服务的建模与架构概貌图

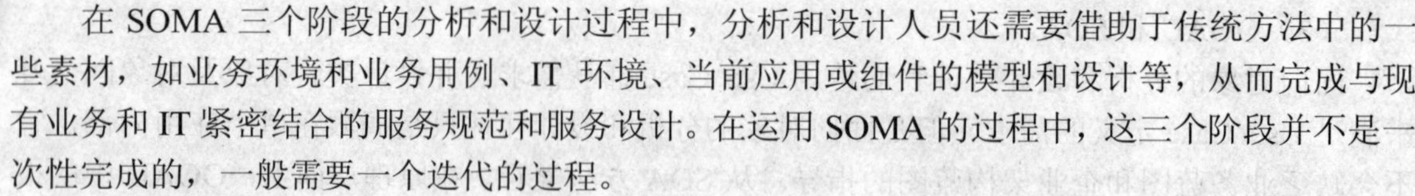

在 SOMA 三个阶段的分析和设计过程中，分析和设计人员还需要借助于传统方法中的一些素材，如业务环境和业务用例、IT 环境、当前应用或组件的模型和设计等，从而完成与现有业务和 IT 紧密结合的服务规范和服务设计。在运用 SOMA 的过程中，这三个阶段并不是一次性完成的，一般需要一个迭代的过程。

（1）服务发现。

服务发现是 SOMA 进行服务分析和设计的第一步。服务发现的主要任务，是确定在一定范围内可能成为服务的候选者列表。

目前有三种方式发现服务的候选者，它们分别是自上而下的领域分解、自下而上的现有系统分析和中间对齐的业务目标建模。自上而下方式的领域分解，从业务着手进行分析，找出实现业务需要的服务；自下而上的现有系统分析，从已有系统出发，验证服务候选者和发现新的服务候选者，目的是利用已有资产来实现服务；中间对齐的业务目标建模，将业务目标分解成子目标，然后分析哪些服务是用来实现这些子目标的，目的是帮助发现与业务对齐的服务，并确保关键的服务在流程分解和已有资产分析的过程中没有被遗漏。结合上述三种方式的分析，发现服务候选者组合，并按照业务范围划分为服务目录。

（2）服务规约。

经过服务发现阶段，服务目录基本形成，但是对于每个服务本身的属性信息依然零散。为了能够将服务作为业务和 IT 层面互动的契约，服务规约阶段是必不可少的。服务规约阶段的主要任务是规范性地描述服务各个方面的属性，其中既包括输入/输出消息等功能性属性，服务安全约束和响应时间等服务质量约束，以及服务在业务层面的诸多属性，如涉及的业务规则、业务事件、时间/人员消耗等。同时，规范描述服务相关方面的关系也很重要，如服务间依赖关系、服务和业务组件间关系、服务和 IT 组件间关系和服务消息间关系等。

进行服务暴露决策是服务规约的第一步。理论上所有的服务候选者都可以暴露为服务，但是一旦暴露为服务，该服务候选者就必须满足附加的安全性、性能等方面的要求。企业还必须为服务的规划、设计、开发、维护、监管支付额外的开支，因此，我们会根据业务对齐、可组装、可重用的规则来决定将哪些服务候选者暴露为服务。

经过服务暴露决策后，层次化的服务目录基本形成。下一步是结合传统的方法学对服务各方面属性进行描述。这里说的传统的方法学是指企业架构，面向对象的分析和设计等。在企业架构方法学的产物中，企业数据模型有助于服务消息的定义，IT 组件模型有助于服务和 IT 组件间关系的描述，企业安全架构有助于服务安全约束规约，企业基础设施架构有助于服务质量的描述。在面向对象分析和设计的产物中，业务用例和系统用例有助于服务消息、服务相关业务规则和业务事件等描述，组件静态模型和动态模型有助于描述服务间关系。

经过服务规约，服务组件（企业组件）和服务的各个方面的属性被规范下来，它会成为业务和 IT 层面互动的基础。以后，业务对 IT 的新需求会体现为服务层面的变更，IT 层面的变化会尽量遵循服务规约。在 SOA 监管的配合下，任何对服务规约的变更都是可管理和可控制的。

（3）服务实现。

经过服务规约阶段，作为业务和 IT 互动的服务契约已经形成。但是服务契约和 IT 的现状还是有很大差距的，如和某个服务对应的业务逻辑分散于不同的应用中，分散在不同的地域，某些服务目前主要依靠人工完成，还没有 IT 层面的实现。为了将服务契约落在实地，服务实

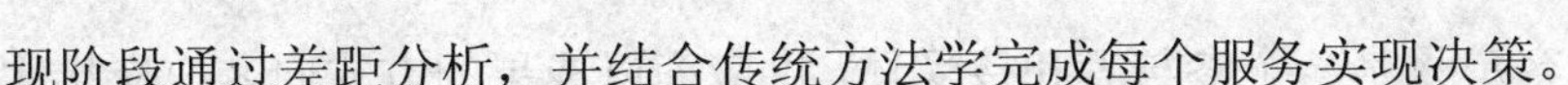

现阶段通过差距分析，并结合传统方法学完成每个服务实现决策。

SOA 的战略意义目前已得到业内广泛认可，在企业应用集成领域有着重要的意义。成熟的 SOA 产品针对不同的行业应用已经有了基本的服务建模，可作为重要参照。Oracle、IBM、SAP 和微软等软件巨头从本世纪初开始陆续为 SOA 投入了大量资源，目前已经形成比较完善的解决方案。企业 IT 架构 SOA 构建具有跨部门、投资大、建设周期长、管理复杂等特点，它的建设过程不会一帆风顺，需要企业高层给予足够的关注和支持。实施 SOA，应用 SOA 指导中长期的 IT 规划，将其作为一个长期而持续的工作内容，在遵循全局观的前提下，基于循序渐进的模式逐步实施。

9.4　信息系统交付模式的变革

传统的管理软件厂商，盈利主要是靠软件许可、顾问咨询、后续服务以及相应的培训教育。互联网给我们带来了很多新的收费模式，比如基于月租费或者会员费、订阅费的模式，基于交易提成，一次订单的完成，一次交易的撮合，一次物流配的完成等等，交易的提成费也是很新鲜的收费模式。还有按使用量收费的模式，比如硬盘的空间、网络空间，系统使用的时间，在管理软件可以运算的时间，复杂的企业管理应用需要计算，按数量收费，人力资源管理软件按照员工数量收费，传统的软件卖给一个企业，500 人和 50000 人，收费模式都是一样的。互联网的模式给我们打开了思路，使得在定价模式、盈利模式上有更多的组合，可以为客户提供适合于他的模式。

9.4.1　传统信息系统交付模式

管理系统的商业模式，一般都包含三个方面的内容，即软件许可证、实施咨询和支持服务，这是一个国际通用的模式，不管是国内外厂商都采用了这样的模式，而且国外管理软件公司的这套商务体系相对很成熟。

1. 软件许可证

一般被成为用户数，软件的价格都是以用户数来计量。国内外厂商对用户数的计量模式是不一样的，SAP/Oracle 基本都是以记名用户模式来进行计量，也就是在软件里面每登记一个用户名，就计算一个用户数，因此一个企业如果有 1000 个员工，用到系统的用户有 100 人，那么就必须支付 100 人的软件许可费用，而其他 900 人是不能使用系统的；而用友等国内厂商的产品基本都采用了并发用户的概念，也就是用在同一时间可以登录系统的用户数量来计算，这样如果是 1000 人的企业，它购买 100 个用户数就意味着只要在同一时间登陆系统的数量不超过 100，那么这 1000 人都可以在不同时间登陆系统。这两种模式的定义出发点是不一样的，国外公司的模式本质是强调产品的知识产权被使用的价值，而国内公司则考虑客户的投资会相对较低。

2. 实施咨询

作为用户实现系统的应用，非常重要的一个环节是实施咨询，某种意义而言，实施咨询的质量直接影响了客户的成功应用。因此，无论国内外企业，都把实施咨询作为一个非常重要的业务点。实施咨询存在着两种模式，一种是“交钥匙”模式，一种是“知识转移”模式。“交钥匙”模式基本存在于以咨询业务为背景的企业中，他们的方式就是“为客户实现系统”，因此其过程中主体是供应商，客户只是一个参与者和接受体，供应商以成果的方式向客户交接实现的系统，而客户更多的只是一个使用者。这种模式的优点是过程非常专业化，客户在过程中的人力资源投入相对较低，但缺点是非常依赖顾问方的专业性，顾问必须既深刻了解客户（行业）的业务模式，同时又高度掌握信息系统本身，系统上线后客户的任何变动都会非常依赖供应商，自己的能动性会非常的差。而“知识转移”模式主要存在于系统的提供商，他们的方式就是“教客户实施系统”，因此它的过程中主体是客户本身，供应商的主要工作是培训和教育客户相关的产品知识、实施方法和后期维护的知识。这种模式的优点是客户可以自己建立自身的知识体系，对系统的应用和实际业务结合非常紧密，而缺点是客户本身的人力资源投入较大，对客户的培训教育需要花费一定的时间。

9.4.2 信息系统应用的 ASP 模式

自 1998 年 ASP（Application Service Provider，应用服务提供商）出现于美国以来，ASP 在北美、日本、欧洲等 IT 产业高度发达的国家和地区迅速发展。ASP 业务内容的发展经历了三个阶段：主机共享；主机托管；应用服务托管。ASP 的高效率、低成本等优点促使其服务对象已扩展到了财富 500 强。国外 ASP 在中小企业的广泛成功应用以及我国广阔的中小企业市场刺激了国内 ASP 的产生。在中国大陆市场，主要的 ASP 有用友、世纪互联、深圳金蝶等。从国内目前 ASP 服务提供商的情况来看，可以分为几类：软件开发公司，中国互联网发展的先锋——互联网接入服务提供商（Internet Service Provider，ISP）也开始利用自身的资源优势涉足 ASP 领域；其次是已经进入中国的跨国软件公司；最后是进入中国市场的国外专业 ASP 公司，例如主要提供商务应用软件和教育软件的 Interlink Corp.等。

1. ASP 的概念与特点

ASP（Application Service Provider），直译为应用服务提供商，它通过 Internet 提供企业所需要的各种应用软件服务，如人事、薪资、财会、ERP、甚至是 Intranet、E-mail 服务，服务形式通过软件租用或租赁形式来实施。具体的操作过程是由企业将生产经营活动、生产经营特点或设计参数的有关数据信息传递给 ASP，由 ASP 通过软件处理后，传递给企业使用，由 ASP 负担软件、硬件的购买、安装、构造、维护，而用户要使用这些服务，只需有电脑和浏览器。

ASP 模式有以下特点：

（1）基于在线方式。即 ASP 提供的所有服务均通过网络媒介，以在线方式完成。

（2）以应用为中心提供授权服务。ASP 服务的核心是通过签订商务协议，向用户提供某项应用并负责管理这项应用。

（3）集中管理与资源优化。应用软件是放在 ASP 运营商的整个应用服务器里面，它是一种集中化的管理，为用户屏蔽掉了很多复杂性操作，包括系统的安装、调试、初始化等。用户使用 ASP，只需要通过网络远程访问即可获得应用。

（4）一对多标准化服务。ASP 服务在设计上是一对多的服务，ASP 与其他厂商合作，提供多家公司在一个具体合同期内订购的一揽子标准化服务。

（5）基于 SLA 的一站式服务。SLA（Service Level Agreement，服务水平协议）是国际通行的客户/服务评估标准，是一种由服务供应商与用户签署的法律文件。该文件承诺只要用户向服务供应商支付相应服务费用，就应享受到服务供应商提供的相应服务。ASP 模式下应用服务提供商应当向用户提供基于 SLA 的全程式的应用服务。

ASP 是客户需求的拉动力和 ASP 背后诸多因素的推动力共同作用的产物。首先，企业正面临着前所未有的竞争压力，从价格竞争到质量竞争再到信息竞争。企业一直依靠的竞争手段正在失去威力，而真正的竞争力将转向降低生产和流通成本，提高企业整体运作效率。其次，建设企业的信息系统通常意味着投资购买服务器、网络设备、数据库软件和各种应用软件，还要建设一个专用的机房，以及成立一个专门的管理机构。大多数中小企业不愿在这些昂贵的硬件设备和应用系统上投入巨额资金。另外，对企业信息系统的维护和开发需要高水平的 IT 人才。在全球都面临 IT 人才缺乏的形势下，众多的中小企业对 IT 人才的需求几乎是奢望，对于一般的企业来讲，信息系统的建设是手段而非其核心业务。因此，从专业的角度来看，企业往往不愿意在这些非核心业务上浪费资源。

2. ASP 运营机制

ASP 模式是一种将应用系统通过互联网发布、管理和使用的商业模式，一种企业外包业务的租赁模式，企业通过将 IT 的管理外包给专业的 ASP 厂商，省去大量的人力、设备、资金方面的花费，同时获得了专业的管理和维护。ASP 的运营有三个要素：第一是客户群，第二是 ASP，第三是用于服务的软件和产品。他们之间的关系是互动的，ASP 向客户提供服务，客户向 ASP 支付租金，ASP 根据市场需求购买软件或向软件供应商支付开发费用（或自身开发），软件供应商根据 ASP 的要求开发软件并收取开发费用。

在 ASP 模式中，主体是应用服务提供商 ASP。由 ASP 向服务器供应商、网络通讯设备供应商、操作系统开发商、数据库系统开发商、网络安全系统开发商、网络管理系统开发商以及通讯线路运营商等租用各种设备、软件系统与通讯线路构建应用系统运行平台，租给各个不同的经济组织使用。各经济组织在弄清自己的业务需求后，将自己的桌面电脑通过 Internet 网络接入到 ASP 的运行平台上，选择满足自己应用需求的应用系统及支撑应用系统运行的运行平台，通过租用 ASP 的运行平台和应用软件系统建立自己的信息系统。

ASP 模式下，强调的是对应用程序的应用而不是所有权。客户在共同签署的外包协议或合同的基础上，将其部分或全部与业务流程相关的应用委托给服务商，服务商将保证这些业务流程的平滑运转，即不仅要负责应用程序的建立、维护与升级，还要对应用系统进行管理，所有这些服务的交付都是基于互联网的。客户不再拥有一个应用程序，也不需要负责对程序的内外部维护，都是通过互联网远程获取这些服务。

3. ASP 服务

中小企业的主要精力通常放在业务上，对信息化的基础建设没有太大的承受力。但是，所有企业对诸如会计记账、人事薪资管理、客户和供应商信息管理、生产计划安排、销售和库存管理等的应用都有需求。ASP 是将企业的管理信息系统进行了适当集成，将数据管理和应用统一在一个虚拟的 Intranet 平台上，并在保证数据的安全传输的基础上与外部进行交流，从而达到为中小企业提供现代化信息服务的目标。ASP 的内容从服务的角度看可以分为：平台和应用软件租用；规划和培训；建设方案的制定；监控与维护；咨询与建议等方面。

ASP 服务的定价由服务提供渠道的每个组成部分的职责及其相对应的成本构成，如表 9-4 所示。实际成本的高低在很大程度上取决于应用软件的复杂性及被托管应用软件的体系结构，最难于决定的成本构成也许是与托管有关的部分，因为这些成本随着应用软件及网络性质不同而有很大区别。

表 9-4 ASP 成本构成

软件成本	第三方 ISV 的许可费
	专有系统的开发成本
	升级/附加模块
咨询/服务成本	实现/集成服务
	软件定制服务
	数据管理服务
	网络/系统管理服务
托管成本	Web 服务器
	数据库服务器
	应用程序服务器
	数据存储
	通信/带宽

4. ASP 服务应用状况

根据 ASP 应用服务的市场范围，ASP 服务分为水平行业模式和垂直行业模式：水平行业模式提供适用与所有客户的全套软件应用服务，优点是企业可以在一个 ASP 得到全套应用服务产品，缺点是局限了客户的选择范围；垂直行业型 ASP 提供特定行业专用的应用，这种 ASP 也称为垂直服务提供商（Vertical Service Provider），此类 ASP 面向特定行业、模板化的应用，可以方便地在同一行业的多个客户中实施，在其模板化解决方案之上迅速建立更有针对性的解决方案，满足特定市场的需求，如机械设计服务、财务服务、医疗保健、电信、职业服务等，但不足之处也正在于它专为某个特定行业服务，满足不了企业更为广泛的要求。

基于 ASP 的中小企业信息化的实施会带来很多益处，同时也面临不小的障碍：

（1）安全问题。从技术角度上看，安全因素仍是制约 ASP 行业迅速发展的瓶颈之一。许多中小企业对信息技术外包服务仍持怀疑态度，同时，由于目前互联网上的安全工作仍不能使人完全满意。对技术力量相对显得薄弱的 ASP 服务商能否抵抗得住互联网上无处不在的网络攻击，连 ASP 服务商自身也难以回答。一旦服务器被迫中断服务，所有的中小企业将不得不停止运作，将使许多以实时服务为特征的企业受到不可估量的损失。

（2）服务的一致性与企业的相异需求之间的固有矛盾。各个企业内部有其特有的业务流程，这就使得为什么很多企业崇尚于“量体裁衣”，而 ASP 从自身的运作成本出发，力求每个客户使用同样的程序代码库，而不是管理着同一个应用的几十个不同的定制成本。因此，ASP 所能提供的服务常与中小企业的期望相距甚远。

（3）基础设施因素。国内的现实网络基础，包括带宽、速度、稳定性都还很不理想。在这种条件下，企业就不能放心地把自己的管理工作交给 ASP。

（4）法律问题。目前整个宏观环境下，由于 ASP 是个新兴的行业，相关的法律法规条款尚未制定。一旦 ASP 服务提供商出现问题，给众多中小企业造成经济损失时，还缺乏有效的法律依据进行监督和赔偿。

ASP 在中国国内市场开始成熟，很多服务内容是根据国外相关企业的服务内容进行模仿，ASP 厂家提供的服务产品与中国国内企业的实际情况和具体需求间还存在相当差距，特别是在用户市场细分、产品本土化开发以及兼容性等方面。随着市场成熟度提高和制度完善，采用 ASP 应用服务模式的企业将逐步增加。

9.4.3　Software as a Service（SaaS）

Software as a Service（简称为 SaaS）的中文翻译是软件即服务，这是 21 世纪初期兴起的一种新的软件应用模式。它与“应用服务提供商”（Application Service Provider，ASP），“按需软件”（On-demand Software），“托管软件”（Hosted Software）具有相似的含义。

“SaaS”的概念起源于 1999 年之前。2000 年 12 月，贝内特等人指出“SaaS 将在市场上获得接受”。“软件即服务”的常见用法和简称始于刊登在 2001 年 2 月 SIIA 的白皮书 “战略背景：软件即服务”。第一个 SaaS 应用程序是 SiteEasy，在 1998 年发起的 Siteeasy.com 网站中，由总部位于亚特兰大的 WebTransit 公司的特劳特曼和德鲁加里威尔金斯共同开发。

1. SaaS 概述

SaaS 是随着互联网技术的发展和应用软件的成熟，在 21 世纪开始兴起的一种完全创新的软件应用模式。最早实现应用的是 salesforce 公司提出的 SaaS 并运用于 CRM 行业。它是一种通过 Internet 提供软件的模式，厂商将应用软件统一部署在自己的服务器上，客户可以根据自己实际需求，通过互联网向厂商定购所需的应用软件服务，按定购的服务多少和时间长短向厂商支付费用，并通过互联网获得厂商提供的服务。

相比较传统服务方式而言 SaaS 具有很多独特的特征：SaaS 不仅减少或取消了传统的软件授权费用，而且厂商将应用软件部署在统一的服务器上，免除了最终用户的服务器硬件、网络安全设备和软件升级维护的支出，客户不需要除了个人电脑和互联网连接之外的其他 IT 投资就可以通过互联网获得所需要软件和服务。软件厂商在向客户提供互联网应用的同时，也提供软件的离线操作和本地数据存储，让用户随时随地都可以使用其定购的软件和服务。此外，大量的新技术，如 Web Service，提供了更简单、更灵活、更实用 SaaS。

2. SaaS 扩展

随着以互联网和软件起家的公司涉入到云计算领域，云计算的概念开始被扩大，于是，SaaS 这种通过互联网交付给用户软件的方式也开始被纳入到云计算的范畴。而传统上云计算通常被看作是服务器、存储和网络资源的一种集合，通过这些计算资源的集合，提供给用户云计算的服务。当前，云计算包含三个层面：基础设施即服务（Infrastructure asaService，IaaS）；平台即服务（Platform as aService，PaaS）；软件即服务（Software as aService，SaaS）。图 9-36 显示了 SaaS、PaaS、IaaS 层次关系及各层组件。

客户通过 Internet 可以从完善的计算机基础设施获得服务，这类服务称为基础设施即服务（Infrastructure asaService，IaaS），基于 Internet 的服务（如存储和数据库）是 IaaS 的一部分。Internet 上其他类型的服务包括平台即服务（Platform as aService，PaaS）和软件即服务（Software as aService，SaaS）。PaaS 提供了用户可以访问的完整或部分的应用程序开发，SaaS 则提供了完整的可直接使用的应用程序，比如通过 Internet 管理企业资源。

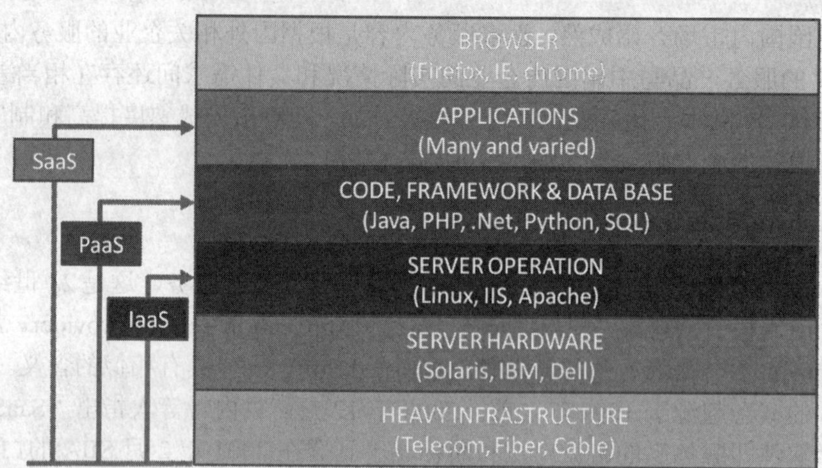

图 9-36 SaaS、PaaS、IaaS 层次模型

（1）基础设施即服务（IaaS）。

IaaS 是指通过公共的 Internet 提供计算能力、存储空间以及网络设施（如防火墙和负载均衡）。IaaS 将硬件设备等基础资源封装成服务供用户使用，如 Amazon 云计算 AWS（Amazon Web Services）的弹性计算云 EC2 和简单存储服务 S3。

在 IaaS 环境中，用户相当于在使用裸机和磁盘，既可以让它运行 Windows，也可以让它运行 Linux，因而几乎可以做任何想做的事情，但用户必须考虑如何才能让多台机器协同工作起来。AWS 提供了在节点之间互通消息的接口简单队列服务 SQS（Simple Queue Service）。

IaaS 最大优势在于它允许用户动态申请或释放节点，按使用量计费。运行 IaaS 的服务器规模达到几十万台之多，用户因而可以认为能够申请的资源几乎是无限的。IaaS 是由公众共享的，因而具有更高的资源使用效率。表 9-5 显示了一些 IaaS 提供商及其提供的服务。

表 9-5 IaaS 提供商及其服务

提供商	IaaS 服务	主机环境	存储	云服务
Amazon	Amazon Web Services	弹性计算云	弹性块存储	SimpleDB； Simple Storage Services (S3)； CloudFront； Simple Queue Services (SQS)； Elastic MapReduce
ServePath	GoGrid	GoGrid 主机云	GoGrid 云存储	
Rackspace	Mosso|The Rackspace Cloud	云服务器； 云站点	与 Cloud Servers 集成	Cloud Files

（2）平台即服务（PaaS）。

PaaS 也通过公共的 Internet 提供计算能力、存储空间以及网络设施，不同的是，它同时为编译应用程序提供运行环境。PaaS 对资源的抽象层次更进一层，它提供用户应用程序的运行环境，典型的如 Google App Engine、Microsoft Windows Azure。

PaaS 自身负责资源的动态扩展和容错管理，用户应用程序不必过多考虑节点间的配合问题。但与此同时，用户的自主权降低，必须使用特定的编程环境并遵照特定的编程模型。这有点像在高性能集群计算机里进行 MPI 编程，只适用于解决某些特定的计算问题。例如，Google App Engine 只允许使用 Python 和 Java 语言、基于称作 Django 的 Web 应用框架、调用 Google App Engine SDK 来开发在线应用服务。表 9-6 是一些 PaaS 提供商及其提供的服务。

表 9-6　PaaS 提供商及其服务

提供商	PaaS 服务	运行时环境	云服务
Google	Google App Engine	Java 运行时环境； Python 运行时环境	Datastore；Mails； Google Accounts； Image Manipulation； Memcache；URL Fetch； （提供 Java, Python 版本）
Microsoft	Azure Services Platform	Windows Azure	Access Control Service； SQL Services； Workflow Services； Service Bus； Live Services
Salesforce.com	Force.com	Apex Code 应用； Visualforce 接口	Database Services； Web Service APIs

（3）软件即服务（SaaS）。

SaaS 的针对性更强，它将某些特定应用软件功能封装成服务，如 Salesforce 公司提供的在线客户关系管理 CRM（Customer Relationship Management）服务。SaaS 既不像 PaaS 一样提供计算或存储资源类型的服务，也不像 IaaS 一样提供运行用户自定义应用程序的环境，它只提供某些专门用途的服务供应用调用。表 9-7 是一些 SaaS 提供商及其提供的服务。

表 9-7　SaaS 提供商及其服务

提供商	SaaS 服务	服务功能
Microsoft	Microsoft Online Services	Exchange Online； SharePoint Online； Dynamics CRM Online； Office Live Meeting； Office Communications Online
Salesforce.com	SalesForce CRM	Sales；Marketing； Service；Partners
IBM	LotusLive	LotusLive Engage；Connections； Meetings；Events；iNotes；Notes

基础设施、平台和软件服务的分类有助于我们理解云技术提供的服务。这里对比 IaaS、PaaS 和 SaaS 三种类型服务所对应的客户、部署单元以及服务项目，如表 9-8 所示。

表 9-8 云计算提供的服务汇总

类型	客户	部署单元	服务项目
IaaS	软件拥有者	虚拟机镜像	虚拟机运行时环境； 云存储； 其他云服务
PaaS	软件拥有者	应用程序包	应用程序运行时环境； 云存储； 云服务
SaaS	终端用户	SaaS 厂商与最终用户直接沟通	最终应用程序

3．SaaS 应用

最早的 ASP 厂商是 Salesforce.com 和 Netsuite，其后还有一批跟随企业，这些厂商创业时都专注于客户关系管理（CRM）的在线化，但是 ASP 厂商很快遭遇互联网泡沫破裂，风险资本撤离互联网企业，大批 ASP 厂商破产。2003 年以 Salesforce 为首，残留下来的 ASP 企业开始喊出 SaaS 口号。SaaS 和 ASP 的差异一直就比较模糊，它们的区别有各种各样的说法，但现在提 ASP 概念的厂商已经不多了。现在还有 ASP 概念的厂商，提供的在线系统与 SaaS 并无本质差异。在线软件模式的技术已经变得成熟。SaaS 正在深入的细化和发展，除了 CRM 之外，ERP、eHR、SCM 等系统也都开始 SaaS 化。

长尾理论认为，由于成本和效益的因素，过去人们只会关注重要的人或事，如果用正态分布曲线来描绘这些人或事，人们只关注了曲线的"头部"，而处于曲线的"尾部"、需要用更多的精力和成本才能关注到的大多数人或事则被忽略了。在管理软件市场，数目众多的中小企业就是市场的"长尾"，而且这个"长尾"一直都未能得到很好的开发。SaaS 由于其应用于中小企业的独特优势几乎得到了所有软件厂商的一致认可。SaaS 通过互联网提供了低成本的服务交付和低成本的服务应用方式，这大大地降低了以前需要花费大量精力才能关注到的市场的成本。因此，SaaS 使得抓住市场潜力巨大的"长尾"成为了可能。SaaS 在中国的发展过程中还是需要注意很多问题，要结合国内市场的特殊环境，制定特定的商业模式，才能抓住"长尾"市场。

1．什么是 MRP、MRPⅡ、ERP？简述 ERP 的发展阶段。
2．简述供应链管理及其层次。
3．什么是 SCM？试分析 SCM 功能架构。
4．DSS 由哪些子系统构成？它们有什么功能？
5．简述专家系统的几种常见的知识表示模式。
6．简述 OLTP 与 OLAP 的联系与区别。
7．如何运用数据挖掘的常见模式？
8．对比 CORBA 和 SOA，企业如何实施 SOA 项目？
9．什么是 ASP？分析 SAAS 模式的优势与局限。

参考文献

[1] 陈宏民．系统工程导论．北京：高等教育出版社，2006.
[2] 钱学森．论系统工程．上海：上海交通大学出版社，2007.
[3] 耿骞，袁名敦，肖明．信息系统分析与设计．北京：高等教育出版社，2001.
[4] 章宁．信息系统开发与项目管理．北京：高等教育出版社，2004.
[5] 陈承欢，郭外萍．信息系统应用案例教程．北京：机械工业出版社，2008.
[6] 刘晓强．信息系统与数据库技术．北京：机械工业出版社，2008.
[7] 姜同强．信息系统分析与设计．北京：机械工业出版社，2008.
[8] 刘永．信息系统分析与设计．北京科学出版社，2002.
[9] 张维明，肖卫东，杨强．信息系统工程．北京：电子工业出版社，2003.
[10] 苏选良．管理信息系统．北京：电子工业出版社，2003.
[11] 杨尊琦．信息系统分析与设计．北京：机械工业出版社，2007.
[12] 姜旭平．信息系统开发方法．北京：清华大学出版社，1997.
[13] 邝孔武，王晓敏．信息系统开发与管理．北京：中国人民大学出版社，2003.
[14] 韩亚利．关于信息化系统开发质量的分析和研究．机械研究与应用，2008.
[15] 邝孔武，王晓敏．信息系统分析与设计（第 3 版）．北京：清华大学出版社，2006.
[16] 刘腾红，孙细明．信息系统分析与设计．北京：电子工业出版社，1986.
[17] 王勇领．系统分析与设计．北京：清华大学出版社，1991.
[18] 薛华成．管理信息系统（第 3 版）．北京：清华大学出版社，1999.
[19] 刘鲁．信息系统分析与设计．北京：北京航空航天大学出版社，1995.
[20] 曹锦芳．信息系统分析与设计．北京：北京航空航天大学出版社，2001.
[21] 季延平，郭鸿志．系统分析与设计．台北：华泰书局，1995.
[22] 甘仞初．信息系统开发．北京：经济科学出版社，1996.
[23] 陈禹．信息系统分析与设计．北京：电子工业出版社，1986.
[24] 姜旭平．信息系统分析．长沙：湖南科学技术出版社，1993.
[25] 王卫春．信息系统分析与设计．北京：清华大学出版社，2009.
[26] 杨选辉．信息系统分析与设计．北京：清华大学出版社，2007.
[27] 卫红春．信息系统分析与设计．西安：西安电子科技大学出版社，2005.
[28] 杜娟．信息系统分析与设计．北京：清华大学出版社，2008.
[29] Jone W.Satzinger．系统分析与设计（第 2 版）．朱群雄等译．北京：电子工业出版社，2002.
[30] 陈佳．信息系统开发方法教程（第 2 版）．北京：清华大学出版社，2005.
[31] Patton R．软件测试（原书第 2 版）．张小松等译．北京：机械工业出版社，2006.
[32] 赵斌．软件测试经典技术教程．北京：科学出版社，2007.
[33] 陈汶滨，朱小梅，任冬梅．软件测试技术基础．北京：清华大学出版社，2008.
[34] 池太崴．数据仓库结构设计与实施．北京：电子工业出版社，2009.

[35] 陈国青，李一军．管理信息系统．北京：高等教育出版社，2006.
[36] 李一军，卢涛，叶强．管理信息系统．北京：清华大学出版社，2007.
[37] 黄梯云，李一军．管理信息系统．北京：高等教育出版社，2005.
[38] 王要武．管理信息系统（第 2 版）．北京：电子工业出版社，2008.
[39] 邝孔武，敬喜．管理信息系统．北京：轻工业出版社，1988.
[40] 麻志毅．面向对象分析与设计．北京：机械工业出版社，2008.
[41] 张海攀．面向对象程序设计实用教程．北京：清华大学出版社，2001.
[42] 王少锋．UML 面向对象技术教程．北京：清华大学出版社，2004.
[43] 邝孔武，邝志云．管理信息系统分析与设计．西安：西安电子科技大学出版社，2003.
[44] 毛新生．SOA 原理 • 方法 • 实践．北京：电子工业出版社，2007.
[45] 赵海燕，张伟，麻志毅．面向复用的需求建模．北京：清华大学出版社，2008.
[46] 黄罡，张路，周明辉．构件化软件设计与实现．北京：清华大学出版社，2008.
[47] 周之英．现代软件工程（下）：新技术篇．科学出版社，2001.
[48] （美）RobertV.Stumpf，LavetteC.Teague 著．面向对象的系统分析与设计（UML 版）．梁金昆译．北京：清华大学出版社，2005.
[49] （美）Robert C Matrin．UML：Java 程序员指南．黄晓春译．北京：清华大学出版社，2004.
[50] （美）Mark Priestley．面相对象设计 UML 实践（第 2 版）．龚晓庆等译．北京：清华大学出版社，2005.
[51] （美）Joey F.George,Dinesh Batra,Joseph S.Valacich,Jeffrey A.Hoffe．面向对象的系统分析与设计．梁金昆译．北京：清华大学出版社，2005.

参考资料

[1] 信息的现代定义．http://baike.baidu.com/view/2109783.html?fromTaglist.
[2] 赵小凡．信息资源开发利用是国家信息化的核心任务．
[3] Understanding Public Clouds: IaaS, PaaS, & SaaS. http://www.keithpij.com/Home/tabid/36/EntryID/27/Default.aspx.
[4] 用例建模指南．http://www.ibm.com/developerworks/cn/rational/r-usecase-atm/.